은밀하고도
달콤한

성차별

All
the
Rage

은밀하고도
달콤한

성차별

다시 로크먼 지음
정지호 옮김

푸른숲

일러두기

1. 이 책에 등장하는 인물들의 이름은 사생활 보호를 위해 모두 수정되었다.

2. 원서에서 지은이가 강조한 부분은 이탤릭체로 표기했다.

3. 본문에서 각주는 ∗로, 후주는 숫자로 표기했다. 각주는 옮긴이주, 후주는 지은이주이다.

4. 인명과 지명을 비롯한 외국어 표기는 '국립국어원 외래어표기법'을 따랐다.

5. 국내에 소개된 단행본 저자의 경우 본문은 외래어표기법을, 후주의 서지사항은 출간된 책의 표기를 따랐다.

6. 단행본과 학술저널은 《 》로, 잡지, 신문, 논문, 영화, 텔레비전 프로그램은 〈 〉로 묶었다.

리브와 테스를 위해

차례

7 온정적 성차별: 적응을 멈추자

서문
변화는 개인 영역에서 시작된다

내가 남편에게 매몰찬 걸까?

때는 2016년 봄날의 흐린 토요일, 어머니날 전날이었다. 그전에 열흘간 비가 계속 왔고, 열흘의 절반은 미시간주 디트로이트에 있는 부모님 댁을 방문해 남편 없이 애들하고만 지냈다. 나는 딸들을 데리고 디트로이트에 가는 걸 좋아하지만 리브와 테스를 혼자 돌보다 보면 진이 빠진다. 아이들에게 늘 뭔가를 지시하는 일이 오로지 내 몫이니 그럴 법도 하다. 잔소리는 아침에 일어나자마자 시작해서 밤이 되어 마침내 꽃잎처럼 부드러운 아이들의 눈꺼풀이 너무 무거워 버틸 수 없을 때까지 그치지 않는다. 이 닦아라, 양말 신어라, 신발 신어라, 동생 때리지 마라, 지하실 치워라, 신발 벗어라.

뉴욕에 돌아와 보니, 어머니날에 가장 하고 싶은 일은 혼자만의 시간을 갖는 것이었다. 나는 남편 조지에게 6세, 3세인 딸들을 펜실베이니아주 양로원에 계시던 어머니에게 데리고 가서 하룻밤 자고 오라고 부탁했다. 시어머니는 마냥 좋아하실 테고, 남편은 어머니와 휴일을 보내는 게 마음이 편할 터였다. 아이들은 아이스크림을 먹고 게임 센터가 있는 피자 가게에서 게임도 하고 호텔 실내 수영장에서 수영도 즐기겠지. 모두에게 윈윈이다.

여행 날 아침, 남편은 운동하러 가기 전에 잠시 머뭇거리더니, 결혼한 사람답게 신중히 단어를 선택해 나에게 말했다. "애들 짐 챙기는데, 혹시 내가 잊을 만한 게 생각나면 침대 위에 올려놔주겠어?"

지금 엄마 또는 아빠이거나 엄마, 아빠인 사람과 친하게 지내는 사람이라면 그동안 남편이 아이들 짐을 한 번도 싼 적이 없다는 사실이 놀라운 일은 아닐 것이다. 부모가 된 후 6년 반 동안 아이들 짐 싸는 일을 비롯해 모든 일이 다 내 몫이었고, 남편은 내가 더 이상 자기를 거들어주는 일을 달가워하지 않는다는 것을 눈치 채고 있었다. 지난 수년 동안 집요하게 이 일을 남편에게 주지시킨 덕이기도 하다. 바로 이런 것이 이 책을 쓰게 된 계기다. 사회과학 연구에 따르면, 우리 부부는 두 가지 면에서 정상 범주에 속한다. 그동안 부부 관계에서 부모 역할로 전환하기가 쉽지 않았다는 것과, 가사노동 분담은 마치 언제라도 날아가 버릴 듯한 화약 가루처럼 불안한 부부 관계에 기여하는 일등 공신이라는 것.

나는 남편의 부탁에 대답할 때, 남편만큼 신중을 기한다. 친절하게 대꾸하면서도 매사 일일이 책임지지 않겠다는 결심을 번복하고 싶지 않고, 그동안 우리가 구축해온 '아내가 다 처리한다'는 말도 안 되는 시스템을 더 이상 지속하고 싶지도 않다.

"잊어버릴 것 같은 물건이 뭔데?"

조지는 잠시 생각하더니 "아이들 수영복"이라고 답한다.

"그럼 됐네, 이제 당신이 기억했잖아." 이 말은 내 귀에도 프랑스 동화책에 나오는 침착한 오소리 엄마 같이 들린다. 난 그런 엄마가 좋으니까. 남편은 고개를 끄덕이고 문 쪽으로 나간다.

한편으로는 한 판을 이렇게 주고받아 기분 좋다. 일단 내 입장을 지켰고 분위기도 괜찮았고 조지는 수영복을 잊지 않을 것이다. 만약 남편이 애들 잠옷을 챙기지 못한다면 딸들은 수영복을 좋아라 하며 입고 잘 것이다. 하지만 수십 년 동안 여자와 여자들의 책임, 여자들이 감당해야 할 입장 등 이런저런 얘기에 세뇌당한 마음속 악마는 내 어깨에 앉아 꼬드긴다. '남편에게 너무 매몰차게 군다. 어쨌거나 애들을 데려가잖아. 그냥 같이 좀 챙겨줘. 겨우 하룻밤 자고 오는 건데. 넌 짐 챙기는 데 30초면 되잖아. 제기랄, 별로 큰일도 아니잖아?'

난 아이패드와 장난감 몇 개를 챙겨서 악마와 남편에게 바치는 공물인 양 가방에 넣는다. 남편에게만은 매몰차게 굴고 싶지 않으니까.

아이가 태어나고 분노가 시작되었다

2003년 내가 30세가 되던 해, 친구 타냐가 첫째 아이를 출산했다. 나보다 서너 살 많은 타냐는 내 주변에서는 처음으로(뉴욕은 고령 임산부가 많은 도시다) 아기 엄마 대열에 합류했다. 몇 개월 후, 이 친구는 내 또래 지인 중에서 처음으로 풀타임으로 일하는 워킹맘 생활을 시작하더니 할 일이 많다는 이유로 모임에 나오지 않았다. 우리는 6주마다 같이 모이려고 애를 썼지만, 바람이 이루어질 기미는 보이지 않았다. 드디어 어느 날 오후, 타냐는 전화로 마치 당연하다는 듯이 상황을 설명했다. 남편이 혼자서는 저녁 내내 아기를 볼 수 없기 때문에 자기는 저녁 식사 모임에 참석할 수 없다고. 남편 존은 고객을 접대해야 할 일이 많아서, 내가 알기로 타냐는 퇴근 후 아들을 데리고 혼자 있을 때가 많았다. "너는 할 수 있는데, 남편은 왜 못할까?"라는 질문에 그녀는 얼버무리듯이 대답했다. "그 사람은 못해." 난 왜 못하냐고 물었다. 우린 잠시 이런저런 말을 주고받았다. 나는 황당한 마음에 전화를 끊었고, 늘상 책임지기를 거부하는 남편을 너무 봐주는 친구가 밉살스럽기까지 했다.

둘 다 똑같이 일하는데, 왜 집에서는 평등한 관계를 맺지 못할까? 도무지 납득할 수 없었다.

이는 결코 남 일이 아니라 구구절절 다 우리 이야기다. 그로부터 6년 후 나 역시 남편과 함께 공동 양육을 시작하게 된다. 다행히 시기가 적절했고 모두 계획대로 순조롭게 진행되었다. 그러나 첫딸이 태어나고 얼마 지나지 않아 문득 타냐의 처지가 떠올랐다. 나 역시 똑같은 처지에 있었고, 내가 그렇다면 녹음이 우거진 퀸스에 살면서 알게 된 맞벌이 엄마들의 처지도 별반 다르지 않을 것이었다. 나와 마찬가지로 유치원과 놀이터를 오가다 만나게 된 엄마들은 풀타임으로 일을 했고, 출산 이후에는 그때까지 상상도 못했던 짐을 가정에서 떠안게 되었다. 이런 현상은 내 이웃, 친구는 물론 내가 상담하는 환자들도 똑같이 겪었다.

첼시와 미드타운을 가르는 경계 지역에서 진료를 하면서 살펴보니, 이런 불평등은 임신을 하면서부터 시작된다. 임신 28주차에 임부복을 입고 온 한 여성은 좀 놀랍다는 듯이 약간은 격양된 목소리로 말했다. "남편 제이슨은 진짜 우리에게 맞는 유모차를 사고 싶어는 해요. 그런데 찾아보는 일은 모두 제가 하는데, 그걸 이 사람은 완전히 당연하다고 생각해요." 이 말에 몰인정하고 지나치게 냉소적인 소리가 나올 것 같아 그냥 잠자코 있었다. 그러나 어쩔 수 없이 '이제 시작이에요'라는 말이 머릿속에 떠올랐다.

우리 부부의 경우 시작은 이랬다. 부모의 공동 책임을 놓고 남편과 벌였던 첫 싸움은 딸 리브가 태어난 지 한 달도 안 됐을 때 벌어졌다. 나는 당시 명목상 출산휴가 중으로, 박사 후 과정을 마무리하던 진료소에서 8주의 무급 휴가를 받았다. 대학원에서 만난 조지는 뉴욕시 경찰국 소속 심리학자로 일하고 있었는데, 복지 혜택이 좋고 근무시간도 9시에서 5시로 일정했다. 나는 젖몸살을 앓으며 신생아의 수면에 운명을 맡긴 채 아기와 함께 집에서 시간을 보내고 있었다. 리브가 낮잠을 자는 동안 컴퓨터로 자격증 시험 모의고사를 치렀기 때문에 낮 시간에는 쉴 수 없었고, 가끔 아름다운 가을날 오후에는 딸을 데리고 나가 브라이언트 공원의 잔디밭에서 점심시간을 틈타 친구들을 만났다. 이 모든 것이 남편에게는 그저 행복해 보이기만 했던 모양이다. 남편 역시 르프락 시티 플라자 빌딩에 있는 비좁고 창문 없는 사무실에 틀어박혀 하루 7시간 30분 동안 경찰관 후보생들을 인터뷰하고 있었으니 피곤하기는 마찬가지였다.

조지는 보통 퇴근 후 헬스클럽에 다녔는데, 딸이 태어나고 2주 후 다시 다니고 싶다고 했다. 자기 딴에는 충분히 내 입장을 고려해서 한 말이었지만, 그때나 지금이나 내 입장과는 너무 다른 얘기였다. 그는 오랜 시간 사무실에 머문 탓에 운동을 하고 싶어 했고, 집에서 신생아와 긴긴 시간을 보내던 나는 좀 쉬고 싶었다. 지금은 아기 하나랑 혼자 남겨진 게 왜 그렇게 힘들었는지 일일이 기억할 수는 없지만(아이가 둘 이상인 엄마에게 물어보면 나와 똑같이 답할 것이다), 첫 몇 달간 오후 4시에서 7시 사이에 쉬지 않고 울어대는 리브 때문에 나는 지칠 대로 지쳐 있었다. 그때가 일명 '마의 시간witching hour'이었다. 구글에서 '아기'와 '마의 시간'으로 검색해보면, 엄마들에게 하루 중 정신적으로 가장 힘든 이 시간에 대처하는 방법을 알려주는 사이트가 쭉 뜬다. 이들 사이트는 "당신들은 잘못한 게 전혀 없어요. 형편없는 엄마도 아니고. 그냥 정상입니다"라고 말하며 안심시켜준다. 남편이 퇴근 후 곧장 집으로 오면 5시 45분이고 만약 운동을 하러 가면 서둘러야 7시에 집에 온다.

이런 상황을 설명했지만, 남편은 곧바로 내 입장을 이해해주지 않았다. 내가 인정이 없어서 자기에게 동조해주지 않고 버럭 화를 냈다고 생각했다. 하지만 그건 아니었다. 남편을 이해한다고 해도 나의 기본 욕구를 제쳐두면서까지 무한정 배려할 수는 없었다. 며칠간 냉전을 거친 후에야 남편이 출근하기 전에 운동하러 가는 것으로 합의했다. 남편이 양보한 덕분에 문제가 해결된 것처럼 보였지만 그의 분노는 가라앉지 않았다. 양쪽 입장을 다 고려한 해결책이었지만, 그는 계속 내가 잘못했고 (분명) 약해빠졌으며 내 맘대로 이래라저래라 한다는 생각에 사로잡혀 있는 듯했다. 내 입장에서는 처음 가정을 꾸리기로 상호 합의했던 결정 때문에 나나 남편이나 자유에 제약을 받고 있었지만, 남편 입장에서는, 아니 그의 태도로 봤을 때는 그런 제약 따위는 자기가 짊어질 짐이 아니라고 생각하는 듯했다.

6년을 함께해서인지 나는 남편의 눈빛만 봐도 무슨 생각을 하는지 알 수 있다. 리브가 태어나기 전, 남편은 사랑이 듬뿍 담긴 기분 좋은 눈빛을 보였고, 무슨 일이 닥쳐도 혼자 해결하겠다는 의지로 가득 차 있었다. 그런데 딸이 태어나면서 '도대체 내 문제가 뭔데?'라고 항의하는 새로운 종류의 눈빛이 보였다. 내가 왜 이렇게까지 까다로운 사람이 되었을까? 나는 힘겹게 현실을 받아들였다. 어쩌면 주양육자로서 나의 역할을 우아하게 받아들이는 게 당연할지 모른다. 그렇다고 남편이 전혀 도와주지 않는다는 얘기는 아니다.

해가 가고 둘째 아이가 생기면서 나는 계속 속으로 혹은 대놓고 이런 눈빛과 사투를 벌였다. 남편은 좀 더 도와달라는 내 부탁을 어쩌다 들어주었지만 그마저 큰소리를 내거나 일부러 신경 써서 한두 번 상기시켜야만 했다. 그때마다 '우리 아이들의 욕구 충족은 내 몫'이라는 암묵적인 사실만 확실해질 뿐이었다. 결국 부부 상담 시간에 '내 분노'가 대화의 주제가 되었는데, 조지는 이것에 대해 언급할 때마다 마치 내 분노가 자기와는 아무 상관없이 내 등에 저절로 생긴 발진인 양, 가시 돋친 말을 비수처럼 꽂고는 이내 잊어버리곤 했다. 우리의 자애로운 상담 선생님은 경험에 입각해 이런 결론을 내려주었다. "우리가 실제로 살아가는 방식은 우리의 이상을 따라잡지 못하는 것 같아요." 왜 그전에는 아무도 이런 말을 해주지 않았을까?

물론 6년 전 타냐가 그런 말을 해주었다. 하지만 타냐는 타냐지 설마 모든 여자가 그런 상황에 처하리라고는 상상도 못했다. 성 역할 구분은 아주 많이 변했다고, 적어도 부모가 되기 전에는 그렇게 생각했다. 그런데 지금 나와 조지는 유통기한을 훌쩍 넘긴 가정 교본에 얽매여 있었다. 리브가 1세가 될 무렵, 내가 얘기했을지도 모르는 남편의 놀라운 가사노동 회피 능력과 그 일의 존재조차 알지 못하는 남편의 태도는 내가 아는 다른 엄마들 입을 타고 퍼졌을 수도 있겠다는 사실을 깨달았다. 어린아이에게 계절에 맞지 않은 옷을 입혔다, 현장학습 확인서를 사인도 하지 않은 채 방치해놨다, 무슨 짐이든 제대로 챙기는 법이 없다, 그런 이야기들 말이다. 차에 탈 때마다 조지는 약간 꾸짖는 톤으로 묻곤 한다. "기저귀 챙겼어?" 말은 안 했지만 메시지는 분명히 전달됐다. 자기 일은 아니라고.

내 남편을 포함한 내가 아는 남편들은 자녀들 일에 무수히 많은 방식으로 관여한다. 사무실을 좀처럼 떠날 줄 모르고, 아기의 더러운 엉덩이도 닦아주지 않는 구세대 남편과는 전혀 다르다. 하지만 이들은 아버지 역할에 있어 일단 가정을 돌보지 않는 50년대 아버지의 전형인 〈매드맨〉의 돈 드레이퍼보다 낫다는 데 만족하며 휴대전화를 들고 침대로 퇴각하는 듯하다. 최근까지도 가정에서는 아버지에게 많은 것을 기대하지 않았고, 우리 남자와 여자는 모두 그런 아버지의 모습을 보고 살았다. 그렇다면 남편에게 화를 내고, 가정에서 남편이 도와줄 때마다 장미 다발과 박수갈채로 응답하지 않는 우리 엄마들은 도대체 누구인가?

가정에서만 아니라면 꽤 괜찮은 남자들은 또 어떤가. 이들은 자기들이 과거의 아버지보다 가정적이라고 생각하기 때문에, 그 정도로는 충분치 않다는 아내의 현실적인 항의를 받아들이지 못하고 응대하지도 못하며 혼란스러워한다. 나는 나 자신에게 가장 사악한 적이 되었고, 도움을 구할 수 있으면서도 고민하고, 화가 치밀어 오를 때마다 괜히 남의 시선을 의식하며, 결국은 나 자신의 몫이 될 일을 두고 사사건건 싸울까, 아니면 그냥 내가 할까를 고민했다. 기운 빠지는 상황이었다. 내 주변의 여자들은 절망감을 토로하지만 결국은 별거 아닌 일로 치부하고 잊어버린다. "그래도 남편이 도와주긴 하죠." 여자들은 이렇게 말하며 자신이 화를 내는 게 당혹스럽다는 듯이 남편의 의도는 그렇지 않다고 변명한다. 하지만 역사상 어떤 남자도 "그래도 아내가 도와주긴 하죠"라는 말을 할 입장에 서본 적이 없다는 사실을 우리는 애써 외면한 게 아닐까.

엄마는 여자라는 멍에를 지고 부모가 된 것을 기꺼이 받아들이지만, 기저귀 챙기기, 선물 사기, 식단 짜기, 아이 봐줄 사람이나 시설 찾기, 물려받은 물건 정리하고 보관하기 등의 번거로운 일까지 똑같이 기뻐하며 받아들일 수는 없다. 우리는 이런 현실을 두고 도덕적으로 옳은지 질문을 던져보기도 하지만, 이런 상황이 언젠가 변하리라고는 꿈도 꾸지 않는다.

아이를 키우는 처음 몇 년 동안에는 이런 어려움이 명백히 드러나지 않는다. 나 역시 분노가 언제부터 골 깊은 불협화음으로 바뀌었는지, 나는 아기 음식을 한 번 더 잘라주느라 바쁜데 남편은 그냥 식사를 하는 모습을 바라보면서 어느 시점부터 이런 현실에 몇 시간 동안 분개했는지 기억이 나지 않는다. 사소한 일들이 끊임없이 신경을 건드렸으리라.

우리는 둘 다 리브를 끔찍이 사랑했다. 하지만 리브를 키우기 위해 필요한 것들을 일일이 머릿속으로 생각하고 계획하는 일은 오롯이 내 몫이었다. 순순히 아이를 배 속에 품고 키운 사람이 아이의 뒷바라지도 묵묵히 혼자 해야 하는 것일까? 마치 이게 기정사실인 양 나는 아이의 육아를 떠맡았다. 만약 내가 베이비시터나 탁아 시설을 알아보지 않았다면 조지가 그 일을 했을까?

일단 유치원을 알아보고 나자 매주 일요일 밤, 깨끗한 낮잠용 깔개를 포함한 리브의 일주일치 짐을 가방에 싸고, 리브를 내 당번날인 월요일 아침 유치원에 내려주는 일은 나의 책임이었다. 단, 드물게 월요일이 휴일인 주에는 문제가 생겼다. 화요일 당번인 남편은 일요일 밤에 깨끗한 깔개와 여분의 옷을 가방에 챙기는 일을 해야 한다는 것을 알지 못했다. 만약 그 주에 유치원 선생님이 깜박 잊고 남편한테 말해주지 않으면 아빠가 애 물건을 챙기지 않은 탓에 리브는 시트 없는 맨 침대에서 잘 게 뻔했다. 3년 후 둘째 딸이 태어났을 때도 상황은 변하지 않았다. 아이들이야 상관없겠지만 나에게는 보통 일이 아니었다. 왜냐하면 보다시피 나는 집에서 권리 없는 이류 시민처럼 살았으니까. 남편에게 내 기분이 좋지 않다는 것을 전하려고 해도 그는 그저 자신을 나무라는 소리로 들을 뿐 나를 전혀 이해해주지 않았다. 가방? 가방이 뭐?

왜 남자들은 일을 더 하지 않는가

사회 발달단계로 봤을 때, 공공 영역에서는 여성을 위해 법과 제도 등이 바뀌었기 때문에 사적 영역에서는 그런 변화의 한계를 알아차리지 못하고 넘어갈 수도 있다. 이 모순 속에서 조지와 나는 부모가 되었다. 우리는 함께한다는 모호한 전제하에서 서로 안 맞는 게 뭔지도 전혀 모르고, 맞추기 위해 노력이 필요하다는 사실도 알아차리지 못한 채 말이다. 나는 이 문제에 대한 책을 읽기 시작했다.

친구 추천으로 읽은 사회학자 앨리 러셀 혹실드의 《돈 잘 버는 여자 밥 잘 하는 남자》는 출간된 지 30년 된 책이다. 이 책에서는 70년대와 80년대 이성 커플이 일과 가정생활을 꾸리는 방식에 대해 기술하고 있다. 지은이의 사례 연구에 나오는 녹초가 된 엄마에 너무 감정이입이 된 나머지, 나는 태어나서 처음으로 학술 서적을 읽고 울고 말았다. 둘째 딸 테스를 낳은 후였는데 아이를 돌보느라 정말 지칠 대로 지쳐 있긴 했다. 혹실드는 소수의 가정을 몇 년간 관찰하며 가정에서 항상 불공평한 노동 분담을 두고 남녀가 의식적으로 평화를 이루려고 애쓰는 모습을 관찰하는데, 결국 많은 부부가 파경을 맞았다는 사실을 알려주면서 조화라는 망상의 대가가 무엇인지 조명한다.

하지만 이 책에서 가장 인상적이었던 내용은 혹실드가 서문에서 밝힌 고백이었다. 1980년대에 버클리대학교를 같이 다니던 여자 동창생들은 가사 분담에 나서려는 남편감이 있으리라는 기대를 하지 않았다고 했다.[1] 하지만 1990년대 미시간대학교에 다니던 나와 동기들은 이와 정반대의 생각을 했다. 당연히 남편이 가사를 분담해야 한다고. 세기의 전환기에 앞으로의 삶에 대해 우리가 품은 기대감은 혹실드의 표본 집단보다 분명 높았다. 이제 와서 돌이켜보니, 우리 기대는 대체로 실현되지 못했음을 깨닫는다.

일단 책 읽기를 시작하자 관련 자료는 끝없이 쏟아져 나왔다.

2015년 말 〈뉴스위크〉는 오하이오주에 사는 부부 2백 쌍을 대상으로 한 "남자는 첫아이가 태어날 때까지 가사를 공평하게 분담한다"라는 연구 결과를 발표했다.[2] 연구에 따르면 맞벌이 부부는 아이가 태어나기 전 가사노동에 각각 주당 15시간을 들였다. 하지만 아이가 생기자 여성이 육아에 들인 시간은 22시간인 데 비해 남성은 육아에 고작 14시간을 들였다. 남성은 육아에 대한 보상으로 가사노동 시간이 5시간 줄어들었지만 여성은 15시간을 그대로 유지했다.

이론적으로 좀 더 평등한 시대에 성인이 된 젊은 아빠라고 더 나은 점은 결코 없다. 2015년 7월 〈뉴욕타임스〉 기사 '밀레니얼 남성은 그들의 생각과는 다른 아빠가 된다'는 캘리포니아주립대학교 샌타바버라 캠퍼스의 한 연구를 인용하면서 18~30세 남성은 전 세대보다 결혼 생활에서 성 역할에 대해 좀 더 현대적인 태도를 보이지만, "일단 가정을 꾸리면 예전 목표를 이루는 것을 힘들어한다"고 밝혔다.[3]

같은 해 퓨리서치센터Pew Research Center 조사에 따르면 남자들은 가정에서 동일한 강도의 가사를 분담하고 있다고 믿는 반면, 이들의 아내는 그렇지 않다고 생각했다. 64퍼센트의 엄마들은 아이들을 챙기느라 남편보다 더 많은 일을 한다고 응답했고, 아빠 41퍼센트와 엄마 31퍼센트는 책임을 똑같이 분담한다고 말했다.[4] 서구 8개 국가의 부모를 대상으로 한 2017년 〈이코노미스트〉 조사에서도 아빠 46퍼센트와 엄마 32퍼센트만이 가사를 공평히 분담한다고 응답하며[5] 대략 비슷한 결과가 나왔다.

여러 사회과학 간행물에서는 〈결혼과 가족 저널Journal of Marriage and Family〉에서 발췌한 다음 문단처럼 수차례 이 문제를 지적한다. "가사 분담으로 잠재 이득이 생기고 여성의 사회 활동 참여가 급속히 증가했으며, 또 이상적이고 평등한 결혼 생활을 지지하는 사람들이 늘면서 많은 이들은 가사 분담에서 남녀의 구분이 더 줄어들 것으로 예측했다. 그럼에도 불구하고 실제 연구 결과는 이런 예측을 거의 뒷받침하지 못한다. 이런 현실은 연구자들에게 답이 없는 큰 문제를 남겼다. '왜 남자들은 일을 더 하지 않는가?'[6]"

이 문제 역시 내가 아는 엄마들의 삶에도 존재했고, 심지어 자칭 페미니스트와 결혼해서 평등이라는 이상을 함께 공유하면 실제 생활도 그렇게 되리라고 믿는 사람들도 비켜 갈 수 없는 문제였다. 대개 이상은 현실과 일치하지 않는다. 그래서 내 친구 리사는 툭 하면 곁에 없고 가사에 참여하지 않는 남편에게 화가 머리끝까지 치밀어 야채를 썰다가 손을 베고 말았다. 말 그대로 프로이트의 실수Frudian slip* 를 저지른 바람에 손을 붕대로 칭칭 감았고 몇 주 동안 아기를 돌보는 데 필요한 그 많은 일을 제대로 할 수가 없었다. 친구 베스는 남편이 앞으로 육아에 더 많이 참여하겠다는 약속을 하지 않자 둘째 아이 갖기를 거부했다. 그러나 결국 아이를 하나 더 낳았는데 적어도 이번에는 앞으로 어떤 상황이 벌어질지 알고 있다며 한숨을 쉬고 어깨를 으

---

*   자기도 모르게 속마음을 드러내는 실수를 저지르는 현상.

쓱했다. 친구 새라는 둘째 아들이 태어나자마자 공평한 육아 분담을 못 박기 위해 어느 한쪽도 아들 둘과 혼자 있지 않고, 둘 다 업무 일정을 바꾸며, 성인만 참가할 수 있는 사교 활동을 모두 포기한다는 계획안을 만들었다. 출근하기 전 아침, 도움의 손길이 절실했던 내 환자 앤드리아는 구글 캘린더에 주중 남편의 기상 시간까지 정해놓았다. 대개 남편은 여전히 잠을 청하는 동안 앤드리아는 가족의 점심을 준비하고 옆에서 반쯤 벌거벗은 아기는 엄마의 치맛자락을 끌어당긴다.

내가 아는 다른 여성들은 더 이상 버틸 수 없을 때까지 혼자 육아를 챙기다 끝내 아이들 아빠와 싸우지만 변하는 건 거의 없다. 그래서 결국에는 아무런 노력도 하지 않은 것처럼 보인다. 이런 모습이 지금까지의 정확한 상황이다. 이유가 무엇인지 당사자 누구도 정확히 말할 수 없을뿐더러, 좀 더 균형 있고 공평한 방식으로 바꾸려는 노력도 할 수 없다.

고정관념은 저절로 사라지지 않는다

"생물학적인 거야." 시내에 들른 엄마는 뉴욕 과학관의 실외 놀이 공간에서 노는 딸들을 따라다니며 이렇게 말씀하셨다. "여자는 자식이 원하는 것에 더 민감하게 반응하도록 타고났지."

나는 엄마의 이런 의견에 움찔했다. 그 말은 나의 지적 감수성을 건드렸다. 사회복지사였던 엄마는 한때 '남녀평등 헌법 수정안' 운동에 참여했고, 사춘기 때는 동생과 내가 어릴 때 당신이 밖에서 일을 했더라면 얼마나 더 행복했을까, 하는 말씀을 입에 달고 사셨다. 그러던 분이 최근에는 보수주의자를 자처하시며, "내 아이들이 가장 중요한 존재임을 진작 깨달았어야 했는데"라며 후회하신다.

그러나 나 역시 순간 움칫했던 이유는, 본성과 그 불가피한 성향에 대해 같은 생각을 하고 있었기 때문이다. 딸들에게 필요하다 싶으면 망치로 무릎을 칠 때보다 빨리 반응하고 바로바로 해치워야 해서, 이런 내 성격은 아무도 못 말릴 때가 많다. 가족들 모두 저녁에 외출했다가 지쳐서 늦게 돌아오는 날이면 남편은 즉시 화장실로 사라져 이를 닦는다. 나는 아이들 옷을 갈아입히고 애들을 세면대 앞에 데려간 후에야 내 욕구를 챙기기 시작하는데 말이다. "조금만 기다렸으면 내가 했을 텐데." 남편은 애들이 잠자리에 들고 나면 이런 식으로 나를 나무란다. 하지만 난 정말 그게 안 된다.

"다 성격 탓이다." 뉴저지에 사는 세 아이의 엄마이자 저술가 겸 편집자인 엘런 사이드먼의 말이다. 페이스북을 기웃거리다 사이드먼이 "초능력 체험", 즉 한걸음에 고층 빌딩을 뛰어넘을 수 있는 능력과 맞먹는 모성에 관해 쓴 글에 나는 사로잡혔다.

"나와 친구들의 경험으로 볼 때 여자는 집안일을 하고 아이들을 돌볼 때 남자보다 꼼꼼하다." 사이드먼의 의견은 친정 엄마의 생물학적 본성에 대한 찬양보다는 그래도 결정주의적 성격이 덜했다. 그녀는 이렇게 말을 이었다. "나는 특히나 더 꼼꼼하다. 내 눈에는 다 보인다. 시스템이 항상 가동한다. 다음 주에는 병원에 전화해서 아이들 가을 검진을 예약해야 하고, 전문 사진사를 찾아 매년 가족사진을 찍어야 한다. 마음속에 필요한 게 다 있다. 내 남편은 그렇지 않다. 나처럼 살지 않는다." 분명한 것은 여자가 남자보다 결코 선천적으로 더 조직적이지는 않다는 점이다. 사이드먼 역시 타인의 욕구를 잘 배려하는 이런 성향이 가정생활에서 선택적으로 계발되어 남편의 수고를 덜어 줬음을 인정한다.

자신이 강력한 사람이라 자부하는 이들은 자신의 능력과 가정을 잘 돌보는 것에 자부심을 드러낸다. 또 한편 이 경우, 가정 내 낮은 입지와 눈에 보이는 모든 것을 해내야 하는 처지에 대한 좌절감을 누그러뜨리기도 한다. "우리 세대에서 엄마들은 가정을 꾸리고 우리 아빠들은 두 손 놓고 바라만 보고 있었다." 사이드먼은 이렇게 말하며 자신의 딸 세대에는 뭔가 달라지길 희망한다고 덧붙인다. "이런 모습이 우리가 배우는 정형화된 성 고정관념이다. 맞벌이 가정이 늘고 있다고 이런 고정관념이 저절로 사라지지는 않는다. 계속 반복된다. 어떻게 해야 이 고리를 끊을 수 있을지는 모르겠다."

"남자의 특권이지." 당시 아이가 없던 내 대학 친구는 이 고정관념을 어떻게 생각하느냐는 나의 질문에 이렇게 답했다. 가부장제, 적절한 시기에 적절한 장소에서 태어난 덕분에 피할 수 있었다고 생각했던 구시대의 유물. (하!) 모성 때문에 많은 여성이 페미니스트가 된다는 것은 자명한 사실이다. 1971년 잡지 〈미즈Ms.〉의 초판 커버스토리에서 제인 오라일리가 썼듯이, "결국, 우리 모두는 불쾌한 일, 불편한 일이 생기고 일이 마무리되지 않을 때 가족들이 자연히 기대는 집안의 주부이다."[7]

어디선가 끝도 없이 나오는 빨래나 아침 식사 준비처럼 현대사회에서 '부모 되기'라는 단어에 걸맞게 잡다한 일이 샘솟는 분야가 또 있을까. 아마도 '왜 남자들은 일을 더 하지 않는가?'라는 질문에, 오라일리가 잡지 출간 전 주최한 만찬에서 한 남자 손님이 가장 명쾌하게 답변하지 않았나 싶다. "똑같이 일하고 똑같이 대가를 받고 뭐 이런 건 찬성하죠. 아주 공평하잖아요(…) [그런데] 설마 여성해방이 제가 설거지를 해야 한다는 의미는 아니겠죠?"[8]

"구조적인 문제죠." 뉴욕주립대학교의 사회학자이자 가정 내 노동 분담을 연구하는 베로니카 티치너가 전화로 이런 말을 했다. "일터가 변하지 않았잖아요. 아직도 직장은 모든 직원들이 집에 돌봐주는 아내가 있다고 가정하죠. 모두가 이상적인 일꾼 역할을 해야 하고 아픈 아이를 돌보기 위해 자리를 비우면 안 되는 거죠. 만약 어느 한 집이 이런 균형을 못 잡아서 힘들어한다면 그건 개인 문제예요. 모든 가정이 똑같은 문제를 가진다면? 그건 사회문제고요." 분명 티치너의 말에는 일리가 있다. 거의 24시간 일이 쏟아지는 숱한 직업, 가정일을 우선시하는 직원은 은근슬쩍 직장에서 비아냥거림을 듣거나 즉각 해고될 위험에 처하는 현실, 또 탁아에 대한 제도적 지원이 거의 전무한 미국과 비슷한 처지의 다른 서구 국가의 실태까지, 21세기 가정의 행복 유지를 어렵게 하는 우리 사회 시스템의 문제를 분석하는 기사와 책에서도 티치너와 같은 지적을 한다. 남자들이 가정에서 좀 더 협조하지 않는 이유는 세상이 그렇게 만들기 때문이다.

"일의 구조를 바꿀 필요가 있습니다." 티치너는 강조한다. 하지만 여성의 사생활이 정치·경제의 전면 변화를 통해서만 보장된다면 이 책을 쓰는 현재 과연 내 딸, 혹은 내 딸의 딸이 그런 향상된 삶을 누릴 수 있을지 확신이 서지 않는다.

미완의 변화에 주목하다

퓨리서치센터와 미국 노동통계국이 수집한 최근의 가사노동 시간 기록에 따르면 직장 여성의 가정 내 육아 분담 비율은 65퍼센트인 반면, 이들의 남편은 35퍼센트인 것으로 나타났다.[9] 이 비율은 2000년 이후 변하지 않았다.[10] 지난 20년간 이 수치가 꿈쩍도 안 한 셈이다. 일부 학계와 부모들은 이보다 평등한 개별 사례를 제시한다. 물론 예외도 있다. 하지만 몇몇 개인적 사례는 보편적인 자료로 받아들여지지 않는다. 여성의 경제력이 점점 막강해짐에도 불구하고 여전히 가정에서는 힘을 행사하지 못한 채 살아간다는 실증적 연구 결과를 반박할 사람은 아무도 없다.

오하이오주립대학교의 사회학자인 클레어 캠프 더시는 심지어 가사노동 시간 연구가 남편과 아내를 비교한다기보다는 남녀에 대한 전반적인 통계를 내기 때문에 실제 발전 양상을 과장한 면이 있다고 말했다. "시간 기록 일지를 보니 의문이 듭니다. 동일한 날 부부를 관찰한 우리의 결과는 이와 다르기 때문이죠. 실제로는 남자들이 가정에서 일을 훨씬 적게 해요." 이런 사태를 예상치 못한 여성 세대에게는 냉혹한 현실이다.

남성 동반자가 짐을 덜어주기를 기대하는 우리 여성들은 정치학자들이 '실현되지 않았지만 커지는 기대감'이라 부르는 감정을 가진 채 살아간다. 역사적으로 볼 때 혁명, 반란, 시민운동의 핵심에 이런 기대감이 자리 잡고 있다. 정말 많은 부부들이 이런 식으로 살아가고 있고, 정말 많은 여성들이 이런 현실에 분노하고 기진맥진해 있는데 왜 우리는 여기서 헤어나오지 못하는가? 우리의 혁명, 반란, 시민운동은 도대체 어디에 있는가?

엄마를 비롯한 전문가들과 이 문제에 대해 이야기를 해보니 원인은 생물학적인 요인, 모성의 헌신과 관련된 문화적인 의무, 마지막으로 남자의 필요와 욕구를 여자의 것보다 우선시하는 전 세계적인 현상, 이렇게 크게 세 가지로 좁혀졌다. 나는 개별 요소를 들여다보기로 했다. 엄마에게는 아이의 젖을 뗀 후에도 육아의 짐을 덜지 못하는 내재된 본능이 있을까? 또 성가신 일을 하지 않으려 드는 아빠에게도 그런 내재된 본능이 있는 것일까? 엄마가 이것저것 다 관여해야 한다는 사회적 요구가 강하다 보니 그런 이상을 애써 외면하려는 우리 같은 여성들도 배우자를 뒤에 멀찍이 떨어뜨려놓은 채 운명적으로 진을 빼며 살아야 하는 걸까? 여성의 수동적인 복종을 남성들이 지당한 권리로 생각하기 때문에 아무리 발버둥 쳐도 변화가 오지 않는 걸까?

나는 우선 100명의 엄마를 인터뷰하기로 하고 친구와 친구의 지인, 친지부터 접촉하기 시작했지만, 결국 인터뷰 대상을 선정하는 데 페이스북의 엄마 모임에 주로 의존했다. 그런데 40명 정도 인터뷰를 해보니 결과가 놀라울 정도로 비슷했다. 나이, 인종, 종교, 사회경제적 지위와는 관계없이 이들이 털어놓는 얘기는 매한가지였다. 혹시 내 인터뷰 기술의 한계 때문이 아닐까 의아하기까지 했다.

작가 셰릴 스트레이드도 나와 비슷한 경험을 했다는 얘기를 자세히 듣고 난 다음에야 비로소 안도할 수 있었다. 스트레이드는 상담 칼럼 〈디어 슈거〉에 실을 생각으로 여성들에게 가사 분담에 관한 편지를 보내달라고 자신의 소셜미디어 계정에 글을 올렸다. 반응은 폭발적이었는데, "대부분의 편지가 같은 사람이 쓰지 않았나 싶을 정도였다. 모든 여자들은 한결같이 가사와 정리 정돈 등 집안일을 하지 않는 '대단한 어르신' 남편에 대한 사연을 적어 보냈다…."[11] 나는 이후 50명을 인터뷰하고 마무리 지었다.

사회학자 토니 캘러샌티와 캐럴 베일리는 "가사 분담에서 나타난 작은 변화에 주목하느니 가사 분담에서 좀처럼 변하지 않는 남녀 차이에 집중하는 편이 불평등을 이해하고 근절하는 데 더 효과가 클 것"

이라고 주장했다.[12] 이런 고질적인 사회 통념에 대해 많이 알수록 이에 대처할 수 있는 좋은 입지를 확보하게 된다. 제3세대 페미니즘 창시자이자 저술가인 에이미 리처즈는 다음과 같은 사실을 인정한다. "페미니즘 운동이 여전히 미완에 머물러 있는 이유는 '개인 영역'을 들여다보는 일이 정치권을 비난하는 일보다 훨씬 위협적으로 여겨지기 때문이다."[13]

이 책은 궁극적으로 개인 영역을 자세히 관찰한다.

1

현실과 이상

우리는 대가를 치르고 있다

현대 가정적인 아버지의 탄생

현대사회의 모든 지표에 따르면 오늘날 자녀를 둔 아빠는 50년 전 아버지보다 좀 더 가정적이다. 1965년 이후 가정에서 같이 생활하는 아빠가 자녀와 보내는 시간은 3배 늘었다.[1] 가장 최근 조사에서 32퍼센트의 아빠는 아이를 정기적으로 돌본다고 답했는데, 이는 10년 전 수치인 26퍼센트보다 높다.[2] 전미 살림하는 아빠 네트워크National At-Home Dad Network는 미국 가정에서 살림하는 아빠 수를 140만 명으로 추정하는데 이 또한 10년 전에 비해 2배 증가한 수치다.[3]

양육이 자신의 정체성에 매우 중요하다고 보는 면에서는 엄마나 아빠나 비율이 거의 같다.[4] 1965년 엄마는 육아에 아빠보다 4배나 많은 시간을 할애했지만, 2010년에는 겨우 2배 많이 할애했다.[5] 전 세계적으로 1965년과 2003년 사이, 20퍼센트 미만이던 무보수 가사를 하는 남자의 비율은 거의 35퍼센트까지 증가했지만,[6] 이 비율은 더 이상 올라가지 않았다.[7]

역사학자들은 지난 500년간 아빠 역할의 중요한 변화를 살펴봤다. 식민지 시대(1600~1800년)에는 가족 농장에서 생계를 꾸렸고, 남자들이 자녀의 교육과 도덕적인 훈육을 책임졌다. 산업화 시대(1800~1950년)에는 임금노동이 집 밖에서 이루어졌고 서구 남자와 여자의 삶은 별개의 두 영역, 즉 공적인 영역과 사적인 영역으로 갈라졌다. 여자들은 재택 기반의 일거리 또는 부업을 통해 수입을 창출하더라도 대가 없는 집안일을 떠맡았다. 남자들은 공장과 상점으로 일을 나갔고, 아버지들은 가정과 멀어지면서 가정을 등한시하게 되었다. 하지만 반세기 넘는 기간의 도시화 과정을 통해 취업주부들이 증가하면서 여성들의 수입도 늘어 현대의 가정적인 아버지가 탄생하는 조건이 마련되었다.[8] 이런 아버지는 아이들을 학교에 데려가고 애들 양말이 어디 있는지도 안다. 아이가 무서운 꿈을 꾸고 구토를 하면 바로 대처한다. 아이들과 혼자 있을 때 애를 봐준다고 생색내지도 않는다. 학부모회에 참석하고 가끔 저녁 식사도 준비한다.

도덕적 세계의 궤적은 길지만 결국 정의를 향해 구부러진다.* 지금의 여자들은 어머니와 어머니의 어머니 세대보다는 좋은 세상을 누리고 있다. 역사 전공자가 아니어도 이런 자비로운 현실은 온몸으로 체감할 수 있을 것이다. 결혼한 여자는 남편의 소유로 간주되어 법적

---

*   19세기 신학자이자 인류학자인 시어도어 파커의 말로 마틴 루서 킹 박사, 버락 오바마 대통령의 연설에 인용되었다.

인 권리가 전혀 없었는데,[9] 이게 아주 먼 옛날 얘기가 아니다(반면 미혼 여성은 아버지의 소유였다. 존칭인 '미스Miss'와 '미시즈Mrs.'는 한 여성이 아버지에게 속해 있는지 배우자에게 속해 있는지를 나타낸다[10]). 1964년 미국 민권법이 통과되기 전까지 특정 고용주 계급은 법적으로 기혼 여성을 해고하거나 고용을 거부할 수 있었다.[11] 기혼 여성은 가정에 속한 육체적, 정신적 일꾼으로 간주되어 이미 직업이 있다고 보았기 때문이다. 1980년에야 미국 통계국은 공식적으로 모든 남편을 "집안의 가장"이라 부르는 것을 중단했다.[12]

　나는 여성이 교육에서 평등한 기회를 누리고 젊은 여성이 말단직에 활발히 고용되던 시기에 성인이 되었기 때문에, 이런 추세가 거침없이 계속되리라 예견했다. 팟캐스트에서는 HBO 다큐멘터리 영화 부문에서 오랜 기간 국장을 역임했던 1939년생 실라 네빈이 나와, 예일대학교 드라마 대학원에서 석사를 마친 후 극장에서 첫 직장 생활을 시작했을 때의 어려움을 토로하곤 했다. "[남편]은 저녁에 제가 집에 있었으면 했어요. 주말에도 집에 있기를 원하더라고요. 그런데 극장 일은 저녁과 주말 일이잖아요. 기회를 다 날려버렸죠." (이 일은 "오래 전에 이혼한" 실라의 첫 남편 이야기[13]였다.) 1960년대 결혼은 그랬다. 남자는 자기의 요구를 내세울 수 있었고, 아내가 개인적으로 어떤 대가를 치르더라도 양보해주리라 기대했다. 나에게는 이런 이야기가 까마득한 옛날 얘기처럼 들렸다.

　과연 그랬을까? 조지와 결혼하기 수년 전 우리가 처음으로 엘리

베이터 없는 건물의 원룸에서 같이 살았을 때 그는 자진해서 진공청소기로 밀고 먼지 터는 일을 맡겠다고 했다. 자기는 그런 일을 좋아한다며 매주 하겠다고 약속했다. 나는 여자고 조지가 남자다 보니, 나에게 남겨진 화장실과 주방을 청소하는 일이 달갑지 않다는 소리를 뒤이어 입 밖에 내지는 않았다. 먼지 터는 일은 어쨌든 조지가 해도 상관없지만, 진공청소기로 미는 일은 내가 맡고 싶었다. 내가 욕조를 청소하면 조지가 주방 바닥을 청소하는 게 당연한 것 같았다. 나는 이런 말을 해야겠다고 생각했지만 속으로 '그가 뭐라도 하겠다고 하니 다행 아니야?' 하고는 일절 언급하지 않았다. 우리는 나에게 남겨진 집안일에 대해 말없이 합의를 보았다. 이때가 2005년이었다.

기대하고, 분노하고, 포기한다

과거부터 지금까지 아직 변하지 않은 모든 부분을 들춰내느니 차라리 변한 것에 감사를 느끼는 게 더 수월하다. 감사는 갈등을 심화하지 않고 완화시키는 역할을 한다. 현대의 가정적인 아버지와 함께 아이를 키우는 여성은 그렇게 느끼든 그렇지 않든 간에 남편에게 감사해야 하고, 친절하고 상냥하게 굴어야 한다는 부담을 안고 있다("아빠가 오면 우린 박수를 친다."[14] 로스앤젤레스에 사는 엄마 블로거 제이 미란다는 매주 한 번 있는 '엄마와 나' 수업에서 이렇게 말했다).

설사 남자들이 항상 그렇게 행동하지는 않더라도 결혼에 대한 평등주의 이상을 그들과 함께 나눌 수 있다는 것이 얼마나 다행인가. 하지만 이 평등주의 이상이 전 세계에 퍼져 있지는 않다.

테네시주에 사는 아기 엄마이자 아동 위탁 보호 일을 하는 27세 몰리는 나에게 이렇게 말했다. "제 주변에서 동등한 부부 관계를 보기란 흔치 않아요. 아직 아이가 없는 친구마저 '늦게까지 일을 해서 미리 남편 저녁을 준비해놔야 해'라고 얘기하죠. 만약 제가 늦게까지 일을 해서 남편이 혼자 밥을 차려먹었다고 성질을 낸다면 전 못 살 것 같아요. 그러니까 남편과 결혼해서 감사하다는 말은 진심이에요. 비록 온갖 아들 일은 다 제 몫이지만요."

오클라호마시티에 살면서 아이를 키우는 42세 법원 연락관 섀넌은 이런 이야기를 한다. "제가 사는 곳은 여전히 뒤처져 있고 구식이에요. 제 남편은 자기가 돈을 벌어오니 아무 일도 하지 않아도 된다고 생각하죠. 거기에 대해서는 전혀 개의치 않아요. 따지고 보면 그리 나쁜 사람은 아니에요. 절 때리지도 않고 술을 지나치게 많이 마시지도 않거든요. 그래서 저는 모든 집안일을 말끔히 해낼 수 있는 방법을 터득했어요. 지금 이런 걸로 싸워봤자 아무 소용이 없어요. 변하지 않을 거예요." 하지만 섀넌은 뒤이어 이렇게 덧붙인다. "솔직히 말해 결혼을 안 하면 더 편하게 살겠죠. 누군가에게 도움을 기대하지 않을 테고 설사 누가 나를 도와주지 않더라도 화가 나지 않겠죠." 참고로 오클라호마는 미국에서 이혼율이 가장 높은 주다.[15]

우리 주변에는 내 남편보다 게으르거나 무심한, 이름도 얼굴도 모르는 남편들이 항상 존재하기 마련이라, 자신들의 삶과 부부 관계에 감사하며 사는 사람들은 불만이 있더라도 이를 인정하지 않으려 한다. 사회학에서는 이런 현상을 상대적 박탈감 이론으로 설명한다. 자기가 속한 표준집단의 다른 구성원보다 자신의 처지가 더 열악하다고 느낄 때만 당당하게 맞설 생각을 한다는 것이다.

오리건주 포틀랜드에 사는 9세 아이의 엄마이자 마케팅 담당자인 44세 미셸은 말한다. "우리가 얼마나 평등하게 사는지는 모르겠지만, 다른 사람 남편 이야기를 들으면 제가 얼마나 운이 좋은지 알겠어요. 친구 남편 중에서는 아이 재우는 일조차 안 하는 사람들이 얼마나 많은데요. 그건 아이의 엄마인 아내가 할 일이라는 거죠."

뉴욕에서 사업체를 운영하면서 4세 아이를 키우는 38세 로라는 자기 혼자 아이를 키우는 것 같다가도 다른 집은 훨씬 더하다는 남편의 이야기에 공감한다고 말한다. 실제로 로라 남편은 불공평하다며 불만을 표하는 아내에게 항상, "난 다른 남편보다 훨씬 많이 일을 하잖아"라고 대꾸한다. 사실 이런 말은 '그래, 이런 식으로 일을 분담하면 당신이 힘들겠지만, 그렇게 사는 여자들이 수두룩하잖아. 그러니이제 그만 닥치라고' 하는 말보다 훨씬 하기 쉽다.

포틀랜드에 사는 프로젝트 매니저이자 7세가 안 된 두 아이의 엄마인 38세 에리카는 복잡한 심정을 이렇게 표현한다. "남편은 집에 있을 때 아이들에게 굉장히 잘하고, 친구들하고 얘기를 해봐도 제 남편이 훨씬 나아요." 에리카는 잠시 말을 멈추고 자기 이름을 바꿔줄지 확인했다. 이들 부부는 상담을 막 시작했던 터라 이런 말을 털어놓는 것에 에리카는 죄책감을 느꼈던 것이다. "남편은 제가 아이들 물건을 챙기느라 미친 사람처럼 뛰어다니고 세탁기를 돌릴 때, 휴대전화나 컴퓨터를 붙잡고 있어요. 남편은 오전에 휴대전화를 보면서 커피를 마시지만, 전 점심 도시락을 싸고 딸아이 옷을 챙기고 아들 숙제를 봐주죠. 남편은 자기 자리에 그냥 앉아 있어요. 일부러 안 하는 게 아니라 주변에서 벌어지는 상황을 전혀 인지하지 못해요. 이 문제를 제기해도 남편은 방어적인 태도를 보이죠. 저녁 시간에도 마찬가지예요. 식사 준비를 도와주긴 해요. 하지만 식사가 끝나고 저는 아이들 이 닦이랴, 재우랴 바쁜데 남편은 자리에 그대로 앉아 휴대전화만 보고 있어요."

왜 남자들은 이런 식으로 행동할까? 왜 여자들은 이런 행동을 봐주는 걸까?

"남성 지배를 실제 관철하는 사회적 관습은 직업 세계에 비해 '개인 영역'에서는 많이 변하지 않았어요." 뉴욕대학교 사회학자이자 《성의 혁명, 불공평하고 정체된 세계The Gender Revolution, Uneven and Stalled》의 지은이 폴라 잉글랜드는 그리니치빌리지가 내다보이는 널찍한 창이 달린 사무실 책상 앞에 앉아 이렇게 말한다. "이 문제를 건드리면 평등 얘기가 나오지만 사람들이 매달리는 것은 여성의 변화였지요. 여자들이 직업을 갖고, 군대에도 복무하고, 성직자도 될 수 있다는 거죠. 하지만 가정 문제가 바뀌지 않으면 이 모든 게 소용이 없어요. 그리고 어떤 분야는 다른 분야에 비해 변화에 더 둔감하죠. 따라서 변화가 계속되리라는 암묵적인 추측은 아마도 실현되지 않을 가능성이 크죠."

실제로 나와 이야기를 나눈 많은 여자들, 즉 현대의 가정적인 아버지의 아내들은 언론인 질 필리포빅이 《H-스폿: 페미니스트의 행복 추구H-Spot: The Feminist Pursuit of Happiness》에서 언급한 대로, "남자들의 행동이 여자들의 기대치에 전혀 못 미치는 이상한 상태"[16]에서 살아간다. 어쩌면 심리학자이자 가족 연구의 선구자인 캐럴린 코완과 필립 코완 부부가 지적했듯이, 새로운 평등주의 부부라는 이상의 구현은 시기상조일지 모른다.[17]

뉴욕 퀸스에 사는 엄마인 32세 모니크는 남편이 이런 문제를 어떻게 보는지 얘기해준다. "남편은 이런 불공평한 점을 알고는 있지만 그저 우리 부부가 서로 합의하지 못한 부분이라고 받아들입니다. 자기가 할 수 있는 일은 아무것도 없다고 생각하는 듯해요. 사실은 전에 말하더라고요. 자기가 할 수 있는 일은 전혀 없으니 내가 이 문제를 걸고넘어지지 않는 게 좋을 거라고요."

이 자리를 빌려 밝혀둘 말이자 너무나도 명백하기 때문에 앞으로 이 책에서 더 이상 반복하지 않을 말은, 현대 가정적인 아버지들은 대부분 선의를 품은 합리적인 사람들이라는 것이다. 미국이 신뢰할 만한 통계를 수집하기 시작한 이래, 역사상 어느 때보다 오늘날 자녀와 시간을 보내는 아빠들이 줄어들었다.[18] 최근 수십 년간 양친 가정에서 아빠의 참여는 늘었지만, 아빠가 존재하는 가정 역시 줄어든 것이다.[19] 자녀를 사랑하고 돌보기 위해 가정에 붙어 있는 남자들이 욕만 먹는 것은 아니다. 토요일인 오늘, 남편 조지는 내가 글을 쓸 수 있도록 딸들과 시간을 보내고 있다. 좀 전에 남편은 없어진 리브의 발레 슈즈 한쪽을 찾아주었고, 덕분에 리브는 여름방학이 끝난 직후 첫 수업을 빠지지 않고 무사히 출석할 수 있게 되었다.

나는 집 근처 커피숍에 앉아 있다. 건너편에는 아버지와 핫 초콜릿을 먹는 아들이 앉아 있고, 아버지는 어린 아들의 어깨에 팔을 사랑스럽게 걸쳤다. 이들이 자리를 뜨자 또 다른 아버지와 아들이 등장하는데 이 둘은 팔씨름을 한다. 이어서 리브의 절친 마야의 아빠에게서 문자가 왔다. 마야는 오늘밤 생일을 맞아 우리 집에서 자고 갈 계획인데, 그애 아빠는 마야의 침낭을 오늘 오후까지 우리 집으로 가져가야 하는지, 아니면 우리가 저녁 먹고 집으로 가는 길에 가져갈지를 묻는다.

인간 남자는 수정 후 자녀의 모든 것에 기여하는 3~5퍼센트의 수컷 포유류에 속한다.[20] 미국 아버지들은 자녀가 없는 남자보다 주당 3시간 이상 더 직장에서 근무한다.[21] 현재 부부 관계에서 대부분의 미국 남자들은 평등한 가사 분담이 성공적인 결혼에 매우 중요하다고 답한다.[22] 유리잔이 반이나 찼다. 아멘.

하지만 천천히 생각해보자. 현대 가정적인 아버지에 관한 보고는 상당히 과장되었거나 적어도 일부 연구자들의 주장처럼 "실제 현실이라기보다는 '아버지 문화'와 더 깊이 관련된 변화상"[23]에 불과하다. 2018년 옥스팜Oxfam* 보고서에 따르면, 전 세계 여성은 남성에 비해 무보수 육아와 집안일을 2~10배 더 많이 한다.[24] 전 세계에서 이런 무임 노동은 돈으로 환산했을 때 100조 원의 가치가 있는 것으로 추산된다. 여성 대 남성의 무임 노동 비율은 스칸디나비아 국가에서 가장 낮다. 1993년 노르웨이 정부는 전적으로 아버지를 위해 유급 육아 휴가를 책정했는데[25], 여성의 하루 가사노동 시간은 3.5시간이고 남성은 3시간이다.[26] 여성 대 남성의 가사노동 비율은 개발도상국에서 가장 높다.

성 평등 실현을 위해 설립된 UN 산하 기구 UN여성은 남녀 무임 노동 비율 차이가 남아시아에서 가장 크다고 추정하는데[27], 이곳 여성들은 아무 대가 없는 집안일의 90퍼센트를 담당한다. 인도의 경우 여성은 하루 6시간의 무임 노동을 하는 반면 남성은 겨우 1시간 하는 데 그쳤다.[28] 이런 무임 노동은 제3세계에서 특히 강도가 심하다. 가정이 있는 우간다 여성이라면 하루에 물 긷는 일을 6시간이나 할 공산이 크다.[29] OECD 보고서에 따르면 무임 가사노동의 성별 차이와 해당 국가의 번영 간에 중요한 상관관계가 있는 것으로 나타났다. 성별 차이가 작을수록 부유하다.[30]

---

*   1942년 영국에서 결성된 국제적인 빈민구호단체로 개발도상국 사람들의 삶과 공정 무역거래, 의료와 교육을 돕는 단체.

45개 국가에서 동등한 육아를 위해 힘쓰는 전 세계 아빠 역할 캠페인, 맨케어MenCare는 현재의 변화 속도로 봤을 때 전 세계 여성이 가정에서 성 평등을 쟁취하려면 75년은 더 기다려야 한다고 예측한다.[31] 제1세계 국가가 이런 추세를 이끌 수도 있지만, 그렇다고 이런 국가들이 목표에 도달한 것은 아니다. 성 평등은 현대적 기반이 갖추어진 국가나 자녀가 없는 가정에서는 간과하기 쉬운 문제이다. 아이가 태어나기 전에는 할 일이 그리 많지 않고, 누가 욕조와 바닥을 더 많이 닦았네 하는 사소한 일 정도는 그냥 넘어가도 문제 될 게 없어 보인다. 그러나 마운트홀리요크대학교의 사회심리학자인 프랜신 도이치는 《모두 반으로 나누기Halving It All》에서, 자녀가 있는 미국의 맞벌이 부부 사이의 불평등한 무임 노동 분담 비율을 자세히 관찰하고 다음과 같이 지적했다. "아이로 인해 이 노동 비율은 불평등해질 위기를 맞았다."[32]

***

퀸스에 사는 모니크는 근면 성실하고 영리해서, 20세기 마지막 30여 년 동안 성장기를 보내면서 또래 중산층 여자들이 누릴 수 있다고 믿어왔던 삶을 일궈냈다. 공공서비스 분야에서 흥미로운 일을 하고, 아름다운 결혼 생활을 꾸리고 있으며, 이미 아기가 하나 있고 하나를 더 가질 계획이다. "딸아이는 최고예요." 모니카는 나에게 딸 얘기를 하면서 멈칫한다. "이렇게 말하면 모든 일이 잘되고 있는 것처럼 들리겠죠."그녀는 사무실을 빠져나와 퀸스의 자메이카에 위치한 한적한 푸드 코트에서 나를 만나 아이가 태어난 이후 생긴 가정생활의 불평등을 토로하는 중이었다. 이는 곧 기대감이 틀어졌고 사실 생활이 전혀 만족스럽지 않다는 얘기였다.

모니크는 직장 생활에 변화를 주면서 부모 역할에 필요한 부분을 채워갔다. 집 근처로 사무실을 옮기면서 저녁 시간에 고객과 직접 만나는 일이 어려워지기는 했다. 육아 역시 시간제 베이비시터같이 돈이 들어가는 일과 시어머니나 친정어머니에게 맡기는 것처럼 돈이 들어가지 않는 일을 통해 도움을 받는다. 모니크는 딸과 함께 보내는 저녁 시간이 좋다. 이 정도면 큰 변화가 아니다. 그러나 남편의 우선순위는 거의 변하지 않았다는 사실에 모니크는 말문이 막힌다. 남편은 자기 시간을 여전히 자유롭게 쓰고, 여전히 가사는 형편에 따라 선택할 수 있다고 생각하며, 많은 일이 여지없이 모니크의 몫으로 돌아오니 분노가 치밀 수밖에 없다.

"책임을 똑같이 지지 않는다는 생각이 드니까 절망감이 드는 거죠. 남편에게는 저한테 없는 완충막이 있는 거잖아요. 남편은 직장에서 큰 프로젝트가 생기면, '나 오늘 늦게까지 일할 거야'라고 말하면 그만이에요. 베이비시터가 자기 아이들이 돌아올 시간이면 퇴근해서 집으로 돌아가야 한다는 걱정은 할 필요가 없는 거죠. 만약 제 직장에 일이 생기면 저는 '엄마가 오실 수 있을까? 만약 못 오시면 어떻게 하지?' 하며 궁리를 해야 하죠. 남편은 그저, '나는 일을 해야 해. 그러니

다른 사람이 처리하겠지' 하는 식이에요. 이건 스트레스죠." 그녀는 이어서 말했다.

"임신했을 때 우리 부부는 육아 문제를 어떻게 할까 고민한 끝에 사흘은 딸을 베이비시터에게 맡기고, 목요일과 금요일은 뉴욕주 북부에 사시는 친정어머니에게 맡기되, 금요일에는 어머니가 집에 돌아갈 수 있도록 버스 시간에 맞추어 시어머니가 일을 일찍 끝내고 저희 집에 오시는 걸로 정했어요. 그렇게 하기까지 어느 부분에서 전 '이건 안 돼, 걸리는 문제가 너무 많아'라고 얘기했고, 남편은 '당신이 왜 더 노력을 안 하는지 이해가 안 된다'라고 나무랐죠. 그럼 전 '당신이야 말로 집에 일찍 오지도 않고 일정도 전혀 바꾸지 않잖아!'라고 따졌어요. 결국 아까 얘기한 계획으로 합의를 보았고 대개는 문제가 없어요. 아이 하나를 보기 위해 집 안의 모든 여자가 총동원되는 거예요."

모니크와 주변 친구들은 내 친구들과 다를 바 없이 성 평등이라는 미사여구를 들으며 자랐다. 여자들은 남자들이 하는 일은 무엇이든 다 할 수 있다고. 우리는 교육에서 남녀평등을 보장하는 수정 법안 제9조를 쟁취했고 대학원을 나왔다. 그러나 이런 미사여구는 딱 여기에서 멈추었고, 이런 명백하고 당연한 일은 더 이상 언급되지 않았다. "남자도 여자가 하는 일을 뭐든 할 수 있다"라는 말은 입안에서만 맴돌 뿐, 쉽게 나오지 않는다. 그래서 현재 모니크는 변호사이지만, 모니크의 남편은 주양육자가 아니다.

딸이 태어난 이후 이들 삶에서 일어난 변화는 어떻게 보면 모니크에게서 시작되고 끝났다. "분명 화가 나죠. 파국을 불러올 정도까지는 아니지만, 항상 화가 나는 거죠. 그래서 셋이 함께 있으면 전 신경이 날카로워져요. 남편이 딸에게 필요한 것을 말해주면 저는 본능적으로 즉각 반응하지만 이내 다투게 되죠. 그게 암암리에 제가 딸을 돌봐야 한다는 말이잖아요. 좋게 말하려고 해도 항상 좋은 소리가 나오지는 않아요."

"이 문제를 바꾸거나 고칠 방법을 마련해도 그때마다 남편에게 일이 생기고 저는 남편을 붙잡아두질 못하죠. 하나는 합의를 보았어요. 남편이 화요일과 목요일 저녁을 책임지는 거죠. 그런데 남편이 일이 생겨서 늦게까지 직장에 있거나 다른 일정을 잡으면 그 약속은 깨져버리더라고요. 뭐 그러곤 '알았어, 알았어. 미안하다고. 다시는 안 그럴게' 하고 사과하지만 이내 같은 일이 반복되고 약속은 물 건너가죠. 우리 부부가 이 일을 두고 항상 다툰다는 것 자체가 염려스러워요. 남편은 제 기분을 알지만, 의미 있고 일관된 변화는 일어나지 않았잖아요. 얼마나 상대방을 설득해야 변화가 올까요?" 모니크는 계속 말을 잇는다. "저는 대학교에 다닐 때 무수히 많은 여성학 과목을 수강했어요. 수업 시간에 결혼의 역학과 결혼 생활이 어떻게 당사자들도 모르는 사이에 특정 방식으로 흘러가버리는지에 관해 많은 대화를 나눴는데, '왜 그렇게 사는지 알다가도 모르겠네. 나는 안 그럴 거야'라고 다짐한 게 생각나요. 그런데 그런 일이 제게 똑같이 벌어지고 말았네요."

변하지 않는 수치들

연구자들이 예비 아빠에게 집안일과 육아를 어떻게 분담할 거냐고 물으니, 대부분은 수유 때문에 아내가 좀 더 하겠지만 그렇다고 자신이 아내보다 훨씬 덜 하지는 않을 거라고 답했다. 아이가 생후 6개월로 접어들었을 때 그 아빠들은 엄마가 예상보다 집안일과 육아를 많이 하고 있고, 자신은 덜 하고 있다고 답했다.[33]

불가피하게 정해진 시간에 수유를 해야 하기 때문에 엄마들이 초반에 집안일과 가사를 더 많이 하게 된 것이 관례로 굳어진 것이다. 아빠들은 최근 수십 년간 육아에서 많은 몫을 해왔다지만, 실제 변화는 미미하다. 심지어 남자의 집안일 분담 증가량과 비교해봐도 별 차이가 없다.

1980~2000년 여성 인력의 사회 진출이 가장 크게 증가했을 때, 남성들이 자진 보고하는 집안일 분담률은 29퍼센트에서 39퍼센트로 10퍼센트포인트 증가했다. 이는 동일한 시점에 육아 분담에 대해 자체 보고한 수치의 증가량과 극명한 대조를 이룬다. 1980년 아빠들은 육아의 38퍼센트를 담당하고 있다고 답변했고 2000년에는 이 수치가 42퍼센트로 올라갔다. 1980년 엄마들은 남편이 육아의 약 31퍼센트를 담당한다고 추정한 반면, 2000년 엄마들은 약 32퍼센트를 담당한다고 추정했다. 오늘날 다양한 연구 결과에 따르면 직장 여성은 집안일에 남성보다 2배 많은 시간을 할애한다.[34] 이 문제를 피하기 위해 좀

더 진보적인 국가로 이주한다고 가정했을 경우, 성 평등 사회인 스웨덴에서도 남자가 자녀를 돌보는 데 쓰는 시간은 아내가 쓰는 시간의 56퍼센트에 불과하다.[35]

　　남성이 육아의 모든 짐을 떠맡고 있는 곳은 사실상 인간 사회 그 어디에도 없다. 비교문화인류학자들이 생계유지 활동 유형과 사회 이데올로기가 다양한 사회들을 연구한 결과 엄마가 아빠보다 육아에 좀 더 얽매여 있는 것으로 나타났다.[36] UN은 2018년 보고서에서, 여성이 집안일과 육아에서 남성보다 평균 2.6배 많은 일을 한다고 추정했다.[37] 지난 75년 동안 선진국(OECD에 속하는 36개국 선정)을 대상으로 조사했을 때 어린 자녀를 둔 여성 중 임금노동 종사자 수는 꾸준히 증가하고 있다. 현재 OECD 국가에서 한 자녀를 둔 여성 71퍼센트와 두 자녀 이상을 둔 여성 62퍼센트는 돈을 벌기 위해 취업한 상태다.[38] 그러나 그들이 시간을 어떻게 사용하고 있는지를 비교한 연구 자료에 따르면 이들 국가(예를 들면 멕시코, 뉴질랜드, 일본은 물론, 미국, 캐나다 및 대부분의 유럽 국가)의 아빠들은 일상에서 하는 집안일에 아내가 들이는 시간의 4분의 1에도 미치지 못하는 시간만을 들이며, 육아의 경우는 아내에 비해 절반의 시간도 들이지 않는 것으로 드러났다.[39]

　　2017년 OECD 보고서는 우리 시대 가장 중요한 성 평등 문제로 가정에서 나타나는 남녀의 불공평한 무임 노동 분담을 꼽았다. 최근 역사에서 전 세계 아빠들의 태도는 같이 생계를 담당하는 엄마들의 요구가 점점 커져가는데도 불구하고 미미하게 변하는 데 그쳤다. 그러니 공평한 양육 분담이라는 목표를 향해 대단한 도약을 했다고 자화자찬하는 이야기는 잔이 반이나 찼다는 식의 해석에 지나지 않을 뿐이다. 그래도 우리는 계속 감사만 해야 할까?

감사라는 음반에는 소리가 거친 B면이 있다. 전 세계 문화를 연구한 자료에 따르면 새내기 부모는 부부 관계에서 질적인 변화를 경험하는데, 한 연구팀의 말을 인용하자면 그 변화는 "본질상 갑작스럽고 본질에 역행하며 강도 면에서 비교적 크다".[40] 종적 연구*에서는 결혼 생활의 만족도는 결혼 시점에 최고점에 이른 다음 하락하는데, 아이가 있는 부부가 없는 부부보다 하락 속도가 2배 빠른 것으로 나타났다.[41] 만족도의 급격한 하락이 아이의 첫돌 전에 일어난다고 말하는 연구 결과도 있고,[42] 그보다 늦게 온다는 연구 결과도 있다. 20년 이상 가족 문제를 연구한 워싱턴주 시애틀의 고트먼 연구소Gottman Institute는 부부의 3분의 2가 첫아이 출생 이후 3년 안에 관계의 급격한 질적 하락, 갈등 및 적대감의 극적인 증가를 경험한다고 밝혔다. 자녀의 수가 늘어날수록 불만 역시 증가한다.[43]

여기에는 시간과 돈의 지속적 압박과 수면 부족 등 많은 이유가 있다. 캘리포니아주립대학교 샌프란시스코 캠퍼스의 보건 심리학자들은 실험을 통해 "수면이 부족한 사람들은 감정이 좀 더 부정적으로

---

* 사람이 발달하면서 어떤 모습으로 변하는지 알아보기 위해 기간을 두고 반복적으로 동일한 사람에게 정보를 수집하는 조사법.

변하고, 부정적인 사건에 더 민감하게 반응하며, 문제 해결에 더 서툴다"는 사실을 확인했다.[44] 하지만 아이가 생겨 부모 역할을 시작하는 시기가 "일상적인 가사노동에 쓰는 시간의 불평등이 나타나기 시작하는 결정적인 순간"[45]이라는 사실도 무시할 수 없다.

오스트레일리아 퀸즐랜드대학교에서 실시한 2008년 연구에 따르면, 여성은 첫아이 출산 이후 가사에 쓰는 시간이 주당 약 6시간 정도 증가하는데, "이에 반해 남자의 평균 가사노동 시간은 변화가 거의 없었다".[46] 시간이 가도 상황은 호전되지 않는다. 둘째가 태어나면 남자의 가사노동 시간은 오히려 더 줄어든다. 연구자들은 "남자의 일상적인 가사노동 시간이 아이가 더 태어날수록 줄어든다는 증거를 발견하는데, 이로써 가사에 필요한 시간이 늘어나면 가사에 할애하는 남녀의 시간 차이가 커진다는 사실을 알 수 있다"고 밝혔다. 남자의 경우는 평생 살면서 아내가 사망하거나 이혼하거나 별거하는 등의 변화가 있는 경우에만 무임 가사노동이 늘어난다.[47]

육아 역시 비슷한 경향을 보인다. 역시 2008년 오스트레일리아에서 실시된 또 다른 연구에서 취합한 시간 사용 내역을 살펴보면, 아빠와 비교하여 엄마는 대체로 자녀와 함께 있는 시간이 많고, 여러 가지 일을 하는 멀티태스킹 작업도 더 많이 하며, 아빠보다 엄격하게 시간을 관리하고, 오로지 자녀와 보내는 시간도 더 많았다. 자녀 관리에 필요한 전반적인 책임도 더 많이 지고 있었다. 미국을 비롯한 다른 국가에서도 시간 사용 내역은 다를 게 없다.[48]

현대적이고 가정적인 아빠라는 그럴싸한 개념과 실제 가정에서 아빠의 기여도가 지속적으로 괴리를 보이고 있는 현실에 학자들은 수년 동안 당혹스러워했다.[49] 지난 10년간의 사회학 저널을 파헤쳐보면 다음과 같은 보물 같은 문구가 발굴된다. "우리는 이제야 왜 남자가 그리 일을 안 하는지 이해하기 시작했다.[50] 그러나 어떤 남자들이 타인을 돌보는 일에 스스로 참여하는지, 또는 그런 남자들이 어떤 상황에 처해 있는지에 대해서는 아는 게 별로 없다.[51] 주부 취업은 증가하고 있지만 아직도 가사와 육아 시간의 성별 분담은 좀 더 공평하게 이루어지지 않았다.[52]" 그리고 이런 문구도 있다. "성별 분업은 부부가 모두 풀타임으로 일할 때는 거의 드러나지 않는다. 하지만 이런 가정에서도 여성은 가사와 육아의 대부분을 담당한다. 아빠들이 변하고는 있지만 그 변화는 기껏해야 서서히 이루어질 뿐이다."[53]

캘리포니아주립대학교 로스앤젤레스 캠퍼스의 한 연구팀은 자녀가 있는 중산층 맞벌이 부부의 가정생활을 촬영한 1500시간 분량의 비디오테이프를 분석했다. 그 결과 "가장 흔히 관찰된 개인 공간의 사용 양태"는 아빠가 방에 혼자 있는 것이었다.[54] 내가 아이들과 거실에 있고 남편이 안방에서 진을 치고 휴대전화로 〈게임 오브 워〉를 할 때마다 머릿속에는 이 연구 발표가 떠오른다.

사회과학자들은 아빠들이 누리는 이런 자유를 세밀하게 분석하고 정리한다. 예를 들어 오랜 시간 일하는 아빠의 아내는 남편보다 자녀를 더 많이 돌보지만, 오랜 시간 일하는 엄마의 남편은 잠을 더 많이 자고 텔레비전을 많이 보는 것으로 나타났다.[55] 미취학 자녀를 둔 직장 다니는 엄마는 한밤중에 일어나 아이를 돌볼 가능성이 아빠보다 2.5배 높지만,[56] 같은 연령대의 아이를 둔 아빠들은 주말 여가 활동에 참여하는 시간이 아내보다 2배 많다.[57] 그러나 아빠들은 자기들이 누리는 특권을 인정하지 않는다. 맞벌이 부부 335쌍을 조사한 결과, 여성은 남성에 비해 가사와 육아 분담이 상당히 불공평하다고 생각한다.[58] 엄마 대 아빠의 육아 시간 비율이 거의 같아지는 경우는 남편이 직업이 없어 아내가 모든 수입을 벌어들이는 가장 역할을 할 때뿐이다. 가혹한 현실이다. 가장인 아내와 실직 상태인 남편 사이에서 육아 분담이 가장 평등하게 이루어지지만, 수입을 고려하면 공평한 게 아니다.[59] 또한 아빠가 살림하는 집에서도 엄마는 아이의 시간 계획을 짜고 관련 정보를 얻는 등의 관리 활동을 계속한다.[60]

엄마의 유급 노동시간이 늘어날수록 엄마가 집안일에 들이는 시간은 줄어들지만, 육아에 들이는 시간은 자신의 고용 여부와 거의 관계없이 일정하다. 여성들은 여가 활동과 자기 관리에 쓸 시간, 수면 시간을 줄여서 이를 해낸다.[61] 이런 상황은 인종이나 민족이 다르다고 해서 변하지 않는다. 아프리카계 미국인과 남미계 미국인 가정에서도 백인 가정과 똑같은 양상이 일어난다. 인종 집단 비교 연구에서 가족과 함께 거주하는 아빠의 육아 정도는 별반 차이가 없었는데,[62] 단 아프리카계 미국인은 백인보다 성 불평등에 더욱 비판적이며, 백인은 남미계 미국인보다 성 불평등에 더 비판적인 경향이 있다.[63]

가족 심리학자인 코완 부부는 한참 전인 1992년에 15년간의 연구를 통해 평등주의적인 부부의 이데올로기 뒤에 훨씬 더 전통적인 현실이 놓여 있음을 알아내고 이에 대해 확신에 찬 어조로 발표했다.[64] 이 연구에서 한 엄마는 남녀 간 책임 분담에 관한 이야기는 "헛소리에 지나지 않는다"고 말했다.[65] 이후 20년 내내 수행된 광범위한 연구 조사는 이런 주장을 지속적으로 뒷받침한다. 여자의 일상생활은 남자의 일상생활에 비해 아이를 키우는지 여부에 따라 아주 큰 영향을 받는다.[66] 퓨리서치센터와 미국 노동통계국에서 발표한 최근의 시간 사용 실태 조사를 보면 직장 여성이 육아에 65퍼센트의 책임을 지고 있다는 사실이 지속적으로 관찰된다. 정리하자면, 이런 부담 비율은 2000년 이후 변함없이 유지되고 있다. 지난 20년간 관련 수치가 꿈적도 하지 않았다.[67]

경제 현실은 변했지만 우리는 여전히 한 발을 과거에 담가놓고 있다. 가정 수입을 담당하는 가장 아빠와 살림을 담당하는 엄마로 이루어진 핵가족은 인종과 계급 특권에 찌든 역사적 모순이었다. 이 문화적 이상은 오랫동안 현실과 불화를 빚었다. 전쟁이 끝나고 전쟁터에서 돌아온 군인들에게 자리를 양보하기 위해 일터에서 쫓겨난 여자들이 가정으로 복귀했을 때 사회 활동에 참가한 여성의 비율은 30퍼센트를 맴돌았다. 이 수치는 1970~2000년 꾸준히 상승한다. 1975년에는 미취학 자녀가 있는 여성의 39퍼센트가 일을 했는데, 1994년 이후 이 비율은 60퍼센트를 계속 상회했다. 취학 자녀가 있는 여성의 경우 1975년에는 54.9퍼센트가 노동시장에 참여했고, 1990년대 이후에는 그 수치가 75퍼센트 언저리에서 유지되고 있다.

오늘날 노동통계국 보고에 따르면 6~17세 자녀가 있는 기혼 여성의 70퍼센트, 6세 미만 자녀가 있는 기혼 여성의 60.8퍼센트가 직장이 있다. 이런 동향을 추적하는 기관에 따르면, 10년 단위로 비교해봤을 때 어떤 그룹도 이렇게 짧은 시간 안에 노동시장 참여율이 이토록 크게 증가한 경우는 없었다.[68] 이런 시대에 살면서 우리는 사회의 격변을 피부로 느꼈다.

남자와 여자의 가정생활은 다음 두 가지 측면을 봤을 때 점점 비슷해 보이기 시작했다. 첫째, 지난 50년에 걸쳐 남자의 가사 분담률은 어느 정도 증가했고 여자의 가사 분담률은 상당히 감소했다. 둘째, 남자와 여자 모두 육아에 들이는 시간이 늘어났다.[69] 하지만 여전히 남녀의 성별은 집안일의 성과를 가늠하는 가장 확실한 예측 변수로 남아 있다.[70]

*＊＊

이런 문제의 원인을 생물학적인 것, 즉 남자들이 참여할 수 없는 임신과 수유에 돌릴 수도 있다. 일단 한밤중에 아기를 돌보다 보면 밤중 수유 시간이 훌쩍 지났는데도 어둠 속에서 아기와 덩달아 눈을 뜨는 사람은 으레 여자들이다. 움직이는 몸은 계속 움직이고 쉬는 사람은 계속 쉰다. 넉넉한 출산휴가 정책을 세운 국가에서 나온 자료를 보면 이런 사실이 입증된다. 본의 아니게 아이가 태어나고 첫 1년간 양육자로서 여자의 역할이 크다 보니, 최근 몇 년 새 늘어난 아빠의 무임 노동시간은 오히려 줄어들었다.[71] 출산휴가가 비교적 짧은 국가의 경우 집안일은 여자가 덜 하고 남자가 더 한다.[72] 나와 남편 조지의 경우는 글쎄, 처음부터 좀 더 복잡한 문제가 얽혔을까, 기억이 나지 않는다.

새내기 엄마들의 관점을 알아보기 위해 나는 동네 새내기 엄마 모임에 나갔다. 그날 모인 5명의 여자들은 두어 달 동안 지역 상담사의 지도 아래 출산 후 몸의 변화부터 직장 복직까지 여러 주제를 논의하는 중이었다. 이들은 12주부터 10개월이 된 아기를 두고 있었다. 나는 이 엄마들에게 내 프로젝트에 관해 얘기해주고 그들의 경험을 말해달라고 부탁했다.

중소기업의 영업부장이자 첫아이가 막 7개월에 접어든 42세 앤은 이런 얘기를 해주었다. "토요일 저는 아이 옆에 붙어 있거나 아이를 보고 있는데 남편은 가끔 4시간이나 낮잠을 자고 일어나죠. 저도 정말 낮잠을 자고 싶은데, 이제 자기엔 너무 늦어버린 것 같다는 생각이 들어요. 우린 11년을 같이 살았는데, 남편은 출장을 많이 다녔고 전 직장이 가깝다는 이유로 집안일을 도맡았어요. 그걸로 화낸 적은 한 번도 없어요. 상대를 자극할 수 있잖아요. 하지만 너무 답답하고 힘들 때는 남편에게 알려요. 그럼 남편이 도와주는 식이죠."

다른 엄마들 역시 아기가 생기기 전에 남편보다 집안일을 더 많이 한 이야기를 해주었다. "임신하기 전에는 제가 다 했어요." 아들이 태어나기 전 관리 비서로 일했던 30세 앰버는 이렇게 말을 시작했다. "전 직업이 있는 행복한 주부였죠." 하지만 아기가 태어난 이후에는 이런 집안일 분담이 달갑지만은 않았다. 복직하는 게 경제적으로 타산이 맞지 않아 당분간은 집에 있기로 했는데, 남편은 앰버가 항상 하는 "모든 집안일"이 더 이상 말끔하게 되지 않자 잔소리를 했다. "만약 제가 빨래를 안 했으면 남편은 이런 식으로 말해요. '하루 종일 뭐 한 거야?'" 다른 엄마들은 다 아는지 웃었지만 출산 후 우울증에서 막 벗어나고 있다는 앰버는 마냥 따라 웃지 않았다.

　　"제 남편은 그저 청소하는 걸 싫어해요." 최근 교육 출판 일에 복직한 31세 킴벌리는 말한다. "아침에 일어나서 '오늘 꼭 청소해야지' 하는 게 아니라, 그냥 치울 게 눈에 보이니까 청소를 해요. 집을 항상 정돈된 상태로 두고 싶은 거죠. 저흰 그렇게 자랐어요. 집을 보기 좋게 해놓으면 뿌듯하거든요."

　　사서인 32세 타샤는 이 말에 공감하며 얘기를 시작했다. "우리는 자라면서 배운 대로 일을 처리하죠. 저는 딸만 넷인 집에서 자랐고 부모님은 모두 일을 하셨어요. 저희 가족 중 저와 제 동생들이 집안일을 담당하는 주부 역할을 했어요. 근데 제 시어머니는 집에 계셨고 집안일을 도와주시는 분이 있었어요. 그래서인지 우리는 기대치가 달라요. 남편은 제가 부탁하는 일은 하지만 먼저 나서서 하진 않아요. 아기가 태어나기 전 이 문제에 대해 논의를 했죠. '논의'란 말은 너무 고상하네요." 우리 여자들은 다시 웃었다.

먼저 나서지 않는 남편들의 태도는 아이가 태어나자 육아로까지 번지는 것 같았다. 이들 새내기 엄마들은 이런 말을 조심스럽게 하려고 애썼다. 다시 말해서, 화를 내지 않고 침착하게 말을 이어나갔다.

심리학자인 36세 메러디스는 남편이 딸을 돌보는 일을 자기에게 얼마나 미루는지 "놀랍다"고 얘기했다. "남편은 책임을 떠안는 유형이지만, 저는 집에서 딸아이랑 더 많이 있고, 그래서 어떤 일은 당연히 제 일이 되죠. 남편과 저 사이에 새로운 역학 관계가 생긴 거죠." 메러디스는 직장에 복귀했지만 한밤중 딸의 울음소리에 반응하는 사람은 여전히 그녀다. "일하지 않을 때는 남편을 자게 두어야 할 의무감이 있었어요. 지금도 남편이 일을 더 하니까 여전히 그런 의무감이 남아 있긴 하지만, 이제 복직을 하고 나니 점점 더 화가 나는 거예요. 분명 제가 뭐라 하면 남편은 일어나겠죠."

타샤 역시 집 안에서 잠을 가장 먼저 포기하는 사람이다. "남편은 올빼미형 인간이에요. 밤늦게까지 자지 않으니 아침에는 제가 일어나 아이를 보죠. 남편이 '당신은 일찍 일어나도 괜찮은 거지'라고 하면, 전 '그래, 하지만 나도 가끔씩은 더 자고 싶다고' 하는 식이죠. 만약 제가 '여보, 내일 애가 일어나면 당신이 볼래?' 하면 남편은 100퍼센트 그렇게 할 거예요. 하지만 대체 남편이 그런 생각을 하기는 하는지 모르겠어요." 우리가 만났을 때 타샤의 딸이 10개월이었으니 남편은 10개월 내내 자기는 자면서 아침에 일어나 딸을 보는 일은 아내에게 맡겼던 셈이다.

나는 타샤에게 이런 질문을 던져보았다. "혹시 10개월 내내 매일 아침 남편이 일어나서 딸을 보고, 당신은 남편에게 수고를 덜어주겠다는 말 한마디 하지 않는 세상을 상상할 수 있겠어요?" 타샤는 그럴 수 없다고 했고, 나 역시 상상이 가지 않았다. 우리 모두가 그랬다.

이런 상황은 이들 모든 엄마의 가정에서 일어나고 있다. "당신이 말만 하면 얼마든지 할게." 현대적이고 가정적인 아빠들의 진심 어린 말이다. 이들이 집 안의 제2사령관 자리를 맡아 긍정적인 자세를 보여주는 터라, 아내들은 자책의 말만 한 보따리 늘어놓을 뿐 당최 낙담한 모습을 보이기도 힘들다. "다 말을 하지 않은 제 잘못이죠." 엄마들은 이런 식으로 결론을 지었다. 애당초 왜 이들이 남편에게 얘기를 해줘야 하는지에 관해 의문을 제기하는 사람은 거의 없었다. "남편은 아예 그런 생각을 못해요." 앤은 변명하듯이 말했다. "일이 되게 만드는 사람은 저예요."

앰버의 남편은 기저귀 갈 시간이 되면 반사적으로 아기를 아내에게 건넨다. 앰버가 싫어하면, "남편은 진짜 즐겁게 기저귀를 갈며 미소를 지어요." 메러디스의 남편은 퇴근 후 친구를 만나 저녁 식사를 하지만, 그렇다고 남편을 탓할 수는 없다. "제가 친구 만나러 나가고 싶다고 하면, 남편은 기꺼이 와서 몇 시간이나 딸 엘리자를 봐줘요."

킴벌리의 남편은 예전부터 자기 직업에서 계속 성장하고 싶어 했고, 아이가 태어난 이후 적극적으로 자원봉사 일을 한다. "그 문제를 아이가 태어나기 전에 논의했어요. 남편은 어떤 식으로든 자신을 계속 발전시키고 싶어 했어요. 길을 잃고 싶지 않은 거죠. 저는 아이가 태어나면 남편이 한 발 뒤로 물러설 거라 생각했죠. 가끔 이런 생각도 했겠죠. '당신 정말 자원봉사 단체에서 주최하는 해피 아워에 가야겠냐?'고요. 그런데 전 가지 말라는 얘기는 안 해요. 옳은 일을 한다는데 어쩌겠어요."

이런 이야기를 전에 들은 적이 있다. 모두 마찬가지일 것이다. 그날 내가 놀랐던 것은 엄마들이 보여준 고상함이 아니라, 그 누구도 남편의 행동에 크게 신경 쓰지 않는다는 사실이었다. 남편의 행동을 대수롭지 않게 여기는 것을 나 자신도 깨닫지 못했음을 알아차렸다. 나역시 한때 남편의 행동을 대수롭지 않게 여겼다. '남자들은 다 그런 거라고.' 엄마들은 웃으며 아주 옛날부터 그랬다고 인정했다. 그날 아침, 우리가 모였던 그 방에서 나는 다른 때 같으면 목소리를 높일 엄마들이 눈감아주고 있던 것, 적어도 그때까지 이들이 애써 피했던 감정에 분노를 느꼈다.

65 대 35의 분담을 더 오래 견딘다면

가정을 연구하고 임상 연구를 실시하며 성장을 거듭하는 한 연구소는 배우자 간의 평등은 결혼의 성공률을 높이고, 불평등은 성공 가능성을 낮춘다는 사실을 입증했다.[73] 남편보다 아이를 더 많이 돌본다고 답한 여성이 결혼 생활에 "아주 행복하다"라고 답할 확률은 책임을 공평하게 나눈다고 답한 사람보다 45퍼센트 낮다.[74] 〈결혼과 가족 저널〉에 실린 최근 자료에서는 가사를 3분의 1 이상 담당하는 남자가 그보다 적게 담당하는 사람보다 아내와 성관계를 많이 가진다는 내용이 발표되었다. 세계적으로 지난 30년간 결혼 생활에서 성생활이 감소 추세를 보이고 있는 가운데, 비교적 평등한 이 부부들에게서만 성생활 빈도수가 늘어났다.[75]

가사노동 분담 문제는 부부에게 아이가 생긴 이후 일어나는 갈등의 주된 원인이다. 4세 미만 아이를 둔 엄마들이 부당함을 가장 크게 느낀다.[76] 여성의 외도는 지난 30년간 40퍼센트 증가했는데, 벨기에의 심리치료사이자 작가인 에스테르 페렐은 오랫동안 배우자 외도 이후의 부부 상담을 진행하면서 발견한 사실을 얘기했다. 여자들이 남편을 배신하는 가장 흔한 이유는 돌보미 역할에서 벗어나려는 몸부림이라는 것이다. 페렐은 이를 두고 "사실 우리는 또 다른 사람을 찾는 게 아니라, 또 다른 자아를 찾는 거예요"라고 표현했다.[77]

남자 배우자의 육아 참여는 관계에서의 충돌 확률과 엄마의 만족도를 예측하는 가장 중요한 인자다.[78] 영국, 스웨덴, 미국에서 진행된 지난 10년간의 연구에서는 남자 배우자의 가사 참여도가 낮은 부부는 높은 경우보다 갈라설 확률이 높다는 당연한 결과가 나왔다. 남자 배우자의 도움에 대한 만족감이 높을수록 여성이 느끼는 긍정적인 상호 작용, 친밀감, 확신, 긍정적인 감정 역시 커진다. 만족감이 적을수록 엄마의 이혼 생각, 부정적인 감정, 우울감은 커진다. 가정생활에서 부당함을 느끼는 여성은 불행과 우울감을 느끼기 마련이지만, 대부분의 경우 이 문제를 제대로 인식하지 못하는 남자들은 이 두 감정을 느끼지 못한다.[79] 모든 이혼 소송의 약 70퍼센트를 여자가 제기한다는 점은 주목할 만하다. 물론 가정의 평등이 행복한 결혼을 보장하는 절대적인 요소는 전혀 아니지만, 도이치가 가족 연구에서 발견했듯이, "부부가 모두 풀타임으로 일하는데, 여자가 대부분의 집안일을 하는 경우 행복은 절대로 거저, 쉽게 찾아오지 않았다".[80]

엄마가 생각하기에 특히 육아 분담 비율이 부당할 경우, 단일 표준편차를 통해 볼 때 집안일 분담이 불공평하다고 인식되는 경우보다 부부 관계의 행복감이 타격을 받을 확률이 더 크다.[81] 현대적이고 가정적인 아버지라는 낙관적인 이야기는 성공 확률이 절반인 뭔가에 자기 인생을 거는 현대 여자들의 믿음을 뜻한다. 성공하지 못하면 곤란이 기다린다.

부부가 누가 할지, 무엇을 먼저 할지 합의한다면, 노동 분담이 공평하든 그렇지 않든 문제가 되지 않는다. 동성 부부 사이에서 이런 현상은 특히 분명해진다. 동성 부부 역시 노동 분담의 불공평을 토로하지만, 이성 부부보다는 분노를 덜 느끼는 경향이 있다. 이는 동성 부부들 성격이 침착해서가 아니라, 각자의 역할에 명백히 동의했기 때문이다.[82] 성별에 따라 기대되는 역할이라는 양날의 검이 없기 때문에, 동성 부부들은 양육을 둘러싼 각자의 요구와 우선 사항을 대화를 통해 풀어갈 가능성이 크다. 누가 보더라도 이성 부부는 이런 식으로 타협하지 못하는 경우가 많다.

우리 결혼 생활에서도 대화를 통한 타협은 결코 이루어진 적이 없다.《부부가 부모가 될 때When Partners Become Parents》를 쓴 코완 부부는 인터뷰했던 부부들이 불평등은 그저 자기들에게 어쩌다 닥친 일이라고 느끼는 것에 당혹감을 느꼈다. 그들은 이렇게 적고 있다. "이들 부부들은 노동 분담이 성에 따라 결정된다는 사실에 놀라기보다는, 이를 병원에서 아기를 낳는 과정에서 감염된 신비한 바이러스의 작용처럼 설명한다. 자기들의 노동 분담을 스스로 결정한 것이라고 보지 않는 듯하다."[83]

비슷한 연구 결과는 또 있다. 아빠가 집안일에 많이 참여할수록 부부의 결혼 생활 만족도의 하락 폭은 줄어든다. 최근 연구에 의하면 새내기 아빠가 적극 참여하면 부부가 부모로 전환하는 시기에 전반적인 불만이 줄어드는 것으로 나타났다. 아빠가 동등한 동반자 역할을 하는 경우, 부부는 양쪽 모두 관계에 만족한다고 답한다. 한 종적 연구에서 자녀 출생 후 6개월에 접어들었을 때 육아에 최대한 관여한다고 답한 '유니콘 아빠'*들이 있었는데, 아이가 18개월 되었을 때 이 아빠들의 결혼 생활 만족도는 올라갔다.[84] 같은 기간 동안 아내들의 결혼 생활 만족도는 이보다 훨씬 큰 증가세를 보여주었다. 뒤집어보면, 아이 출생 첫 18개월 동안 아빠가 육아에 덜 관여할수록 양쪽 모두 갈수록 관계에 환멸을 느끼는 것으로 드러났다. 아내보다 더 많은 여가 시간을 누리는 남편은 행복한 결혼 생활을 일구지 못했다.

이는 심지어 관계의 끝을 의미할 수 있다. 2017년 〈워싱턴포스트〉에 부부 및 육아에 관한 칼럼을 기고한 이후, 나는 남편이 타협을 거부해 결국 남편 곁을 떠난 여성들로부터 이메일을 받았다. "제 남편은 육아에서 동반자가 되어주지 못했죠. 그래서 결혼 생활을 끝냈어요. 제가 샤워를 해야 하는데 아이를 봐주지 않더라고요. 밤에 저 대신 일어나서 몇 시간 더 자라고 배려해주지도 않았고요. 아이를 돌보고 집안일을 하는 모든 책임을 저에게 다 덮어씌웠죠. 전 남편이 너무 너무 미웠어요." 뉴욕에 사는 한 여성의 이메일이었다.

"저는 풀타임 전문직으로 일하고, 현재는 싱글로 초등학교 다니는 아이 둘을 두고 있습니다." 해외에 살면서 국제 외교 분야에서 일하는 한 여성은 이렇게 썼다. "2년 전 결혼 생활에 종지부를 찍게 된 요인은 여러 가지가 있었지만, 주된 이유는 아주 사소한 일의 책임을 둘러싸고 벌어진 신경전 때문이었어요. 제가 참고 견디는 모습을 아이들이 보면서 거기에 영향을 받고 있다는 사실에 결국 전 참을 수 없었고, 제 결혼은 완전히 끝났죠. 현재 생활은 힘들어요. 분명 그렇죠.

---

* 아내의 만족과 아이의 행복을 위해 시간과 노력을 아끼지 않는 신세대 아빠를 가리키는 신조어.

그래도 가뜩이나 일과 양육을 비롯한 온갖 일에 지쳐 있었는데 거기에 더해져 저를 끈질기게 괴롭히던 분노가 사라지니 훨씬 홀가분하고 평온해졌어요."

그러나 관계의 청산에 이르지 않더라도, 불평등한 부부 관계가 여성의 행복에 미치는 악영향은 크다. 오늘날 대부분의 맞벌이 부모는 가정생활에 할애하는 시간이 너무 적다. 반면 엄마는 이런 시간 부족을 아빠와는 다르게 경험한다. 여자의 경우 가정을 돌보는 데 충분한 시간을 쏟지 못하면 우울증을 앓을 가능성이 높아지는데, 역학자들에 의하면 이 때문에 직장 여성이 직장 남성보다 우울감을 느끼는 확률이 더 높다. 반대로 아빠의 행복감은 자신에게 충분한 시간을 쏟을 수 없을 때 하락한다.[85]

2017년 〈미국 의학 협회 저널Jounal of the American Medical Association〉에 실린 연구에 따르면 여성 의사는 힘든 인턴 생활 동안 남성 동료보다 우울감이 높아질 확률이 상당히 높았고, 직장 일과 가사로 인한 불화는 남녀 간 갈등의 36퍼센트를 차지했다. 〈뉴욕타임스〉는 "의학 분야의 여성 인력이 많이 증가하고 있지만, 여성 의사는 여전히 가사와 육아의 상당 부분을 떠안고 있다"고 보도했다.[86] 특정 직업을 가진 여성 집단의 현황에 많은 집단의 실상이 반영되어 있는 것 같다.

이론가들은 가족에 대한 여성의 헌신을 특히 강조하는 미국의 문화로 인해, 여성이 가정 밖에서 막중한 의무를 지고 있을 때 죄의식과 절망감에 좀 더 취약한 상태가 된다고 지적한다. 어린 자녀를 둔 직장 여성은 건강에도 타격을 입는다. 한때 여성은 남성보다 천성적으로 약하다는 잘못된 인식이 있었지만, 더 많은 여성이 교육을 받고 취업을 하면서 여성 건강은 큰 폭으로 향상되었다.[87] 하지만 어린 자녀를 키우는 동안에는 그런 향상된 면이 보이지 않는다.

　가족 구성원 중 남자와, 자녀가 없거나 비교적 성장한 자녀가 있는 여성에게 교육과 고용은 사회 역학에서 가장 중요한 질병 예방 인자에 속한다. 결혼 초반에 가족의 기본적인 돌봄 역할을 떠맡는 여자는 제한된 기간이나마 건강 문제에서 더욱 취약하다.[88] 시애틀에 사는 35세 국선변호인이자 7세, 3세 아이의 엄마인 캐리사는 발 수술 후 침대에 누워 있는 동안 이런 말을 전했다. "발등에 뾰족하게 뼈가 자랐어요. 수개월 동안 신발 때문에 발이 아팠는데 쇼핑할 시간이 전혀 없어서 새 신발을 사지 못했거든요. 계속 아픈 채로 신발을 신으면서 문제를 외면했죠. 결국 친구 한 명이 '발에 무슨 문제 있니?' 하고 물어보더라고요. 그래서 수술을 받고 여기 이렇게 있는 거예요. 끔찍해요. 회복 과정이 고통스럽네요. 이게 다 지난가을에 정작 저에게 필요한 조치를 취하지 않아서 그런 거잖아요. 제 발은 걷고, 걷고, 걷고, 또 걷는 이 인생의 희생물이죠."

　경제적인 손실도 있다. 가정에서의 평등 문제는 노동시장에서 성평등을 대폭 향상시키는 데 걸림돌로 작용한다. 엄마의 수입 곡선은 직장에 입사하고 퇴사할 때, 근무시간을 줄일 때, 덜 까다로운 작업을 할 때, 워킹맘에 대한 편견 때문에 승진 기회를 포기하거나 승진

하지 못할 때 하향한다. 2016년 미국 발전 연구 센터Center for American Progress의 경제학자들은 미국에서 중위 소득인 연 4만4,148달러를 버는 26세 여성은 육아를 위해 1년 휴직하는 동안, 시간에 따른 임금 상승분을 포함한 총 6만4,393달러의 임금은 물론 퇴직금 및 수당 5만2,945달러를 잃는다고 계산했다.[89] 맥킨지글로벌연구소McKinsey Global Institute의 2015 보고서에서는 노동 참여와 생산성에서 성별 격차가 해소된다면 세계경제는 28조 4천억 달러, 즉 지금보다 26퍼센트 더 부유해질 거라고 예측했다.[90]

최근 연구 결과는 성별 임금격차가 엄마라는 역할로 인해 생겨났음을 보여준다.[91] 자녀가 없는 여성의 수입은 남성보다 약간 적을 뿐이다. "육아로 인한 임금 불이익"이란 말이 괜히 생긴 게 아니다.[92] 격차가 생기는 한 가지 이유는 수십 년간 어떤 직업에 헌신한다는 것이 풀타임 이상 일할 수 있는 의지나 능력과 연관되었기 때문이다. 1970년대 이후 "초과근무(주당 50시간 이상으로 정의)"는 특히 관리 직종이라면 당연히 해야 하는 기준 이상의 요건이다. 초과근무에 대해 정규 근무보다 낮은 수당을 받던 임금노동자들은 일하는 엄마 수가 정점에 달했던 1990년대 중반, 초과근무 수당이 올라간 덕분에 임금이 늘어났다. 초과근무를 하는 직원의 비율은 증가했고, 장시간 근무에 대한 경제적인 보상은 더 많아졌으며, 필요할 때 언제나 나올 수는 없는 직원에 대한 불만은 하늘을 찔렀다.[93]

직장 생활 법률 센터Center for WorkLife Law의 창립 이사이자 2014년

에 나온《직장 여성에게 통하는 것What Works for Women at Work》의 지은이인 변호사 존 윌리엄스는 나에게 이런 말을 했다. "음모론적인 요소는 아니었지만, 낮게 책정된 초과근무 수당은 여성이 진지하게 전문 직업 세계에 뛰어들무렵 정규 임금보다 높게 책정되었습니다. 이런 현상이 일어났을 때 인상적인 것은 이상적인 직원이라는 정의가 여성이 효과적으로 경쟁할 수 없는 단일 요소, 즉 시간에 의해 바뀌었다는 사실이죠."

인디애나대학교의 사회학자인 차영주는 초과근무가 노동 성과에 미치는 영향을 연구한다. 차영주는 초과근무에 대한 경제적 보상 증가가 성별 임금격차를 유지하는 데 큰 역할을 한다는 사실을 밝혀냈다. 그는 초과근무에 대한 시간당 상대임금이 1979년과 2007년 사이 변하지 않고 유지되었다면, 성별 임금격차는 오늘날보다 10퍼센트 적을 거라고 설명한다.[94]

법학자들은 가정 돌보미 여성과 가장 남자에 대한 편견이 직장 내 차별에서도 발현되며, 더 나아가 여성의 경력 발전과 임금 책정에 해를 끼친다고 주장한다. 여기에 덧붙여 가족 중 누가 휴가를 내거나 근무시간을 줄일지에 관한 결정을 내릴 때 거의 여성이 그것을 떠맡는다. 갈수록 흔해지는 현상이지만, 아내의 수입이 더 많을 때도 부부는 보조 가장이 남자가 아닌 여자라고 보고, 휴가를 내거나 근무시간을 줄일 사람을 아내로 결정하는 경향이 있다. 부모가 되었을 때 경제적인 안정과 행복을 포기하는 쪽은 여자가 더 많은데, 여기서 생기는 피해는 부부가 공평하게 분담할 경우 좀 더 쉽게 메워질지도 모른다.

1978년 이후 미국에서는 임신했다는 이유로 여성을 해고하는 것이 불법이지만, 2018년 〈뉴욕타임스〉는 "임신으로 인한 차별이 미국 대기업에 만연해 있다"고 보도했다.[95] 이 기사는 임신한 여성 직원이 일에서 밀려나고, 협상에서 요구를 거부당하며, 승진 기회를 놓치거나, 이에 이의를 제기하여 해고된 이야기를 자세히 기술했다. 자녀가 있는 여성이 고용에서 차별을 당하는 일은 아주 흔하다. "어린아이가 있는 여자라면 여기 통근하기가 너무 멀죠." 브롱크스 병원의 나이 지긋한 남성 심리학자는 2010년 입사 면접 끝자락에 나에게 이런 통보를 했다(그때 아이가 있다고 말하기로 한 나의 판단을 저주했다).

2007년 사회학자들은 18개월에 걸쳐 미국 북동부 대도시에 나온 신입 및 중견 사원 일자리에 집단적으로 이력서를 제출했다. 응모자의 성별과 아이 유무 여부를 다양하게 허위로 꾸몄고, 근무 이력과 학력은 그대로 두었다. 그 결과 자녀가 없는 여성은 자녀가 있는 여성에 비해 면접 기회를 얻을 가능성이 2.1배 더 높았다.[96] 반대로 자녀가 있는 남성에게는 자녀가 없는 남성보다 면접 기회가 조금 더 주어졌다.

남녀 모두 집 밖에서 똑같이 의무를 져야 하는 세계는 필연적으로 가족에 대한 헌신을 불편한 애물단지로 인식하기보다는 기꺼이 받아들이고 예상할 수 있는 요인으로 볼 것이다. 이런 세계에서는 공공 정책도 달라질 것이다. 지금 미국 의회에서 과반수를 계속 유지하는 남성 의원들은 좀 더 살 만한 가정을 이루도록 제도와 환경(당장 머릿속에 떠오르는 게 출산휴가와 정부가 보조하는 보육 시설)을 지원하는 정책을 발의하거나 통과시키는 데 관심이 전혀 없다. 이런 사람들은 일단 부모가 되는 것이 가장 힘든 시련이라는 것을 모른다. 만약 안다면 마음이 바뀔까?(공직에 여성이 비교적 적어서 생기는 내재적 문제는 신경 쏠 것도 없다. 위스콘신대학교 라크로스 캠퍼스의 역사학자인 조디 반덴버그-데이브스는 나와 대화하면서 이런 얘기를 했다. "이 나라 미국에서 정말 계속되는 불행 중 하나는 자원의 공적 할당에 대해 여성의 발언권이 거의 없다는 겁니다.")

우리가 65대 35 비율의 가사 분담을 오래 견디면 견딜수록, 이런 불평등을 지탱하는 요인이 더 오래 자리를 지킬 것이다. 남자들이 생리를 한다면 모든 공중화장실에 생리대가 무료로 공급될 것이다. 동일한 원리가 여기에도 적용된다. 남자들이 여자들과 똑같이 가사를 분담할 때까지 현재 상황은 꿈쩍도 하지 않을 듯하다.

나와 얘기를 나눈 여자들은 부부 관계에 대한 강한 실망, 결코 사라지지 않는 아이 아빠를 향한 분노, 무뎌지는 성욕, 탈출에 대한 환상 등 변하지 않는 상황에 어떤 타격을 받는지 설명했다. 워싱턴주에 사는 가정 폭력 전문 변호사이자 어린 자녀 둘을 둔 47세의 트레이시는 나와의 통화를 눈물로 끝냈다. "분노가 들끓어요. '당신이 나를 더 이상 안 도와주면 그냥 끝내버릴 거야.' 이런 생각이 드는 거죠. 아이들이 크면 상황이 나아질 거라고 기대하겠죠. 근데 전 친구들한테 얘기해요. '이제 나에겐 참을 연료가 얼마 안 남아서 새 길을 찾을지도 몰라'라고요."

　의기양양한 페미니스트의 전투가 대범하고 공개적으로 벌어지고 있는 이때, 제1세계 선진국 가정의 평등은 제자리를 찾을지도 모른다. 이 평등은 여성의 기본적 인간성을 전폭적으로 수용하라고 요구하는 총체적 투쟁에서 버팀목이 되는, 큰 퍼즐에서 없어서는 안 되는 한 조각이다. 우리 여성들은 남성의 편의와 즐거움을 위해서 존재하지 않는다. 우리가 모든 곳에서 평등할 때까지, 구석구석 파고든 문화적 여성혐오에 더 이상 공모하지 않을 때까지, 우리 여성은 어디에서도 평등한 존재가 아니다. 지금 현재 우리 여성들은 남편과 마찬가지로 가족을 사랑하지만, 개인 생활에서 우리가 받아들인 타협은 우리가 삶을 영위하는 데 지장을 준다.

성 역할은 어떻게 대물림되는가

다음에 소개할 내용은 1994년에 발표된 예전 자료지만, 지난 20년 동안 크게 변하지 않았기 때문에 언급할 필요가 있다고 생각한다. 바로 부부의 시간 일지를 토대로 산출한 가사 분담에 대한 분석과 부부가 가정에서 가사 분담에 관해 느끼는 심정을 보고한 자료이다. 시간 일지 연구에서는 참가자들이 제한된 날수 또는 주수 동안 하루에 일정한 시간 간격을 정해놓고 어떻게 시간을 보내는지 기록해야 한다. 이후 연구자들은 부부의 시간 일지를 취합한 다음 이들이 가정에서 집안일을 얼마나 하는지 그 비율을 계산한다.

연구자들은 일단 해당 연구에서 부부가 집안일에 투여하는 시간의 상대적 비율(부부에게 공개 안 함)을 계산한 다음, 이 수치와 가사 분담에 관한 참가자의 심정을 비교해보았다. 결과 집안일의 36퍼센트를 하는 남성이 가사 분담이 가장 공평하게 이루어졌다고 보고했다. 우리, 특히 우리 여성들에게 잠시 생각할 여지를 줄 만한 결과는 여성은 기본적으로 이들 남자들의 의견에 동의한다는 것이다. 여성의 "평등 기준점"은 실제로 남자에게 훨씬 관대했다. 시간 일지를 토대로 가사의 66퍼센트를 담당하는 여성이 가사 분담이 가장 공평하게 이루어졌다고 느끼는 것으로 나타났다.

이 연구의 입안자는 이렇게 밝힌다. "이런 결과를 볼 때 평등한 가사 분담이란 일을 똑같이 분담하는 게 아니다. 오히려 남녀 모두, 여자가 가사의 3분의 2 정도를 해야 한다고 믿는 것 같다."[97] 유아를 둔 엄마의 사회 활동 참여율은 1995년 최고치에 올랐기 때문에 이 연구 결과가 구시대의 유물은 아니다. 그렇다면 가정 내 육아 분담 비율이 여성 65, 남성 35에서 멈췄다는 게 어느 정도 이해가 간다. 우리의 성차별 문화는 뿌린 대로 거둔 셈이다.

예일대학교 인류학자 리체 제이 대니얼 반스는 남편과 함께 아이를 키우는 23명의 전문직 아프리카계 미국 여성을 조사했다. 2016년 저서《인종 각성시키기: 흑인 직장 여성의 결혼과 엄마 역할, 공동체 재정의Raising the Race: Black Career Women Redefine Marriage, Motherhood and Community》에서 반스는 이들 75퍼센트가 첫아이 출산 이후 가사 분담 비중이 남편에 비해 급격하게 늘었음을 느꼈다고 소개한다. 그러나 반스는 "이런 부조화에도 불구하고 조사한 여성의 거의 절반은 이런 분담에 만족한다고 말했다. 모두 불만을 가지고 있었지만 대부분 이런 부조화의 원인을 아내와 엄마라는 역할 수행 때문으로 보았다"고 밝힌다.[98]

우리는 여성의 권한에 따라붙는 관념과 입에 발린 말로 자신을 현혹한다. 육아 분담이 성 평등에 대한 가치 평가와 관련되어 있지만, 이 가치는 공평한 육아 분담에 필요한 조건도, 충분한 조건도 아니다.[99] 사실상 반스의 보고서는 가사 분담을 결정하는 요인이 성별이라는 점에 대해 전폭적인 지지를 보내지는 않는다.[100]

토론토에서 실시된 2001년 연구에서는 아이가 생겼거나 곧 아이가 생길 40쌍의 부부를 조사했다. 참가자들은 "평소보다 가사 분담에 더 강하게 매달렸"다. 하지만 결국 이 연구에서 밝혀진 사실은 대부분의 참가자가 캐나다 가정에서 전형적으로 나타나는 성별 분화적 행동 양상을 그대로 보여주었다는 것이다. 즉 여자가 직장 일을 줄이고 집안일을 떠맡거나, 직장 일을 줄이지 않고 집안일을 모두 떠맡았다.[101]

더 최근의 연구 자료도 있다. 자녀가 없는 밀레니얼 남성의 65퍼센트는 남편과 아내가 가장 역할과 주부 역할을 같이 하는 형태를 지지하는 반면, 나이는 비슷하지만 자녀가 있는 경우는 겨우 47퍼센트만이 이런 가정 형태를 계속 유지한다.[102] 이상은 당사자가 그 부담을 떠안기 전에만 좋은 것이다. 영국 작가인 레베카 애셔는 아이를 낳은 후 변한 자신의 여성주의 이상에 관해 쓴 저서, 《충격받다Shattered》에서 이렇게 썼다. "아빠가 되자마자 [남자]는 결국 가부장제가 자기들에게 더 잘 맞는다는 것을 깨닫는다."[103]

믿음과 실천 간에 생기는 이런 차이를 덜 회의적으로 설명하는 이들도 있다. 혹실드는 "꼭대기와 밑바닥 이데올로기"로 설명했는데, 부부는 여성의 직장 생활과 남성의 가사 분담에 관한 믿음을 꼭대기에 올려놓고 있지만, 실제 경험한 생활의 밑바닥에는 다른 많은 현실이 있다는 것이다.[104] 잉글랜드는 이런 차이가 상충하는 문화 논리, 즉 개인주의 및 동등한 기회에 대한 권리와, 남자와 여자의 흥미와 기술은 근본적으로 다르다고 보는 성별 본질주의 때문에 나타난다고 본다.[105]

마지막으로 다른 아빠와의 접촉 빈도를 기반으로 설명하는 사람들은, 기본적으로 돌보미 역할을 택하는 다른 아빠와 접촉하다 보면 점점 많은 남자들이 똑같은 역할을 수행하는 쪽으로 나가겠지만, 여성이 양육하는 문화에 젖어 있으면 남자의 변화는 위축된다고 주장한다. 사회적 상황은 성 이데올로기gender ideology*를 대체할 수 있다. 사

---

*   성차별과 성 계층화가 '자연적' 차이나 초자연적 신념의 측면에서 정당화되는 것을 포함하여 사회적 정당화를 부여받게 되는 사상 체계.

회적 상황은 태도가 행동으로 이어지느냐 여부에 영향을 미치고, 태도와 행동이 충돌할 때 우리는 태도를 변화시켜서 충돌을 줄여가는 경향이 있다.[106] 부모가 된 부부는 평등을 예상했지만 불평등이 기본적으로 존재하는 관계에서 인지부조화를 최소화하기 위해 결국 덜 평등주의적인 태도를 취할 수 있다.

그러나 성 이데올로기가 행동과 전적으로 다르다고 말하는 것은 오해의 여지가 있다. 더 정확히 말하면 남자의 경우에만, 성 이데올로기는 행동과 연관이 있다.[107] 대부분의 연구 결과에 따르면 남자는 전통적인 성 이데올로기에 덜 얽매일수록 가사를 더 많이 분담한다. 이런 결과는 대만, 이스라엘, 중국, 캐나다, 스웨덴, 영국, 미국의 표본 연구 집단에서 확인된다. 이 논문의 결론을 인용하자면, "남편의 성 이데올로기는 아내의 성 이데올로기보다 더 강력한 가사 분담 결정 요인일지도 모른다".[108]

위의 논문과 기조를 같이하는 수많은 연구에 따르면, (엄마가 아닌) 아빠의 평등에 대한 믿음이 아빠의 양육 참여와 긍정적으로 연관되어 있음을 보여주었다.[109] 그렇다면 가사를 분담해야 한다고 믿는 여성의 결혼 만족도가 그렇지 않은 여성보다 더 낮은 경향이 있고, 가사를 분담해야 한다고 생각하는 남자는 그렇지 않은 경우보다 결혼 만족도가 더 높다는 사실[110]이 놀랄 만한 일인가? 마찬가지로 남편이 아내보다 더 평등을 추구하는 경우, 가정 불화는 더 적다. 아내가 남편보다 더 평등을 추구한다면 가정 불화는 끊이지 않는다.

이 연구 결과는 누가 집에서 주도권을 잡고 있느냐는 문제에 대해 우리에게 어떤 이야기를 해주는가? 우리가 여전히 이런 질문을 하고 있다는 사실을 알고는 있었는지?

잠깐, 할 말은 더 있다. 결혼에서 각자의 역할에 관한 믿음의 측면에서 엄마의 태도가 아닌 아빠의 태도는 성별과 관계없이 자녀의 태도와 밀접하게 연관되어 있다.[111] 다시 말하면 아이들은 집 안의 권력을 식별할 수 있는 능력이 있어서, 누구의 믿음이 더 중요하며 내면화할 가치가 있는지 판단할 수 있다는 얘기다. 자녀의 태도 형성에 미치는 가족의 영향이 사춘기를 거치며 약화되는 반면, 아주 어린 시절 획득하는 생각의 "밑바닥" 본질은 우리 모두 아는 바와 같이 끈질기게 오래간다. 남자와 여자에 관한 문화적 메시지는 젠더 시스템의 규칙을 이루고, 이런 규칙으로 인해 행동에서 자기충족적 효과가 나타난다. 이 규칙 덕분에 구성원을 전복시킬 수도 있는 사회 변화가 일어나도 젠더 시스템이 존속할 수 있는 것이다.

***

1976년 미국 중서부에서 태어나 현재 샌디에이고에 사는 두 아이 엄마이자 교사인 디애나는 이렇게 설명한다. "남편과 제가 동거를 시작했을 때 저희는 모든 면에서 전적으로 평등한 커플이었어요. 그 후 우린 결혼했고 전 모든 일을 혼자 처리하고 싶었죠. 정말 좋아하는 사람을 만나는 게 제 꿈이었거든요. 결혼했으니 또 여자로서 져야 될 책임을 감당해야 한다고 생각했어요. 지금은 정신 나간 소리처럼 들린다는 거 알아요. 그때는 정말 일리가 있는 얘기였어요." 남편은 디애나가 자기를 싫어하게 될 거라고 예측했다(그가 옳았다). 남편은 어쨌든 디애나의 뜻을 따랐다. 디애나는 풀타임으로 일하지만, 가사를 도맡겠다고 분명히 밝혔다는 점에서 내가 인터뷰한 여성 중에서는 보기 드문 유형이었다. 그들은 전통적 부부처럼 사는 데 동의했다.

맞벌이 부부 가운데 요즘 좀 더 흔한 형태는 사회학자들이 말하는 젠더 레거시 부부*다. 이들의 경우 아이에 대한 책임은 기본적으로 여자가 지는데, 혹시 이 문제와 연관 지어 이 책을 읽는 사람이라면 위 집단에 속할 가능성이 크다. 젠더 레거시 부부의 엄마는 양육과 관련된 스트레스와 부담감이 가장 크다고 말한다.[112] 가족 연구자들은 "평등한 담화로 맺어지는 결혼"에서 평등한 담화는 매일 실제로 일어나는 일상과는 거리가 멀다고 지적한다.[113] 부부는 서로 합의하여 결정한다고 하지만, 결과적으로 아내보다는 남편의 필요와 목표를 우선시하는 경향이 있다.[114]

평등에 관한 언어, 즉 현대적이고 가정적인 아빠에 대한 믿음은 동시대 결혼 관념의 핵심적 신화를 창조한다. 이는 21세기 가정에서 용납될 것 같지 않은 일종의 여성 종속을 은근슬쩍 감춘다. 여성 종속

---

* 엄마만이 자녀와 유일하고 밀접하게 연결되어 있다고 믿는 부부.

은 엄마가 다른 일을 챙기지 않는 이상, 따라다니고 알고 생각하고 계획하고 먹이고 돌보고 확인하고 실제 일하는 데 책임을 져야 한다고 여기는 관념이다(다른 일을 챙기려면 더 많이 알고 더 생각하고 더 따라다니고 더 많이 일해야 한다). 내가 부탁하면 얼마든지 하겠다는 그이 역시 여자가 챙겨야 할 일에 속한다. 그러니 이건 동반자 관계가 아니다.

부부는 때로 그들이 믿는 가치와 실제 행위 사이의 틈을 분명히 드러낸다. 그러나 어떤 경우엔 가사 분담이 그들의 이상에 부합한다고 상상하느라 애를 쓴다. 사회학자 아네트 라루는 2003년 《불평등한 어린 시절》을 펴냈는데 연구 조사 과정에서 아빠들이 가정에서 정리하고 관리하는 일을 얼마나 소홀히 하는지 발견했다.[115] 그는 나에게 이 문제가 얼마나 노골적으로 무시되었는지 강조하며 얘기했다(라루가 관찰한 사실은 책 주제와는 맞지 않아 결국 〈아내는 내 비서My Wife Can Tell Me Who I Know〉라는 제목을 단 별도의 논문으로 발표되었다).

라루는 이렇게 얘기했다. "아빠들은 자기 아이들의 일정과 필요한 사항에 관해 무지했다. 그러나 엄마와 아빠의 얘기는 실제 상황과는 또 달랐다. 예를 들어 한 부부는 아빠가 아이 축구와 관련된 일은 다 한다고 못을 박았다. 어느 날 비가 올 때 내가 현장에 있었는데 엄마한테만 모두 17통의 전화가 걸려왔다. 이 부부는 엄마가 간식과 유니폼, 등록과 관련된 일을 모두 챙긴다는 걸 인지하지도 못했다. 그저 '아니에요. 아빠가 축구 일은 다 맡아서 해요'라고 고집을 피웠다. 이런 사람들을 인터뷰하기는 쉽지 않았다. 가사 분담이 평등하게 이뤄

지고 있다는 이상적인 관념에 눈이 멀었으니까. 아빠가 아이들과 보내는 시간을 계획하는 엄마의 보이지 않는 노동을 이들 부부는 보지 못한 것이다."

내가 인터뷰한 엄마에게도 이와 비슷한 이야기를 들은 적이 있다. 애틀랜타에 사는 두 아이의 엄마이자 경리 일을 하는 44세 클로디아는, "제 남편은 말만 하는 아빠는 아니에요"라고 하더니, 곧이어 꼭 다그쳐야 남편은 아이들에게 하루 일과가 어땠는지 물어본다고 덧붙였다. 그러더니 "베이비시터를 고용해야 한다면 남편은 뭘 어떻게 해야 할지 모를걸요. 언제까지 뭘 해야 하는지 파악하고 학교에서 온 이메일을 읽고 아이들 알림장을 검사하는 사람은 바로 저예요. 남편은 아들을 보이스카우트에 데려가는데, 가끔 저한테 시키려고 해요. 그럼 전 이렇게 말하죠. '아니, 당신이 한 가지는 해야지! 내가 일일이 다 할 순 없잖아. 거기 가면 아빠들이 많아! 다른 남자들도 한번 만나보라고!' 그럼 남편은 순순히 하죠. 쓸모없는 사람은 아니에요" 하며 말을 끝냈다.

지금과는 다른 사회, 경제 시대에 어울릴 법한 구시대적 성 역할 기준에 매달려 사는 부부는 어쩌면 거친 파도 속으로 들어가고 있는지도 모른다. 아직 반려자와 같이 살아보지 않았거나, 자식이 없는 대학생들을 대상으로 한 실험은 많은 이야깃거리를 준다.

뉴욕대학교 사회학자 캐슬린 거슨의 한 연구에 참여한 대학생 대다수는 평등한 결혼을 희망한다고 밝혔다. 그러나 뜻대로 안 될 경우 어떻게 살겠느냐는 질문에 젊은 남자들은 아내는 전업주부, 자신들은 돈을 벌어오는 가장이 될 거라고 예상하는 반면, 젊은 여자들은 이혼을 예상했다.[116] 거슨은 자립적인 여자와 신전통적 남자가 세우는 서로 다른 대비책이 새로운 성 분열을 나타내는 것은 아닐까, 생각했다. 물론 실제 생활은 실험실에서 19살 새내기에게 제시한 이론적인 상황보다 더 골치 아프다. 옥시덴탈대학교 사회학자 리사 웨이드는 과연 이 실험 결과가 일어날 수 있는 모든 상황을 대변하는가에 대해 의문을 던진다. "당신이 사랑하는 바보 같은 남자가 아이의 아버지인데, 그가 아이 가방을 싸지 않는다고 정말 결혼을 뒤집을 겁니까?"

그러나 단순히 같이 사는 것이 결혼의 최종 목표는 결코 아니다. 육아 분담이 불공평하다고 인식되면 여자는 결혼이 불행해질 거라 예측하며, 불행한 결혼 생활에서는 역시나 아빠의 참여가 갈수록 줄어들게 된다.[117] 부부는 서로 영향을 주고받는다. 평등의 신화를 받아들이는 부부는 실제 상황에 대처하지 못하며 결국 자포자기의 길로 들어서는 악순환을 거듭한다. 부부가 관계에 내재된 역학을 인식하지 못하는 한, 둘 다 변하기는 어렵다. 부부 연구 결과를 보면 힘의 문제가 제기될 때도 일반적으로 남자가 변해야 한다는 관점이 아니라 여자가 변해야 한다는 관점, 즉 여자가 좀 더 강하게 밀고 나가야 한다는 관점에 갇히고 만다.[118]

나와 얘기를 나눴던 한 여성은 바로 이 점을 드러내며 그들 부부의 후회되는 행동에 대해 한바탕 사설을 늘어놨다(분명히 말하지만 누군가 나를 인터뷰했다면 나도 똑같은 소리를 했을 것이다). 가정 폭력 전문 변호사인 트레이시는, "왜 남편이 일을 더 하지 않았냐고요? 그야 제가 강요하지 않았기 때문이죠"라고 말한다. 물론 그녀는 해달라고 부탁은 했다. 남편이 듣지 않았을 뿐. "남편은 이러죠, '당신이 잘하잖아. 당신이 다 알고 있는데 뭘. 나는 비디오게임이나 할래.'"

2

과학

우리는 그렇게 타고나지 않았다

생물학 탓을 하는 이유

2017년 퓨리서치센터의 조사에 따르면 64퍼센트의 미국인은 남자와 여자가 "양육에 다르게 접근한다"고 믿었다. 64퍼센트 중 절반 미만은 양자의 차이를 생물학 탓으로 돌린다. 남녀가 양육에 다르게 접근하는 이유가 그렇다고 교육받았기 때문이 아니라 천성 때문이라고 생각하는 남녀의 비율은 58대 39다.[1] 그러나 딸 담임 선생님의 주문대로 학급 대화 앱을 다운로드하지 못하거나, 수박을 자르지 않고 냉장고에 넣어놓는 남편의 행동. 이는 남녀 성 간의 생물학적인 차이로는 전혀 설명이 안 된다. 비슷한 주제로 엄마들을 인터뷰했을 때 그들 역시 답답해하면서도 납득할 만한 답변을 내놓지 못한다. 그러나 "왜 여전히 이런 식으로 갈까요?" 하는 질문에 대부분의 여자들은 목소리를 높이면서 천성을 그 이유로 꼽는다. 이렇게 천성은 최종 해답을 내릴 수 있는 편안한 안식처다. 여기에 기대면 화가 덜 나고 자책감도 덜 느껴진다. 이건 또 직관적이기도 하다.

과학: 우리는 그렇게 타고나지 않았다

포틀랜드에서 대학교 행정직원으로 일하며 고등학교를 졸업한 두 아이를 둔 53세 니콜은 남편과 벌인 수년간의 다툼을 떠올린다. 그는 "아이들이 초등학교에 다닐 때 포기했다"고 말한다. "남편은 그냥 잘 이해를 못 했어요. 제 입장은 남편이 더 가정적이어야 한다는 거였죠. 사회가 뒷받침해주지 않더라도 가정을 지키는 건 중요한 일이니까요. 제대로 고쳐보고 싶었어요. 끊임없이 머릿속에서 그런 생각을 했죠. 남편은 자신을 챙기는 일을 더 잘하는 반면, 전 더 희생적이었어요. 그때 좀 더 밀어붙였더라면 상황이 어떻게 됐을까 생각해요. 하지만 한동안은 진짜 밀어붙였어요. 남편은 당시 그 상황을 더 평등하다고 생각한 것 같아요. 전 받아들여야 했고요." 니콜은 계속 말을 이었다. "가정을 버린 제 아버지랑 비교해서 제 남편은 아이들에게 관심을 기울이고 숙제도 잘 봐줘요. 자기가 잘하는 방식으로 양보를 하는 거죠. 뭐라 하면 반발할 거예요. '글쎄, 우린 아주 평등하잖아' 하면서 자기가 한 모든 일을 들추어내겠죠. 어떤 친구들은 더 평등한 결혼 생활을 하는 것 같지만, 누가 알까요? 우리는 그저 참고 받아들이잖아요. 불평불만이 있었지만 발버둥 치면서 결혼 생활을 했어요. 아이를 돌보는 데 남편과 똑같은 시간을 할애하겠다고 생각하고 한동안은 머릿속에서 계산을 했죠. 건강한 방법은 아니었어요."

나는 그동안 이 계산하는 태도에 대한 이야기를 많이 들었다. 엄마들은 계산을 너그러운 마음에 찬물을 끼얹는 악한 행위라 여겼다. 하지만 계산은 돌봄의 한 방법이 될 수 있다.

콜로라도에서 동성 결혼을 한 재클린은 초등학교에 다니는 두 아이의 공동 양육자 역할을 성공적으로 하고 있는 것 같다며 이런 말을 했다. "우리는 상대방을 생각하면서 뭐가 필요할지 예측해요. 오늘은 아내가 아이들을 학교에 데려다주고 데려왔으니까 전 밤늦게 집안일을 해야겠다고 생각하는 거죠." 계산에 따르는 문제는 양쪽 모두 상대방이 한 일을 인정하면서 책임을 다할 때가 아니라, 엄마 혼자에게만 책임이 주어져 아빠의 냉담이라는 수학 안에서 부글부글 끓고 있을 때 발생한다.

니콜은 더 이상 따지기 싫어서 "피 터지는 여러 번의 토론"을 중단하고, 여자는 본래 다른 사람의 요구를 더 잘 파악하고 그들에게 관심을 가지는 데 천성적으로 더 능하다는 점을 받아들였다. "멀티태스킹과 뇌 전환, 이게 아기를 돌보다가 바로 컴퓨터 앞에 앉아 일을 하는 거잖아요. 우린 그걸 잘하죠. 여자들은 천성적으로 저항하기 힘든 것 같아요. 여자는 본질적으로 희생정신이 강하잖아요. 아마 유전자나 호르몬 때문인 것 같아요. 남자들을 움직이지 않는 뭔가가 우리를 움직이는 거죠."

이름을 붙이지 않아도 니콜은 성별 본질주의에 수긍한다. 성별 본질주의는 여성에게 남성과 차별화되는 본질적 특성이 선천적으로 내재되어 있다는 생각이다. 인간의 지적, 사회적, 감성적, 심리적 특성은 몸과 관련되어 있고, 생물학적인 성은 성별에 따른 표현으로 직결된다는 것이다.

성별 본질주의자들은 12세기 서구 최초의 페미니스트 사상가들로 여성은 단순히 남성의 열등한 버전이 아니라고 주장했다. 당시로서는 대담한 주장이었고 아마 지금도 그럴 것이다. 이후 수세기 동안 성별 본질주의는 여성이 자신의 독특한 경험을 공공 영역에서 발휘하도록 부추기고, 다른 한편으로는 그들이 받는 차별을 정당화하는 데 이용되었다. '남자와 여자는 본질적으로 다르다'는 것이 현대사회에서 많은 사람들이 이해하는 성에 대한 관념이다. 그러나 철학자 제니퍼 호켄버리 드래그세스는 《생각하는 여자Thinking Woman》에서 "성별 본질주의자들은 종종 역할로서의 성별gender과 생물학적 성별sex은 자연적 구분이라고 주장한다. 하지만 '자연적'이거나 '선천적'이거나 '명백한' 것으로 보이는 것이 실은 문화적인 습관인 경우가 많다"고 주장한다.[2]

여성만이 아이를 임신한다. 이건 많은 부분 사실이다. 사실 출산 후에 많은 일들이 벌어질 수 있지만, 성별 본질주의 논리는 출산 초기 엄마의 의무적인 육아를 장기적 배타적 돌봄으로 바꾸는 데 일조한다. 보수주의 운동가 필리스 슐라플라이는 페미니스트 에이미 리처즈가 "남편 피터보다 양육의 스트레스를 훨씬 심하게 겪고 있고, 나는 어쩔 수 없이 그렇게 타고 난 건 아닐까 생각하기 [시작했다]"라고 하자[3], 페미니즘이 "기본적으로 인간 본성을 거부하고 재 구축하려는 시도이기 때문에 실패할 수밖에 없는 운명"이라고 비난했다. 서로 관점은 다르지만 두 여성 다 자연법칙이 지배하는 현 실태가 (최선의) 유일한 현실이라고 가정하는 자연주의적 오류의 희생양이 되었다. "현 실태"를 "어쩔 수 없는 사태"로 해석하는 것 말이다. 하지만 자세히 관찰해보면, 성별과 깊게 관련된 차이 대부분은 지금까지 변하지 않았지만 결코 생물학적으로 미리 정해지지는 않은 사회 현실에 뿌리 내리고 있다.

위스콘신대학교의 심리학 및 여성학 교수인 재닛 시블리 하이드는 성 연구 분야를 주도하는 학자이다. 성 차이는 대중의 폭넓은 관심을 받고 있을 뿐 아니라(증거 1호: 존 그레이의 《화성에서 온 남자, 금성에서 온 여자》는 지금까지 5천만 부가 넘게 팔렸다), 심리학 연구의 비옥한 토양이기도 하다. 남자와 여자의 감성이나 인지 차이에 대해 찾아보면 타당성이 입증된 연구가 적어도 50가지는 발견된다. 실제로 하이드가 세어본 결과다.

2005년 하이드는 인지 능력, 소통, 사회 행동, 인성, 심리적 행복 등의 영역을 탐구한, 46개 젠더 차이 연구의 메타 분석 결과를 취합했다. 목표는 문제가 되는 변수의 효과 크기*, 또는 통계적 검증력을 밝히는 것이었다. 취합 결과, 남자와 여자의 가장 큰 차이는 (던지는 속도 같은) 운동 기능 영역과 (자위 행위 회수 같은) 성생활에서 나타났다. 그러나 변수의 48퍼센트는 효과 크기가 통계적으로 작은 범위 안에 있었고, 다른 30퍼센트는 겨우 0을 넘어섰다. 이 말은 측정과 재측정을

---

* 평균치들 간의 차이 크기를 표준편차와의 비율로 나타내는 것.

거쳐 다시 한 번 측정된 성 차이 변수의 78퍼센트는 남녀 차이의 효과 크기나 동성간 차이의 효과 크기나 비슷했다는 뜻이다. 두 여자 또는 두 남자 간의 차이는 무작위로 뽑은 남녀 커플 간의 차이와 거의 비슷했다. 하이드는 이렇게 말했다. "이 결과는 일반 대중과 심지어 연구자들이 으레 추측하는 차이와 상당히 다르다."[4]

세심하고 정확하게 실행된 과학 연구는 그렇지 않은 주먹구구식 통념과 불일치하는 경우가 상당히 많다. 이런 이유로《화성에서 온 남자, 금성에서 온 여자》는 신경과학자인 코델리아 파인의《젠더, 만들어진 성》보다 2500 대 1의 비율로 많이 팔린다. 그레이는 성 차이에 관한 유명한 신화를 보완하여 언급하면서 집안일은 옥시토신과 테스토스테론 분비에 영향을 주어 여성에게는 유익하게, 남성에게는 매우 나쁘게 작용한다고 하며 (수백만) 독자를 이렇게 설득한다. "매일 아내 일상에 동참해서 도우미로서 일을 분담하다 보면 결국은 기진맥진하게 된다." 이에 파인은 다음과 같은 글로 그레이의 주장을 반박한다. "성 고정관념은 이런 사이비 과학의 설명으로 정당화된다. 갑자기 한쪽 성은 한물간 성차별주의자가 아닌 현대적이고 과학적인 사람으로 돌변한다."[5]

하이드는 다중 메타 분석 방법인 메타-메타 분석 결과meta-meta-analysis에 기반하여 "성 유사성 가설"을 제기하면서 남자와 여자는 생식기관이 서로 다르다는 점 외에는 비슷한 부분이 더 많다고 주장한다.[6] 하지만 성 연구학자가 아닌 이상, 우리에게는 그레이의 책보다 하이드의 연구가 더 낯설게 느껴질 가능성이 크다. 현재 문화 풍토에서는 하이드나 파인, 또는 뉴욕주립대학교 스토니브룩 캠퍼스의 남성 및 남성성 연구 센터Center for the study of men and Masculinities 소장 마이클 키멀의 선정성이 덜한 연구의 결과를 받아들이기가 더 힘들다. 키멀은 "성 차이는 성 불평등의 산물이지 성 차이로 인해 성 불평등이 생기지는 않는다"고 확실히 못을 박는다.[7]

남자는 다 '그런'가?

니콜의 주장대로 양육에 대한 태도의 차이를 유발하는 원인이 유전 또는 호르몬에서 올 경우, 정상적인 부모라면 이 차이를 바로잡기 위해 도대체 얼마나 많은 노력을 기울여야 할까? 브라운대학교 명예 교수이자 생물학 및 성 발달 분야 전문가인 앤 파우스토 스털링은 이런 글을 썼다. "사회 현상에 대한 생물학적 해석을 믿는다는 것은 기존 상황을 변화시키려는 노력이 쓸모없다는 얘기다."[8]

　　이것이 사실일까? 차이를 발견했을 때 남녀가 보이는 반응 차이를 검사하기 위해 프린스턴대학교 사회심리학 연구자는 학부생을 대상으로 지각양식perceptual style*에 관한 실험을 했다.[9] 참가자들은 혼자 또는 남녀 짝을 지어 과제를 부여받았다. 점이 찍힌 슬라이드 한 세트를 훑어보고 각 슬라이드에 얼마나 많은 점이 찍혔는지 재빨리 추정하는 과제였다. 과제를 끝낸 참가자는(사실 아무도 이 과제에 점수를 매기지 않았다) 그들이 두 가지 지각양식, 즉 "과소 추정" 또는 "과다 추정" 중 한 가지 유형에 속한다는 말을 들었다. 혼자 검사를 받은 학생은 결과를 연구자에게 일대일로 들었다. 남녀 혼성 그룹은 짝과 함께 '둘의 지각양식이 같다' 또는 '다르다'라는 설명을 들었다. 마지막으로 연구자는 모든 참가자에게 다음과 같이 그들의 (가짜) 지각양식 결과에 대해 어떻게 생각하는지 의견을 적어보게 했다. "몇 퍼센트의 남자들이 당신과 같은 지각양식을 가지고 있다고 생각하는가? 몇 퍼센트의 여자들이 당신과 같은 지각양식을 가지고 있다고 생각하는가?"

위의 세 가지 범주(혼자 검사를 받은 그룹, 혼성 그룹 중 지각양식이 같은 그룹, 혼성 그룹 중 지각양식이 다른 그룹)에 속하는 남녀 모두, 자기들과 동성인 사람들이 그들과 동일한 지각양식을 가지고 있을 확률이 클 거라 추측했는데, 특히 남녀 혼성 그룹에서 과제를 수행한 사람 중 둘의 지각양식이 서로 다르다는 결과를 받은 참가자들은 지각양식이 무엇보다 성의 영향을 가장 크게 받는다고 답변했다. 성 고정관념과 관련이 없는 과제인데도 이성 짝이 자신과 다른 지각양식을 보여주었을 경우, 참가자들은 자신의 지각양식이 성에 기반한 속성에 기인한다고 일반화하는 모습을 보여주었다.

이후, 연구자들은 다른 학생을 모집하여 지각양식이 안정되고 일

---

*   감각 자극을 접하고 해석하는 개인의 독특한 양식.

관성이 있는지 알아보는 실험에 참여할 거라고 말해주었다. 지각양식을 측정하기 위해 학생들에게 점 개수 세기 과제를 2회 실시한다는 말도 전달했다. 첫 번째 실험에서와 같이 참가자들은 혼자 또는 남녀 짝을 지어 검사를 받았다. 첫 번째 점 개수 추정 과제가 끝난 후 학생들은 (가짜) 결과를 받았다. 남녀 혼성 그룹은 '둘 다 다른 지각양식을 가지고 있다', 혹은 '둘의 지각양식이 같다'는 말을 들었다.

정확성을 기하기 위해서 두 번 시행한다는 말과 함께 점 검사를 다시 했을 때, 혼자 과제를 수행한 참가자들과 첫 번째 과제에서 '둘의 지각양식이 같다'라는 (가짜) 결과를 받은 남녀 혼성 그룹 참가자들은 피드백을 토대로 결과 수치를 고쳐보려고 했다. 즉 과다 추정이냐 과소 추정이냐에 따라 각자 추정치를 낮추거나 높였다. 하지만 지각양식이 서로 다르다는 결과를 받은 남녀 혼성 그룹 참가자들은 본인들의 오류를 고치려고 하지 않았다. 본인의 지각양식이 본인의 성을 대변한다는 믿음으로 인해 결과치를 향상시키는 방법을 정확히 전달받았는데도 고치려는 노력을 하지 않았던 것이다. '결과치에서 나타난 특성은 선천적'이라는 가정이 바꾸려는 노력을 차단해버렸다.

연구자의 결론은 이렇다. "남자와 여자가 한 문제에 대해 의견이 다를 때, 의견이 맞고 그름에 상관없이, 의견 차이는 성적인 특성이라고 결론 내리는 경향이 많고, 이를 고질적인 것으로 본다. 따라서 상대방의 생각에 관심을 보이지 않고 상대방의 생각을 바꿀 수 있다고 낙관하지도 않는다. 여자들이 남자 동반자의 특정 행동을 "남자 짓"이라고 단정 지을 때, 그런 행동을 본인이 이해하거나 바꿀 희망이 있는 것으로 보지 않고, 본인이 받아들일 수 있거나 심지어 존중할 수 있는 것으로 여긴다.”

그렇다면 ‘남자는 본래 그런 거야, 그렇게 타고났어’ 하는 통념을 계속 강화하는 이 부모 되기에 대한 지배적 문화를 어떻게 해야 할까? 여기에 2017년 미국 중서부에 사는 온라인 엄마 모임의 회원들이 주고받은 대화를 소개한다.

　　레베카: 전 현재 임신 30주이고, 20개월 아이가 있어요. 도움이 절실한데 남편이 좀처럼 이해를 하지 못하는 통에 평정심을 유지하기가 갈수록 힘이 들어요. 남편은 말 그대로 자리에 가만히 앉아 다른 사람은 신경도 안 쓰고, 자기는 눈곱만큼 일을 하다가 도와달라고 해요. 마치 블라인드를 치고 주변이 어떻게 돌아가는지 신경 쓰지 않는 것 같아요.

　　앨리샤: 참 힘들겠어요. 전 아이가 둘이에요. 남편은 하루 종일 직장에 있다 집에 있는 날이면 소파에 앉아서 모든 사람, 모든 걸 조정해요. 이게 말이 되냐고요!

　　레베카: 내 말이요! 저 역시 일도 하고 애들도 봐야 하는데, 남편은 자기가 더 소중한 것 같아요.

　　캐럴: 전 남편이 제가 일하고 있는데 밥 달라고 소리 지르며 저를 부르는 소리를 보이스 메일에 녹음해놨어요. 남편은 사흘 연속

집에서 쉬고 있었죠.

사브리나: 말도 안 돼. 저런.

재키: 남편에게 '어떤 일'을 할지 물어보고 싶을 때, 전 "아이 목욕을 10분간 시킬지, 아니면 식기세척기에 그릇을 넣고 꺼내는 일을 할지" 정하라고 해요. 남편에게 선택권을 주지만 뭘 하든지 책임을 지라는 소리죠. 가끔 바보 같다는 생각이 들지만 이렇게 해야 필요한 도움을 받을 수 있다는 걸 알았어요.

로렌: 하하! 3세 아이한테도 잘 통하겠네요!

브리: 제 남편은 시간을 진짜 못 맞춰요. 일어나라고 소리를 질러야 하니 10대랑 똑같지요.

사브리나: 바로 이래서 둘째는 낳지 말아야겠다고 생각한 거예요. 제 남편도 마찬가지예요. 일은 늦게까지 열심히 하지만 남편이 집에 있으면 집안일은 저 혼자 다 하는 것 같아요.

니콜: 동감이요! 휴. 정말 말이 안 나와요.

제인: 남편에게 좀 와서 도와달라고 부탁할 때는 꼭 집어서 말해줘야 해요. 우리 여자들 일은 남편을 시키는 거고 남편 일은 시키는 걸 하는 거죠.

캐럴: 저도 그렇게 생각해요. 근데 남편은 그걸 잔소리로 듣는다는 게 문제죠. 남자들은 애들보다 다루기가 힘들어요.

로리: 세상에 이런 일이. 다 제 얘기네요. 남편에게 도와달라고 부탁하는 게 진력이 나서 이제 저 혼자 다 해요.

샬럿: 제가 아는 아빠들이 여기 다 있네요! 레베카, 어째요. 당신은 대단한 엄마예요!

남자는 이해하지도 못하고, 지시를 내려야 하고, 아이보다 다루기 힘든, 변하지 않는 존재임을 받아들이려면 이런 식의 대화를 얼마나 많이 거쳐야 하는 것일까? 나는 이런 엄마들의 대화나 모임에 생각보다 많이 참여했다. 같이 모여 힘들어하면서 위안을 얻기도 하지만, 이는 금방 사라진다. 하지만 이 모든 일이 불가피하다고 추론해버리면 문제는 쉽게 무마된다. 익숙한 이 대화는 '남자는 다 그래, 남자끼리 하는 농담, 남자들 짓' 같은 친숙한 말로 우리를 흠뻑 적시며 화를 누그러뜨린다.

이런 비유에 따르면 우리는 같이 사는 동반자에게 좀 더 노력하라고 품위 있게 부탁할 수 있지만, 이들에게 화를 내며 대적해서는 안 된다. 부부 사이가 평화로울 때도 여자들은 대화를 통해 유리한 거점을 확보하지 못하며, 이 상황은 반복된다. 미시간주 앤아버에 사는 두 아이의 엄마, 37세 크리스틴은 이런 말을 한다. "남편을 집에서 키우는 강아지처럼 훈련시키라는 기사를 읽은 적이 있어요. 잘한 행동에는 상을 주고 나쁜 행동은 무시하라고요. 만약 남편이 설거지를 한다면 '정말 고마워요' 하고 칭찬하는 거죠." 이런 말들은 굳어지고 재생산되어 결국 우리는 모두 점 개수를 추정하는 학부생처럼 우리 행동을 돌아보고 고치려 하지 않게 된다.

로절린드프랭클린대학교 의과대학 신경과학자인 리스 엘리엇은 《분홍빛 뇌, 푸른빛 뇌: 작은 차이가 어떻게 큰 골칫거리로 둔갑하며 우리는 무엇을 할 수 있는가Pink Brain, Blue Brain: How Small Differences Grow into Troublesome Gaps-And What We Can Do About it》에서 100년 전, 여성은 대학생의 겨우 20퍼센트를 차지했고, 전문직 종사자 중에 여성은 드물었다고 지적한다. 당시에는 지성과 야망에서 남녀 간에 근본적이고 고질적인 격차가 있다는 것이 일반적인 견해였다. 페미니스트들이 이에 반박하며 그런 격차는 사회적인 규범이지 여성의 잠재력을 가로막는 생물학적인 차이에서 유래한 게 아니라고 주장하면서 상황은 바뀌기 시작했다.[10]

그렇다고 온라인 엄마 모임을 탈퇴하라고 권하는 건 아니다. 나는 어떤 방안도 제시하지 않는다. 다만 여자들이 남자의 특권을 그들의 본질적인 천성과 흔쾌히 융합시키는 경향이 있음을 지적하는 것이다. 사실 이들의 특권은 타고나지 않은, 오히려 학습된 특성이다. 아주 운이 좋은 여자만이 남자들과 동반자가 되어 살아보기 전까지 이 특권을 두고 싸우지 않아도 된다.

한편 남들과 다르게 사는 부모들이 있어 천성에 관한 생각이 복잡해진다. 그들은 본인들의 생활을 공개하기 꺼린다. 보스턴에 사는 38세 대니얼은 6세 딸을 둔 엄마다. 대학원 공부 때문에 남편이 딸을 더 많이 돌봐주었다. 대니얼은 아기이던 딸을 달랠 수가 없었다. 아이는 아빠를 원했다. 이들 부부는 전통적인 성 역할에 기대지 않았고, 대니얼과 남편은 아이가 아빠를 더 좋아하는 현상이 생물학적으로 타고 난 것이 아닌 학습된 결과라 생각했다. 두 부부는 딸이 엄마에게도 반응을 보이도록 적극적으로 노력했다.

대니얼은 당시 동기들에게 자신이 집에 없는 것에 죄의식을 느낀다고 얘기했다. "한 사람이 이렇게 말했죠. '네가 만약 남자라면 그런 걱정은 하지도 않을 거야. 다 그런 거니까.'" 대니얼도 수긍했다. 대니얼은 주변 엄마들이 남편에 대한 불만을 늘어놓을 때마다 귀를 막아 버렸다고 얘기했다. "때때로 왜 조용히 있냐고 대놓고 물어보는 사람이 있어요. 그럼 전 '다 듣고 있고 생각하고 있다'고 대답하죠. 남편 제프와 전 상황이 바뀌었잖아요. 싱크대 한쪽에 접시를 쌓아놓는 사람이 저거든요." 그러면서 다른 엄마들과 당당하게 얘기를 하지 못하는 이유는 복잡하다고 밝힌다. "제 생각에 그게 바로 집안의 성 역할과 관련된 얘기잖아요. 한편으로는 그런 문제에 집착하지 않아도 되니 정말 다행이라고 느끼면서도 다른 한편으로는 그런 상황을 겪지 않는 나에게 무슨 문제가 있는 걸까? 하는 생각을 하게 되죠."

노스캐롤라이나주에서 어린 두 딸을 키우는 29세의 살림하는 아빠 데릭은 집에 있는 다른 아빠들과는 접촉을 피한다. "우리 가족이 다른 집에 놀러 가면 여자들은 위층에서 애들하고 있고 우리 남자들은 지하실에서 낚시 얘기를 해요. 전 위층에 두고 온 아이들이 걱정이 되는데 다른 아빠들은 안 그러죠. 전 혼자 딴 걸 하면서 아내 케이틀린에게 아이 둘을 다 맡겨놓고 싶지 않아요. 아내에게 불공평하잖아요. 제 생각엔 집에 있는 아빠들도 생각은 전혀 바뀌지 않은 것 같아요. 집에 있는 아빠라는 인식을 하지 않는 거죠. 그보다는 '지금은 그저 직장을 옮기느라 쉬는 중이다'라고 생각하는 것 같아요."(2016년 미국에서 집에 있는 아빠 중 겨우 24퍼센트만이 본인들이 특별히 살림을 하거나 가족을 돌본다고 답변했다.)

6개월 아들을 둔 퀸스에 사는 34세 사회복지사 티퍼니는 자기 집에서 일어나는 상황에 친구가 눈살을 찌푸리는 모습을 목격했다. 티퍼니와 나는 아기가 낮잠을 자는 사이 철도 옆 아파트의 카우치에서 차를 마시고 있었고, 남편 칼로스는 왔다 갔다 하며 심부름을 해주었다. 목요일 오후였는데, 칼로스는 사무실 매니저라 아기가 태어나자 주 1회 재택근무를 신청하고 승인을 받은 상태였다. 티퍼니 자신은 파트타임 일자리로 복귀했다.

티퍼니는 한밤중 아들에게 수유할 때 남편도 같이 깬다고 한다. 남편은 티퍼니의 어깨를 만져주거나 물을 떠다주거나 그저 곁을 지켜준다. 출산 후 병원에서 집으로 돌아온 사흘째 밤부터 이렇게 했다고 한다. 반사적으로 내가 "어머" 하고 반응하니 티퍼니는 "저도 알아요. 친구들이 '왜 남편이 일어나?' 하고 묻더라고요. 그야 남편이 원하니까요. 그리고 남편이 절 도와주는 거잖아요!" 티퍼니는 그들 부부의 사는 모습을 포장해야겠다는 생각이 드는 모양이다. 이해가 간다. 나의 반응은 적어도 둘 중 하나는 자야 하고, 당연히 잘 사람은 칼로스가 되어야 한다는 믿음을 드러냈으니. 그러나 이런 내 반응은, 본인에게 문제가 있지 않나 하는 대니얼의 염려나 집에 있는 아빠에 대한 데릭의 경험처럼 그것 자체가 문제임을 드러내주었다. 뭔가 달라져야 한다는 믿음과 이를 끝까지 관철해서 논리적인 결론에 이르는 건 별개 문제다.

모성 본능이란 애당초 없다

안과 어시스턴트이자 군인의 아내이고 유아와 젖먹이 아기를 둔 라스베이거스에 사는 29세 매리솔의 얘기를 들어보자. "아이가 생기기 전에는 남편이 생활비를 다 내고 제가 살림을 하기로 합의를 봤어요. 제가 번 돈은 제가 관리했어요. 이제 아이가 생기고 제가 주로 애들을 돌보니까 집안일을 똑같이 분담해야 한다는 생각이 들어요. 남편은 도와줄 거라고 하지만 겨우 이틀 하면 끝이에요. 그럼 저 혼자 모든 일을 다 할 수 없다고 다시 얘기하고 남편은 또 이틀 정도 도와주죠. 이런 식으로 반복돼요." 매리솔에게 왜 이런 식으로 분담이 되었는지 물었다. "제 생각에 여자는 모성 본능이 자연스럽게 생기기 때문에 보통 돌보는 일을 맡죠. 그런데 남자는 돌봄을 학습해야 하나 봐요."

　　오리건대학교의 사회학 명예 교수이자 가족학 분야의 저명한 연구자인 스콧 콜트레인은 육아 분담에서 불평등이 만연한 근본 이유가 엄마가 본능적으로 가장 유능한 돌보미라는 생각 때문이라고 믿는다.[11] 콜트레인 교수의 주장을 뒷받침하는 연구가 있다. 2008년 아이슬란드의 젊은 남녀를 대상으로 실시된 연구에서 여성이 천성적으로 양육에 더 능하다는 믿음은 더 전통적인 노동 분담과 관련된 것으로 나타났다.[12] 2007년 미국에서 실시된 연구에서는 양육 능력이 여성에게 천부적으로 존재한다는 본질주의적 믿음을 거부하면, 부모가 둘다 일을 줄이고 양육의 짐을 반으로 나누는 생활을 하게 된다는 것이 밝혀졌다.[13]

현재 보스턴 외곽에서 10대 아들 하나를 키우는 동성애자 라지는 본인과 남편이 어떻게 양육의 책임을 분담하는지 설명했다. "우리 둘은 항상 각자가 잘하는 부분을 맡아요." 이성 부부도 같은 방식으로 책임을 분담하지만, 본질주의적 믿음에 따라 여자는 아이와 관련된 어떤 일에서든 사실상 남자보다 우수하다고 간주된다. 따라서 비록 현대적이고 가정적인 아빠라는 개념이 열풍을 일으키고 있지만, 대부분의 미국인들은 엄마가 가장 잘 안다는 믿음을 버리지 않는다. 2016년 퓨리서치센터의 조사에 따르면 수유를 고려하지 않았을 때도 53퍼센트의 성인은 엄마가 아빠보다 아이를 돌보는 데 더 적합하게 타고났다고 답변했다(아빠가 더 적합하다고 말한 비율은 1퍼센트, 엄마와 아빠가 똑같다고 답한 비율은 45퍼센트였다).[14]

흔히 우리는 모성 본능에 대해 아마도 타고났고, 내면 깊숙이 자리 잡고 있는 속성이며, 우리가 엄마만 가지고 있다고 여기는 지혜와 헌신을 본능적으로 이끌어내는 요인이라고 말한다. 하지만 생물학자들은 이 개념이 원칙적으로 틀렸기 때문에 이 용어를 사용하지 않는다. 정의에 따르면 본능은 학습할 필요가 없는 행위이며, 종 개체 간의 변동성이 거의 없고, 자극에 반응하여 엄격한 순서에 따라 행동이 이루어져야 한다. 이를 고정행동양식이라고 한다. 곰과 비둘기의 경우 동면과 귀소가 본능이다. 일부 종의 경우 갓 태어난 새끼를 돌보는 것도 본능이다. 암컷 들쥐는 새끼를 낳은 후 새끼에게서 얇은 막을 떼어내고 새끼를 핥은 다음 태반을 먹는다. 태반에 풍부하게 함유된 프로스타글란딘*은 젖 분비를 촉진하고 자궁 수축을 돕는다.

새끼를 밴 쥐는 출산 교실에 다니지 않는다. 쥐 전체를 봤을 때 이 행위는 기질 또는 문화를 기반으로 한 어떤 변동성도 보이지 않는다. 암컷 DNA에 저장되어 있는 것이다. 그러니 들쥐는 모성 본능을 가지고 있다. 잿빛등거위도 마찬가지다. 실제 알이든, 장난삼아 동물 행동학자가 가져다놓은 당구공이든, 거위는 둥그런 물체를 보면 즉시 밀어서 둥지 안으로 가져가 품는다. 둥그런 물체(자극)가 미는 행동(반응)을 일으킨다. 지능이 낮은 동물일수록 생존을 본능에 더 의지한다.

반대로 영장류 행동의 거의 모든 양상은 다른 동물보다 더 크고 더 발달된 뇌를 통해 조절된다. 진화를 통해 영장류는 신피질을 갖게 되었는데, 이 신피질은 살아남으려면 학습하라고 요구한다. 신피질을 갖게 되면서 영장류는 생물학적인 본능에만 의존해 살아갈 필요가 없

---

*   혈관 확장, 자궁근 수축 등의 생리적 변화를 일으키는 불포화 지방산.

게 되었다. 자연선택은 궁극적으로 적응성 편을 들었다. 변화하는 환경 조건에 재빨리 적응할 수 있는 동물은 제한된 환경에서만 살아남을 수 있는 동물에 비해 유리한 거점을 확보한다.[15]

영장류 뇌의 가장 결정적인 특성은 결국 적응성이다. 적응성은 유리 막대처럼 구부러지지 않는 본능과는 대조적으로 우리에게 무한한 잠재력을 허용한다. 캘리포니아대학교 데이비스 캠퍼스의 인류학자 세라 허디는 획기적인 저서 《어머니의 탄생》에서 "고정된, 틀에 박힌 반응에서 탈피한다는 말은 연습과 학습이 더 중요해지고 심지어 필수적이 된다는 뜻이다"라고 썼다.[16] 아는 사람을 만났을 때 턱을 올리고 눈썹을 치켜뜨는 등 여전히 인간에게는 반사 행동이나 본능이 일부 남아 있지만, 이제 더 이상 이것에 의존하지 않는다. 대신 인간은 환경과 상호작용하는 고차원적인 신경 시스템의 보호 아래 생활하면서 두뇌의 물리적 구조를 바꾼다. 이런 바꿈을 학습이라고 부른다.

출산을 한 엄마에게는 고정행동양식이 없다. 엄마가 접하는 사회적 세계가 엄마의 행동을 형성한다. 나는 서양 의학의 도움으로 병원에서 출산했다. 딸이 태어났을 때 매번 의사는 나에게 딸을 보여주고 남편에게 가위를 주어 탯줄을 자르게 한 뒤, 딸을 가느다란 분홍색과 파란색 줄무늬가 있는 흰 담요에 싼 후 나에게 건네서 젖을 빨리게 했고, 이후 아기는 신생아 검진을 받았다. 큰딸을 낳았을 때는 의사가 태반을 실험실에 보내 연구에 써도 되겠느냐고 양해를 구했다. 태반이 하트 모양이라 희귀하다고 했다.

남아프리카의 !쿵 산!Kung San이라는 수렵·채집 사회에서는 여자가 아이를 혼자 출산하는데, 마을에서 1.6킬로미터 떨어진 곳의 모래에 구멍을 파고 작은 잎사귀를 둘레에 깔아놓은 다음 그 안에 아기를 놓는다. 이곳 여자들은 아기를 낳을 때 아프다고 소리를 지르면 안 된다. 진통 중 소리를 지르는 것은 아기를 원치 않는다고 신에게 신호를 보내는 행위로 여겨지기 때문에, 대신 이를 갈거나 손을 깨문다. 산모는 나뭇가지로 탯줄을 자르고 태반을 아기 옆에 놓는데, 이는 마을로 돌아가 다른 여자들을 불러 환영 의식을 하기 전까지 임시 수호신 역할을 한다.[17] 하드자Hadza라고 하는 탄자니아 수렵·채집 부족의 경우, 여자는 엄마와 할머니의 도움을 받아 오두막에서 출산을 한다.[18] 남자들은 의도적으로 배제된다. 태반은 보통 주거 시설 밖 멀리 떨어진 곳에 묻는데, 태반을 더럽고 남자가 보면 안 되는 것으로 여기기 때문이다. 문화적으로 전파되는 규범은 본능을 대신한다.

신피질의 발달로 적응성이 생겼지만, 본능을 잃으면 그만큼의 대가를 치러야 한다. 위스콘신대학교 명예 교수인 찰스 스노든은 협동해서 새끼를 키우는 신세계원숭이 중에서, 마모셋원숭이와 타마린원숭이를 평생 연구했다. 대부분의 타마린 집단에서 어린 타마린은 새끼 키우는 일을 돕지만, 소수 집단의 경우에는 이런 기회가 없다. 스노든 연구팀이 새끼를 돌본 경험이 없는 타마린을 현장 조사해보니 처음으로 부모가 된 원숭이에게서 태어난 새끼는 결코 살아남지 못했다.[19] 경험이 없는 엄마 아빠는 스스로 양육을 하거나 노련한 동족 원숭이에게 도움받을 생각을 못했던 것이다.

후에 비교 자료에서 스노든 연구팀은 어린 형제자매가 새끼 양육을 도왔던 집단에서 새끼의 생존율이 훨씬 높다는 사실을 밝혀냈다. 영장류 전반에 걸쳐 미숙한 부모에게서 태어난 새끼는 사망률이 높다. 스노든은 이렇게 결론지었다. "젖먹이를 돌보는 기술을 습득하지 못하면, 번식 성공률이 매우 낮다. 양육 기술은 학습된다. 수컷, 암컷 모두에게 양육 기술은 타고난 자질이 아니다. 둘 다 부모로서는 서툴다. 꼼지락거리는 새끼를 등에 한동안 올려놓는 방법, 새끼 양육을 분담하는 방법을 배워야 한다. 새끼를 처음 낳은 어미는 젖을 먹일 때 새끼를 어디에 두어야 하는지도 모른다. 새끼를 거꾸로 안기도 한다."

모성 본능이라는 개념은 아기 출생 당시와 직후뿐 아니라 평생 엄마가 아이들을 돌보는 일에 적용된다. 모성 본능은 여성으로 하여금 억압받는다는 생각을 덜어주고, 여자가 탁월한, 아마도 유일하게 적합한 주양육자라는 생각을 반사적으로 뒷받침한다. 중요한 것은 이에 상응하는 부성적 자질을 떠올릴 수 없다는 점이다. 인간 문화는 이런 생각을 결코 받아들이지 않았다.

1800년대 찰스 다윈과 허버트 스펜서 같은 빅토리아시대 사상가들은 새로운 과학 이론을 그들의 생생한 경험과 접목하여 여자만이 유아의 무력함에 반응할 수 있는 본능을 발전시켰다고 결론지었다. 당시 영향력 있는 철학자였던 스펜서는 여성만이 수행하는 독특한 재생산 역할이 그들의 정신 개발을 방해했다고 믿기도 했다. 그는 인구의 절반은 "인간 진화의 최종 산물"인 고도의 지적, 감성적 능력을 개발하지 않았다는 글을 남겼다.[20] 다윈도 사회적 감정이 경험에서 생겨난다는 생각을 부정하고 본능이라는 개념에 의지했다. 그는 "모성 본능을 통해 여자는 더 부드러워지고 덜 이기적이 되며, 이런 자질을 아기에게 탁월한 수준으로 보여준다"고 썼다.

이는 현실과는 거리가 먼 생각이었다. 인간의 양육을 돌이켜보면 마더 테레사 같은 사람이 거의 보이지 않는다. 역사 심리학자인 로이드 드모즈는《아동기의 역사History of Childhood》에서 최근 수세기 동안 흔하게 일어난 유기, 끔찍한 학대, 심지어 영아 살해를 묘사한다. 다윈이 영국의 서재에 앉아 이기심 없는 여자(와 얽매인 데 없는 이들의 남편)에 관해 꿈꾸고 있을 때 유럽에서는 아동 유기가 오랜 기간 전염병처럼 번지고 있었다.

그즈음 파리에서는 국립 자선병원에서 가난한 여자가 출산했을 경우 신생아를 두고 나가는 것이 법적으로 허용되었다. 엄마들이 병원에 머무는 기간은 달랐는데, 이 기간을 추적해본 병원 직원은 다음과 같은 동향을 발견했다. 출산 당일 퇴원한 여자들 중 아이를 두고 나간 사람과 데리고 나간 사람의 비율은 50대 1인 반면, 이틀이라도 더 머문 여자들의 경우 그 비율은 6대 1이었다. 출산 후 일주일 내내 머물겠다고 요청한 경우 아이를 두고 나가는 비율은 24퍼센트에서 10퍼센트로 뚝 떨어졌다. 허디는 이렇게 쓴다. "아기에 대한 문화적 개념도 이들의 경제적인 상황도 전혀 바뀌지 않았다. 변수는 오직 수유하는 동안 생긴 엄마와 영아의 애착 정도였다."[21]

인류학자들은 영장류 전체에 걸쳐 어미가 새끼를 버릴 때는 여지없이 출산 후 72시간 내에 이루어진다는 사실을 발견했다.[22] 허디의 설명에 따르면 출산 직후 엄마와 아기가 유대감을 형성하는 결정적인 기간은 딱 정해지지 않았지만, 엄마와 아기가 이 시기 밀착되면 엄마에게는 아기와 떨어지면 견디기 힘들다는 감정이 생겨난다. 호르몬과 경험이 합쳐져 애착을 형성하는 것이다. 천성과 체득한 감정은 협력하여 작용한다. 모성은 생물학적으로 또 사회적으로 결정된다.

하지만 모성 본능이 애당초 없다고 주장한다고 해서 엄마의 사랑이 본능과는 전혀 관계가 없다는 얘기는 아니다. 허디의 설명대로 아기에 대한 엄마의 모든 반응은 포유류, 영장류, 그리고 인간 기원을 둘러싼 복합적인 생물학적 반응에 영향을 받는다. 그의 설명을 들어보자. "임신 중 내분비선이 준비를 하고 출산 도중과 출산 이후에 신체 변화가 일어나며 젖분비의 피드백 회로와 혈육에게 끌리는 인지 매커니즘이 작동한다." 하지만 이런 생물학적 반응 중에서 다윈의 주장처럼 고정되어 변하지 않는 것들은 거의 없다(포유류의 분비샘을 제외하면 생물학적 반응이 암컷에게서만 일어나는 것도 아니다). 허디의 설명에 따르면 다른 암컷 포유류와 비교했을 때 오히려 여자의 자식 키우기는 문화적 기대, 성 역할, 명예나 수치심 같은 감정, 성적 선호, 미래에 대한 엄마의 인식 같이 완전히 새로운 요소가 끼어들어 복잡해진다. 하지만 이런 복잡성 때문에 양육에 대한 케케묵은 경향이 사라지진 않는다.[23] 허디는 이렇게 말한다.

"모성에 대한 우리 견해는 (…) 옛날 관념과 심지어 남녀 간의 더 오래 묵은 갈등에서 (…) 파생된다. 우리 대부분은 모성을 엄마가 자식이 잘 자라도록 힘쓰는 수많은 행위가 아닌 너그러움이나 자기희생과 동일시한다. 이 사실만 봐도 엄마와 아빠의 상충되는 이해가 최근 역사에서 어떻게 펼쳐졌는지 시사하는 바가 많다(당신이 다 할 수 있잖아. 난 비디오게임이나 할게)."[24]

허디는 암컷 영장류가 오랫동안 채집과 사냥을 하며 자식을 키우는 두 가지 일을 했기 때문에, 주변 구성원에게 새끼를 맡겨 키우고, 새끼의 욕구와 본인의 욕구 사이에서 불가피하게 타협을 해온, 아낌없이 주는 나무라기보다는 "유연하고 조작을 일삼는 기회주의자"였다고 강조한다.[25] 어미의 연속적인 밀착 육아는 영장류에게는 항상 최후의 보루였고, 가족은 대규모 지원망의 도움이 있어야만 번성할 수 있었다.

한편 남자가 생식적으로 성공하기 위해서는 "여자를 억압하고 방어하며 구속해야 할 개체"로 봐야 했다.[26] 우린 여성 종속의 오랜 역사로부터 엄마가 중심이 된 양육은 자연스럽고 천부적이며 당연한 것이라는 믿음을 얻는다. 이런 역사를 '천성'이라고 부르며 아이를 낳는 특정 성별이 아이의 양육을 도맡아야 한다고 생각하게 되는 것이다. '모성 본능'처럼 과학적으로 들리는 용어는 부성 쪽에 대응하는 용어가 전혀 없는 가운데 이런 생각을 더욱 굳혀준다. 자연주의적 오류는 엄마가 아기의 유일한 돌보미라는 전 세계적인 믿음에 여러 차례 등장하는데, 이 편리한 명제는 실은 자신의 정당성을 찾는 데 고전하고 있다.

수컷 영장류의 밀착 돌봄

언뜻 보기에 포유류 계급과 구성원의 절반이 보여주는 행동을 보면 수컷이 부모 되기라는 일에서 중요한 역할을 하도록 타고나지 않았다는 견해를 뒷받침하는 것 같다. 임신은 변함없는 여자의 영역이다. 엄마는 출생 시 아이 옆을 지키며 먹을거리를 공급하는 유일한 존재이다. 동물의 왕국에서 가장 헌신적인 수컷은 포유류가 아니라, 젖을 먹이거나 새끼를 품지 않는 물고기와 조류이다. 이어서 양서류와 곤충이 2위를 차지하지만, 인간은 이런 동물과는 결혼할 일이 없다.[27]

물고기는 일부만 새끼를 돌보지만, 새끼를 보살피는 경우 이 일을 수컷이 맡는 경우가 암컷 혼자 돌보는 경우보다 9배 많다. 이들 수컷은 보통 지나가는 암컷을 유혹하고, 암컷은 사랑을 나눈 후 떠나버린다. 수컷은 알 위에 정액을 배출해서 영역을 지키든지, 아니면 알이 부화되고 하루이틀 후까지 새끼를 돌본다. 새의 경우 암컷만 알을 낳지만, 이후 수컷이 새끼를 같이 돌본다. 약 90퍼센트의 조류가 50 대 50으로 양육을 분담한다. 새끼 양육에 관여하는 포유류 수컷이 3~5퍼센트밖에 안

되는 것과 비교하면 특히 인상적인 대목이다. 인류학자 커미트 앤더슨과 피터 그레이는《아버지의 탄생》에서 이렇게 밝힌다. "수컷의 육아참여는 원칙적으로(실제로 그런 경우가 많다) 사정으로 끝나버린다." 암컷이 관여하는 일 역시 인간이 아닌 포유류 세계에서는 오래 지속되지 않는다. 젖을 떼면 끝나는 경우가 많은 편이다. 많은 포유류 어미는 새끼를 출산하고 수년이 지나면 알아보지도 못한다.

예일대학교 생물인류학자 에두아르도 페르난데스-듀크에 따르면 영장류의 부성 행동, 즉 아비가 새끼의 발달, 성장, 행복, 생존에 긍정적인 영향을 미치는 행위에 대해서는 아직 아는 것이 많지 않다.[28] 수컷이 보살핌 행동을 보이는 영장류들은 종들 간의 연관성이 별로 없다는 사실에 기반하여, 페르난데스-듀크를 비롯한 이 분야의 연구자들은 영장류 수컷의 보살핌 행동이 (본능이 아니라) 다양한 환경에서 발전된 진화적인 궤도에서 유래했다는 가설을 세웠다.

특정 생태적 또는 사회적 조건하에서 수컷이 새끼를 키워 새끼의 생존율이 높아진다면 수컷의 보살핌 행동은 진화했을 수 있다. 그러나 수컷의 보살핌은 일부 분류군에서만 발현되었다. 같은 종 안에서도 수컷의 참여는 변동성이 상당히 클 수 있다. 원숭이의 일종인 마카크 수컷은 일반적으로 새끼에게는 관심이 없다. 그러나 이 마카크와 상당히 가까운 바르바리 마카크 수컷은 새끼에게 애착이 많고, 젖먹이는 일을 제외하면 암컷 못지않게 새끼를 보살핀다. 수컷이 새끼를 안아주고, 데리고 다니며, 먹이를 주고, 같이 자고, 곤경에 처한 새끼의 울음소리에 반응한다. 영장류 학자들은 바르바리 마카크가 가혹한 환경에서 살다 보니 생존을 위해 수컷의 밀착 돌봄, 따뜻함, 보호가 필요했으리라 추측한다.[29] 역시 같은 종 안에서도 차이가 있다. 야생의 히말라야 마카크 원숭이는 아빠 없이 생활한다. 하지만 먹이와 짝짓기 경쟁에 대한 압박이 없는 동물원에 갇혀 있을 때 이들은 새끼를 세심하게 돌본다. 돌보는 행위는 암컷, 수컷 공통의 자질인 것이다.[30] 이들은 수컷으로 태어났다고 해서 마냥 자유롭게 살지는 않는다.

"요즘, 행동 진화를 생각하는 우리들은 학습 대 본능, 체득한 습성 대 천성에 대한 얘기는 하지 않습니다. 나날이 알아가는 게 있다면 일종의 근원적인 유전 요소가 있다는 것인데요. 하지만 그건 상당히 가변적이죠." 페르난데스-듀크의 말이다.

친부 확인의 문제도 있다. 페르난데스-듀크는 한평생 아마존의 올빼미원숭이와 티티원숭이를 연구했다. 이 두 종은 수컷의 보살핌이 가장 극진한 분류군이다. 갇혀 있는 티티원숭이를 연구해보면 새끼는 엄마보다는 아빠에게 강한 유대감을 드러낸다. 야생에서 선택권을 줄 경우 티티원숭이 새끼는 아빠에게 간다. 페르난데스-듀크는 이렇게 말한다. "이들 원숭이로부터 알게 된 것은 엄마의 외도 위험이 낮아 본인이 씨를 뿌리지 않은 새끼를 돌볼 가능성이 낮으면 아빠의 돌봄이 더 자주 극진한 형태로 나타난다는 겁니다." 다른 놈의 새끼가 아닌 자기 새끼를 키우는 게 동물의 왕국에서는 너무도 중요하다. 어떤 일부다처 종의 수컷(예를 들어 바위종다리라고 하는 갈색의 새)은 암컷과 짝짓기를 한 빈도수에 따라 해당 암컷의 새끼에게 주는 먹이양을 조절할 수 있다. 이들 수컷은 생물학적으로 아빠가 될 확률을 추정한 다음, 새끼에게 필요한 칼로리에서 그 확률에 상응하는 양을 공급한다.[31] 이런 성향이 인간에게도 남아 있는지 여부는 논쟁의 여지가 있지만, 2018년 아기와 떨어져 사는 아빠를 연구해본 결과, 아이가 본인과 닮은 경우 아이가 태어난 첫 1년간 더 많은 시간을 같이 보내는 것으로 나타났다.[32]

포유류와 비교하여 영장류는 높은 비율로 일부일처제를 따른다(페르난데스–듀크에 따르면 정확한 수치는 "상당한 논쟁거리"다). 진화생물학자들은 모든 영장류가 일부다처제 조상으로부터 진화했다는 데 동의한다. 일부 영장류 계열에서 일부다처 방식의 짝짓기가 일부일처 방식으로 변했고, 일부일처 방식이 굳어지자 예전 짝짓기 방식으로 돌아가지 않았다. 짝짓기 방식은 생식 적합성이나 개체의 생식 성공률이 높아지면서 진화한다. 일부일처제로의 변화는 분명 한 개체의 유전자를 다음 세대로 보내는 확률을 높이고, 한 개체의 자손이 살아남아 생식을 할 수 있는 확률을 높였을 것이다.

오늘날 생물인류학자들은 일부 영장류에게서 일부일처 방식은 궁극적으로 아빠가 양육에 개입하는 결과를 가져왔다고 추정한다.[33] 연구자들은 초기 인류 사이에서 성인 커플의 유대감이 강해지자 영구적인 관계를 맺음으로써 노동의 성적 분담이 더욱 확실해졌다는 가설을 내세운다. 남자는 도망가기 일쑤인 먹이를 찾는 데 시간을 쏟을 수 있었고, 여자는 고기보다 더 믿을 만한 칼로리원인 식물의 열매를 채집했다. 남녀 부부가 밤에 같이 잤다고 가정해 보면 아빠는 임신한 아내와 아이들 가까이 있었을 것이다. 사회관계가 미묘해지고 복잡해지다 보니 아기는 좀 더 복잡한 뇌를 소유하게 되는 이점을 누렸다. 좀 더 복잡한 두뇌는 무르익을 시간이 좀 더 필요했고, 천천히 성장하는 자식은 한 명의 성인이 무리 없이 제공하는 수준 이상의 돌봄을 받아야 독립할 수 있었다.

수렵·채집 부족을 살펴봄으로써 알게 된 영장류와 인간에게 똑같이 적용되는 사실은, 아빠의 양육 행위가 아빠, 엄마, 아이들 같은 이익 당사자의 안녕과 행복을 위해 필요해서 오랜 시간에 걸쳐 실현되어온 행위라는 것이다. 수렵과 채집을 통해 인간은 진화 역사의 약 90퍼센트에 해당하는 기간을 존속해왔다. 오늘날까지 존속하는 수렵·채집인들을 보면 초기 인류가 어떻게 살아왔는지 알 수 있다.

네바다주립대학교의 인류학자인 앨리사 크리튼든은 탄자니아 하드자 부족을 연구하고 이들과 함께 살아온 사람이다. 그의 설명에 따르면 하드자 부족의 남녀는 여전히 성에 따라 노동을 분담하고, 여자가 부족 안에서 더 열심히 일한다는 것을 공공연히 인정한다.

"하드자 부족은 평등을 추구하죠. 여자들은 사회적 지위 면에서 남자와 동등해요. 그렇다고 노동을 똑같이 분담하진 않아요. 여자들도 의사결정권을 똑같이 갖지만 일은 훨씬 많이 하죠. 하드자 남자들도 그렇게 얘기해요. 남자는 고기 공급을 담당하고 여자는 나머지 일을 책임져요. 하루 식단의 모든 주식은 여자가 채집합니다. 집짓기, 물 길어 오기, 장작 모으기, 젖먹이 돌보기, 모두 여자가 맡죠. 그런데 하드자 여자들은 화를 내지 않습니다. 자기 남편들을 한심하다고 생각하지 않아요. 동생과 이모, 고모들이 아이 키우는 걸 도와주고, 일단 아이는 아장아장 걸으면 무리와 함께 나가서 알아서 많은 일을 하고 자기를 챙기죠. 엄마의 희생을 줄여주고 부담을 덜어주는 협동 양육 체제가 작동하는 셈이죠(크리튼든이 하드자 부족에게 들은 말과는 달리, 수렵·채집 부족에 대한 많은 민족지학보고서*에 따르면 여자들은 일상적으로 남자들이 "본인들의 의무를 다하지" 못하는 것을 두고 불평한다)."[34]

크리튼든은 일반적으로 수렵·채집 부족 사이에서 아빠의 참여 수준은 집단의 생계유지 필요에 따라 달라진다고 지적했다. "모든 건 결국 식량 문제로 귀결된다"는 것이다. 이 때문에 인간 사회에서 아빠의 양육 참여는 다른 모든 영장류 종의 경우보다 변동성이 크다.[35] 아카 피그미족은 남녀가 그물을 이용해 같이 사냥을 하고, 아빠는 아이들을 집중적으로 돌본다. 하드자 부족의 경우 대개 같이 하지는 않지만 남녀 모두 채집 생활을 하고, 아이 키우는 일은 다는 아니지만 대부분 여자가 한다.

남자 혼자 덩치 큰 동물을 사냥하고 오랜 기간 집을 떠나 생활하

---

* 현지 조사에 바탕을 둔 여러 민족의 사회 조직이나 생활양식 전반에 관한 내용을 체계적으로 기술한 자료.

는 부족에서는 남자들이 어린 자녀와 맺는 관계가 상당히 약하다. 남자 목축민들은 말 그대로 더 푸른 초원을 찾아 살 곳을 자주 옮기는 터라 부인이 여러 명 있고 생물학적인 자녀들에게 관여를 거의 하지 않는다. 역사적으로, 또 전 세계적으로 부모의 참여는 이들이 어떻게 생계를 유지하는지에 따라 달라졌다. 환경에 대한 적응이 바로 오랫동안 유지된 규칙이었다.

남자의 호르몬 변화

2017년 〈뉴욕타임스〉는 "엄마의 탄생The Birth of a Mother"이라는 짧은 기사를 실었다.[36] 이 기사는 인류학자들이 "모화기matrescence"라 부르는, 여자가 부모가 되는 과정을 탐구했다. 글쓴이는 다음과 같이 말한다. "이 과도기는 아빠한테도 의미심장하다. (…) 그러나 임신 당시 호르몬의 변화를 겪는 여자는 특별한 신경생물학적 경험을 할 수도 있다." 아빠에 대한 언급은 피상적이다. 하지만 뒤이어 나오는 "그러나"는 문장의 핵심 역할을 한다. 즉 여자는 부모가 되는 과정에서 성호르몬 변화가 미리 준비된다는 뜻이다. 이런 관념은 너무 널리 받아들여져 면밀한 사실 확인 단계를 거치지 않았다. 엄마 대 아빠 육아의 고질적인 성향에 관한 많은 통념과 똑같이, 이 역시 오해의 여지가 있다.

남자는 배우자가 자기 자식을 잉태하면서 신경생물학적인 경험을 한다. 임신한 배우자와 가까운 관계를 유지한 남자는 생리적으로 아기를 돌보기 알맞은 상태가 된다. 예비 아빠는 예비 엄마의 임신 관련 호르몬 상승과 비례하여 체내 프로락틴, 코르티솔, 에스트로겐 수치가 올라간다.[37] 또한 짝짓기 경쟁과 관련된 호르몬인 테스토스테론은 감소한다. 둘째 아이를 맞게 되는 예비 아빠는 첫째 아이를 맞는 예비 아빠보다 임신한 배우자가 있을 경우 프로락틴이 더 많이 생산되고 테스토스테론 분비는 줄어든다.[38]

남성에게서 나타나는 이런 변화의 메커니즘이 무엇인지는 알려지지 않았지만, 마모셋원숭이의 경우는 다르다. 연구에 따르면 마모셋 태아는 부신에서 어미의 소변에서 검출되는 글루코코르티코이드를 생성하는데, 이 물질이 아비의 호르몬 변화를 일으킨다. 글루코코르티코이드 냄새를 맡은 마모셋 수컷은 새끼를 사랑하고 돌볼 준비를 하게 된다.[39] 이런 변화가 남자에게 일어날 것 같지는 않지만, 인간의 후각세포는 공중에 떠다니는 에스트라테트라에놀, 즉 임신한 여성의 소변에서 검출되는 냄새 없는 스테로이드에 전기적 화학반응을 일으킨다[40](구글 검색 결과 재미있는 사실을 한 가지 발견했는데, 에스트라테트라에놀은 남자의 기분을 나쁘게 만든다고 한다).

아이와 살아가는 동안, 아이를 돌보는 아빠는 계속해서 호르몬 변화를 경험한다. 북미에서 진행된 연구에서 결혼과 양육 같은 장기적 관계를 맺는 남자는 비혼에 아이가 없는 남자들보다 테스토스테론 수치가 낮은 것으로 드러났다. 연구 시작 당시 21세 비혼 남자들을 5년간 관찰해보니 아빠가 된 집단은 그렇지 않은 집단에 비해 테스토스테론 양이 급격히 떨어졌다. 이 연구의 저자는 이렇게 쓴다. "초기 인류의 진화를 통해 남자는 진화된 신경내분비 구조를 가지게 되었는데, 덕분에 헌신적인 부모 역할이 가능하고 직접적인 돌보미 역할을 수행할 수 있게 되었다."[41] 허디는《어머니, 그리고 사람들》에서 다음과 같이 고찰한다. "남자는 임신한 아내 및 신생아와 밀접한 관계를 맺으며 생활하는 것만으로도 생리적 변화를 겪는다. 내가 보기에 이 말은 남자의 보살핌이 오랫동안 인간이 적응하는 데 중요한 요인이 되었음을 암시한다. 남자의 양육 잠재력은 우리 인간의 DNA에 암호화되어 있다."[42]

인류학자들은 남자가 부모가 되는 과정에도 '부화기patrescence'라는 단어를 붙였다. 물론 〈뉴욕타임스〉는 부화기에 대한 기사를 싣지 않았다. 부화기의 구글 검색 횟수는 "모화기"가 1만 400건인 데 비해 겨우 264건. 공식적인 부성 연구에 관심 있는 사람들은 이 분야 연구가 상대적으로 부족하다는 사실을 계속 지적한다. 2005년 언론인 폴 레이번은 아동발달연구협회에서 주최하는 회의에 참석하는 도중 영감을 받고, 훗날《아빠 노릇의 과학》(정말 아빠는 중요하다. 여러 연구에 따르면 아빠의 양육을 받고 자란 아이는 인지, 행동, 사회, 심리 면에서 좀 더 우수한 결과를 보여준다)이라는 책을 썼다. 레이번은 이렇게 밝힌다. "수백 명의 과학자가 아동과 가족과 양육에 관한 연구 결과를 발표한 반면, 겨우 10여 명만이 아버지를 다루었다. 이 연구의 발표자들은 대부분 아버지에 관한 연구가 거의 없다고 언급하는 것으로 얘기를 시작했다."[43]

엄마와 아빠 중 누가 더 중요한지를 두고 문화적 편견이 두드러진다는 점은 과학 연구의 대상에 영향을 미쳤고, 결과적으로 이런 편견은 더 강조된다. 문화적 편견은 사회정책도 좌지우지한다. 1971년 리처드 닉슨 대통령은 전면적인 정부 보조 탁아 정책 법안에 거부권을 행사했다.[44] 그 이유 중 하나로 진화를 들었다. 엄마 중심의 자연법칙이 훼손될 거라는 우려였다.

***

사회과학 분야에서도 모성 생물학에 관한 특정 가정이 광범위한 영향을 끼쳐왔다. 1970년이 되어서야 심리학자 밀튼 코텔척은 발달심리학의 정통성에 의문을 제기하며 아이들이 유독 엄마만 찾는다는 관념을 뒷받침할 확실한 증거가 있냐고 물었다. 코텔척은 "이상한 상황"이라는 연구 프로토콜을 사용하여 낯선 사람이 있는 상태에서 부모가 방에 들어오고 나가는 상황을 연출하며 어린아이를 관찰했다. 당시 엄마와 아기 사이의 특별하고 배타적인 관계에 대한 우세한 믿음을 뒤집어보자는 의도였다. 코텔척이 제시한 연구 결과를 보면 6개월에서 21개월의 어린아이들은 엄마와 같이 있을 때만큼 아빠와 같이 있을 때도 낯선 사람이 있어도 동요하지 않는 것 같았다.[45] "엄마들이 출산 시 종종 사망하는 세계에서 어린아이들이 다른 사람에게 적응할 수 없다는 게 납득이 되지는 않았죠." 코텔척은 이렇게 말했다.

1970년대 후반, 어린아이에게 남자가 중요하다고 보는 연구의 선구자인 마이클 램은 처음으로 부성의 생리학적인 기반을 발견했다. 램은 울거나 웃는 아기 비디오를 보는 부모의 피부 전도율, 혈압, 기분을 관찰했다. 엄마나 아빠나 비디오에 대한 반응의 정도는 차이가 없었다.[46]

같은 시기에 심리학자 로스 파크와 연구팀은 산부인과 병동에 있는 신생아들의 아빠를 관찰했다. 연구팀이 목격한 부모의 행동은 거의 차이가 없었다. 아빠는 아기에게 높은 톤으로 말을 걸었고 수유 중 아기가 보내는 몸짓에 민감하게 반응했다. 이들 아빠들은 또한 아기를 안고 있을 때 심장박동, 혈압, 피부 전도율 수치에서 아내와 비슷한 양상을 보였다. 파크가 보기에 가장 큰 차이는 엄마와 달리 배우자가 있을 때 아기에게서 한 발 뒤로 물러나 있는 아빠의 태도였다.[47] 아기는 우선 엄마를 필요로 한다는 아빠의 가정 때문인데 자연주의적 오류가 실제 행동으로 드러나는 모습이었다.

허디는 적어도 아이가 태어나는 순간부터 뒤로 물러나야 한다는 아빠의 믿음에도 문제가 있을 뿐 아니라, 엄마가 좀 더 서두르며 나서려고 하는 태도에도 문제가 있다고 말한다. 아기의 울음소리를 듣는 부모의 반응 시간과 호르몬 수준을 측정한 연구에서 엄마와 아빠는 포경수술을 받는 남자 아기의 고통스러운 울음소리에 똑같이 반응했다. 하지만 울음소리가 고통보다는 짜증에 가까웠을 때는 엄마의 생리적인 반응과 이후의 반응 시간이 아빠보다 약간 더 빨랐고, 아빠의 반응시간은 아이가 없는 성인에 비해서는 빨랐다.[48]

두 딸의 유아기가 한참 지났을 때지만 여전히 발달 단계에서 유아기의 연장선상에 있을 즈음, 조지는 우리 부부 사이에 나타나는 이런 차이점을 표현했다. "당신은 내가 할 기회를 좀처럼 주질 않아." 주말을 낀 긴 연휴, 교외로 여행을 갔을 때 조지가 나를 보며 한 말이다. 그때 붐비는 가족 호텔에서는 아이들을 위한 저녁 뷔페가 차려져 있었고, 나는 자리에 앉자마자 아이들 음식을 가지러 가려고 일어났다. 배고픈 아이들의 고통이 아닌 짜증 섞인 칭얼거림을 그치게 하려고 반응한 것이다. 내가 한 박자 늦추면 조지가 대신 할 거라는 생각이 그때는 전혀 들지 않았다. 나는 그의 굼뜬 움직임을 무관심으로, 느린 반응 시간을 게으름으로 잘못 해석했다.

허디는 남자가 아기의 신호에 늦게 반응하는 이유는 아마도 타고난 천성이며, 포유류 뇌 발달단계의 결과(즉 남자의 해당 신경 구조가 발달하기 훨씬 이전부터 여자가 돌보미 역할을 함)로 보인다고 추측하지만, 곧이어 이렇게 묻는다. "'그래서, 뭐가 어떻다고? 무슨 상관이야?' 하는 태도가 바로 핵심이다. 돌보는 행위는 마음과 감성의 습관이라는 결과를 낳는다. (…) 핵심은, 이런 결과가 애초의 원인과는 전혀 다르게 확대된다는 점이다."[49]

한쪽 부모가 아기의 요구에 습관적으로 빠르게 반응하기 시작할 때 다른 쪽 부모는 아기의 요구에 반응하지 않는 자세를 취하면서 그런 습관을 받아들이는 경향이 있다. 이런 양상은 날이 가고, 달이 가고, 해가 가면서 점점 더 굳어진다. 내가 인터뷰한 많은 엄마들의 생각에서도 비슷한 주제가 묻어났다. 포틀랜드에 사는 에리카는 이렇게 해석한다. "맘 잡고 하면 남편은 굉장히 잘해요. 하지만 그런 일이 일어나려면 제가 말을 해줘야 하거나 뒤로 빠져야 해요. 외출해야 한다고 얘기하면 남편은 도와줘요. 그런데 제가 있는 한 꿈쩍도 하지 않죠." 허디는 엄마 자신이 이 문제에 대해 심각하게 느껴야 한다고 강조한다. "겉으로 보기에 아기의 신호에 반응하는 수준 차가 대단하지 않은 것 같지만, 서서히, 자기들도 모르는 사이에, 한 걸음 한 걸음, 다른 원인 없이 노동이 성별에 의해 확실히 나눠진다."[50]

신경 성차별: 남자 뇌, 여자 뇌

뇌 구조에서 남녀 간 중요한 차이를 알아내려는 시도는 19세기 중반 줄자와 수수 낟알 부대 같은 도구를 사용하여 시작되었다. 이 결과는 여성의 참정권과 동등한 교육 기회 획득을 반대하는 데 악용되었다.[51] 오늘날은 신경 촬영법 같은 기술적으로 더 발달된 방법으로 남녀 뇌의 차이를 알아볼 수 있다. 이런 연구 결과는 종종 성 고정관념을 구체화하는 데 이용되기 때문에 파인은 이 분야를 '신경 성차별'이라 명명했다. 파인은 이렇게 쓴다. "심리학과 신경과학의 연구 결과가 보도되는 양상은 유사성이 아닌 차이를 찾는 쪽으로 나아간다. 남자와 여자의 뇌는 다른 점보다 비슷한 점이 더 많다. 일반적으로 '남자'와 '여자'의 뇌 패턴이 중첩될 뿐 아니라 세상에 남자의 뇌만큼 여자의 뇌와 비슷한 것도 없다. 신경과학자들은 심지어 낱장 이미지로 보면 남자와 여자의 뇌를 구분하지 못한다."[52]

나는 신경과학자인 엘리엇에게 전화해 내가 조사하고 있는 이 문제에 대해 당장 생각나는 불가피하거나 선천적인 요소가 있는지 물었다. 그녀는 화가 머리끝까지 난 만화 주인공처럼 귀에서 연기를 막 뿜어낼 듯이 말했다. "핵심만 얘기할게요. 인간 행동 중에서 타고난 건 거의 없습니다. 우리가 하는 대부분의 행동은 의식적, 무의식적 경험으로 형성되죠. 성별 노동 분담이 '선천적'이라는 주장은 권력 구조를 유지하기 위한 편리한 방편이에요."

나는 즉시 엘리엇에게 신문 헤드라인을 장악한 여성과 남성의 뇌 차이에 관한 연구 결과 두 가지를 말해주었고, 엘리엇은 각각에 대해 반대 증거를 들어 반박했다. 여자의 뇌량은 남자의 뇌량보다 크다는 가설이 유력했다. 하지만 엘리엇의 연구에 따르면, 전체 뇌 용적으로 봤을 때 여자의 뇌량은 남자보다 크지 않다.

뇌량은 좌우 대뇌반구 두 개를 연결하는 구조물로 좌우 두뇌의 소통을 담당하는데, 여성의 반구가 남성의 반구보다 한쪽 뇌 편파 현상이 적다는 게 기존 이론이었다. 이런 허위 연구 결과는 남자가

STEM(과학·기술·공학·수학 융합 교육) 분야에 훨씬 적합하다는 이론만큼이나 여자가 멀티태스킹에 훨씬 능하다는 이론을 설명하는 데 잘 사용되었다. 내가 인터뷰한 몇몇 엄마들은 왜 자기들이, 비록 마지못해서라지만, 배우자보다 집안일을 더 많이 떠맡는지 설명하는 데 이 이론을 들었다. "여자들이 멀티태스킹에 더 능하다고 하잖아요." 시카고에서 사회사업가로 일하는, 6세 딸을 둔 말라는 왜 자기가 남편보다 딸을 더 많이 건사하는지 설명하면서 이렇게 말했다.

이에 엘리엇은 이렇게 답한다. "그런 엉터리에요. 우리 뇌는 직면하는 일은 뭐든지 잘하게 되어 있어요. 비서는 멀티태스킹을 잘하잖아요. 우리는 남자들이 우리를 비서로 만들도록 그냥 방치하는 거예요." 좀 더 피부에 와닿게 이야기하자면, 뇌량이 비록 차이가 난다 하더라도, 여기에서 나온 결론은 성별 가사 분담(및 과학 분야의 직업)에 관한 퇴행적인 자세와 좀 더 밀접하지, 실제 동물 연구와는 거리가 있다. 실제 연구에 따르면 한쪽 뇌 편파가 심한 동물이 여러 가지 일을 동시에 수행하는 것에 능하다.[53] 뇌 차이 연구에서 나온 추론은 파인의 말을 빌리자면 종종 '신경처구니가 없다'.

실제로 뇌 기능은 분산된 신경망과 파악하기 어려울 정도로 복잡한 연결성, 신경전달물질 시스템 그리고 시냅스 기능으로 발생한다. 뇌의 구조적 구성만으로는 구하려는 정보를 원하는 만큼 얻을 수 없다. 다시 말해 파인의 농담대로 기발한 발견을 했다고 큰소리치려면 적어도 다음 같은 수준은 되어야 한다. "드디어 육아를 계획하고, 저녁 식단을 짜고, 모두에게 깨끗한 속옷을 입힐 수 있는 신경 회로를 발견했어. 직업과 야망, 독창적인 생각으로 내 회로가 얼마나 붐비는지 보라고?"[54]

그러나 성차 논리는 잘 팔린다고 엘리엇은 설명한다. "성차는 항상 파격적이고, 정치적 올바름에 맞서는 듯한 느낌을 주죠. '아니 과학적으로 그렇지 않다고 하잖아, 우리가 착각한 거네'라고요." 세 자녀를 다 키운 엘리엇은 이런 말을 한다. "관점을 바꾸면, 즉 강자의 눈으로 보면 우리가 성차라고 부르는 것으로 상황이 설명되는 경우가 많아요. 남자와 여자의 차이가 변하지 않는다는 가정을 남자들은 아주 잘 써먹었죠. 그렇게 살아온 여자들은 피해를 봤고요." 오늘날 대중 '과학'은 여전히 뇌에 뿌리박혀 있는 행동 양상이 변하지 않거나 그저 타고난 거라고 강조하지만, 참 과학은 완전히 다른 영역에 뿌리를 내렸다. 현대 신경과학은 온통 가소성, "즉 시간에 따라 조직과 기능을 변화시키는 신경계의 능력"을 다룬다.[55] 뇌는 고정되어 변하지 않는 게 아니라 실시간 경험에 반응하여 끊임없이 뉴런 연결을 바꾼다.

이스라엘의 바일란대학교에서 나온 2014년 연구는 이런 이해를 전형적으로 보여준다. 연구자들은 처음 부모가 된 사람들을 세 부류, 즉 주양육자인 엄마, 보조 양육자인 아빠, 엄마 없이 주양육을 맡은 게이 아빠로 나누어 그들의 fMRI 자료를 비교했다. MRI가 뇌의 정지 사진이라면 fMRI는 동영상이다. fMRI를 통해 연구자들은 뇌의 구조는 물론 기능까지 잘 볼 수 있다.

세 부류 피실험자의 뇌 활동은 동일하지 않았다. 주양육자인 엄마의 경우 양육 행동으로 인해 감정 처리와 관련된, 진화적으로 아주 오래된 부위인 편도체의 활동이 크게 증가했다. 보조 양육자 아빠의 경우 동일한 양육 행동으로 인해 좀 더 나중에 생겨난, 사회 인지와 관련된 신피질의 활동이 크게 증가했다. 양쪽 집단 모두 양육 덕분에 이들 두 개의 신경망 기능이 통합되었다. 즉 육아에 많이 참여한다고 보고한 아빠일수록 신경망은 더 많이 통합되었다. 연구자들은 엄마만큼 아기 양육에 많은 시간을 할애하는 주양육자 아빠의 경우 편도체 활동이 엄마와 필적할 정도로 증가했고, 신피질의 활동도 보조 양육자 아빠와 비슷한 정도로 크게 증가한다는 점을 발견했다.

연구자들은 이들 세 집단의 차이는 생물학적인 성이나 아기에 대한 유전적인 관련성(주양육자 아빠는 아기를 입양했다)이 아니라, 얼마나 많은 시간을 아기와 밀착해서 보냈는지에 달려 있다고 결론지었다. 이들의 결론은 이렇다. "기본 양육의 역할을 맡아 어린 아기를 적극적으로 보살피다 보면 생물학적 남녀 부모는 물론 아이와 유전적으로 관련이 없는 양부모도 '돌봄과 관련된 전반적인 두뇌 신경 회로'가 활발하게 움직인다.[56] 이런 발견은 인간의 양육이 아주 오래된 집단 돌봄 기질에서 진화했다는 가설과도 일치한다. 이 기질은 모든 종의 성인 개체에 존재하며 아이들을 세심하게 돌보고 그들이 잘 자라도록 헌신하는 과정을 통해 유연하게 발현된다."

아이들을 키우는 데 보조 역할을 하는 아빠는 엄마의 동반자이지

도우미는 아니다. 그러나 보조 역할을 떠맡는 것은 여러 모로 보아 결혼 첫날부터 평등과는 담을 쌓기 위한 술수다. 보조 역할에 머무는 이유는 그렇게 타고나서가 아니라 경험이 없어 미숙한 데도 육아에 적극적으로 개입하지 않기 때문이다. 다시 말해 배우지 않기 때문이다.

아이가 태어날 때 아주 사소하게, 어쩌면 타고난 성향으로 시작되는 부모의 행동 격차는 결과적으로 아이가 자라면서 더 벌어진다. 부부가 되도록이면 부딪치지 않는 길을 택할 때 엄마가 쌓는 육아 경험의 깊이와 넓이는 감히 아빠가 따라잡을 수 없는 수준이다. 남편이 감히 대적하지 못하는 수준에 이르기까지 엄마 혼자 교사 상담과 병원 전화, 생일 파티를 얼마나 많이 치러내는 걸까?

리브가 1학년이 되던 가을 나는 우리 부부가 고통스러운 반환점에 왔다고 판단했다. 그날은 교황이 뉴욕을 방문하는 바람에 기차 운행 일정이 뒤죽박죽되었다. 하필 월요일 내가 야간 근무하던 날이라 남편이 저녁에 아이들을 데리고 와야 했다. 남편은 내게 이런 문자를 보냈다. "제시간에 집에 갈 수 있을지 모르겠어. 우리 대안을 짜야겠어." 여기서 "우리"란 나를 의미했다. 아이들을 데리고 오는 일은 남편 몫인데 그 사람은 대안이 전혀 없었다. 수년간 내가 이런저런 방식으로 나섰는데, 이제 와서 남편에게 맡겨 우왕좌왕하게 하자니 내키지가 않았다. 남편이 제시간에 못 가면, 학교 교직원은 말할 것도 없이 리브와 테스가 계속 기다려야 한다. 그래도 버티는 게 나았을지도 모른다. 조지가 어떻게든 대책을 강구했을 테니까. 하지만 그건 아니라는 생각이 들었다. 우린 한 팀인데. 끝내 나는 다른 엄마에게 전화를 해서 딸을 데려와주겠다는 답을 받아냈다. 서로 최선을 다하려고 해도 조지와 내가 합의를 보는 지점은 항상 같았다.

바일란대학교의 연구자들은 이렇게 밝힌다. "임신, 출산, 수유 등으로 편도체가 민감화해지고 이를 통해 모성이 강하게 발현되지만, 진화 덕분에 아빠에게는 부모 역할에 적응할 수 있는 다른 경로가 생성되었고 이런 대체 경로는 연습과 조율, 매일 매일의 돌봄으로 생겨난다."

에이프릴은 회사 최고 운영 책임자이자 뉴욕에서 동성 아내와 함께 두 아이를 키우는데, 처음엔 가정에서 보조 양육자 역할을 했다. 그러다 보니 아이들과 있으면 무능한 느낌이 들었다. 에이프릴은 이렇게 말한다. "주양육자가 아닌데 하루이틀 그 역할을 해야 할 때는 끔찍하죠. 이제까지 전 그짝이었어요. 형편없는 거죠. 제가 아이들을 데리고 뭘 어떻게 해야 할지 모르니 애들은 긴장하고, 그래서 모두들 아내 질이 돌아와 분위기가 나아지길 기다리는 거예요. 이따금 산발적으로 이런 일이 내 삶으로 비집고 들어올 때 나는 실패할 수밖에 없어요. 이성 커플에게 이런 상황이 생기면, 남자는 이런 걸 못한다는 이론을 더욱 굳힐 따름이죠."

아빠 역할은 엄마 역할과 마찬가지로 생물학적, 사회적으로 결정되어 있다. 아빠 역할은 매일 매일 아이들을 돌보는, 모성의 역할을 망라하는 것이지, 생물학적인 성 역할이 아니다. 양육을 어느 성에게나 적용할 수 있는 경험으로 이해할수록 양육은 여성의 특별한 재능이라는 정의가 상식에 어긋나게 들린다. 양육이 여성만의 특별한 재능이라는 이야기는 불평등을 숨기고 우리 자신을 독려하면서 아이들에게 엄마 혼자 모든 일의 무게를 감당해야 한다는 믿음을 주입할 뿐이다.

3

학습

우리는 자라면서 두 부류로 갈라진다

게으름의 문제가 아니다

2018년 늦은 겨울 시카고, 페이스북에서 내가 가입한 활동적인 성향의 엄마들 모임에서는 남자와 여자의 반대되는 사회 성향에 관한 논의가 한창 열기를 띠고 있었다. 처음부터 등장하지는 않았지만 에이드리엔이라는 엄마가 한 말이 남녀의 성향을 가장 잘 나타내는 것 같았다. "저는 임신 7개월인데 아들 수영 레슨에 갔다가 집으로 돌아오는 길에 속에 있는 걸 다 게워냈어요. 위산 역류가 너무 심했기 때문이죠. 길가에 차를 대고 주차장에서 구토를 했어요. 근데 세상에 남편이 집에 가는 길에 저를 차에 앉혀두고 코 스프레이를 산다고 약국에 들르더라고요. 남자들은 뭘 몰라요. 가끔 다른 사람에게 필요한 건 안중에도 없고 그저 자기들 생각만 한다고요."

다른 사람을 배려하는 방식의 남녀 차이에 대한 대화가 계속 이어졌다. 대화에 참여한 여자들은 자신들의 요구를 남편에게 상기시키고 (가령, 욕실 거울에 "아내를 안아줘라" 또는 "욕실 페인트칠을 해라" 등의 글을 적은 포스트잇을 붙여서 기억을 되살리기), 여자의 고충을 이해하게 할 전략(가령 "주부 파업"을 선언해서 "아내가 하는 모든 일을 깨닫게" 하기)을 제시했다. 또 여자들이 이성 관계에서 생기는 불쾌한 현실에 좀 더 쉽게 적응하는 것일지도 모른다는 얘기도 나왔다. 남자들은 임신한 아내가 구토했을 때 약국에 들르지 않고 집으로 곧장 가고 싶어 한다는 사실을 파악하지 못하고, 아내가 평상시 해주는 모든 노동의 가치도 깨닫지 못하지만, 여자들은 여기에 다 맞추며 살아간다는 것이다. "아마 우리 여자들은 모든 일을 혼자 다 해도 괘념치 않을 거예요." 11년간의 결혼 생활에서 화가 나는 건 무엇보다 남편이 한 번도 장을 보러 가지 않은 사실이라는 응급구조사의 고백에 대꾸하며 김이라는 여자는 이런 말을 썼다. "우리는 그저 우리가 한 일에 대해 고마워해주길 바라는 거죠. 고맙다는 단순한 말 한마디로 천 냥 빚을 갚을 수 있어요."

나도 고맙다는 말을 듣는 게 좋았지만, 마찬가지로 배우자에게 고마움을 느낄 수 있는 기회가 생겼으면 했다. 그렇다고 그런 기회가 없었다는 말은 아니다. 조지는 3년 내내 희생정신을 발휘하여 잠을 푹 자지 않는 테스가 매일 한밤중에 깨면 같이 일어나주었다. 리브가 태어나고 나서는 손재주의 대가가 되어 나는 젬병인 종이접기 같은 만들기 놀이를 테스와 같이 해주었다. 그러나 가정생활을 하다보면 불쑥불쑥 생기는 급하게 처리할 일을 남편은 그냥 넘기기 일쑤여서 그때마다 어안이 벙벙했다. 남편은 대체로 친절하고 열심이지만, 아주 근본적인 어떤 성향은 이해할 수 없다. 바로 (같은 남자들이 흔히 그러듯) 다른 사람 생각을 마음속에서 지워버리는 능력이다.

2018년 어느 여름날 저녁, 우리는 해변에서 하루 종일 시간을 보낸 후 아이들 잘 시간쯤에 집에 도착했다. 아이들이 저녁을 먹지 않았던 터라 우리는 돌아오는 차 안에서 냉장고에 있는 치킨 너겟을 먹기로 했다. 집에 돌아오자마자 조지가 주방으로 들어가는 모습을 확인한 후 나는 모래로 범벅이 된 딸들을 씻기기 시작했다. 남편이 오븐 토스터에 너겟을 데우고 있겠지 생각한 것이다. 5분 아니 10분 지났을까, 애들을 다 씻겨서 닦이고 나와 보니 남편은 조리대에 그냥 서서 차가운 맥주를 마시고 있었다.

나는 너겟을 꺼내서 포장을 열고 오븐 토스터 접시에 담았다. 그런데 그 모습을 지켜보던 남편은 "아차" 하는 말도 건네지 않았다. 자기가 너겟을 준비할 수도 있었다거나, 내가 그것을 기대하고 있었다거나, 우리 애들이 피곤하고 배고픈데 거의 잠자리에 들 시간이 됐다는 사실 따위는 아예 생각도 못했던 것이다. 그건 게으름의 문제가 아니었다. 이름을 붙일 수도 없는, 내가 전혀 이해할 수조차 없는 문제였다.

여자 짓과 남자 짓

성별 본질주의가 남자와 여자는 특징적 자질을 타고난다고 주장한다면, 성별 실존주의는 이와는 다른 면을 주장한다. 성별 실존주의자들은 성gender을 우리가 생각하고 행동하고 자기를 보는 방식에 본질적으로 영향을 주는 사회구조로 보고, 생물학적인 성이 아닌 문화적인 성과 관련짓는다.[1] 성별 실존주의자는 남자보다는 여자가 더 많다.[2] 최근 퓨리서치센터의 조사에 따르면 여자와 남자의 양육에 대한 접근 방식이 다르다고 믿는 미국인 64퍼센트 중 여자 61퍼센트와 남자 41퍼센트는 이런 차이가 (생물학이 아닌) 사회에 의해 결정된다고 응답했다.

샌디에이고에 사는 두 아이의 엄마이자 교사인 42세 디에나는 이렇게 말한다. "너무 많은 부분에서 너무 깊게 뿌리박혀 있어요. 문화적으로 여자를 보는 방식, 역사적으로 수천 년 동안 전 세계에서 여자를 대하던 방식 말이에요. 여자는 덜 중요한 존재죠."

디에나는 여자가 덜 중요하게 여겨지는 일이 본인 인생에서 어떻게 나타났는지 고백했다. 남편의 전근을 위해 자신은 최고의 직장을 포기했다. 교사로 종일 일하면서 불안과 걱정으로 힘겨워했고, 아기를 키웠다. 그 와중에 둘째를 임신했을 때도 남편에게 매주 가는 출장을 줄이라고 요구하지 않았다. "다 제 책임이라고 느꼈어요." 디에나의 친부모님은 그녀가 2세 때 이혼했고, 홀로 디에나를 키운 엄마는 살면서 남자를 찾는 데 주력했다. "엄마가 남자와 안 좋게 헤어졌을 때 저에게 여자로 사는 게 뭔지 말해줬던 기억이 나요." 무엇보다 남편을 지키는 게 중요하며, 때문에 남편의 절대적인 안락을 위해 끊임없이 힘써야 한다.

성별 실존주의는 사람이 한 인간의 범주에 맞추려 노력하다 보면 진짜 자기만의 삶을 살기 힘들어진다고 주장한다. 자신이 속한 집단 규율에 구속감을 받지 않는 사람은 거의 없다. 개인 취향은 젠더 시스템이라는 규율에 밀려나 있다. 성인 여자 중 학급 친구들이 아무도 보지 않을 때 모형 차를 몰래 훔쳐보던 사람이 나뿐이었을까. 아이들의 장난감 선택을 관찰한 연구에서 3~4세 남자아이는 혼자 있을 때 놀이 시간의 21퍼센트는 '여자아이 장난감'을 가지고 놀았다. 이 수치는 곁에 친구가 놀고 있는 경우 10퍼센트로 뚝 떨어진다. 하지만 여자아이들은 처음부터 성별에 구애받지 않고 상대적으로 장난감을 훨씬 자유롭게 즐긴다. 여자아이들은 혼자 노는 경우 노는 시간의 34퍼센트, 다른 아이가 있을 때는 24퍼센트를 '남자아이 장난감'을 가지고 논다.[3] 감성과 관심이 사회적 압력이 허용하는 수준보다 더 폭넓은 가능성을 열어주는 것이다.

성별에 따른 사회화는 태어나면서 시작된다. 부모는 아기 때부터 아들과 딸에게 다른 기대를 하며, 이에 따라 자식을 인식하게 된다. 여자 아기와 남자 아기는 확실히 다음과 같은 점만 다르다.[4] 즉 평균적으로 남자 아기가 여자 아기보다 자기통제력을 갖추기가 더 힘들고, 일방적인 관계에서 상호 관계로 전환하는 데 더 오래 걸린다.

객관적으로 측정된 차이가 없을 때에도, 딸 부모는 아들 부모보다 자기 아이 외모를 더 부드럽고, 더 작고, 더 곱게 보며, 집중력은 덜하다고 평가한다. 엄마와 아빠에게 난생처음 보는 아기 비디오를 보여주었을 때, 딸이라는 말보다 아들이라는 말을 들었을 때 부모들은 이 아기를 다르게 묘사한다. 딸 엄마는 아기의 운동 능력을 지속적으로 과소평가하지만, 아들 엄마는 과대평가한다. 틀에 박힌 기대는 성과 관련된 행위 습득에 영향을 주고, 기대는 예언으로 바뀐다.

역사적 증거에 따르면 남자와 여자가 사회적으로 비슷한 역할을 하기 시작하면서, 사람들은 출생부터(아니면 그전부터) 성을 좀 더 극적으로 부각시켰다. 남녀가 별개의 영역에서 활동하던 시기에는 장난감과 옷이 중성적이었다. 남자 아기는 나이트가운을 입었다.[5] 오늘날 성을 드러내는 게시물은 소셜미디어의 파생물일 뿐 아니라, 남녀 역할의 구분이 점점 없어지는 세상에서 특정 성별의 우월성을 확실히 주장하기 위한 노력의 산물이다.

***

우리는 사람들을 두 부류로 나눈다. 각 부류는 특정 사고와 행위를 하고 감정을 느끼도록 기대된다. 이런 기대는 광범위한 환경에서 수많은 접촉을 통해 끝없이 소소한 방식으로 강화된다. 이런 기대는 보편적이고 도덕적 성향을 띠며 옳은 행위에 대한 방향과 중요한 기준을 제시한다. 여자아이들은 순응의 상징인 여자답게 행동하는 법을 배우고, 남자아이들은 단호함의 상징인 남자답게 행동하는 법을 배운다.

성인들은 자기들도 모르는 사이에 어린아이들이 '올바른' 행동을 하도록 유도하는데, 남자아이들에게서 인형을 뺏는 것처럼 노골적인 방식만 쓰는 것은 아니다. 유치원 교실에서 일어나는 선생님과 학생의 상호작용을 예로 들어보자. 연구에 따르면 13개월 남자아이와 여자아이는 똑같이 행동하지만, 어른들은 거기에 똑같이 반응하지 않는다. 여자아이들은 몸짓을 하고 재잘거릴 때, 남자아이들은 짜증을 내고 소리를 지를 때 선생님의 관심을 더 많이 받는다. 13개월 아이들은 남자나 여자나 똑같이 다른 아이들을 붙잡고 밀치고 걷어차는 경향이 있다. 하지만 여자아이들이 공격적으로 행동하는 경우, 선생님이 진정시키려고 나서는 경우는 행위의 20퍼센트에 그친다. 반면 남자아이들이 공격성을 보일 경우, 행위의 66퍼센트는 선생님의 개입으로 끝난다. 이런 상황을 겪으면서 남자아이들의 공격성 빈도는 여자아이들의 3배 이상 강화된다. 23개월쯤 되면, 여자아이들은 공격성이 줄어들고 남자아이들은 공격성이 더 강화된다. 양쪽 모두 선생님의 시선을 가장 확실하게 받는 쪽으로 행동함으로써 어른의 관심을 효과적으로 끌어내는 방법을 배웠다.[6]

분명 사회화는 성별 행동 차이를 낳는 데 기여한다. 한 가지 예로 평등한 가정에서 자란 남자아이는 여자아이와 똑같이 아기에게 관심을 보이는 반면, 전통적인 가정에서 자란 남자아이는 아기에게 관심을 덜 보인다.[7] 타고난 생물학적 성향과 문화의 영향을 상대적으로 분석하기란 불가능하며 결국 이 둘은 상호작용한다.

헌터대학교 심리학자인 버지니아 밸리언은 1999년 저서 《왜 그렇게 느려?Why So Slow?》에서 이렇게 설명한다. "호르몬의 영향은 (…)

상황에 따라 달라진다. 하물며 쥐가 받는 성 호르몬의 영향도 그들이 받는 스킨십, 환경 자극의 종류와 양, 어미에게 받는 보살핌에 따라 달라진다. (…) 호르몬과 환경의 영향은 같이 작용하며, 인간 및 동물의 특성과 행동에 함께 영향을 미친다."[8]

어쩌면 남자아이와 여자아이 사이에 나타나는 궁극적인 차이에서 유전자와 호르몬의 영향은 일부일지도 모른다. 인류학자들은 비교문화적으로 남자아이와 여자아이들이 어디서 자라든 3세까지 지속적인 차이를 보이는 7가지 행동을 알아냈다. 여자아이들은 공부를 더 한다. 남자아이들은 더 논다. 남자아이들은 여자아이들보다 엄마와 멀리 떨어져 있는 시간이 많다. 여자아이들은 남자아이보다 아기를 돌봐주는 시간이 더 많다. 남자아이들이 더 소란스럽게 논다. 여자아이들은 치장하고 꾸미는 놀이를 많이 한다. 남자아이들은 싸움 놀이를 많이 한다.

비교문화적 행동을 본래 타고난 것으로 생각하기 쉽지만, 여기서 2가지 고려할 점이 있다. 첫째는 전 세계 거의 모든 문화가 가부장적 전통을 공유한다는 점이다. 20세기 중반에 실시한 조사에 따르면 전 세계 85퍼센트 이상이 가부장적인 문화다.[9] 둘째, 여자아이와 남자아이 사이에 행동 차이가 거의 없음에도 불구하고, 여자아이와 남자아이를 대하는 부모의 행동은 눈에 띄게 다르다. 이에 관한 자료는 많지만, 간략하게 예를 들어본다면 남자아이 부모는 여자아이 부모보다 신체적으로 자극이 될 만한 놀이를 더 많이 해준다. 또한 여자아이 엄

마가 남자아이 엄마보다 아기를 안아주는 시간이 더 많다.[10]

소란스럽게 놀거나 치장하거나 꾸미는 놀이를 하는 성향은 유아 때 경험에서 생겼을 수 있다. 향수는 어린 시절 시작된다. 감성적으로 훈훈한 기억이 몸싸움을 하거나, 꾸몄던 경험과 연관되면 자라면서 이런 경험을 재생산할 가능성이 높다. 이런 생각과 기조를 같이하여, 성 학자들은 이제 성 표현이 단순히 생물학적인 요소나 사회에 의해 형성되었다는 얘기보다는 "성이 만들어낸 몸"에 관한 얘기를 한다. 이런 모델에서는 성 특성을 타고나거나 사회적으로 주어진 것이 아니라, 개인의 성장 과정에 따라 좌우되는 동적 과정의 결과로 본다.

남성 지배는 어떻게 재생산되는가

사회구조 이론에 따르면 한 문화의 성별 노동 분담은 모든 성적 행동 차이를 유발하고, 가정에서의 남녀 행동에 분명 영향을 미친다. 역사적으로 볼 때 신체적으로 크고 힘이 센 남자는 전쟁 같은 활동을 통해 여자보다 더 높은 지위와 권력을 누렸다. 일단 이런 영역에서는 남자가 좀 더 지배적인 위치를 차지하고, 여자는 이에 순응하게 된다.[11]

오늘날 성취와 지위는 단순한 신체적인 힘과 관련이 없지만, 이러한 성 역학gender dynamics은 많이 변하지 않았다. 작고한 심리학자이자 성 이론가인 샌드라 벰은 1994년 저서 《성의 창The Lenses of Gender》

에서 현대사회에서 출산과 전쟁의 중요성이 감소하고 있는데도 남자와 여자의 틀에 박힌 행동이 줄어들지 않는 이유를 파헤쳤다. 벰은 성역할이 계속 유지되는 이유에 관해 남성중심주의, 성별 양극화, 생물학적 본질주의라는 세 가지 견해를 제시했다.[12] 남성중심주의는 남성의 우월함과 남성다운 모든 것에 따라붙는 남성이 더 높은 지위를 차지한다는 믿음이다. 성별 양극화는 전혀 다른 두 인구를 둘러싸고 벌어지는 사회생활 구조다. 생물학적 본질주의는 성차가 직접적으로 염색체 차이와 관련되어 있다는 생각이다. 이런 요소 가운데에서 우리는 남자와 여자가 무엇을 가장 잘하는지, 어떻게 행동해야 하는지에 관한 뿌리 깊은 문화적 관념에 얽매여 있다.

남자는 자기를 위한 행위를 하고 자기 생각을 하는 반면("과제·목표 지향적" 행동), 여자는 남을 위한 행위를 하고 남을 생각한다("공동체 지향적" 행동). 이런 성향으로 인해 남자가 보는 피해도 만만치 않다. 남자마다 정도는 다르지만 외로움이라는 유행병에 걸려 있는데, 이 외로움은 여전히 지위와 성공의 전 단계를 차지한다. 오스트레일리아의 철학자 닐 레비는 이렇게 말했다. "사람들에게 소속감을 느끼게 해주는 공로에 대한 노벨상이 없는데, 이는 다 그럴 만한 이유가 있다."[13]

시카고에 사는 사회복지사이자 두 아이의 엄마인 35세 카트리나는 (과제·목표 지향적) 남자와 결혼한 (공동체 지향적) 여자를 다음과 같이 묘사한다. "전 일상이 벅차요. 막막함을 자주 느끼죠. 오늘 아침 남편이 7시 5분에 계단을 슬슬 내려오는데 화가 나더라고요. 저는 이미

30분 동안 혼자서 난리를 치러냈는데 말이죠. 그게 화가 나요. 왜 남편은 더 일찍 일어나 아래층으로 내려와서 같이하지 못하는 거죠? 왜 토요일에는 8시까지 잠을 자는 거예요? 도대체 뭐 때문에 이런 현상이 생길까요?"

"무엇 때문일까요?" 내가 도리어 묻는다.

"일어나기 싫어서겠죠! 저도 잘 수 있어요. 하지만 그렇게 되면 다른 식구들의 욕구가 해결되지 않잖아요. 개도 제 집에서 나올 수 없어요."

내친 김에 더 물었다. "남편에게 일어나라고 한 적이 있나요?"

"그렇게 해도 남편이 일어나지는 않을 거예요. 아니면 제가 잠자리에 계속 누워 있을 수 없어 결국 일어나겠죠. 아니면 아침 내내 잔소리를 해야겠죠. '일어나라고! 일어나! 일어나란 말이야!' 전 남편의 엄마가 아니에요. 그래서 힘든가 봐요. 어느 날 아침 운동하러 일찍 나가면서 남편에게 몇 시에는 일어나야 8시 전에 애들을 준비시키고 밥을 먹여 체조하러 나가게 할 수 있다고 당부했죠. 제가 9시에 집에 왔는데 그때까지 아침도 먹지 않고 있더라고요. 개는 여전히 제 집에 있고요."

자연주의자들은 양육의 구조가 생물학적으로 자명하며, 자명한 것은 본능적이고, 본능적인 것은 불가피하다고 말한다. 이와는 대조적으로 진화생물학적 관점에서는 여성이 현재 주양육자인 이유가 지금까지 거의 항상 그래왔기 때문이라고 주장한다. 성별 노동 분담이 아주 초기 인간 사회에서 시작되었고 이후 계속되었다는 것이다. 여성주의 정신분석에서는 이 개념을 확장한다. 사회학자이자 정신분석학자인 낸시 코도로우는 일명 "모성 양육의 재생산"이라는 과정을 설명하면서 "모든 아이들은 기본적으로 주로 여자에게 양육된 경험이 있다"고 한다. 이는 사회적·심리적 과정이지만 생물학적이거나 의도적인 과정은 아니며, 여성에 의한 양육이 끊임없이 자체 재생산된다.

코도로우는《모성의 재생산》에서 이렇게 쓴다. "엄마인 여자는 모성 양육의 능력과 엄마를 향한 갈망을 갖춘 딸을 키워낸다. 이런 능력과 욕구는 모녀 관계 자체에 뿌리를 내리고 자라난다. 반대로 엄마인 여자(와 엄마가 아닌 보호자 남자)는 자애로운 능력과 욕구가 체계적으로 사라지고 억압된 아들을 키워낸다."[14] 코도로우의 이론에 따르면, 인성이 발달되는 생애 초기 몇 달, 몇 년 사이 여자아이는 자신의 성 덕분에 엄마와 연결감을 느끼는 반면, 남자아이는 자신의 성 때문에 엄마와 단절감을 느낀다.

따라서 남자아이는 발달 과정에서 관계와 연결감에 대한 욕구가 억제되며, 이 과정에서 결국 '남성 지배'가 재생산된다. 배우이자 작가인 마이클 이언 블랙은 2018년 젊은 남자와 폭력에 관해 〈뉴욕타임스〉에 기고한 논평에서 이런 현상을 다음과 같이 표현했다. "너무 많은 남자들이 너나 할 것 없이 남자다움이라는 숨 막히고 오래된 틀에 갇혀 있다. 이 틀 안에서 남자다움은 힘으로 측정되고, 거세당하지 않는 한 나약함이란 있을 수 없다. 이 틀 안에서 남자다움은 다른 사람을 힘으로 지배하는 것이다."[15]

남자아이들 사이에서 '남자다운' 힘은 어릴 때부터 강조된다. 19개월 무렵 남자아이는 남자다운 놀이를 하는 남자아이들에게만 긍정적으로 반응한다. 이와는 대조적으로 여자아이는 놀이 형태와는 관계없이 다른 여자아이들에게 긍정적으로 반응한다. 《왜 그렇게 느려?》에서 밸리언은 어린아이들의 놀이를 다음과 같이 묘사한다. "남자다운 활동은 처음엔 남자아이들이 여자 같은 활동을 택할 때 나오는 아빠의 반응을, 나중에는 같은 또래 남자아이들의 비난을 통해 점점 우월한 지위를 차지한다. (…) 남자아이들은 특히 또래 남자아이들이 여자 같은 놀이를 택할 때 이들을 놀리거나 육체적 또는 언어적으로 놀이를 방해하면서 상대를 벌하는 경향이 많다. 따라서 남자아이들은 높은 지위가 내려갈까 봐 여자다운 활동을 평가절하하고 피하게 된다. 여자 같다는 오명을 쓸 수는 없기 때문이다."[16]

그렇다면 성인 남자도 마찬가지다. 오클라호마시티에 사는 섀넌은 남편이 빨래를 개기 싫어하는 현상에 대해 이렇게 설명했다. "남자들은 자기가 이런 일을 하는 걸 배우자가 안 봤으면 하는 거예요. 여자한테 자존심 깎이는 짓이라고 생각하는 거죠."

섀넌은 답답해하고 좌절하지만, 남편의 이런 사회적인 취약성에 일종의 동정심을 느낀다. 남편의 자존심을 지켜주기 위해 자신의 자존심은 제쳐두는 셈이다. 이런 취약한 남성성 때문에 도처에서 여자들은 대가를 치른다.

***

유치원 교실에서 2세 아동을 관찰했더니 여자아이들은 남녀 상관없이 반 아이들이 원하는 대로 응하면서 놀이 행동을 바꾸는 반면, 남자아이들은 여자아이들의 말을 듣지 않으려고 했다. 아이들의 사회 행동은 3세 무렵에 좀 더 발전해서 친구의 활동을 더 자주 통제하려고 든다. 통제하려는 시도가 늘어나면서 남자아이와 여자아이는 다른 방식으로 관여하기 시작한다. 여자아이는 좀 더 공손하게 제안하는 반면, 남자아이는 좀 더 직접적으로 요구한다. 시간이 지나면서 남자아이는 부드럽게 전달되는 요구 사항에 점점 반응하지 않게 된다. 남자아이들은 계속해서 모든 아이들에게 영향력을 휘두르는 반면, 여자아이들은 보통 같은 여자아이에게만 영향력을 행사한다.[17]

의도나 뚜렷한 방향이 없어도, 인간은 서로 다른 2가지 부류로 자라난다. 3세부터 우리의 절반은 공손하게 부탁하고 다른 사람의 우선순위와 감정을 고려하는 반면, 다른 절반은 원하는 바를 고집하고 특히 친구가 자기와 다른 성일 때 친구의 바라는 바를 무시해버린다.[18]

20대에 남자와 연애를 해봤다면 청년기에 이런 현상이 어떻게 나타나는지 짐작할 것이다. 혹시 심리학자이자 부부 관계를 연구하는 존 고트먼의 저서를 읽었다면, 이런 동력이 결혼 생활에서 어떤 식으로 나타나는지 알 것이다. 싸우는 이성 부부의 비디오를 몇 시간 동안 보던 고트먼은 남편이 아내가 문제를 제기할 때 정신적, 감정적으로 대화에서 빠져나가는 이른바 "모르쇠" 작전을 자주 쓴다는 사실을 발견했다. 이런 설명이 이어진다. "모르쇠 행동을 하면 아내는 남편이 자기 말을 알아들었는지, 남편에게 불만이 전달되었는지 감을 잡기 힘들다. 반면 아내는 남편의 걱정거리를 챙기는 경향이 있다."[19]

집에서 왜 변화를 꾀하지 못할까? 이에 관해 엄마들을 인터뷰했을 때, 퀸스에 사는 모니크가 겪은 일과 흡사한 이야기가 반복되었다. "언제까지 상대방을 설득해야 할까?" 당연한 일이지만 어떤 연구 결과에 따르면 다른 부부보다 레즈비언 부부가 공동 양육을 가장 조화롭게 하는 것으로 나타났다.[20]

뉴욕에서 여성 배우자와 공동 양육을 하는 에이프릴에게 비결이 뭐냐고 물으니, 동성 부부가 일반적으로 이성 부부보다 역할을 더 유연하게 수행하기 때문이라고 답한다. "이 점에서 우리는 둘 다 일의 속도를 늦춘 다음 주양육자 역할을 합니다. 그렇게 해보면 무엇이 진정으로 필요한지 알게 되고 다른 방법으로 일의 속도를 높이죠. 제 여자 친구는 남편이 한 번도 주양육자 역할을 맡은 적이 없어요. 그러니 분명 그애 남편은 이런 걸 이해하지 못하겠죠." 단, 연구를 통해 공동 양육이 상대적으로 쉽다고 밝혀진 커플은 여성 동성 부부이지 남성 동성 부부는 아니다.

게이 아빠인 데이비드를 인터뷰한 적이 있는데, 그는 남편과 마주치는 문제가 "많은 이성 부부 가정과 비슷하고 주된 문제는 상호 인식과 관련된 것"임을 인정했다. 두 남자가 아이를 같이 키울 때는 여자가 남자와 함께 육아를 할 때 겪는 고충, 가령 남편이 약국에 들르는 그런 부류의 문제에 직면할 가능성이 더 크다.

우울감을 겪는 시기가 다르다

심리학자이자 정신분석학자인 캐럴 길리건은 2011년 저서 《담대한 목소리》에서 아동 중반기의 성을 다루며, 앞서 코도로우가 이야기한 생후 몇 달 또는 몇 년의 과정이 지나면, 남자아이와 여자아이의 남성다움과 여성다움이 재생산된다고 보았다. 남자아이들은 좀 더 부드러운 부분을 벗어던지고, 여자아이는 좀 더 고집스러운 면을 벗어던진다. 이들의 인성에 있던 부드러운 면과 고집스러운 면은 아래로 숨어버린다. 심리학자들은 이 현상을 '분열'이라고 한다. 이는 우리가 아는 것을 알지 못하고 느끼는 것을 느끼지 못하는 현상으로 분열은 강한 수치감 같은 충격적인 경험에서 발생한다.

길리건은 남자아이들이 8세 무렵 우울해지는 경향이 있는데, 이는 우연히 일어나는 일은 결코 아니라고 믿는다. 이때는 연약함과 취약성을 드러내는 게 사회적으로 용납이 안 된다. 성적 속박을 더 오래 겪는 여자아이들은 사춘기에 들어설 때 우울감을 느낄 확률이 가장 높다. 이제는 어린 숙녀가 되어 "여성의 미덕이라는 미명 아래 조용히" 있어야 하기 때문이다. 길리건은 다음과 같이 표현한다. "놀랍지는 않은 게 (…) 발달 시기상 가부장적인 남자와 여자 세계에서 규정된 강령과 규칙의 길로 처음 들어서는 이 시기에 당연히 아이들은 (…) 심리적인 고뇌에 빠진다."[21]

성차는 요람에서 무덤까지라는 사회화 과정에서 강화되는데, 아기의 탄생은 여자와 남자가 갖고 있는 평상시의 행동 규칙과 기대를 강화하는 듯하다. 모성은 여자의 일생에서 성별이라는 요소로 강요되는 가장 큰 경험[22]이라 일컬어졌고, 가정은 성차를 고착화하는 장소[23]였다. 그토록 위대한 일임에도 불구하고 양육을 맡게 되는 시기에는 감정적으로 고뇌를 맞는다. 세계보건기구에 따르면 매년 출산 여성 중 13퍼센트가 출산 우울증을 겪는데,[24] 최근 자료를 보면 이 우울증이 남성에게도 빈번하게 발생함을 알 수 있다.[25] 실제 발생 빈도는 더 높을 것으로 보인다. 이렇게 엄격한 남성과 여성의 굴레로 억지로라도 들어가라는 무의식적인 명령이 과연 우리 인생에 도움이 될까?

우리는 합당한 위치를 유지하기 위해 애쓰고, 그렇지 못할 경우 뭔가 어긋나 있다는 느낌을 받는다. 최근 이혼한 지인은 전남편이 양육권의 절반을 가져가면서 생애 처음으로 양육을 반으로 분담하니, 놀랍게도 여자라는 자기의 성을 '배신'하고 있다는 느낌이 든다고 고백했다.

엘리너 매코비를 비롯한 심리학자들은 성별에 따라 행동이 다른 이유가 정확히 사회화 그 자체가 아닌 "사회와 관련된 맥락" 때문이라고 믿는다.[26] 여자와 남자는 다른 성과 함께 있을 때 '여자 짓', '남자

짓'을 가장 확실히 한다. 매코비는 이렇게 말한다. "성별과 관련된 행동은 이런 행동이 일어나는 사회 맥락 속에 스며든 역할이다. (…) 성별과 관련된 개인행동 양상은 타인의 성별에 따라 발현된다."

길리건도 같은 의견을 표명한다. "좋은 여자는 타인을 보살폈다. 즉 타인의 얘기를 듣고 이들의 요구와 걱정에 반응했다."[27] 하지만 길리건이 관찰해보니 남자는 좋은 남자라도 이런 틀에 구애받지 않는다. 남자와 살아봤다면 겪어봤을 것이다. 처음에는 한 인간이 이렇게 이상한 방식으로, 다른 사람을 배려하지 않고 그들의 욕구를 감안하지 않으며 살아가는 것을 보면 혼란스럽다.

내 남편은 저녁에 아무렇게나 팔다리를 뻗치고 침대에 누워 휴대전화를 들여다 보는데, 내가 방에 들어와도 자리를 비켜주지 않는다. 사소한 일이지만, 이미 여성성에 젖은 나는 똑같은 상황에서 그냥 누워 있지 못한다. 일부러 시도를 해봤지만 '이게 아니다'는 느낌이 든다. 뉴욕 지하철에서는 남자들이 붐비는 객차에서 두 다리를 쩍 벌리고 앉아 필요 이상으로 자리를 차지하고 있는 모습을 흔히 볼 수 있다. 이런 사람을 '쩍벌남'이라고 한다. 여자라면 다른 승객에게 불편을 끼치면서까지 편하게 앉아 있으려는 생각은 절대로 하지 못한다. 이런 장면을 보면서 우리는 분노하는데, 우리가 품고 있던 화는 어느 정도는 다리를 쩍 벌린, 불운한 남자에게 옮겨간다. 우리가 그동안 알았던 모든 녀석들, 대놓고 뭐라 하지 못하는 모든 남자들 대신 이 남자가 몰매를 맞는다.

누가 사랑하는 사람에게 분노를 퍼붓고 싶겠는가? 아이가 생기기 전, 조지와 나는 당시 온전히 내 몫이었던 요리를 두고 1년에 두 차례 싸움을 벌였다. "나는 시켜 먹는 음식도 너무 좋아." 내가 이를 두고 항의할 때마다 그는 아주 진지하게, 하지만 우리 관계는 전혀 고려하지 않고 이런 식으로 말했다. 대화가 언쟁 수준으로 격해질 때마다, 남편은 딱 한 번 아주 근사한 요리를 만든 다음 다시 싸울 때까지는 절대 요리를 하지 않았다. 결국 나는 포기했다. 언제까지 상대방을 설득해야 할까? 나는 어쨌든 요리를 좋아하잖아. 요리를 오래 했으니까 나한테는 요리가 좀 더 수월해. 적어도 남편이 설거지는 하잖아. 나는 이렇게 혼잣말로 중얼거렸다.

하지만 일단 집에 두 사람이 더 생기고 둘 다 매일 저녁 배고프다며 보채니 이런 합리화로 화를 억누르기가 점점 어려워졌다. 내 안의 절반은 역시 조지가 식사를 준비하지 않고도 자기 권리를 편안히 누리길 바랐지만, 가끔은 나도 누군가 차려주는 저녁을 먹고 싶었다.

두 아이의 엄마이자 2018년 잡지 〈글래머〉에 결혼 생활 마지막 몇 년간에 대한 글을 기고한 리즈 렌즈는 이렇게 말했다. "내가 요리를 그만둔 것은 자기를 위해 뭔가 차려져 있기를 기대하며 집 문을 열고 들어오는 남자처럼 속박에서 벗어난 해방감을 느끼고 싶었기 때문이다." 나와 인터뷰한 여자들은 다음과 같은 구실을 붙이며 아이가 생기기 전에도 모든 종류의 손이 가는 일을 남편보다 더 많이 했다고 설명했다. "제가 집에 더 많이 있으니까요", "집안 돌아가는 사정은 제가 더 잘 알잖아요", "우린 다르게 자랐거든요."

이들은 마지막 구실의 1등 공신은 빼버렸다. 다르게 자란 이유는, 부모의 기준과 기대가 달랐다기보다는, 이들은 여자로 자라고 이들의 남편은 남자로 자랐기 때문인데.

우리는 모정과 부정이 결코 하나가 될 수 없으며 같지 않다는 사실을 깨닫는다. 시인 에이드리엔 리치가 말했듯이 엄마의 양육은 지속적이고 아빠의 양육은 불연속적인 행위다. 남자는 여자가 아니기 때문에 엄마가 아니며, 짐바브웨 성 평등 운동가인 요나 고코바의 말처럼, 남자들이 "온전히 인간적인 것을 만끽하는 기회"를 거부하면서까지 다른 사람을 잘 대하리라고는 기대할 수 없다.[28] 그래서 내가 인터뷰한 여자들은 남편이 종종 모르쇠로 일관하더라도 자신도 똑같이 모르쇠 방식을 쓸 생각은 하지 않았던 것이다.

길리건은 이렇게 밝힌다. "가부장제가 지배하는 우주에서 돌봄은 여성의 윤리이지 보편적인 행위는 아니다. 돌보는 행위는 좋은 여자가 하는 일이고 돌보는 사람들은 여자의 일을 하는 것이다."[29] 남자가 태어나면서부터 여자들과 다른 짓을 하며 더 높은 지위를 유지하도록 사회화되었다면, 부부가 똑같이 돈을 버는 상황에서도 늦게까지 자고 요리를 안 하고 개를 개집에 방치하는 것보다 더 좋은 방법이 또 어디 있겠는가? 이런 성적 의무 또는 특권에 저항하여 자녀를 양육하거나 양육을 유보하는 행위는 엄마나 아빠 그 누구도 현재 썩 좋은 성과를 내지 못하고 있다.

균형과 평등에 헌신하는 부부

연구 초기, 마크 베컨과 에이미 베컨 부부의 2010년 저서 《평등하게 나누는 양육: 신세대 부모를 위한 규칙 다시 정하기Equally Shared Parenting: Rewriting the Rules for a New Generation of Parents》를 우연히 발견했을 때 엄청나게 흥분했다. 이 책에는 당시 내 연구의 진척에 필요했던 작전이 담겨 있었다. 조지와 집안일을 하면서 나는 과중한 부담을 졌고, 조지는 화를 내는 나에게 방어적으로 대응했는데 그걸 고칠 수 있는 방법이 나와 있었던 것이다.

그런데 이 책이 제안한 첫째, 가장 강력한 방안은 일의 공평한 분담을 진정으로 원한다면 시간제 근무만 하라는 것이었다. 내 마음은 찢어졌다. 베컨 부부는 이렇게 말했다. "평등하게 분담하는 [양육]은 급여의 최대화가 아닌 생활의 최적화를 선택하는 것이다."[30]

이론적으로 본다면 끌리는 방안이었다. 베컨 부부는 자영업을 권장한다. 그러나 두 아이를 키우는 대부분의 부부와 마찬가지로 조지와 나는 일을 줄일 형편이 전혀 아니었다. 우리는 수년간에 걸쳐 조금씩 일을 줄여왔지만 일을 적게 하면 돈을 덜 벌게 된다. 그 많은 지출 중 마음대로 줄일 수 있는 부분은 없었다. 케이블 텔레비전 끊기가 지출을 줄일 수 있는 유일한 항목인데, 그래봤자 표도 안 난다.

시간제로 일을 하지 못한다고 공평한 양육 분담이 물 건너가는 것은 아니다. 베컨 부부는 시간제 근무가 여의치 않다면 도움의 손길을

학습: 우리는 자라면서 두 부류로 갈라진다

151

찾으라고 말한다. 도움을 구할 정도로 호사를 누릴 수 있는 엄마라면 본능적으로 도움을 찾는다. 자료에 따르면 맞벌이 부부 중 남자보다 돈을 더 많이 버는 여자는 배우자와 노동 분담을 좀 더 공평하게 협상할 수 있어서 득을 보는 것이 아니라 노동력을 고용할 여유가 있어서 득을 본다.[31] 연구 결과를 보면 여성의 소득이 올라갈수록 가사노동 서비스 지출과 외식 비용이 덩달아 올라간다. 남자의 소득과 이런 지출 사이에서도 똑같은 현상이 일어난다고 볼 수는 없다. 사실 아내의 추가 수입은 남편의 추가 수입보다 가사노동 시간과 관련이 더 깊다.[32]

나도 오랫동안 우리 집을 한 달에 두 번 청소해줄 여성을 고용했다. 나는 그분과 거의 사랑에 빠질 뻔했다. 하지만 아이와 함께하는 결혼 생활에서 실망했던 부분은 우리가 현실적으로 돈을 주고 없앨 수 있는 것이 아니었다. 돈으로 살 수 있는 것에는 한계가 있다. 내가 아무리 시간이 없다 해도 개인 비서가 애들 학교에서 오는 이메일을 계속 챙기길 원치는 않는다. 나는 함께 이메일을 챙기는 남편(아니면 최소한 나한테 먼저 묻지도 않고 이메일을 스팸 폴더로 곧장 버리지 않는 남편), 맡은 일 하나하나를 알려주기 위해 열 번도 넘게 되새기지 않아도 되는 남편을 원했다.

《평등하게 나누는 양육》을 읽으면 읽을수록 내 희망은 산산조각 났다. 분명 나는 이런 변화는 어렵긴 해도 적당한 지침만 있으면 우연히 이루어질 수도 있겠다는 생각을 했었다. 물론 순진한 생각이었다. 베컨 부부가 설명하듯이, 평등하게 나누는 양육 자체가 시간제 일이다. 평등과 관련된 상당히 합리적인 4가지 영역, 즉 육아, 생계형 벌이, 집안일, 자아 지키기는 '의지', '용기', '한계 극복', '버는 한도 내에서 꾸려가는 생활'을 우선시하는 습관이 요구된다.[33]

간단히 말해 이들은 부부 중 한 사람이 일을 줄이기보다는 둘 다 줄여서 외부에 아이를 맡기는 일을 최소화하고 어느 한쪽도 집안일의 부담감으로 외로움을 느끼지 않기를 제안한다. 이때 남편이 극복할 문제는 집에서 좀 더 많은 일을 소화하고 아이들을 돌보는 것이고, 아내의 경우는 경제적인 부담을 같이 지면서 전통적인 가정 통제권을 내주는 것이다.

도끼로 자르듯 일을 딱 반으로 분담하는 기준은 전혀 없지만, 그보다는 "집안 살림이 어떻게 돌아가는지 일일이 신경 쓰고, 집을 행복한 곳으로 만들기 위해 책임을 질 필요가 있다. 부부는 둘 다 아이들을 최고로 돌보는 방법을 배우고 그 계획을 실행에 옮기는 데 주력한다. 부부 둘 다 각자의 직업이 소중하며, 장담컨대 단지 불만이나 권력의 문제를 피하기 위해 한쪽이 일을 그만둘 의향은 전혀 없다. 이렇게 하면 누구도 가족과 자기 자신, 상대 배우자를 돌보는 진짜 일을 피하기 위해 거짓 핑계를 대며 숨지 않기 때문에 진정한 삶을 살게 된다"는 것이다.[34] 나는 남편만큼이나 직업인으로서의 내 삶과 생계비를 버는 역할에 충실했다. 내가 아는 여자들도 다 마찬가지다. 우리는 그저 남편이 우리만큼 아이와 가정에 관심을 쏟는다는 보장을 받지 못했을 뿐이다.

학습: 우리는 자라면서 두 부류로 갈라진다

여기 공평한 양육 분담의 사례가 하나 있다. 베컨 부부는 마시와 데이비드라는 부부를 소개한다. 이들 중 누구도 "흔히 아는 아메리칸 드림에 치중하는 삶은 원치 않았다. 아메리칸드림은 성공의 상징이자 무의식적으로 많은 결정을 내리게 하는 부와 사회적 지위를 가리키기 때문이다. 데이비드는 자신들의 알짜배기 갈망을 묘사하면서 '우리는 대부분 그저 평등하기를 원했다(나의 갈망이기도 하다)'라고 말한다." 이 말은 정말 진지하고 정말 달콤해서 내 심금을 울렸다.

왜 지극히 당연한 것이 이렇게 최우선순위가 되어야 할까? 그런데 정말 그렇다. 평등을 제1의 우선순위에 두지 않으면 여자가 자기 밥그릇 챙기기 힘든 세상이다. "관계가 문제를 해결하지는 않는다." 내 동료는 이런 말을 즐겨 한다. "관계는 시련이다." 그래, 다 맞는 말이다. 결혼은 힘들다. 그러나 잠시 짬을 내어 생각해보자. 결혼 생활에서 남녀가 동등한 관계를 맺어 함께 살아가기 위해서는 서로 손잡고 치열하게 노력해야 하며 생계 활동에도 아주 특별한 계획을 세워야 한다. 우리는 대부분 그저 평등하기를 원한다.[35]

* * *

나는 매사추세츠주에 있는 베컨 부부의 집에 가서 이야기를 나눴다. 거실 소파에 서로 가까이 앉아 있는데, 따뜻하고 친화력이 좋은 사람들이라 친구로 삼고 싶다는 생각이 들었다. 사람 마음을 편하게 해주는 이 부부는 나의 질문에 돌아가며 답을 해주었고, 여전히 시간제로 일하지만 더 이상 어린아이는 키우지 않는 사람들답게 여유가 있어 보였다. 이들 부부의 두 아이는 자라서 10대 청소년이 되었는데, 에이미 얘기로는 양육 부담이 어떤 면에서 보면 가벼워졌단다. "육체노동을 정신노동과 바꿨어요. 현재 우리는 택시 운전사 단계에 있는데, 아이들과 중요한 대화를 차 안에서 나누는 방법을 모색하고 있어요. 자기 자신에게 쏟는 시간도 더 많이 확보하고 있죠."

마크와 에이미는 데이트 첫날, 각자 일구기 원하는 가정생활 형태에 합의를 보았다. 8세 때 아버지를 잃은 에이미는 엄마가 싱글맘으로 모든 일을 해나가는 모습을 지켜보았다. 엄마가 외로워보여서 어린 시절부터 인생에서 자신이 원하는 바를 신중하게 생각하게 되었다. 에이미는 이렇게 고백한다.

"저는 누군가와 결혼한다면 그 사람과 인생길을 쭉 헤쳐나가면서 상대방 입장이 되어 살아갔으면 좋겠다고 생각했어요. 제가 만약 집에서 아이들을 돌보며 주양육자로 살아간다면 그건 별거나 다름없어요. 저에겐 우리 부부가 이런 일을 같이 하며 서로의 머릿속에 들어가 상대방을 이해하는 게 더 의미 있는 일이죠. 그게 좋은 관계라고 생각해요. 남편 마크는 이렇게 말했죠. '와, 많은 부분이 딱 내가 원하는 거네. 내가 두려운 것은 결혼한 배우자가 내게 뭔가 해주기를 기대하는 거야. 나는 남자로서 권위적으로 살기는 싫어. 균형 잡힌 삶을 원하지.' 남편의 원대한 목표는 즐기는 거였어요. 우리 둘 다 주변 사람들이 사는 대로 살고 싶지 않았죠. 그걸 잘 알고 있었기 때문에 얘기를 나눴어요. 참 많은 얘기를 했네요. 부부에겐 이런 대화가 아주 중요해요. 그렇게 하지 않으면 자기도 모르게 속된 문화에 젖어버리고 마니까요. 대화는 당장 시작해야 합니다. 사회 분위기를 알잖아요. 아이 일과 아기 일을 여자한테 미룬다는 것을요. 아, 그리고 아빠가 뭔가를 하면 그러죠. 아빠 대단하지 않니? 영웅이야. 이 말 참 매력적이죠. 영웅이라고 불리고 싶지 않은 사람이 어디 있어요? 그럼 아빠들은 '무슨 나를 영웅이라고 하는 거야? 그냥 부모로서 해야 할 일을 한 것뿐인데'라고 여기기는커녕 이런 생각을 하죠. '뭐 별 일은 아니지만 나는 대단해.' 우리는 기저귀를 갈지 않아도 된다고 떠벌리는 대통령을 두고 있는 셈이에요. 그래서 그동안 진전이 없었다고 생각해요. 우리가 지금 책을 쓴다고 해도 달라진 점을 거의 찾을 수 없을 거예요."

뒤이어 마크가 말한다. "우리 부부는 두 가지 기반을 생각해냈어요. 에이미가 가져온 평등과 제가 가져온 균형이죠. 처음부터 평등한 동반자를 찾은 건 아니었어요. 그저 혼자 살면서 누려온 재미있는 삶을 놓치고 싶지 않았죠. 저는 결혼 전에 이미 근무시간을 줄였습니다. 제 친구들은 이런 식으로 반응했죠. '뭐하는 거야? 승진을 해야지!' 저는 이렇게 대꾸했어요. '아니, 난 금요일에 쉬는 게 좋아!' 제가 부부 관계에서 추구한 게 바로 그거예요. 우리 인생을 즐길 방안을 찾아보자는 거였죠."

균형과 평등에 대한 이 부부의 헌신은 주변 상황과 많이 달랐기 때문에, 결국 이들은 자신들의 생각을 세상과 공유하고 싶었다. 마크는 기억을 더듬는다. "처음에 '우린 운이 좋아. 엄마가 집에 있고 아빠가 나가서 일하잖아' 하는 사람들의 말을 들으면 반감이 들었어요. 그건 운이 좋은 게 아닌데 말이에요." 베컨 부부는 집필 과정에서 가사와 양육을 평등하게 나누는 부부 50쌍을 인터뷰했다. 에이미는 이렇게 기억한다. "그들은 평등한 관계를 이루는 데 엄청나게 열정적인 사람들이어서 반드시 그런 방식으로 살기 위해 아주 열심이었어요."

이어서 마크가 말했다. "그런 관계에 매진하는 건 도전적인 일이죠. 그래서 사람들이 도전을 하지 않는 거예요. 스트레스가 생기니까요. 기본적으로 기대되는 역할을 하며 살아가기는 쉽잖아요. 다른 걸 시도하기가 어려운 거죠. 우린 처음부터 배워야 해요. 여자아이들은 자라면서 '자 여기 인형이 있지. 잘 돌봐줘'라는 말을 듣죠. 남자아이들은 이런 소리를 못 들어요. 보살피는 재능으로 인정받기보다는, 좀 더 신체를 많이 움직이고 활발하고 강한 성인으로 자라야 인정을 받아요."

마크의 말을 받아 에이미가 말했다. "아들이 커가는 걸 보니, 자라면서 경험한 문화가 남성성에 대한 생각을 형성하더라고요. 그런 생각에서 멀어지면 조롱을 받거나 자존심에 상처를 입을 위험이 있는 거예요. 저희 집 아들은 사실 집에서 다른 유형의 삶을 보고 자랐지만, 그런 아이한테도 쉬운 일이 아니에요."

그들 가정에서 이루어낸 성과가 있는데도, 마크와 에이미 부부는 가정 밖에서 전통적인 성 역할이 스며들수록 이 역시 아들의 양육 과정에 지울 수 없는 흔적을 남길 거라는 생각을 한다. 이에 대한 증거가 나에게 있다. 아버지는 내가 8세일 때 엄마가 학교에 복직하면서부터 주양육자 역할을 했다. 그는 한 번도 내 밴드 공연에 빠진 적이 없었고 수년 동안 대부분의 저녁 식사를 준비했다. 나는 집 외에 더 넓은 세상에서 살았던 터라 우리 집이 평범하지 않음을 알아차렸다. 나는 아버지가 관심을 쏟아서 좋았지만 같은 동네에 사는 다른 아이들처럼 그냥 엄마, 아빠가 일찍 퇴근하고 우리를 돌보고 여름에는 쉬고 겨울에는 찬장 가득 마시멜로가 채워져 있기를 바랐다. 아이 관점에서는 가정에서의 그런 결함이 오히려 지극히 옳게 보였던 것이다.

　나이가 들면서 이런 것들이 옳지 않게 보였을 수도 있지만, 나는 내가 받은 혜택은 안중에도 없었다. 20대가 다 지나도록 나는 아이를 키운다는 생각은커녕 결혼에 대한 생각도 거의 하지 않았다. 그랬으면 도움을 많이 받았을 텐데. 노스캐롤라이나에서 갓 엄마가 된 32세의 엘리자베스를 나는 인터넷에서 알게 되었다. 그녀는 언론인 제시카 벨런티가 〈미디엄Medium〉에 실은 "아이들이 아니라, 남자가 여자의 경력을 망친다"라는 기사에 트위터로 댓글을 달았다. 엘리자베스는 이런 글을 남겼다. "동반자와 평등한 관계를 맺고 있을 경우 아이가 생기면 최고입니다. 그렇지 않을 경우 상당히 괴로울 거예요. 너무나 많은 친구들이 불평등한 관계 때문에 지쳐 나락으로 떨어지는(대놓고 말해 우울증에 걸리는) 경우를 봤어요. '단순히 일어나는 일'이지만 완벽하게 피할 수 있습니다."("어떻게 피했나요?" 나는 내 연구를 설명하며 이렇게 물었다. "제 조언은 '스웨덴 남자랑 결혼하라'는 거예요." 엘리자베스는 이렇게 응답하고 인터뷰에 응했다.)

　10년 전 대학을 마칠 즈음 엘리자베스는 미들버리대학교에서 여자 친구들과 아이가 생길 경우 일을 어떻게 할지에 관해 가벼운 대화를 나눴다. 놀랍게도 대부분의 친구들은 2년을 쉬겠다고 못 박아 말했다. 이때부터 엘리자베스는 가족·출산 정책에 관심을 갖기 시작했는데, 이 제도를 찾아보고 미국은 "터무니없이 형편없다"는 사실을 알게 되었다. 이에 엘리자베스와 친구 잉그리드는 연구 보조금을 확보해 미국과 유럽을 돌며 젊은 전문직 종사자들을 만나 그들의 일과 가족계획에 관해 인터뷰했다.

　"오랫동안 제 마음 속에서 떠나지 않던 문제였어요." 엘리자베스는 이렇게 털어놓는다. "22세의 나이에 '이건 나에게 정말 중요한 일이야. 난 이 문제를 연구하는 데 평생을 바칠 것이고 매일 저녁 식사 시간에 이 얘길 할 거야'라고 결정할 사람은 아마 없을 거예요."

　엘리자베스는 남편을 만나면서 '평등한 분담'을 둘러싼 일생일대의 과제에 남편을 끌어들여 같이 연구했다(남편은 성 평등이 당연시되는 문화권 출신이라 나쁠 게 없었다. 가령 그 문화에서 자란 남자들은 여자 친구의 피임약 구입비 절반을 자진해서 부담한다고 한다[36]).

　엘리자베스는 남편이 일 때문에 출장을 많이 다니는 시기에 대학원 공부를 시작했다. 그러다 보니 집안일을 더 많이 맡았고 이 점을 황급히 남편에게 알렸다. "그게 출발점이에요. 우리가 글로 접했던 양상이었죠. 여자가 집에 많이 있게 되면서 가사도 자연히 더 많이 하게 되는 거요. 우리 둘 다 그건 원치 않았어요. 그래서 엑셀 스프레드시트를 만들어 일을 분담해야겠다고 생각했어요. 남편은 일을 좀 더 조직적으로 하길 원했죠. 가사 분담 문제를 해결하는 방안은 아니었지만 우리 둘 다 이런 대화를 자주 나누기 시작했죠. 그래서 딸이 생기기 전에 같은 선상에서 생각을 하게 되었어요. 누가 휴가를 얼마나 길게 낼까, 아이는 어떻게 돌볼까, 누가 아이를 데려다줄까, 누가 데리고 올까, 등등. 그저 끊임없이, 있는 그대로 핵심 문제에 대해 대화를 나누었어요."

"결혼하기 훨씬 전부터 이런 문제에 관해 미쳤다 할 정도로 골몰해왔던 잉그리드와 저는 결국 자기 몫을 제대로 하는 남편을 만났고, 우리가 하고 싶어 한 일을 갖게 되었어요. 당시 우리가 너무 심하다고 생각했던 친구들은 제대로 고생하고 있어요. 아이가 있는 또 다른 절친 두 명이 있는데, 그중 하나는 가정주부죠. 둘 다 지칠 대로 지쳐서 분노에 차 있어요. 미국에서 이런 구조적인 문제는 호전될 수 있지만, 결국은 개인 책임으로 돌아가요. 이런 문제에 대해 어렵지만 거듭 반복해서 대화를 해야 합니다. 많은 사람들은 저절로 풀릴 거라고 생각하면서 대화를 안 하지만요. 저는 그런 대화를 했기에 구원받았다는 생각이 들어요."

베컨 부부처럼 엘리자베스는 평등한 삶을 유지하는 데 지속적이고 꾸준히 관심을 기울이자고 제안한다. 이제까지 그런 시도는 찾아볼 수 없었기에 이들의 조언은 아주 요긴한 해독제 역할을 해주는 것 같았다. 이 3명과 이야기를 해보니 조지와 내가 어느 부분에서 실패했는지 알 수 있었다. 우리는 한 번도 같이 앉아 가사 분담에 힘쓰자고 이야기한 적이 없다. 우리는 대부분 그저 평등하기를 원했다. 처음부터 가사 분담을 확실한 팀 목표로 정하지 않았기 때문에 차분하게 차이를 조정하며 서로 목표를 맞춰나가기보다는, 내가 화를 내고 우리 사이만 더 나빠졌던 것이다.

엘리자베스는 이런 말을 남겼다. "이 문제에 신경을 쓰니 일이 정말 잘 풀렸어요. 저는 아무 방해 없이 일을 할 수 있고 그러다 보니 시간 여유가 생기고 남편은 9시에서 5시까지만 일하면 되고. 그게 대단한 일이죠. 그러나 제가 알기로 우리가 언급하는 사회적·경제적 계층의 사람들은 이 문제를 선택 사항으로 남겨둬요. 제 친구는 남편이 응급실 레지던트예요. 그것도 힘든 일인데, 심지어 수석 레지던트 일까지 맡고 있어요. 수석 레지던트까지 할 필요는 없잖아요. 이들 부부에게는 걸음마 아기가 있고 친구는 임신 중인데 남편은 철인 3종 경기 훈련을 하고 있죠. 친구 남편 역시 저와 아주 가까운 사이예요. 그 친구를 불러내서 이 문제에 대해 얘기해봤는데, 자기가 정말 열심히 일하기 때문에 그 정도는 할 수 있다고 생각하더라고요. 친구가 모유 수유를 했고, 그때 문제가 시작됐던 것 같아요. 이들 부부는 아이를 혼자 재우고 싶어 하지 않았어요. 또 남편이 야간 근무를 하기 때문에 각방을 써서, 자연히 친구 혼자 밤에 일어나 모든 일을 하게 되죠. 일단 그렇게 되면 '우린 똑같이 책임지고 상대방의 욕구를 면밀히 주시해야 한다'는 자세로 돌아가기란 정말 힘들어요. 친구가 집에 있는 시간이 많아질수록 남편은 혼자 보내는 시간이 조금씩 늘더라고요. 악의는 없어요. 하지만 친구 남편에게 상황을 분간하지 못하는 것 같다고 말해주기가 쉽지 않아요. 친구 남편은 '일단 레지던트 과정을 마치면 상황은 좋아질 거야'라고 말하지만, 저는 나중에 달라진다고 보장할 수는 없다고 생각해요. 항상 힘은 드니까. 힘들 때 같이해야죠."

여자의 권위는 공격받는다

영국 엘리자베스 왕의 초기 통치기를 그린 넷플릭스 시리즈, 〈더 크라운〉 시즌 1에서 왕의 남편 필립공은 공주에서 통치자가 된 사람과 결혼한 대가에 대해 통탄해 마지않는다. 엘리자베스의 바람과는 달리 수상 윈스턴 처칠과 왕의 할머니가 이 부부의 아이들은 왕의 성을 따라야 한다고 결정하자 필립공은 젊은 아내에게 이렇게 퍼붓는다. "당신은 내 직업을 앗아갔고 (⋯) 내 이름을 앗아갔구려. 도대체 무슨 결혼이 이렇단 말이오? 무슨 가족 형태가 이렇단 말이요?" 필립공의 분노는 이해가 되고 잠시나마 이 남자에게 동정심이 든다. 그런데 바로 머릿속에 떠오르는 생각은 이게 바로 여자가 오랫동안 받아들여야 했던 남녀의 결합 형태라는 것이다. 이름과 야망을 포기해야 하는 오래된 규범은 성 역할이 뒤바뀔 때 유독 더 용납이 안 된다.

적어도 이 드라마에서 필립공은 이후 수년간 엘리자베스 왕에게 분노를 느끼고 결혼을 부인하며 위스키를 마셔대고 (아마도) 잠이나 자면서 시간을 보낸다. 엘리자베스는 자신의 강력한 지위 때문에 벌을 받는 셈이지만, 그건 본인의 선택이 아니었다. 백래시 이론에 따르면 이 같은 결과는 성별 규범을 따르지 않는 여성에게 닥친다. 가장 엄격히 금지된 왕관을 쓴 여성이 받는 고통은 굳이 미국의 페미니스트이자 1991년 퓰리처상을 수상한 수전 팔루디의 고전,《백래시》를 읽어보지 않아도 충분히 알 수 있다(단 이 책은 필독서다).

왕관은 여전히 금녀의 영역에 있다. 직장에서 여성에 대한 태도는 지난 50년간 점점 관대해졌지만, 가정에서 여성의 역할에 대한 태도는 사실상 반대 방향으로 나아가고 있다. 미시간대학교 사회현상연구소Institute for Social Research는 1975년부터 고등학교 졸업반 학생을 대상으로 그들의 가치에 관한 조사를 해왔다. 1976년, 82퍼센트의 학생들은 사업과 정치 영역의 직업에서 여자는 남자와 똑같은 대우를 받아야 한다고 응답했다. 이 수치는 1994년에 91퍼센트까지 올라가더니 이후 제자리걸음을 하고 있다. 1976년, 76퍼센트의 학생들은 여자도 남자와 똑같이 직업적 기회를 가져야 한다고 응답했다. 1994년, 그 수치는 89퍼센트까지 오르더니 마찬가지로 이후 변화가 없다. 같은 시기 조사 자료에 따르면, 일하는 엄마에 대한 긍정적인 태도는 계속 올라가는 추세다.

하지만 이와는 대조적으로 가정 내 성 평등에 대한 지지율은 1994년 내가 대학을 졸업하던 해에 최고치를 기록, 남편의 가사 분담에 대해 낙관적이었지만 이후 계속 내림세를 보였다. 예컨대 1994년에는 "남자가 밖에서 돈을 벌고 여자가 집과 가족을 돌보는 경우가 보통 더 낫다"는 말에 고등학교 졸업반 학생 중 58퍼센트가 동의하지 않았다. 그때가 가정 평등주의가 정점에 이른 시기였다. 2014년, 동의하지 않은 비율은 42퍼센트로 하락해서 1980년대 중반 수준으로 되돌아갔다. 이와 비슷한 정서가 실제로 같은 추이를 보였고 다른 조사에서도 마찬가지였다. 1972년 이래 매년 미국인의 태도를 평가해온 시카고대학교 부설 일반사회연구소General Social Survey는 밀레니얼 세대가 직업 전선에서는 여전히 진보적이지만, 가정에 대해서는 점점 전통적인 태도로 기운다고 밝힌다.[37]

왜 이런 현상이 일어날까? 2017년 〈현대 가족 협의회Council on Contemporary Families〉에 기고한 사회학자 조애너 페핀과 데이비드 코터는 이런 차이는 예상 밖이며, 인종, 종교, 종교의 독실함, 가족 구조 또는 엄마의 취업과 교육 수준 같은 변수로는 설명할 수 없다고 주장한다.[38] 대신 이들은 '평등 본질주의', 즉 남자와 여자가 동등한 기회를 누릴 자격이 있지만 결국 타고난 천성으로 인해 다른 삶을 선택한다는 이데올로기가 남녀는 별개라는 논리를 대체했다고 가정한다. 이들의 설명을 들어보자.

"1980년대와 1990년대 초반, 사람들은 남자와 여자가 공적, 사적 영역에서 똑같이 잘할 수 있다는 생각으로 기우는 것 같았다. 그러나 결국 두 가지 접근 방식이 혼합된 담론이 등장했다. 즉 공과 사 중에서 여성이 어느 한쪽 영역을 선택해 참여하도록 장려하면서도, 여전히 여성에게는 사적 영역과 공적 영역의 비중을 동일하게 적용하는 방식이었다. 평등 본질주의적 관점은 (남자는 이런 역할에 맞게 타고났고 여자는 저런 역할에 맞게 타고났다는) 남녀의 본질적 본능에 대한 믿음에 (성차별은 옳지 않다는) 평등의 가치를 결합시켰다."

1994년 이후, "남편이 집안의 중요한 결정을 모두 내려야 한다"는 의견에 동의하는 고등학교 졸업반 학생들은 점점 늘어났다. 가부장제 해체는 1차원 형태로 진행되지 않는다. 집 밖에서 여성의 위상이 올라가면서 도리어 집 안에서 남성 지배를 강화하려는 경향이 늘어났다.

미국 인구조사국에 따르면 2017년 직장 여성의 28.8퍼센트가 남편보다 수입이 더 많았는데,[39] 이는 최고치를 기록한 2013년의 29.4퍼센트보다 내려간 수치였다(이 통계치에는 실직한 남편이 있는 가구는 포함되지 않았는데, 노동통계국에 따르면 이 비율은 2015년 7.1퍼센트였다[40]). 그러나 남편보다 수입이 많은 여자는 여전히 이 사실을 드러내길 꺼린다. 미국 인구조사국 연구자들은 인구 조사 양식에 자체 보고한 수입과 고용주가 국세청에 제출한 기록을 서로 비교했다. 그 결과, 아내가 많이 버는 부부의 경우 남녀 모두 남편의 수입을 부풀리고 아내의 수입은 줄이는 것으로 나타났다.[41]

1980년대와 1990년대, 여자는 돈을 덜 벌어온다는 이유로 남자보다 무임 노동을 더 많이 했다. 오늘날은 반대 상황이 벌어지고 있다. 2005년 남편보다 더 많이 버는 여자에 관한 내용을 담은 책《더 벌고 덜 받는 삶: 왜 성공한 아내는 평등을 쟁취할 수 없는가Earning More and Getting Less: Why Successful Wives Can't Buy Equality》를 펴낸 티치너는 나에게 이런 말을 했다. "제가 인터뷰한 여성들은 행여 남편에게 힘을 행사하려 들면 좋은 아내가 될 수 없기 때문에 집 안에서는 목소리를 크게 내지 않는다고 귀띔하더라고요. 어떤 여자들은, '남편이 내 욕을 하는 건 싫다'고 해요. 우리들은 남자들을 그냥 눈감아 줍니다. 여자들이 권위를 보여주면 그건 매력 없죠. 여성답지 못하잖아요. 아내 같지 않은 짓이죠." 고소득 아내는 부부간 균형을 맞추기 위해 그들의 경제력을 이용하기보다는 남자의 특권에 말없이 순응하는 쪽을 선택했다. 가정 밖에서 높아지는 여자의 위상 때문에 도리어 가정 안에서 남자의 권위는 강화되는 경향이 나타났다.

* * *

이러한 경향은 다양한 방식으로 고개를 든다. 미국의 설문조사 기관 유고브YouGov가 2016년 영국 성인을 대상으로 실시한 조사에서 여성 59퍼센트와 남성 61퍼센트는 결혼 즉시 여성이 성을 바꾸는 것을 선호한다고 답변했다.[42] 이런 현상은 30~45세에 속하는 나이가 좀 많은 세대보다(55퍼센트) 18~29세에 속하는 나이가 가장 어린 여성 그룹(59퍼센트) 사이에서 더 강했다. 2010년 미국 성인 1,200명을 대상으로 한 조사에서 응답자의 70퍼센트 이상은 여성이 결혼 즉시 남자의 성을 따라야 한다고 답변했고, 응답자의 절반은 여성의 이름 변경을 법제화해야 한다고 말했다. 이에 대해 (남자가 아닌) 여자는 자기 자신보다는 결혼과 가족을 우선시해야 하기 때문이라는 답이 가장 많았다.[43]

조사 결과를 대략 정리하면 이렇다. '2010년 미국 성인의 50퍼센트는 (남자가 아닌) 여자가 자기 자신보다 결혼과 가족을 우선시하고 여기에 법적으로 구속되어야 한다고 믿었다.' 백래시 이론에 동조라도 하듯 이 조사에서는 여성이 자기 이름을 포기하지 않았을 때 일어날 수 있는 파장을 살펴보았다. 성을 포기했거나 포기하지 않았던 여자들에 대한 짧은 묘사를 읽은 후 일부 남성들은 결혼 후 자기들 성을 버리지 않은 허구의 여성에게 불쾌해하는 태도를 보였다.[44] 결혼 후 전통을 무시하고 서로 다른 성을 유지하는 부부 사이에서도 소수만이 아이가 아내의 성을 따르는 것을 선호한다. 유고브 조사에서 자신의 성을 그대로 쓰는 아내의 남편 12퍼센트와 자신의 성을 그대로 쓰는 아내의 18퍼센트가 엄마의 성을 물려주는 데에 찬성했다.[45]

1977년 필라델피아에서 태어난 리치가 1973년 캔자스에서 태어난 미셸과 결혼했을 때 리치는 아내가 자기 성을 간직하기를 원했다. 미셸은 당시 남편과 나눴던 대화를 기억한다. "남편은 '당신에게 내 성을 주지 않을 거야. 그건 가부장제 사회의 잔재니까'라고 말했어요." 수년 후 미셸이 아들을 낳았을 때, "전 아들에게 우리 성을 다 주고 싶었지만, 리키는 '안 돼, 그건 혼란스럽지. 딸이라면 당신 성을 물려줄 텐데' 하더군요. 마음 한쪽이 공허했고 기분이 좋지 않았지만 전 그냥 받아들였어요. 날이 저물 때까지 화는 안 났지만, 참 놀라웠어요. 생각지도 않던 일이 불쑥 일어나다니 재밌잖아요. 어떤 것들은 문화적으로 깊게 박혀 있다가 우리도 모르는 사이에 고개를 들죠."

아내의 성을 따를 생각을 하는 남자는 거의 없다. 유고브 조사에 따르면 남성 1퍼센트와 여성 2퍼센트만이 남자가 성을 바꾸는 것을 찬성했다. 미국 포틀랜드주립대학교에서 결혼한 이성 부부의 남편 877명을 미국 대표 집단으로 선정해서 조사해보니 3퍼센트 미만이 아내의 성을 따랐다[46](이 현상에는 "희귀 관습"이라는 이름이 붙었다).

이 특별한 희귀 관습을 선택한 남자들은 이상한 눈초리와 조롱부터 친척들이 결혼식 참여를 거부하는 것에 이르기까지 사회적인 대가를 치렀다고 답한다. 2009년 캘리포니아주는 미국 전역에서 일곱 번째로 결혼 후 성 변경을 여자뿐 아니라 남자도 간단하게 할 수 있는 주가 되었다. 6년 후 〈비즈니스 인사이더Business Insider〉의 편집자 제임스 코서(결혼 전 이름은 매키니)는 아이가 태어난 후 아내의 성을 따르려다 일리노이주에서 겪어야 했던 고행을 고백했다. 서류를 작성해서 제출하고 법원으로부터 의향서를 받은 후 코서는 신문에 3주 동안 이름 변경에 대한 사실을 알려야 했다(사기 방지를 위해 만든 구닥

다리 법이다). 새 이름에 이의를 제기하는 사람이 아무도 없었을 때, 코서는 비로소 판사 앞에 출석할 수 있었다. 코서는 이렇게 밝힌다. "내가 당시 갓 결혼한 여자였다면, 법원에 혼인신고서를 제출한 다음 이름 변경 비용을 지불했을 테고 일상생활에 아무 문제가 없었을 겁니다."[47]

폴라 잉글랜드는 다음과 같이 말한다. "가정 안에서 성 변화의 불균형보다 더 두드러지는 현상은 이성 부부의 관계에서 그동안 성 역할의 변화가 거의 없었다는 사실이다. 보통 여자에게 데이트를 신청하고 성행위를 시작하는 쪽은 여전히 남자다. 성적으로 많이 자유분방해졌지만, 이중 잣대는 고집스럽게 남아 있다. 프러포즈를 하는 쪽은 여전히 남자다. 아이들은 아빠 성을 따른다. 이런 관습을 바꿔서 얻는 혜택은 직업 전선에 뛰어들어 고소득 '남자' 직업을 갖는 혜택보다 뚜렷하지 않다. 그나마 존재하는 혜택은 대체로 경제와 거리가 먼 것들이다[48](또는 적어도 경제적으로 덜 분명하고 덜 직접적인 혜택이다. 2017년 〈블룸버그 마켓Bloomberg Markets〉의 표제 기사, "미국 경제는 남자가 가사를 더 하면 더 좋아진다The U.S. Economy Would Be Better Off if Men Did More Housework"를 뒷받침하는 통계 수치는 많다)."

우리는 모두 성차별주의자가 될 수 있다

현대 가정에 얽매인 엄마에게, 〈결혼과 가족 저널〉의 어떤 내용은 중국 음식점에서 받는 포춘 쿠키 같다. 깨서 열면 족집게 예언 대신 어떤 정황이 적힌 쪽지가 나온다. 2008년 오스트레일리아 사회학자 그룹의 말은 이렇다. "문화적 기대에 따라 여자는 가사를 해야 하고 가족에게 사랑을 쏟으며 남편에게 복종해야 한다. 다른 한편 남자는 가사, 특히 여자가 하는 가사에 드는 시간을 줄여서 남성성을 드러내고 그들의 힘을 강화한다."[49]

만약 아빠에게 아이를 돌보는 주양육자의 역할이 맡겨진다면 상황이 어떻게 흘러갈지 분명하진 않지만, 우리는 남녀 부모에게 다른 책임을 할당했고 이런 현상은 여전히 진행 중이다. 옆집에 사는 아이비라는 엄마는 남편 대빈, 어린 두 아들과 함께 떠나는 여행에 대해 얘기해주었다. 비행기를 타고 친구 집을 방문하는데, 친구 가족과 무엇을 할지 계획하는 과정에서 아이비와 대빈 그리고 방문할 가족의 엄마 사이에 문자가 계속 오갔다. 끊임없이 이어지던 대화 중에 다른 쪽 엄마가 이렇게 문자를 보내왔다. "아이비, 공항으로 마중 나갈 때 아이들을 위해 카시트를 준비해야 해(대빈, 이 얘기가 방해가 됐으면 미안해요!)?" 아이비는 당시 집안에서 혼자 생계를 책임졌고, 대빈은 오랫동안 아이비만큼이나 아들의 차량 안전을 책임졌는데 말이다.

현대적이고 가정적인 아빠 시대에도 생계비를 버는 일과 돌보는 일에 균형을 찾기 위해 벌이는 공적 토론은 남자가 아닌 여자에게 집중되어 있다. 출장 가는 엄마들은 변함없이 누가 아이들을 돌보느냐는 질문을 받는데, 아빠들은 같은 질문을 들을 일이 거의 없다. 기후학자이자 엄마인 조 커빌은 자기처럼 현장에 나가는 일이 잦은 남자 동료에게 이런 말을 들었다고 한다. "'자기는 아이들에게 엄마가 필요하다고 생각하는데, 아내가 집에 아이들과 함께 있어서 항상 고맙다'고 하더라고요." 항상 아이들을 집에 놓고 다니는 데 죄책감을 느끼는 커빌은 이 말을 이렇게 해석한다. "그 사람은 특히 저를 콕 집어서 자기 딴에 중요한 사실을 알려주고 싶었던 거죠."

일과 가정생활을 병행하는 일은 인간의 문제라기보다는 여자의 문제로 인식된다. 2018년 소설가 로런 그로프는 일과 가정생활의 균형에 관한 기자의 질문에 "남자 작가가 이 질문을 받을 때까지 정중히 답변을 거절하겠다"고 답했다(네티즌들은 그로프의 거절에 대해 갈채를 쏟아냈다)." 2014년 할리우드의 여성Women in Hollywood 행사 연설에서 배우이자 세 아이의 엄마인 제니퍼 가너는 인터뷰를 할 때마다 일을 하며 아이들을 어떻게 돌보느냐는 질문을 받지만, 공연 사업에 종사하는 당시 남편은 그런 질문을 한 번도 받지 않는다고 지적했다.

그러나 남자는 여전히 일과 가정생활의 균형이라는 영역에서 도가 텄다고 볼 수도 있다. 2015년 미국심리학회에서 주최한 세미나에 참석한 적이 있다. 가뜩이나 여성이 주도하는 영역인 데다 그날은 주로 젊은 여성으로 가득해서 기대에 들떠 있는데, 한 남성 발표자가 이런 말을 했다. 가끔 자기는 집필할 기회를 거절하고 (여섯 명!) 아이를 돌보는 전업주부 아내를 도와야 하지만, 그 와중에 시간을 내서 철인 3종 경기 훈련을 한다고 말이다.

의과대학에 지원하는 대학생 딸을 둔 오랜 친구가 가정의학과는 딸이 수월하게 선택할 수 있는 전공 분야라고 소리 높여 얘기할 때 나는 불편함을 삭여야 했다. 얼마든지 할 수 있는 대화였지만 만약 친구 아들에 대한 얘기라면 꺼내지 않았을 것이다. 친구가 큰딸의 성취를 분명 자랑스러워하면서도 다시 생각해보지도 않고, 너무나 흔쾌히 딸의 상황을 받아들이는 얘기를 듣자니 그애의 딸보다 먼저 그런 선택을 한 모든 여학생에게 절망감이 들었다. 어느 것도 내가 상관할 바는 아니었지만, 나는 친구 딸이 엄마의 사고방식이 시대착오적이라 생각하고 한숨을 쉬며 분노하기를 바랄 수밖에 없었다.

하지만 그 딸이 어떻게 대응할 것인가? 변하지 않는 진실은 여자 아이들은 일찍부터 결혼과 가정을 생각하도록 은연중에 교육받는다는 것이다. 이는 양육의 또 한 가지 단면이고 사소한 문제가 아니다. "엄마, 언제부터 남자 친구 만드는 걱정을 해야 해요?" 딸 리브가 나에게 6세 때 건넨 질문이다. 이 질문에 놀라 그동안 드림하우스에서 사는 바비 이야기를 보여준 걸 후회하면서 나는 "그런 걱정을 할 일은 없어"라고 답했다.

1990년대 말 연구에 따르면 여자는 결혼이 깨졌을 때 심리적으로 남자보다 상처를 더 많이 받는다. 사회경제적인 지위를 고려해도 여자는 남자보다 이혼 후 점점 우울감에 빠질 확률이 더 크다. 하지만 직장에서의 해고 또는 배우자의 사망 같은 다른 상실감을 겪은 경우에는 얘기가 다르다. 사실 사별했을 때 여자는 남자보다 더 빨리 적응한다.[50] 여자들이 결혼을 성취, 즉 성공의 중요한 표식으로 여기고 남자들은 결혼을 그런 식으로 보지 않는 경우, 죽음이 아닌 이혼이라는 방식의 관계 청산이 여자의 삶에 더 큰 충격을 미치리라는 건 납득이 간다. 배우자의 죽음도 심한 절망감을 안겨주지만 이혼은 이와는 다른 방식으로 여자에게 고통을 안긴다. 가장 중요하게 생각하는 일에서 실패라는 치욕을 마주하게 되는 것이다.

양육을 둘러싼 부부 사이의 불평등한 분담이나 이혼의 심리적 충격에 관한 연구에서 일반적으로 인종별 차이는 발견되지 않았다고 연구자들은 발표하지만, 《자매는 괜찮아: 미국 흑인 여성에 대한 왜곡된 이야기 바꾸기The Sisters Are Alright: Changing the Broken Narrative of Black Women in America》의 작가 태머라 윈프리-해리스는 가정에서 성 역할에 복종할 것을 요구하는 규율은 미국 내 다른 집단보다 흑인 공동체에서 유독 더 강하다고 말한다. "설상가상으로 흑인 여성에게는 특별한 역사가 있다는 생각이 든다. 이들은 자아를 찾고 관계에서 행복을 추구하는 방법에 대해 조언을 받는 게 아니라, 남자를 행복하게 해서 그들의 선택을 받고 그들이 떠나지 않게 붙잡는 방법을 배운다. 특히 전 공동체가 지난 10년간 일제히 나서서 흑인 여성에게 가정을 회복시키려면 더 작아지고, 더 여성다워지고, 남편에게 더 복종해야 한다고 일러주었다. 단순히 '여자가 할 일이기 때문에 이걸 하라'는 얘기가 아니라 '건강한 흑인 가정은 흑인 여자에게 달려 있기 때문에 그렇게 하라'는 소리다. 우리에게는 배우자의 인간성을 배려하며 성인으로서 관계 맺기에 전념하는 새로운 패러다임이 필요하다. 구성원의 절반만 해방시키는 틀에 박힌 규율로는 공동체를 구할 수 없다."

2016년 비혼 여성들의 직업관을 한번 살펴보자. 한 아이비리그 대학에서 진행된 연구에서 MBA 과정 신입생들은 직업 우선순위에 관한 질문을 받았다. 일부 학생들은 그들의 답변이 공개되지 않을 거라는 얘기를 들었다. 이들 중 커플인 남녀, 그리고 비혼 여성의 대답은 비슷했다. 다른 학생들은 그들의 답변을 공개해 학급 학생들과 공유할 거라는 얘기를 들었다. 답변을 공개한다고 했을 때 비혼 여성(다른 부류는 제외)은 다른 집단보다 낮은 급여와 더 적은 출장 횟수, 덜 빡빡한 일정을 원한다고 답했다.[51] 이들은 또한 리더십을 발휘하는 역할에 대한 야망과 욕망을 포기했다. 이후 진행된 학기 동안 이들 비혼 여성들은 시험과 과제에서 좋은 성적을 받았지만 수업 참여도에서는 다른 집단보다 낮은 점수를 받았다. 추측건대 이들 여성들은 결혼 상대를 확보하려는 부담을 안고 '여성답다'라는 평판을 얻으려고 가정 밖에서 추구하는 야망을 숨길 수밖에 없었던 것 같다.

사회학자 앤 랜킨 머호니와 심리학자 카먼 너드슨-마틴은《부부, 성, 권력: 친밀한 관계에서 변화 조성하기Couples, Gender and Power: Creating Change in Intimate Relationships》에서 이렇게 밝힌다. "성에 관해 개인이 내면화하는 수단, 그리고 개인생활의 의미를 찾기 위해 사용하는 수단이 반드시 그들 개인의 행복을 뒷받침하지는 않는다."[52] 분명 그렇다.

작가이자 사회운동가인 벨 훅스가 《모두를 위한 페미니즘》에서 지적했듯이, "(…) 여자든 남자든 태어날 때부터 성차별주의적 사고와 행동양식을 받아들게끔 사회화되었다. 이런 사회화 때문에 여자도 남자만큼이나 성차별주의자가 될 수 있다."[53] 따라서 우리는 바로 우리 자신에 대해 성차별주의자이며, 마찬가지로 성차별주의자인 남편과 더불어 이런 성차별주의를 확인하고 재생산하며 가정생활을 한다.

"왜 운전은 항상 아빠가 해요?" 테스가 4세 때 던진 질문이다. 그때부터 나는 운전석에 좀 더 자주 앉기로 했다. 수년 동안 나는 리브의 헝클어진 머리를 빗기느라 전쟁을 벌였는데, 줄곧 이 애가 아들이었어도 이런 갈등을 겪었을까 하는 의문이 들었다. 남편은 리브가 사달라고 했다며 딸의 7번째 생일에 화장 세트를 선물했다("아마존 평을 보니 이게 여자아이들에게 완벽한 선물이래." 남편은 층층이 나비 모양의 갖가지 아이섀도와 립스틱이 들어 있는 세트가 도착하자 나에게 이렇게 통보했다. 우리 할머니가 아시면 기절할 일이었다.) "자신을 예쁘게 꾸미는 건 놀이가 아냐!" 나는 리브가 화장 세트를 사용하게 해달라고 조를 때마다 이렇게 혼을 낸다. 그래도 리브는 아랑곳없이 동생의 얼굴을 좀비마냥 초록색으로 꾸며놓을 게 뻔하다.

여자는 가정의 감성 온도를 확인하고 마음속으로 해야 할 일을 항상 챙기며, 일상에서 많은 양의 가사와 육아를 담당할 뿐 아니라, 자기들의 수입이나 외적인 책임, 이데올로기와는 상관없이, 남자보다는 이런 일에 좀 더 많은 책임감을 느낀다.[54] 여자들은 하나같이 나에게 이 점을 인정했다. 그러나 바꾸려는 노력 없이 인정만 하면 이미 자리 잡힌 것을 영원히 굳히게 된다. 나는 혼자서 항상 허덕인다.

워싱턴 D.C.에 사는 저술가이자 블로거인 대라 마티스는 이렇게 말했다. "제가 아는 엄마들한테 들어보면 이들은 스스로 부담을 더 느끼는 경향이 있어요. 배우자가 열린 사람이라 말만 하면 더 많은 몫을 넘길 수 있다는 걸 알면서도 남편을 좀 더 편하게 해주려고 부담을 더 지고 있죠. 전 그렇게 느꼈어요."

남자들은 자기들에게 수월한 쪽으로 배우자와 타협을 본다고 알려져 있다. 영국의 문화 평론가이자 《숭배와 혐오》의 지은이인 재클린 로즈는 여자의 경우 부모 되기에 관해 스스로 과도한 부담을 진다고 느끼는 반면, 남자는 똑같은 부담을 과잉이 아닌 결핍, 즉 더 좋은 것(과 누려야 할 것)을 앗아가는 행위로 인식한다고 지적했다.[55]

여자에게는 도덕적인 이야기(또는 선택하기에 따라 가혹한 이야기)가 따라다니는데, 우리 인류의 절반 이상에게 적용될 경우 정말 아름다울 이야기다. 가족과 노동을 연구하는 펜실베이니아주립대학교의 사회학자 새라 다마스케는 이렇게 말한다. "연구 결과, 여자들은 어떤 일에 대해 마치 애들을 위해서 하는 것으로 격식화할 의무를 느낍니다. '나는 내가 원하니까 직장을 다니고 딸에게도 좋다면 일거양득이다'라고 말하는 것보다 '직업을 가진 엄마의 모습이 딸에게 좋은 영향을 미친다'라고 말하는 것이 문화적으로 좀 더 용인되죠. 저는 어떤 면에서는 격식화가 좋다고 주장합니다. 왜냐하면 여성은 희생에 관한 문화적인 요구를 밀쳐내면서 자기를 위한 공간을 만들어낼 수 있기 때문이죠. 하지만 격식화는 나쁜 점도 있어요. 자기 자신의 욕망과 야망보다 가족에 대한 의무가 먼저라는 담화를 변화시키지 않기 때문이죠."

변화하는 사회경제적 조건이 성을 둘러싼 문화적 태도를 바꾸는 데 필연적으로 일조하지만, 이를 뒷받침하는 믿음은 쉽게 사그라들지 않는다. 사회학자 세실리아 리지웨이와 셸리 코렐이 밝혔듯이, "젠더 시스템은 사회경제적 변화와 *개인의 저항*이라는 도전이 이 시스템에 매일 매일 장기적이고 꾸준히 쌓이는 경우에만 허물어진다."[56]

개인의 저항(베컨 부부와 엘리자베스 왕 참조)은 결코 사소한 일이 아니다. 그렇잖아도 장황하게 나열된 '해야 할 일 목록'을 두고 힘겨운 대화를 많이 해야 한다. 겨우 시늉만 낸다면 치러야 할 대가 또한 클지도 모른다.

4

암묵적 동의

침해받다

아이가 아프면 누가 휴가를 내는가

이 연구를 시작하면서 발견한 점은 성별 가사 참여와 그 변화 과정을 알 수 있는 방법이 수도 없이 많다는 것이다. 2008년 신시내티대학교의 사회학자인 데이비드 몸은 응급 상황과 관련된 질문을 하나 만들었다. 그는 다음과 같이 맞벌이 부부의 양육 책임을 하나의 척도로 압축했다.

'아이가 아프면 누가 휴가를 내는가?' 미국의 노동자들을 대상으로 한 "노동력 변화에 대한 전국 연구National Study of the Changing Workforce" 조사 자료에 따르면 여자의 77.7퍼센트, 남자의 26.5퍼센트가 자신들이 전적으로 책임을 진다고 보고했다(부부가 아닌 개인을 대상으로 조사했기 때문에 총합이 100퍼센트보다 크다). 몸은 1980년대 후반에 가족 연구자들이 남자는 일을 하지 않을 때 육아의 책임을 "받아들이지만", 여자는 남편의 일정과 아이들의 필요에 맞춰 일을 "조정"한다고 밝힌 이래로 많이 변하지 않았다고 결론지었다.[1] 많은 경우 여자는 여전히 주양육자 역할을 한다.

2009년 네덜란드 위트레흐트대학교의 연구자들은 다른 관점으로 이와 동일한 문제를 조사했다. 우선 '요구/반응 능력 접근demand/response capacity approach'이라는 성 중립 가설로 시작했다. 이 접근 방법은 육아에 대한 참여는 부모에게 접수되는 요구와 부모가 이에 반응하는 정도에 따라 일률적으로 결정된다고 가정한다. 동반자가 일을 하고 어린 자녀가 있으면 가정에서 요구 사항이 많아진다. 일에 대한 책임은 가정에서의 요구 사항에 응답하는 능력을 제한한다. 연구자들은 한쪽이 일 때문에 육아에 참여할 수 없는 경우 다른 한쪽이 공백을 메운다는 가정이 맞는지 알아보기 위해 자녀가 있는 네덜란드 부부 639쌍을 조사했다.

결과는 결코 성 중립적이지 않았다. 엄마와 아빠는 직업에 대한 책임 면에서는 거의 차이가 없다고 보고했지만, 엄마 쪽이 일로 인해 가정생활에 지장이 없도록 훨씬 신경을 많이 쓰는 모습을 보여주었다. 요구/반응 능력 접근 이론은 아빠에게만 해당되었다. 엄마가 자녀에게 쓰는 시간은 그들 자신의 일이나 남편의 일의 양과는 관계가 거의 없었다. 연구자는 이렇게 결론짓는다. "우리 연구에 따르면 엄마는 특히 육아 시간에 대해서는 융통성을 발휘할 여지가 적다. 결과 직장 업무는 아이 없이 즐기는 개인 또는 부부의 여가 시간 같은 활동을 희생하여 이루어진다. 아빠들은 기본 양육보다는 즐기는 일에 시간을 쓴다. (…) 연구에서 나타난 일반적인 양상을 보면 아빠는 아이 관련 활동에 대해서는 엄마보다 재량권이 많다. 반면 엄마는 책임감을 아빠보다 더 많이 느낀다."[2]

버몬트주에 사는 38세 미란다는 초등학생 둘의 엄마이자 도시계획가다. 그녀는 다음과 같은 사실을 발견했다. "결정적 순간이 왔을 때, 우리 부부 둘 다 닥친 일이 있으면 주로 제가 '일을 제쳐두는' 쪽이에요. 남편 로웰은 직장에서 저보다 많은 책임을 지고 있어서 본인은 자리를 비울 수 없다고 못을 박아요. 때론 그 사람 말이 맞기도 하지만, 사실 저는 휴가 내기가 힘들어요. 남편이 저보다는 휴가를 더 많이 낼 수 있거든요. 그래서 이렇게 말하죠. '오늘 아무개를 위해 이 일을 하려고 하루 휴가를 내면 휴가가 줄어들어 아예 쉴 수가 없어'라고요. 반면 남편은 휴가를 낼 수 있고 그게 문제가 되지 않아요. 그러나 그런 사실은 우리의 결정에 아무런 영향을 미치지 않아요. 그것 때문에 미치겠어요."

주양육자 역할을 두고 갈팡질팡하는 미란다의 딜레마는 19세기 중산층이 각자의 성 영역으로 이동하고 20세기 말 미국의 노동 양상이 변화하는 과정에서 이 둘이 조화를 이루지 못하면서 생겨났다. 역사학자 스테파니 쿤츠는 1800년대 미국을 이렇게 본다. "여성의 가정적인 성향과 남성의 개인주의는 점점 해체되는 사회적 유대감과 정서적 유대감, 물질적 상호 의존성에 대한 대안으로 함께 발전했다."[3] 일단 일과 대가족이 가정과 분리되자, 공적 영역과 사적 영역은 이런 변화에 적응해야 했고 그 결과는 우리 모두 알고 있는 대로다. 엄마는 다른 가족들을 챙기는 일을 맡았고, 아빠는 개인적인 자율성을 확보했다. 적어도 미국 사회에서는 남녀 형평성 자체가 완전히 배제되었다. 쿤츠는 이렇게 쓴다. "여자가 의존과 의무를 맡았기 때문에 자립과 독립은 남자 쪽으로 향했다."[4] 상황이 더 변할수록, 남녀는 더 변하지 않는다.

라루는 가정에서 아이들 숙제에 도움이 필요할 때, 심지어 엄마가 저녁을 준비하고 있어도 곧장 아이들을 엄마에게로 보내는 아빠들을 보며 나에게 이런 말을 한다. "남자들이 나서는 일은 보통 여자들이 [육체적으로] 감당할 수 없는 일이죠." 캠프 더시는 남편이 집에서 소매를 걷어붙일 때 남편을 지나치게 추켜세우는 자신의 모습을 발견한다. "남편에 대해서는 전 횡재한 거예요. 그래서 남편을 추켜세우죠. 그러나 때때로 남편은 정말 부모로서 해야 할 일을 하는 거라며 그저 욕을 먹지 않을 정도라는 소리만 듣기 원해요."

발달심리학자인 홀리 시프린은 자신이 감사를 느끼지 못한다는 사실 때문에 혼란스럽다. "제 남편은 아주 가정적인 아빠예요. 보통 아빠들보다 더요. 그래서 엄마에게 불평을 하면 엄마는 '아니, 네 남편은 아주 훌륭해'라고 하시죠. 엄마는 제 남편과 아빠를 비교하시는 거예요. 저는 남편과 저를 비교하니, 제가 더 하고 있는 거고요!" 발달심리학자인 세라 쇼페-설리번은 11세 딸이 아빠의 관심을 끌려고 애쓰는 동안 휴대전화를 응시하는 남편의 모습을 지켜본다. "남편은 대체로 훌륭한 아빠지만 이런 모습을 보면 옳지 않다는 생각이 들어요. 남편은 그걸 몰라요. 제가 만약 그런다면 딸은 화를 내겠죠. '엄마, 나 무시하지 마요!' 이럴 거예요. 딸은 아빠에게 똑같은 기대를 갖지 않아요."

* * *

도이치가 150쌍의 맞벌이 부부를 연구해 쓴 책《모두 반으로 나누기》를 출간한 지 20년이 흘렀다. 이 분야의 다른 책들과 마찬가지로 도이치의 프로젝트는 남편과 함께 아이를 기르며 경험한 바, 즉 "모성이 개입하면 평등주의 이상은 물 건너간다"는 사실에서 시작되었다.[5]

도이치는 연구 대상자 중 여성이 주양육자 역할을 맡는 불평등한 가족을 추려내고 이들 부부의 남편을 세 부류의 보조 양육자, 즉 도우미형, 나누미형, 태만형으로 나누었다. 예를 들어 한 엄마가, "남편 에릭은 일은 하지만 부탁을 받아야 해요. 자기의 일 목록에 올려주기를 바라죠. 남편은 정말 도움이 되지만 제가 얘기하지 않으면 생각을 못 해요"라고 지적한다면 에릭은 도우미형이다.[6] 나누미형은 양육에 전적으로 참여하지만, 일이나 여가 생활에 지장이 없는 경우에만 그렇게 한다. 태만형은 아내가 퇴근하고 집안일을 하는 동안 자신은 편안히 쉰다. 전부 불평등한 가정을 연구하면서 도이치는 이런 결론을 내렸다.

"사람들은 여자의 일정이 남자보다 자유롭다고 가정한다. 항상 엄마의 시간을 뺏는 게 더 수월하다. 엄마는 침해당하는 사람이다."[7]

시애틀에 사는 캐리사는 나에게 이런 말을 했다. "문제는요, 누가 일을 처리하는가에 대한 무언의 추정이에요. 남편이 먼저 선수를 쳐서 금요일 친구와 약속을 잡죠. 자기는 그래도 된다고 생각하는 거예요. 근데 제가 뭔가 하고 싶으면 먼저 남편에게 부탁을 해야 남편을 집에 붙들어둘 수 있어요. 남편은 노는 걸 즐기는 사람은 아니에요. 하지 않아야 될 것을 하는 유형은 아니죠. 그래도 자기 시간을 갖거든요. 전 제 시간이 없어요."

네바다주 라스베이거스에 사는 보안 요원이자 2세 쌍둥이의 엄마인 24세 메그는 공동묘지에서 자정부터 오전 8시까지 교대 근무를 한다. 남편은 같은 시간 택시 운전을 한다. 메그는 집에 오면 베이비시터에게 아기를 받아 목욕과 양치를 시키고 이유식 먹이고 옷을 입히는 일들을 해야 한다. 반면 남편은 집에 도착하자마자 침대로 직행한다. "저는 대부분 혼자 해요. 남편은 아빠 역할을 거의 배우지 않았어요." 메그에게 몇 시에 자냐고 물었다. "못 자요." 메그의 대답이다.

엄마들은 남편에게 강제로 일을 시키지 않고 넘어가면서 두 사람의 충돌뿐 아니라 좀 더 내적인 충돌도 피하게 된다. 남자들이 공평하게 일을 분담하는 아빠가 되자고 마음먹으면, 돈이나 지위는 포기하게 될지 몰라도, 대신 좀 더 품격 있고 수준 높은 가정생활을 할 수 있다. 하지만 여자들이 주양육자 역할을 거부할 경우 이와 동일한 이득을 얻지 못한다. 엄마에게는 도덕적인 잣대가 엄격하게 적용된다. 즉 달콤한 도덕의 후광을 쬐기 어렵다. 사리사욕을 챙기거나 심지어 가끔 낮잠을 잤다는 이유로 엄마의 미덕을 박탈당할 위험에 처한다.

양육자 역할을 맡은 여자에게는 방종이 관대하게 허용되지 않는다. 캘리포니아주립대학교 얼바인 캠퍼스에서 실시된 최근 조사에서 피실험자들에게 일 때문에 아이들을 방치한 부모 이야기를 들려주었을 때, 이들은 엄마보다는 아빠에게 관대한 태도를 보였다.[8] 가사를 동등하게 분담하는 아빠는 전통적인 남자 역할에서 벗어났다는 핀잔을 들을 수도 있다. 이런 부부의 경우 엄마는 도덕적 모호성과 씨름해야 한다. 다시 말해 사회적 비난에 맞서야 함은 물론, 자율성을 얻자면 결국 애들에게 어느 정도 피해를 주게 될지도 모른다는 두려움과도 맞서 싸워야 한다.

아빠들은 생각이 없고 엄마들은 주장이 없다

2018년 초, 어느 겨울 오후 트위터를 하며 시간을 보내고 있는데 낯선 여자의 트윗이 이목을 끌었다. "여름 캠프 준비는 온갖 특권을 누리는 사람에게도 악몽 같은 일이다. 미국이여 들어라. 여자들은 지금 일을 한다." 뎁이라는 이름의 엄마는 이에 공감을 표하며 이렇게 답했다. "2월부터 3월까지는 모든 엄마들이 초주검이 되는 시기다." 이어서 세 번째 여성은 이런 트윗을 보냈다. "2월부터 3월까지 왜 모든 아빠들은 초주검이 되지 않는가?" 나는 순간 이게 중요한 질문이라는 생각이 들어서 세 명 모두에게 생각을 물었다. 뎁은 이렇게 답했다. "아빠들은 생각이 없고, 엄마들은 주장이 없죠. 아빠들은 아이들 생활과 관련된 갖가지 일들과 준비물들은 순식간에 잊어버려요."

여자와 남자가 엄마와 아빠의 길로 들어설 때 "부모임을 자각하는 능력"을 똑같이 계발하지는 않는다. 자녀들이 변하고 자라는 동안 이를 자각 또는 망각하면서 별개의 다른 길로 계속 나아간다. 부모의 자각이란 자녀의 욕구를 끊임없이 생각하고 인식하는 것이다. 여자들은 이를 '정신적 부하'라고 부르게 되었다. 스키드모어대학교의 사회학자 수전 월저가 지적했듯이, 남자들이 탁아 시설에서 아이를 데려오고 세탁물을 정리하는 비교적 평등한 가정에서도 정신적 부하는 "엄마와 아빠의 갈등을 유발"할 가능성이 가장 큰 양육의 한 요소이다.[9]

도이치는 다음과 같은 사실을 발견했다. "양쪽 부모가 성 평등 원칙에 맞게 살려고 노력하는 경우에도 엄마와 아빠는 같은 방식으로 양육을 경험하지 않는다. 이 말은 엄마가 일을 더 한다는 뜻이다. 양육과 관련된 정신적인 일은 모두 엄마의 몫이다."[10] 다른 연구자들 역시 자신의 삶에서 아빠의 역할을 가장 우선시하는 남자조차도 보통 엄마의 조수 역할에 머문다고 지적했다. 부모로서 자각 능력을 키울 수 있는 엄청난 잠재력이 잠자고 있는 것이다.

테네시주에서 아동 위탁 보호 일을 하는 27세 몰리는 나에게 이런 말을 했다. "우리는 하루 종일 아이를 돌볼 형편이 못 돼요. 그래서 일종의 2인 1조가 되어 하루 육아를 관리합니다. 그런데 계획을 짜는 사람은 저예요. 남편은 자리에 앉아 '자, 이번 주 계획을 한번 보자'라는 말을 하는 적이 없어요. 뭔가 일이 되게 하려면 제가 나서야 해요. 그래서 지칩니다. 저는 가정 매니저예요. 남편은 해야 할 일을 하지만 알려주지 않으면 안 해요. 제가 상기시켜주면 남편은 '알았어' 이런 식이죠. 남편은 제가 알려줘야 알지만 끊임없이 알려줄 수는 없잖아요. 그러면 남편은 이런 식으로 묻죠. '도와줄까?' 근데 저는 남편에게 어떻게 일을 넘길지 모르겠어요."

갓난아기와 6세 아이를 둔, 일리노이주에 사는 41세 크리스틴은 이렇게 말한다. "저는 남편이 제가 하라고 부탁한 사소한 것까지 다 기억하리라고는 기대하지 않아요. 다시 말해줘야 해요. 무슨 일을 시키든 그게 다 제 일이란 생각이 들어요. 그래서 남편에게 부탁한다고 부담이나 책임이 덜 느껴지지는 않아요. 우선 해야 할 일을 알고라도 있어야 하는데…, 물론 남편은 그게 없어요. 제가 만약 아침에 아프거나 뭔 일이 생기면 아들은 그냥 방치될 거예요."

자각의 문제는 우리가 눈으로 볼 수 없다는 점이다. 정신적 부하는 잔인하게도 눈에 보이지 않기 때문에 두 당사자가 똑같이 일에 매달리지 않을 경우 이것을 공동으로 관리하기가 어려워진다. 구체적으로 설명하기도 까다롭기 때문에, 이 문제를 성공적으로 다룬 프랑스 예술가 엠마의 만화《부탁하지 그랬어Fallait Demander》는 2017년 빠르게 인기를 얻었다. 이 만화는 여자들이 기본적인 양육을 하며 겪는 애로사항을 담백하게 묘사한다.

정신적 부하에 걸려 있는 삶은 항상 기억하고 사는 삶이다. 쇼핑 목록에 면봉을 추가해야지, 이번 주 채소 배달 주문은 오늘까지이고, 지금쯤이면 집에서 일해준 분에게 지난달 급료를 드려야지, 또 애기가 3센티미터가 더 커서 이젠 바지가 안 맞겠지, 애 예방주사를 맞혀야 해, 세탁해둔 남편 셔츠가 이제 없네, 등등을 기억하는 일이다. 그래서 대부분의 남자들이 자기는 집에서 할 일을 다 한다고 큰소리 칠 때 (⋯) 이들의 아내는 '남편은 항상 세탁기에 빨랫감을 넣지만 절대 빨래를 널지는 않아요', '남편은 침대 시트를 세탁했다고 하는데 시트가 여전히 뻣뻣해요', '남편은 애기 이유식을 한 번도 만들어본 적이 없어요' 하며 다소 다른 입장을 취하는 것이다.

사회심리학자들은 정신적 부하에 대해 나름의 용어를 붙여 '기억 작업'이라고 부른다. 연구 결과에 따르면 부부는 의식적이고 명시적으로 하는 일이 아닌 직관적으로 계획하고 기억하는 일을 분담한다. 직관적이니만큼 일은 대부분 아내에게 떨어진다. 공동 양육의 세계에서 '직관'이란 단어는 실제로 '엄마가 떠맡는다'는 것을 의미한다. 의식적으로 하는 일이 아닌 직관적으로 하는 공동 양육으로 인해 현대 부부는 곤경에 처한다.

뉴저지주에 있는 윌리엄패터슨대학교의 심리학자 엘리자베스 헤인스를 비롯한 동료 연구자들은 남자와 여자에게 다른 사람의 의무,

필요 사항, 책임을 기억하게 도와주는 성향과 이런 것들을 기억하기 위해 다른 사람에게 의존하는 성향에 관해 비교해서 생각해보라고 부탁했다. 남녀 모두 기억을 도와주는 사람은 여자고 이런 행위의 수혜자는 남자일 거라고 추측했다. 또 남자는 이런 일에 책임감이 없다는 견해를 보였다.[11]

부부 관계에서 정신적 부하를 설명하라는 요청을 받았을 때, 여성의 64퍼센트는 상기시켜주는 쪽이 자기들인 사례를 들었다. 같은 질문을 던졌을 때 거의 같은 비율의 남자들은 마찬가지로 아내가 기억을 담당하는 사례를 들었다. 한 가지 덧붙이자면 남자가 드물게 '기억 작업'을 하는 경우는 보통 자기들이 직접 혜택을 입기 때문이었다(예를 들어, "아내가 저에게 재킷을 사준다는 얘기를 했다는 걸 다시 일러주었지요"). 실험을 주관한 심리학 연구자들은 이렇게 결론을 내린다. "기억 작업을 더 한다는 의미는 공동체 지향적인 여자의 성향을 보여준다. (…) 이런 고정관념의 정해진 규범에 따라 남자와 여자는 다른 기준을 부여받는다. 즉 사회적으로 이런 일에 대해 남자에게 거는 기대는 여자보다 낮기 때문에 남자는 여자보다 실제로 기억 작업에 덜 매달린다."[12]

뉴욕 퀸스에 살며 어린아이 둘을 키우는 34세 바네사는 회사 생활을 하며 아이를 키우는 게 힘이 들어 사업을 시작했다. 바네사는 이런 말을 한다. "남편한테는 공감하기가 어려워요. 잘하는 일은 참 많지만 일상생활에는 서투르죠. 기본적인 일을 해야 할 때, 가령 아이들을 먹여야 할 때는 일일이 일러주고 지침을 내리고 지켜봐야 해요. 필요한 걸 예상하는 직관이 없어요. 조금도 없어요. 전 아예 기대를 하지 않죠. 딸 돌잔치가 내일인데요. 남편은 한 일이 아무것도 없으면서 이러더라고요. '내일 아침에 할 일을 알려줘.' 전 그걸 생각해야 해요. 모든 일을 계획하고 관리하고 실행하자면 진이 빠져요. 5명 분의 일이죠."

'책임'과 '도움'의 격차

스미스대학교의 철학과 교수인 메러디스 마이클스는 2004년《엄마의 신화: 모성의 이상화가 얼마나 여자에게 피해를 주는가The Mommy Myth: The Idealization of Motherhood and How It Undermines Women》를 공동 집필했다. 마이클스는 1972년 첫째 출산과 1989년 넷째 출산 사이에 모성의 시대정신이 얼마나 많이 강화되었는지 실감한 후 이 생각을 했다. 그녀는 장성한 아들과 현재 그가 맡고 있는 양육 책임에 관해 얘기를 나누었다고 한다. "아들은 근처에 살고 제가 손주를 많이 돌봐줘요. 저는 아들에게 묻죠. '애 데려오는 건 누구 담당이야?' 그럼 아들은 이렇게 대답해요. '[아내에게] 물어보세요. 누가 뭘 하고 어디로 가고 하는 일들은 제 담당이 아니에요.' 그럼 전 이런 생각이 들어요. '무슨 소리지? 그게 네 영역이 아니면 대신 넌 다른 영역에서 뭘 하는데? 네 영역은 뭔데?'"

1990년대 말, 스키드모어대학교의 수전 월저는 뉴욕주 북부에 사는 아기를 둔 중산층 이성 부부 25쌍을 인터뷰했다. 이른바 부모임을 자각하는 것과 그 발전 양상, 즉 '부모는 아이들을 얼마나 생각할까? 부모는 아이에 대한 생각을 어떻게 판단할까?' 같은 문제를 알아보기 위한 인터뷰였다. 이 과정을 순차적으로 기록한 《아기를 생각하며 Thinking About the Baby》에서 월저는 이렇게 적는다. "내가 인터뷰한 부모들은 엄마와 아빠가 뭘 생각해야 하는지, 다시 말해 본인들의 책임과 감정이 어떠해야 하는지에 대해 특정 이미지를 가지고 있었고, 그 이미지에 대해 책임지는 삶을 살았다." 월저가 인터뷰한 아빠들은 경제적 책임을 주로 언급한 반면, (역시 생계비를 버는) 엄마들은 언제나 무슨 일이 있어도 아기를 생각해야 한다고 응답했다.

믿을 만한 곳에 아이를 맡기는 한 여성은 사실 일할 때는 아기 걱정을 하지 않지만 마치 걱정하는 듯이 행동해야 할 것 같다고 말했다. 그렇게 하지 않으면 자기 자신과 다른 사람들에게 고집불통에 부도덕적인 사람으로 비칠 것이기 때문이다. 월저는 이렇게 밝힌다. "그런 걱정은 모성에 기대되는 부분이라 아이를 걱정하지 않으면 좋은 엄마의 기준에 어긋날지도 모른다. (…) 아빠는 일하는 중에 구태여 애들 생각을 하지도 않을뿐더러, 아이 생각을 하지 않으면 부모인 자신의 이미지에 영향을 주리라는 생각도 하지 않는다."[13] 로즈가 말했듯이, "[엄마]가 받는 기대는 지나친 찬사와 증오로 가득한데, 물론 이 둘은 함께 가는 경우가 아주 많다."[14]

의도하는 목표가 전혀 없이 걱정만 하는 것은 불행하지만, 가령 좋은 탁아 시설을 방문하고, 콘센트 플러그를 설치하고, 이유식을 먹이겠다는 건설적인 생각은 행동을 자극한다. 월저의 연구에서 아빠들은 아내의 끊임없는 걱정을 병적으로 보지만 이를 아이의 행복과 연관시켰다.[15] 그러나 이는 엄마의 행복과는 관련이 없다. 지금까지 연구 결과에 의하면, 다른 일이 있는데도 가정일을 생각하는 경우, 집안일이 직장 일에 영향을 미치는 "파급 효과"는 스트레스와 우울증뿐 아니라 심리적 불안을 악화시킨다. 연구에 따르면 가족 생각과 일 생각 사이에서 왔다 갔다 하면서 집중이 힘들어질 뿐 아니라, 특히 엄마들은 항상 양쪽 역할을 잘해내지 못한다고 느끼며 자기를 부정적으로 평가한다.[16]

엄마는 항상 자식을 생각해야 한다는 인식이 새롭지는 않지만, 그렇다고 아주 고리짝 얘기도 아닌데, 마이클스가 70년대 초와 80년대 말에 걸쳐 아이를 키우면서 경험했듯이 시대에 따라 부침을 탄다. 미국 식민지 시대에는 아빠가 아이들 성격을 형성하는 양육의 중요한 부분을 맡았다. 이때는 엄마와 아이의 특별하고 배타적인 관계가 덜 중시되었다. 이런 현상은 19세기 전반, 미국 독립 혁명 이후 산업화를 맞이하며 바뀌기 시작했다. 2014년에 나온 《현대의 모성Modern Motherhood》의 저자 반덴버그-데이브스는 이렇게 설명한다. "엄마와 아빠의 분화는 1820년대에서 30년대에 걸쳐 가속화되었다. 여성 잡지에서는 언제나 부르면 달려오고 집 안에 머물며 사심 없는 감성적인 엄마를 이상적으로 묘사했다." 그는 다음과 같이 덧붙인다.

"사심이 없다는 요소는 모성을 문화적으로 구축하는 데 상당히 중요한 구실을 했다. 수사가 화려한 19세기 언어에서 사심 없다는 말은 어디에나 존재한다. 여자는 남자보다 더 도덕성을 발휘하면서 도덕을 가르쳐야 할 사람이었다. 여자가 이 영역을 담당하기 때문에 남자는 세상으로 나가 난투를 벌일 수 있다. 이 모든 일은 노예 시대와 산업화 시대에 벌어지고 있었는데, 당연히 많은 엄마와 아이들은 이로 인해 착취당했고 근심 걱정 없는 가정생활이 불가능해졌다. 그러나 사심 없는 '도덕적인 엄마'로 행동함으로써, 백인 중산층 엄마는 사회에 공헌을 한다고 여겨졌다. 그들은 '투표는 못하지만 나라를 움직이는 아들을 키워낸다'는 시민 자격을 보상으로 받았다."

소위 도덕적 모성은 엄마로서 여성에게 도덕적 권위를 부여하지만, 정치적 또는 경제적 권위는 주지 않는다는 이데올로기다. 이는 또한 자녀 중심 규범이어서 여자들에게 자녀를 먼저 생각하고 가정에 머무르라고 강요한다. 도덕적 모성은 실로 세상에서 가장 오래된, 엄마라는 직업에 윤리적 의무를 부여했고, 이 의무는 이후에도 아주 미미하게 약해졌다. 그리고 남자에게는 똑같은 의무가 권장되지 않았다.

***

엄마와 아빠는 적합한 부모의 요건이 무엇이냐에 관해 이견을 보이며 머리를 들이받는다. 나는 좋은 엄마란 당연히 아이들의 욕구를 (잠깐 숨 돌리는 시간 빼고는) 항상 생각하는 사람이라고 믿는데, 남편은 좋은 아빠란 아이들의 욕구를 (잠깐 숨 돌리는 시간 빼고) 항상 생각하는 사람이라고 생각하지 않는다면 우린 서로 다른 곳을 바라보는 것이다. 남편과 나의 서로 다른 내적 부담이 윤곽을 드러낼 때, 가령 봄방학이 다가오면 아이들 맡길 곳을 알아봐야 한다거나, 베이비시터가 오고 아이들 저녁을 챙겨야 한다거나, 치아 스케일링을 여러 달 못 했다거나 하는 사실을 남편이 인지하지 못할 때 나는 정말 당혹스럽다. 윌저는 말한다. "사회규범으로 인해 엄마들은 자기들이 제대로 해내고 있다고 느끼기가 특히 어렵다. 나는 이것을 엄마의 우려라고 부르는데, 이는 '내가 좋은 엄마일까?'라는 물음에서 시작된다."[17]

아빠가 이런 질문을 해본 적이 있을까? 엄마가 이런 질문에서 해방된 적이 있을까? 세상은 합심하여 엄마의 걱정을 덜어주지 않는다. 캠프 더시는 친구가 일 때문에 출장을 갔을 때 아이 유치원에서 받은 문자메시지 얘기를 해주었다. 아빠가 아들을 학교에 데려다주었을 때 학교 선생님이 전혀 어울리지 않는 옷을 입고 신발을 짝짝이로 신은 아들 사진을 찍어서 친구에게 전송하고 "당신이 그리워요"라는 메시지를 보냈단다. "학교에선 아이 아빠에게는 아무 말도 안 했대요. 그저 사진을 찍어서 친구에게 문자를 보낸 거죠. 다 엄마의 잘못이라는 얘기였어요. 제 친구는 저와 다른 친구에게 이 얘기를 했고, 우린 이랬죠. '애가 유치원에서 기는 죽지 않았대? 그것만으로 감지덕지구나.'

그게 바로 사회가 여자에게 지우는 부담이에요. 시어머니가 집에 오셨는데 집이 지저분하다면 시어머니는 우리 보고 뭐라 하죠."

마이클스의 말을 들어보자. "스웨덴같이 사회적 지원이 더 많은 나라에서도 성별 가사 분담은 여전히 전통 규범을 따르죠. 좋은 아빠가 되기 위해 아빠는 아이의 일을 미주알고주알 다 아는 성가신 일을 할 필요가 없어요. 실제로도 그렇지 않고요. 어떤 남자들은 그러기도 하지만, 그건 문화적 당위성에 역행하는 짓이죠. 헨리 제임스는 자기 어머니가 돌아가셨을 때 이렇게 말했대요. '모든 어머니들이 으레 그러듯, 어머니는 자식들에게 자신을 바쳤다.' 정말일까요? 그렇다면 우리는 몸 바쳐 희생하는 거예요. 저는 이런 생각이 지금까지도 여전히 사회에 만연해 있다고 생각해요. 요즘 기본적으로 이 희생을 기준으로 삼고 살아가는 젊은 엄마들이 보여요. '나는 아이들을 위해 나 자신을 희생할 거다. 아이들이 나를 필요로 하기 때문에 나 자신을 위해 이러저런 일은 안 할 거다.' 이런 식으로요."

엄마들이 그런 기준에 따라 살아가든 아니든, 오늘날 이들은 그런 기준이 요구하는 책무를 마음속에 새겨둔다. 훌륭한 부모(정신분석가 D. W. 위니콧의 "충분히 좋은 엄마"는 아기와 엄마의 정서적 교감을 중심으로 하는 이론이지 밑도 끝도 없는 희생을 말하는 이론은 아니다. 박사 학위를 받을 만한 가치가 있는 이 이론은 훌륭한 부모의 요건이 무엇인지 부각시켰다)가 되는 요건에 대해 굳건한 믿음이 있는데도, 나는 마이클스가 지적한 것처럼 아이가 나를 필요로 하기 때문에 나 자신을 위해 이러저런 일은 안 하는 것처럼 보여야 한다는 강박관념을 종종 느꼈다. 딸이 아주 어렸을 때 드문 일이기는 하지만, 일하다가 유치원에 아이를 데리러 갈 시간까지 짬이 생겨서 남편과 한잔하러 가는 경우, 나는 5시 30분이 가까워오면 남편에게 실망감과 당혹감을 안겨줄 정도로 그를 재촉했다. 유치원은 6시에 끝나지만 마지막으로 도착하기 싫었다. 개념 없는 엄마처럼 부도덕해 보일까 봐 두려웠다. 이건 내 아이들의 행복과는 아무런 관계가 없었다. 내가 특히 일찍 도착했을 때 유치원 선생님들은 더 있다 놀다 가라는 말만 할 뿐이었다.

심리학자 엘리스 밀러는 좋은 엄마처럼 보여야 한다는 이런 자아 도취적인 집착에 대해 이렇게 쓴다. "내가 만약 좋은 엄마가 되는 것에 내적으로 집착한다면, 아이의 얘기에 공감하며 귀를 기울일 수 없다. 마음을 열 수 없는 것이다."[18]

몇 년 후 이런 집착은 성숙해져 다른 모습으로 나타났는데, 가령 3학년 학급 학부모 대표가 되어달라는 리브의 요구를 거절했을 때는 반항심이 약간 느껴졌다. 아이가 초등학교에 다닐 동안에는 아이에 관한 잡다한 일들을 거절할 때 해방감이 느껴졌다. 천국에서라면 이렇게 소리쳤을 것이다. "행사에 맞는 건강한 간식거리와 할로윈 파티 때 학년에 맞게 뭔가 만드는 일은 이제 그만하고 싶다!" 그런데 리브는 아빠한테는 이런 요구를 하지 않았다. 물론 남편 역시 안 한다고 말하고, 자기 딴에 상실감으로 잠시 후회하는 기색을 보였겠지만.

리브는 아빠를 좋아하고 아빠가 항상 도와준다는 것을 알고 있지만, 주양육자는 나다. 월저는 이런 결론을 내린다. "동사 '돕다' 용법에는 양육은 궁극적으로 엄마의 책임이고 아빠는 아이들을 돌볼 때 부탁을 들어주는 사람이라는 개념이 뿌리박혀 있다. 엄마가 부모임을 자각하고 인지하는 한 요소인 주양육자라는 위치에서는 엄마가 도움을 요청하거나 받지 않는 한 항상 근무 태세에 있어야 한다. 이런 정황 때문에 내가 만난 몇몇 부부 사이에서는 불화가 싹텄고, 특히 결혼은 동반자 관계라고 기대했던 아내들의 경우 불화의 강도가 더 심했다."[19]

어느 추수감사절, 퓰리처상을 수상한 언론인이자 두 아이의 엄마인《타임 푸어》의 지은이 브리짓 슐트는 남편과 이혼하기로 결심했다. 이들 부부는 저녁 식사에 손님 18명을 초대했는데, 슐트는 일주일 내내 수차례 장을 보고 특별한 식탁보를 준비했다. 이들 부부는 그날 아침, 지역에서 주최하는 사교춤 모임에 참가했고 집에 도착하자마자 슐트는 야채를 썰고 찜 요리를 준비하기 시작했다. 오후 2시쯤, 주방은 야채 껍질과 얼룩진 요리책으로 엉망이 되었고 슐트는 여전히 운동복을 입은 채였다. 그때 남편이 주방에 들어오더니 냉장고 문을 열었다. 슐트는 남편이 칠면조를 꺼낼 거라고 생각했다. 하지만 남편은 6개들이 맥주를 꺼내서 문밖으로 나갔다. 그녀는 이렇게 회상한다. "남편이 나갈 때 저는 손에 칼을 들고 있었는데, 차라리 제가 축제에서 칼 던지는 곡예사였으면 싶더라고요. 너무 화가 나서 [남편] 머리 바로 앞에서 [칼 소리]만이라도 내고 싶었으니까요." 슐트는 남편이 없을 때 마음속으로 살림살이를 나누었다. 안락의자는 남편을 줘야지

(남편은 나중에 "그때 무슨 생각을 했는지 나도 모르겠다"고 인정했다).

그러나 슐트가 그 지경에 이르게 된 이유는 비단 추수감사절 식사 준비 때문만은 아니었다. 슐트는 나중에 〈슬레이트Slate〉에 기고한 글에서 당시 상황을 회상했다. "남편은 아이들의 치과 의사가 누구인지 몰랐고, 여름 캠프 계획을 짜본 적도 없으며, 화장실 휴지를 사거나, 학교에서 주는 모든 가정통신문과 걸스카우트 양식을 작성해본 적도 없었다. 아기 손톱도 잘라주지 않았고, 눈보라가 치거나, 아이들이 패혈증 인두염에 걸리거나, 뜻하지 않게 토해서 임시변통으로 흘러가는 가사 및 육아 체계가 엉망진창이 되었을 때도 한번도 해결하려고 나서지 않았다."

그후 몇 주간 슐트는 변호사를 구하는 대신 본인의 장비를 이용했다. 공책을 꺼내서 남편을 인터뷰하기 시작한 것이다. 이들 부부는 평등한 관계가 이루어지리라 믿고 결혼 생활을 시작했다. 그런데 어떻게 어긋나게 되었을까? 슐트는 이런 말을 했다.

"일단 자신에게 물어야 해요. 정말 사랑과 동반자 관계를 깨뜨릴 가치가 있는지, 인생을 같이한다는 바람을 깨뜨릴 가치가 있는지? 근데 대신 우린 어떻게 하면 양육을 공평하게 분담할 수 있는지 생각해보기로 했어요. 매일매일 귀찮고 단조로운 일은 누구도 하기 싫죠. 정신적으로 신경을 쓰면 사람이 지쳐요. 남편은 제가 무슨 생각을 하는지 전혀 몰랐어요. 저는 종종걸음 치며 뛰어다녔고 남편이 집에 퇴근하기 전에 모든 것을 보기 좋게 해놨죠. 우린 좋은 엄마에 대한 전통

규범에 갇혀 있었던 거예요. 상상이 깨진 거였죠. 우리 둘 다 사회적 압력 때문에 특정 방향으로 끌려 갔다는 사실을 인정해야 했어요. 상대방에게 책임을 돌리려 했죠. 다시 협상하고 다투지 않으려면 가능한 한 많은 일이 저절로 굴러가게 만들어야 해요. 큰 비전을 세우세요. 살면서 시도해보세요. 가사에 대해 왈가왈부하는 건 하찮은 일이 아니기 때문이에요. 불공평한 가사 분담이 파경의 아주 큰 이유거든요(실제로 이는 간통과 관계 소원 다음으로 셋째로 많이 언급된다)."

당시 추수감사절에 슐트는 '위협 포인트threat point'에 이르렀다. 위협 포인트는 사회과학 문헌에서 "기여 한계선"으로 정의되는데 "이 한계선을 지나면 한쪽 당사자는 기여도가 낮은 다른 쪽 당사자의 공백을 메꿔주기보다는 결혼을 포기할 수 있"다.[20] 위협 포인트는 협상 문제, 즉 두 당사자가 각자 창출한 잉여 재산을 어떻게 나누는가 하는 문제에서 파생되었고 갈등과 협력에 대한 수학적 모델 연구의 결과물인 게임이론에서 나왔다. 위협 포인트는 종종 돈이나 신체적 매력 같은 자원 또는 이들의 결여와 연관된다.

워싱턴주에서 가정 폭력 중재 일을 하는 트레이시는 협상에 유리한 지점에 설 수 없는 자신의 무능함을 이렇게 설명했다. "남편은 소프트웨어 엔지니어예요. 제 일이 자기 일에 비해 힘들지 않다고 생각하죠. 저는 일주일에 세탁기를 여섯 번 돌리고, 빨래를 개고, 개를 산책시켜야 하는데 말이죠. 저는 고등학교를 나왔고 시간당 15달러를 벌어요. 만약 남편이 일어나, '싫으면 새 출발해'라고 하면 저는 어떻게 하죠?" 이혼을 할 경우 각자의 자원으로 당사자가 얼마나 잘 살아 갈 수 있을까 하는 점은 위협 포인트 산정에 영향을 끼친다(예를 들어, "독립할 수 있거나 다른 배우자를 찾을 능력이 많을수록, 현재 결혼 생활을 유지하기 위해 상대방에게 더 많이 요구할 수 있다").

위협 포인트는 특정 집단 내에서 성별에 따라 기대되는 역할에 영향을 받는다. 1975년 이전에 결혼한 부부의 경우, 아내가 취업하면 이혼의 위험이 커졌다. 이젠 상황이 달라졌다. 비슷하게, 아내가 가사 노동을 책임지는 것은 결혼 생활 안정과 더 이상 비례하지 않지만, 남편이 가사에 기여하려는 의지는 비례한다.[21]

슐츠는 9개월 아기를 둔 여자 친구가 남편에게 너무 진저리가 나서 집을 나와버린 얘기를 해주었다. "친구가 그랬대요. '우린 직업이 같아. 근데 왜 내가 당신보다 일을 훨씬 많이 하고 있는 거지?' 친구는 24시간 동안 집을 비웠고 남편은 정신을 차렸대요."

남성의 책임 거부 전략

티치너는 자신이 인터뷰한 여성에게서 들은 얘기를 전해주었다. "그들 주변 사람들은 모두 똑같은 상황을 겪어요. 얼마나 살기 힘든지 또 남편이 얼마나 무능한지 웃고 서로 동정할 수 있죠. 제 책에 나오는 한 여성은 어린 두 딸이 있었고 어려운 돌보미 일을 맡고 있었죠. 자기 인생에서 누군가 빠져줄 경우 그게 남편이라면 최고라고 농담을 했어요. '하지만 아이 봐주는 사람이 없어지면 그건 문제죠.' 이렇게 그냥 반농담조로 얘기하더라고요. '전 남편 없이 살 수 있을 거예요. 그 사람은 하는 일이 너무 없어요.' 이게 남자들에게 닥친 위험이죠."

그런데 여기 골칫거리가 있다. 이 위험이 대가와 일치하지는 않는다는 것이다. 더 정확히 말한다면 결혼 생활에서 "거의 집안일을 하지 않는 것"에 대한 확실한 대가는 전혀 없다. 2010년 다트머스대학교, 사우스캐롤라이나대학교 및 인디아나대학교의 연구자들은 불공평한 가사노동 분담에 대한 감정적 대가를 조사했다. 이전 연구에서는 가사노동의 불평등이 여성의 우울증을 악화시키는 것으로 나타났는데, 이번 연구자들은 부부 양쪽에 생길 수 있는 미묘한 감정의 변화를 알아보고 싶었다. 형평성 이론에 따르면 설정된 모든 상황에서 불평등을 인지하면 자신이 어느 편에 속해 있더라도 감정적으로 동요가 일어난다. 누가 적게 얻든 또는 많이 얻든, 또 일을 더 적게 하든 많이 하든, 양쪽 당사자 모두 고통을 받을 가능성이 크다. 일반사회연구소 General Social Survey의 감정 모듈 데이터를 사용하여 이들 연구자들은 다음과 같이 결론을 내렸다. "형평성 이론과 부합하게, 자신들이 가사와 관련하여 혜택을 받거나 손해를 입는다고 생각하는 개인들은 가사 분담이 양쪽에게 공평하다고 판단하는 참가자들보다 상당히 부정적인 감정을 나타낸다. (…) 과도한 혜택이나 손해가 부정적인 감정에 영향을 끼치는 정도는 거의 동일하다."[22]

거의 동일하지만 똑같지는 않다. 연구자들은 자신이 불평등한 상황에 처해 있다는 인식이 화 및 분노와 연결되어 있는 반면, 다른 사람이 불평등한 상황에 처해 있다는 인식은 두려움 및 자책(나 자신의 결혼 생활의 동력을 정확히 묘사한 말)과 연결되어 있다고 분석했다. 게다가 긍정적 감정은 불평등을 겪으면 줄어든다. 특히 평정심은 불평등에 대한 인식이 높아질수록 부부 양쪽 다 줄어든다. 정확히 말하면 가사가 불평등하게 분담되면 큰 대가가 따른다. 그러나 남녀의 또 다른 차이가 여기 있다. 여성은 과도한 혜택에 감정적으로 더 민감하다. 자신이 일을 덜 하는 쪽인 경우 죄책감을 더 느낀다. 이와는 반대로 남성은 손해를 입는 것에 더 민감하다.[23] 아내 혼자 점심 도시락을 싸는 동안 쉬는 남편은 불편한 마음이 들지도 모르지만, 만약 상황이 뒤바뀌었을 때는 화가 머리끝까지 치민다.

포틀랜드에 사는 에리카는 다음과 같은 얘기를 해주었다. "제 여자 친구 몇 명은 남편이 집에서 살림을 해요. 그런데 제 친구들은 남편이 자기만의 시간을 가지는 것을 지나치게 용인하는 경향이 있어요. 결국 친구들은 밖에서 일하고 집에 가서 일을 더 하게 되는 거죠. 전업주부이면서 아기 엄마인 친구는 쉴 틈이 전혀 없어요."

로스앤젤레스에 사는 비드야는 이렇게 말한다. "이상하게 프리랜서인 남편이 일을 많이 하지 않고 전 직장에서 하루 종일 일할 때도 집안일의 절반을 하지 못한다는 죄책감이 들었어요. 남편보다 훨씬 많은 시간 일을 하고 기본적으로 생계를 책임진다 해도 저에게는 가사의 반을 하는 게 중요했죠." 비드야는 차라리 손해를 볼 때 기분이 더 나았다.

워싱턴 D. C.에서 저술가이자 엄마 블로거로 활동하는 대라 마티스는 과도한 혜택을 애써 피하는 노력에 대해 얘기한다. "저는 요리를 하고 남편은 설거지를 해요. 하지만 15개월 아이의 수면 훈련은 같이 시켜요. 우리 둘이 딸아이를 재우는 데 시간이 많이 걸려 힘들죠. 그래서 남편 대신 설거지는 제가 합니다. 요리는 제가 했고 아이랑 하루 종일 있었지만, 남편이 설거지를 한 다음 곧장 30분 동안 아기를 보는 게 불공평하다는 생각이 들었어요."

남자는 과한 혜택을 받을 때 상대적으로 편안함을 더 느끼고 여자는 손해를 볼 때 상대적으로 편안함을 더 느끼는 현상으로 인해 남자는 책임을 거부하고 여자는 이를 용인하는 양상이 나타났다. 남자는 몇 가지 방법으로 책임을 회피한다. 사회학자 마이클 키멀은 이 주제에 관해 남자들과 토론을 벌였다. "남자들이 종종 저한테 이런 말을 해요. '아내가 청소를 하지 않는다고 항상 닦달해요. 야구 경기를 보고 있는데 아내가 나한테 와서 '진공청소기로 밀기라도 해' 한단 말이에요. 그럼 청소를 해요. 근데 아내가 또 와서 깨끗하지 않다고 뭐라 하죠. 그럼 다짐합니다. 이제 더 이상 하지 않겠다고.'"

나는 이런 태도에 대한 반발심이 너무 강했기 때문에 키멀이 이 남자들에게 해준 따끔한 한마디에 기분이 좋아졌다. "저는 그 사람들한테 이렇게 얘기해요. '참, 재미있는 생각이네요! 내가 만약 직장에서 상사고 당신들한테 보고서를 쓰라고 했는데 제출한 게 마음에 들지 않는다고 말했다고 합시다. 그때도 '좋아, 그렇다면 다시는 그 일을 하지 않겠어!'라고 할 건가요?"

키멀은 "일부러 못하기 고수"라 불리는 책임 거부 전략을 설명하는 것이다. 버몬트에 사는 미란다도 이런 현상에 관해 얘기했다. "우리가 처음 같이 살면서 누가 뭘 할지 정하는 과정에서도 로웰이 이런 말을 한 게 기억나요. '만약 집 안을 더 깨끗이 청소해야겠다는 생각이 든다면 너는 나랑 기준이 다른 거니까 네가 하는 게 나을 거야.' 그래서 지금 거의 모든 청소와 거의 모든 요리를 저 혼자 하죠. 우리 둘 다 요리하는 걸 좋아하지 않지만 제가 좀 더 경험이 많으니까요. 로웰이 설거지는 거의 다 하고요. 이런 식으로 우리는 집안일을 처리했어요. 그런데 로웰과 저는 설거지 개념이 달라요. 그릇을 세척기에 집어넣기는 하는데, 개수대는 여전히 엉망이고 식탁에는 여기저기 음식물이 튀어 있죠. 설거지가 끝나면 제가 다시 뒤처리를 해요."

다른 책임 거부 전략으로는 수동적 저항, 전략적 무능, 전략적 사탕발림, 뻔뻔한 거부 등이 있다.[24] 내가 인터뷰한 부모들은 모두 이런 전략을 간접적으로나마 언급했다. 캘리포니아에 사는 야나는 어린 아들 셋이 있고 남편은 집에 있다. 야나는 남편의 수동적인 저항을 이렇게 표현한다. "우리 부부는 언젠가 가사를 좀 더 공평하게 분담하려고 했죠. 누가 아이를 재울지 계획을 짰어요. 제가 아기를 맡고 남편은 큰애를 침대로 데려가는 식으로요. 그런데 남편이 큰애를 재우는 데 너무 오래 걸리니까 화가 나더라고요. 그래서 지금은 제가 아이들을 모두 재워요. 어느 정도는 이게 둘 사이의 합의라고 생각해요. 그래도 전 말을 하긴 하죠. '제발 내가 집에 올 때까지 애들 숙제 좀 봐줘'라고요. 집에 와서 보면 남편은 그렇게 하고 있질 않아요. 이제는 그냥 제가 해요. 어느 시점인가 일이 되기를 원한다면 제가 다 알아서 일일이 해야 한다는 걸 깨달았어요." 야나의 남편은 아내의 요구를 한 번도 딱 잘라서 거절한 적이 없지만, 번번이 제대로 하지를 않는다.

전략적 무능은 어떤 것일까. 포틀랜드에 사는 니콜은 이렇게 말한다. "전 특별한 식이요법을 원하기 때문에 제가 요리를 해요. 남편은 그런 데는 관심이 없죠. 전 아이들 건강을 중시하고요. 요리를 남편에게 맡겨두면 애들은 햄버거나 먹고 살 거예요."

전략적 사탕발림은 이런 것이다. 우리 동네 새내기 엄마 모임에서 만난 메러디스는 얘기한다. "남편은 저를 보며 이렇게 말을 하죠. '내가 맞게 하는 거야?' 그럼 생각이 복잡해져요. '내가 당신보다 잘할 수 있는 일이 있네. 당신은 그걸 존중해주는구나!' 하다가도 다른 한편으로는 '당신이 나만큼 모든 걸 파악하고 싶으면 애랑 충분히 시간을 보냈으면 해' 하는 생각이 들죠."

마지막으로 뻔뻔한 거부 전략(이런 남편의 행동에 따라 아내는 구체적인 선택을 하게 된다)이 있다. 니콜의 남편, 마크는 이렇게 말한다. "그게 아내 성격과 관계가 있어요. 아내는 항상 바쁘게 움직이죠. 무슨 요일이든 상관없이 뭔가 일을 해야 하니까요!" 미란다의 남편인 로웰은 이런 말을 했다. "저는 필요할 때 세탁기를 돌려요. 제 시간에 맞춰 움직인다고요. 세탁해둔 옷이 있으면 세탁이 우선순위가 아니죠. 일이 쌓이는 것에 대해 우리 부부는 허용 수준이 달라요. 저도 미리미리 좀 더 자주 할 수는 있지만, 그게 제 천성은 아니에요. 그래서 항상 일을 하는 쪽은 아내인 거죠." 사회학자 웨이드는 이제까지 봐온 현상을 이렇게 요약했다. "남자는 시도할 엄두도 못 낼 만큼 일이 아주 어렵다는 핑곗거리를 찾아요. 아내보고 혼자 하라는 소리죠."

우리는 상황에 적응하며 살아간다. 웨이드는 말을 잇는다. "불평등에 익숙해질 때, 불평등은 마치 평등처럼 보입니다. 한 실험에서 피실험자에게 남자와 여자가 반반씩 들어가 있는 방을 보여주면 사람들은 남자보다 여자가 많다고 생각해요. 방에 주로 남자가 많은 모습에 익숙한 나머지 우리 시야가 왜곡되는 거죠. 저는 종종 남자가 집안일 절반을 담당하면 마치 3분의 2를 하는 것처럼 느끼는 게 아닐까 궁금해집니다. 남자들은 3분의 1을 하고 절반을 하는 양 느끼잖아요."

남자들은 다른 남자들이 거부하는 모습을 봐왔기 때문에 거부한다. 그러면 거의 평등한 것처럼 보인다. 여성과 지도력에 관한 연구에서는 특정 역할을 수행하는 한쪽 성별만 지속적으로 접한다면 그런 고정관념이 저절로 생기는 경향이 있다고 강조한다. 예를 들어 사업가들에게 능력 있는 지도자를 그려보라고 하면 이들은 십중팔구 남자를 그린다. (드문 일이지만) 분명하게 성별을 구분하여 그림을 그리지 않았을 때도, 그림 묘사에 사용하는 형용사는 전형적으로 남자와 관련된 단어다. 지도력 육성에 관한 연구에 따르면, 동료에게 생각을 제시할 때도 여자가 아닌 남자가 잠재적 지도자로 인식된다.[25] 우리는 고정관념에 따라 상황을 확대 해석한다. 이런 평가는 현재에 기반한 듯 하지만 실은 주로 과거에서 끌어온 것이다. 이렇게 나아가는 경향을 확증편향라고 부른다. 누군가 식탁을 닦거나 아이를 침대에 눕히는 등 좋은 일을 하는 장면을 빨리 그려보자. 방 안에 부모님이 혼자 있는 모습을 그려보자.

여성 희생 숭배

미국을 비롯해 강력한 가족 정책이 없는 나라들의 경우, 남자의 저항 전략은 여자의 쉼 없는 노동을 야기한다. 필리포빅은 이를 여성 희생 숭배라고 부른다.[26] 하지만 일부 국가의 경우는 정확히 평등하다고는 할 수 없지만 상황이 다르다. 사회 전반에 국가 지원 탁아 제도가 마련되어 있는 덴마크의 연구를 보면 이곳 아빠들은 미국 아빠와 동일한 시간을 아이와 함께 보내지만 아빠 대 엄마의 육아 시간 비율 차이는 덴마크가 훨씬 낮다.[27] 이유는 덴마크 엄마들이 육아에 쓰는 시간이 (정책의 도움으로) 훨씬 적기 때문이다.

언론인 파멜라 드러커먼은 파리에 사는 동안 전국적으로 수준 높은 국가 보조 탁아 시설을 이용할 수 있는 프랑스 엄마들이 미국 엄마들보다 남편에게 화를 훨씬 적게 낸다는 사실을 발견했다. 저서《프랑스 아이처럼》에서 드러커먼은 이렇게 밝힌다. "프랑스는 양성평등까지는 아니어도, 여자들이 일과 육아를 병행하게 도와주는 제도적 장치가 풍성하다. 출산휴가는 국가가 지원하고 유모와 탁아 비용도 보조해주며 3세부터는 어린이집이 무료다. 세금공제와 비과세 혜택도 많다. 여성에게 직업상 수혜를 주는 것은 아니지만, 아이를 낳고 기르는 것에 도움을 줌으로써 경력과 자녀 모두 포기하지 않아도 되게 해준다."[28]

프랑스 여자라도 평등한 동반자를 얻지 못할 수도 있지만, 암컷 영장류가 수세기 동안 해온 것처럼 마음만 먹는다면 다른 도움에 의지할 수 있다. 인류학자 크리튼든은 이렇게 말한다. "가족 형성과 협동 양육의 진화를 연구하는 우리들은 특정 양육자를 다른 양육자보다 우위에 두지 않습니다. 분담형 양육이 가장 중요한 형태죠. 이것이 비교문화적으로 발생한 양상은 사회집단의 규범과 관계가 있습니다."

이른바 여성 희생 숭배는 부득이하게 냉전 중에 강화되었다. 당시 페미니즘의 목표를 헐뜯던 서구의 사회집단은 반공 정신과 같은 노선을 걸었다. 1917년 볼셰비키 혁명 이후 새로 건국된 소비에트연방은 국가 보조의 영유아 탁아 시설이 아이들을 훈육하는 데 그리고 이상적인 소비에트 시민으로 키우는 데 중요한 도구라고 선언했다. 이후 수십 년 동안 미국은 정부 보조의 영유아 탁아 시설을 반대했는데, 여기에는 국가 보조 유치원(또는 입에 담기조차 어려웠지만, 아빠)이

아닌 오직 엄마만이 따뜻한 마음을 가진 미국 시민을 키울 수 있다는 전제가 깔려 있었다.[29]

1970년대 평등주의에 관해 전국을 돌며 강연을 하던 부부이자 심리학자인 샌드라 벰과 대릴 벰 부부는 다음과 같은 사실을 인정했다. "중산층 사람들은 양육을 집 밖에서 한다는 생각을 받아들이지 않았어요. 믿기 어렵겠지만, 우리가 탁아 시설에 관해 언급하던 초기에 심지어 우리 대학 사람들도 이를 '공산주의'라고 부른 적이 있어요."[30] 종교가 없는 소비에트연방과 차별화하기 위해 미국이 '국기에 대한 맹세'에 "하나님 아래"라는 문구를 추가하면서 공동체 도움으로 건강한 아이를 양육하는 것에 대한 사회적 반감은 커져갔다. 따라서 미국에서는 훈육의 대상이 아이들이 아닌 엄마가 되었다. 베티 프리던이 1963년 저서 《여성성의 신화》에서 말했듯이 "1949년 이후의 미국 여성들에게는 어머니, 주부라는 의미 외의 자아를 가져볼 기회가 없었다."[31] 베스트셀러가 된 프리던의 이 책은 그 시대 주부들 사이에서 끓어오르던 권태감을 담았다. 이 책이 성공한 이유는 20세기 중반 여성들에게 그들이 다른 것을 원한다는 점을 인정하도록 멍석을 깔아주었기 때문이다.

그러나 단지 그러면 안 된다는 두려움은 쉽게 떨쳐지지 않았다. 이로부터 50년 후 2017년 발표된 《H-스폿: 페미니스트의 행복 추구》에서 필리포빅은 이렇게 적는다. "자신이 오롯이 기쁨과 행복을 누릴 자격이 있다고 생각하는 여성은 이기적이거나 부도덕한 존재로 치부된다. (…) 성취의 기쁨을 추구하는 여성은 지나친 야망을 가진 직업인이며, 이들이 만약 엄마라면 분명 누군가에게 돈을 주고 아이를 키우고 있을 것이다. 잠시라도 자녀보다 자기 욕망을 먼저 챙기는 여자는 부적절한 부모이며 나쁜 사람이다. 종종 사랑이라는 이름으로 변장하는 여성 희생 숭배의 실제 결과물은 (…) 여자들이 서로 머리를 쓰다듬으며 '엄마 일이 세상에서 가장 중요한 직업'이라는 진부한 말을 늘어놓는 것이다. 상투적인 약속과는 반대로 아이가 생기면 여자의 행복이 무너진다는 사실이 별로 놀랍게 다가오지는 않는다."[32]

참고로 언론인 제니퍼 시니어의 〈기쁨 투성이, 재미 없음: 현대 부모 역할의 역설All Joy and No Fun: The Paradox of Modern Parenthood〉은 이와 관련한 연구 결과를 밝히고 잘못된 현실을 개탄하는 글이다.

여성 희생 숭배는 문화적 하위 집단마다 다양한 형태를 띠지만 항상 일정한 메시지로 끝맺는다. 반스는 《인종 각성시키기》에서 "흑인 여성이 얽매이는 강한 구속의 틀"에 관해 묘사한다. 미국 흑인 엄마들은 이 틀에 따라 즐겁게 노래 부르며 모든 의무를 다 해내야 한다. 흑인 페미니스트 학자들은 이 틀에 의심의 눈총을 보내며, 단지 가부장적인 질서를 유지하면서 훈장만 주는 격이라고 주장한다. 반스는 이렇게 쓴다. "흑인 페미니스트 학자의 비판에도 불구하고 흑인 공동체는 여성들이 일, 양육, 경제적·정치적·사회적 불안 등에 관련한 모든 일을 혼자 해결한다며 그들을 계속 찬양했다. (…) 나는 '이건 명예 훈장이다'라는 얘기를 들었다. 실제로 이는 적극적인 흑인 여성에 대한 고정관념 중 하나에 불과하다. 그러나 직업, 배우자, 자녀, 가문의 전통, 더 넓게는 흑인 공동체에 얽매여 있는 흑인 전문직 여성에게 슈퍼우먼이 되라고 부추기는 이 신화는 점점 더 이들이 치르고 싶어 하지 않는 대가를 안긴다."[33]

드포대학교의 사회학자 태머라 뷰보프-라폰탄트는 강한 흑인 여성의 신화를 유지하는 일은 "대가가 큰 성과"라고 주장한다.[34] 반스의 연구에서 전문직 여성들은 두 개의 장애물, 즉 성차별뿐 아니라 인종 차별로도 좌절을 겪었다. 이들은 "여전히 자신들이 한 집단의 구성원으로서 바람직하지 않다는 생각과 싸운다. 아내의 지위는 엄마와 직장 여성의 지위보다 훨씬 더 위태롭다. 따라서 이들이 하는 모든 노력, 아니면 적어도 대부분의 노력은 결혼 생활을 유지하는 데 들어간다." 반스에 따르면 이들 여성들의 위협 포인트는 통념에 의해 제기되기 때문에 이들은 남편에게 뭔가 요구하거나 더 바란다는 사실을 인정하는 것조차 꺼리는 것처럼 보였다.[35]

《모두를 위한 페미니즘》에서 훅스는 이렇게 쓴다. "가정 내에서 여성이 온종일 다른 사람을 수발하느라 바쁘다면 집은 그녀에게 쉬면서 편안함과 즐거움을 얻는 공간이 아니라 일터일 뿐이다."[36]

엄마는 '여성 희생'이라는 영장(아니면 '강한 흑인 여자' 같은 통념)에 의해 집에 있을 때 부담감을 느낀다는 가설(혹실드가 쓴《돈 잘 버는 여자 밥 잘 하는 남자》에서도 소개되었다)을 실험하기 위해 다마스케 교수는 남녀 모두에게 집이나 직장에서 느끼는 행복감 수준을 물었다.

나는 그가 연구 분석에서 남녀 간 차이점을 발견했는지 궁금했다. "물론이죠." 자신도 엄마인 다마스케는 이렇게 대답했다. "여자는 일할 때 더 행복하고 남자는 집에서 더 행복하더라고요!" 그녀는 한참을 요란하게 웃더니 말을 이어나갔다. "충분히 이해가 갑니다. 남자는 집에서 책임이 덜하잖아요. 아내보다는 남편 입장에서 집이 더 천국이죠."

교수의 연구팀은 또한 피실험자의 타액 견본을 받아 스트레스 호로몬인 코르티솔 수치를 측정했다. 다마스케 교수는 밝힌다. "사람들의 스트레스 호르몬은 일하러 갈 때 줄어들었어요. 모두가 마찬가지였죠. 우리는 집을 생각하면 가족과 함께 있는 행복한 순간을 떠올리지만, 집은 설거지거리 같은 일상의 허드렛일이 있고, '장난감 좀 담아라' 같은 잔소리를 해야 하고, 화장실 청소를 해도 아무도 고마워하지 않는 곳이죠. 제 생각에 일을 하러 가면 이런 가사노동에서 쌓인 일상의 스트레스를 풀 수 있는 거예요."

로스앤젤레스 근교에 사는 특수교육 교사이자 10대 아이 둘을 둔 41세 내털리는 이런 기억이 있다. "몇 년 전, 혼자만의 시간을 더 갖기 위해 노력했죠. 점점 화가 나고 부정적인 사람이 되어가는 거예요. 사는 게 즐겁지 않더라고요. 나 자신을 맨 나중에 챙기고 집에만 눌러앉아 있는데 집에 있는 게 싫어서 그런 것 같았어요. 스트레스가 너무 많이 쌓이더군요. 요가 하러 가면 스트레스가 풀리지만 집에 돌아오면 문을 열고 들어서는 순간 상쾌한 기분이 사라져버려요. 가족들은 눈치챘을 거예요. 저는 온갖 짐을 지고도 표출을 못했어요. 누구의 도움도 받지 않고, '난 이거 혼자서는 다 못해'라는 말조차 못한 채, 완벽한 엄마, 아내, 직장 여성이 되려고 안간힘을 썼죠."

내털리는 자신이 한계에 도달했기 때문에 변화를 주기로 결심했다는 얘기를 했다. 남편 롭과 상의해서 아이들을 잠시 휴학시키고, 세간살이를 팔아서, 1년 동안 낡은 캠핑용 자동차를 타고 미국 횡단 여행을 했다. 여행을 하면서 내털리는 어쩌다 이런 결정을 하게 되었는지 생각해보았지만 남편 롭은 그런 쪽은 전혀 생각하지 않았다. 내털리는 나에게 이런 말을 했다. "재미있는 게, 남편하고 얘기를 했더니 남편이 '완전 페미니즘 운동 하시는구먼. 당신들이 그렇게 다 가지려고 욕심 부리지 않는다면 분명 훨씬 수월하게 얻을 텐데'라고 하더라고요. 저도 어느 정도는 인정해요." 페미니즘은 이런 논의에서 전혀 역할을 하지 못할 때가 많다. 마치 평등이 아직 실현되지 않았다는 사실보다는 평등에 대한 욕망이 문제가 되는 것처럼.

그런데 여기 남자들이 물을 필요조차 없는 또 다른 문제가 있다. 우리는 정말 모든 것을 다 가질 수 있을까? 차라리 지구가 둥그냐고 물어보지? 차라리 차가 강철로 만들어졌냐고 물어보지? 여자들은 바로 이 문제에 막혀 있다. 이런 상황을 페이스북에서 본 적이 있다.

2017년, 한 중서부 지역 엄마 단체에서 활동하는 라켈은 최근 승진한 한 회원이 '다 가진다는 것이 무엇이냐'라고 묻자, 다음과 같이 답변했다. "저는 '다 가진다'라는 말을 싫어해요. 저는 자영업을 해요. 제가 1주일에 60시간을 정신없이 일하고 가족들과 많은 시간을 보낼 수 있을까요? 아뇨. 하지만 제 일에서 성공하고 성취감을 느끼면서 동시에 아이들과 많은 시간을 보낼 수 있을까요? 물론이죠! 남편과 저는 열심히 일하며 동등한 관계를 맺고 있는데, 남편은 일을 하면서 이런 생각을 전혀 하지 않는다는 게 화가 나냐고요? 너무나 당연하죠." @manwhohasitall이라는 트위터 계정 사용자는 "성공적인 직업 생활을 하면서 동시에 좋은 아빠가 될 수 있을까?", "매력적인 남자를 고용하는 게 너무 위험한 일일까?"처럼 기존 성 역할을 반전시킨 흥미로운 질문들을 제시했다.

내털리와 마찬가지로 남편 롭은 교사다. 아무리 원해도 가족을 부양하는 경제적인 책임을 혼자 질 형편이 안 된다. 롭은 전통적인 (훨씬 달성하기 힘든) 남자의 능력을 갖추고 있지 않으면서도 자기 아내는 전통적인 주양육자가 되기를 바란다. 페미니즘을 지적하며 내털리에게 원대한 이상을 품게 한다고 비난한다. 사회정의를 추구하는 운동은 신기루를 만들어낸다고. 하지만 이와 똑같은 원대한 이상을 누리는 자신의 권리에는 한 번도 의문을 제기하지 않았다. 가정과 직장을 가지고 있으면서 혼자만의 시간을 즐길 수 있는데도 말이다.

사업을 하고 뉴욕 퀸스에 사는 바네사는 어린아이 둘과 자신의 야망을 존중해주는 남편이 있다. 그러나 이 남편은 아내가 모든 걸 가지도록 도와주는 일에는 관심이 없었다. "제 남편은 강한 여자를 전적으로 인정하고 응원하죠. 하지만 실제 생활은 달라요. 말만 뻔지르르하죠. 실제로는 저에게 85퍼센트를 맡겨요. 남편은 둘째 아이가 태어난 후 헬스클럽 회원권을 사겠다고 하더라고요. 딸이 태어난 지 두 달 됐는데 지구상에서 가장 지독한 훈련 프로그램을 시작하기로 했다는 거예요. 가정을 소홀히 할 게 뻔한 일을 시작하기엔 적기가 아니었는데도 남편은 그런 생각은 하지 않았어요." 그래서 남편이 원 없이 꿈을 펼치는 동안 바네사의 입지는 좁아진다. "저는 결단을 내려야 하는 거죠. 예전처럼 운동은 못해요. 남편은 매주 뛰러 나가지만요. 전 그런 호사를 누릴 여유가 없습니다. 쉬지를 못해요. 오늘 하루 무엇을 해야 하는지 무엇을 미뤄도 되는지 결정해야 하거든요. 하기 싫지만 남편에게 간섭해야 해요. 남편은 참 좋은 아빠예요. 그만큼만 남편 노릇을 하면 좋을 텐데요."

시트콤 〈스플리팅 업 투게더Splitting Up Together〉는 세 아이를 둔, 방금 이혼한 부부가 아이들을 위해 같은 집에서 계속 같이 사는 이야기를 그린다. 이 시트콤에서 첫 회 몇 분 동안은 연속된 몽타주 장면으로 이혼 후의 정황이 대담하게 그려진다. 아빠 역의 올리버 허드슨은 조깅을 하러 문을 나서는 중이고, 엄마 역할을 맡은 제나 피셔는 머리를 질끈 동여매고 안경을 쓴 채 계단을 내려와 세탁물 바구니를 나른다. 아빠 왈, "출근하기 전에 빨리 뛰고 오려고 나가는 중이야". 엄마는 답한다. "좋겠네. 난 지금 세탁기 돌리고, 청소기 돌리고, 2층 변기 뚫고, 기술자 불러서 망가진 스프링쿨러 손보고, 출근한 다음 집에 와서 저녁 준비하려고 했는데."

"좋네." 아빠가 말한다. "저녁은 뭔데?"

맹목적 편견은 위험하다

보스턴대학교 심리학자이자 정신분석가인 우샤 투말라-내라는 여자는 어릴 때부터 남을 돌봐주면 잘한다는 부추김을 받는다고 재차 강조한다. "어떤 행동을 해야 인정받는지 알면 그게 내면화됩니다. 세상은 이렇게 돌아가고, 이런 식으로 우리는 사회에 존재할 수 있고, 눈에 띄고, 인정받고, 인식되죠. 반대로 남자들은 여전히 남성성과 얼마나 많이 벌 수 있느냐로 인정받습니다. 그래서 성공의 외적인 사회 지표가 오늘날에도 여전히 여자와 남자의 선택을 이끄는 거죠. 저는 이를 적응력이라 봅니다. 한 사회의 틀 안에서 살아남기 위해 적응하는 거죠. 문제는 이 틀이 변하지 않는다는 겁니다. 이건 행동의 틀이 아닌 병적인 틀이에요. 남자는 자유를 누리거나 누군가를 위해 일하지 않는다고 해서 죄책감을 느끼진 않아요. 그렇게 사회화되지 않았어요. 그런데 처음부터 우리 여자들은 이게 내가 할 수 있는 가장 중요한 일이라는 생각을 내면화했죠. 대단하긴 하지만, 그게 우리의 가장 중요한 일은 아닌데 말이죠."

따라서 남자들은 자기들이 다 가질 자격이 있다고 생각한다. 그렇게 말하는 현상 자체가 뭔가 정상적이지 않다는 사실을 암시하지만, 물론 남자라면 얘기가 달라진다.

자서전 《담대한 희망》에서 버락 오바마 대통령은 결혼 초기 몇 년간 겪은 문제에 대해 적는다. 둘째 딸 샤샤가 태어날 즈음이 되자

나에 대한 아내의 분노가 거의 폭발 직전인 것처럼 보였다. '당신은 당신 생각만 하고 있어.' 아내의 말이었다. '아이들을 나 혼자 키워야 한다고 생각한 적은 한 번도 없었어.' 나는 이런 비난에 속이 쓰렸다. 나는 아내가 부당하다는 생각이 들었다. 내가 밤마다 친구들과 어울려 술판을 벌인 것도 아니지 않는가. 더구나 나는 아내에게 거의 아무런 요구도 하지 않았다. 양말을 꿰매주기를 바라지도 않았고, 내가 올 때까지 기다렸다가 함께 저녁 식사를 해주기를 바란 적도 없었다. 짬이 나는 대로 아이들과 열심히 놀아주기도 했다. 내가 바란 것은 그저 약간의 친절과 따뜻함이었다. 그 대신 나는 집안일을 어떻게 분담할 것인지를 놓고 시시콜콜하게 따지고 절충하는 일에 끊임없이 시달렸다. 그 과정에서 내가 해야 할 일이나 하지 않고 넘어간 일을 낱낱이 적어 놓은 기나긴 목록이 제시되고 언짢아하는 모습도 뒤따랐다.[37]

후에 오바마는 아내에게 좀 더 공감하는 입장을 취하지만, 이 대목에서는 사랑하는 내 남편은 말할 것도 없이 내가 상담하면서 만나는 새내기 아빠와 다를 바 없어 보인다. 내가 인터뷰한 엄마들은 대개 배우자가 뜨뜻미지근한 부모임을 자각하는 태도를 보이며 도우미형, 나누미형, 태만형으로 살아가는 모습에 분노하고, 인터뷰에 응한 남자들은 대부분 아내의 불만에 영문을 몰라 한다. 오바마가 미셸의 불만에, 조지가 나의 불만에 대해 느끼는 것처럼. 저는 아내를 사랑해요. 도와준다고요. 뭘 어쩌라고요?

미셸 오바마는 결국 나름 남편의 권리를 인정해주었다. 2007년

8월 오바마의 첫 대통령 선거운동 기간에 언론인 레베카 존슨은 〈보그〉에 이런 글을 올렸다. "지금 당장은 시간이 촉박한 게 어려운 문제지만, 아이들이 어렸을 때 상황은 더 좋지 않았다. 미셸이 육아의 짐을 지고 까다로운 직장 일까지 감당했는데, 이 기간 동안 버락 오바마 상원의원 부부는 결혼 문제에 대해 서로 솔직히 털어놓았다. 미셸은 선거 '유세장'에서 이런 말을 즐겨 했다. '화장실 변기가 막히면 약속을 바꾸고 집에서 배관공을 기다리는 사람은 우리 여자들이에요. (…) 저는 이런 문제를 들추면 좋겠어요. 왜냐하면 모든 부부가 이 문제로 갈등을 겪을 것 같거든요. 사람들은 애들 때문에 상황이 얼마나 바뀌는지는 얘기하지 않죠. 많은 사람들이 그냥 자포자기하고 사는 것 같아요. 관계가 깨졌어도, 서로 얘기를 나누면 도우며 살아갈 수 있어요.' 직장을 그만두거나 이혼하는 대신 미셸은 자기 상황과 타협을 보기로 했다. '남편이 달라지기를 기대하며 많은 시간을 보냈지만, 그 사람은 그냥 자기 나름대로 내가 원하는 곳에 있다는 것을 깨달았어요. 그가 거기에 없다고 해도, 좋은 아빠가 아니거나 애들을 돌보지 않는 사람은 아니에요. 나는 엄마나 훌륭한 베이비시터에게 도움을 받으면 되겠다고 생각했죠. 이런 상황과 타협을 하니, 결혼 생활은 나아졌어요.'"[38]

미셸의 선택이 분명 실용주의 노선임을 인정하지만, 마지막 대목을 읽고 내 가슴은 쿵 내려앉았다. 미셸이라는 사람도 결혼 생활에서 최선을 다해 얻은 결과물이 그것이라면, 나머지 사람들에게는 원대한 희망이 가당키나 한 걸까?

　오바마 전 대통령 부부는 플라토닉 사랑의 전형이기 때문에, 이 부부의 위기를 초래한 요인이 당시 오바마 상원의원이 여자를 무시하거나 전통적인 가족 역할을 고수한 탓이 아님은 분명하다. 평등의 가치를 존중하고 페미니스트 성향을 가진 배우자가 공평하게 일을 분담하는 아빠가 될 거라고 결론을 내린다면, 우리는 뭔가 중요한 정보를 놓치고 있는 것이다.

　이는 부분적으로 맹목적인 편견과 관련이 있다. 맹목적인 편견, 즉 무의식적인 방식으로 우리 행동에 영향을 끼치는 태도와 고정관념은 성별 불균형적 채용과 남자의 승진, 비무장 아프리카계 미국인을 쏘는 경찰의 행위에 이르는, 모든 형태의 비의도적인 차별을 설명하는 요소다. 또 성별 가사노동 분담을 이야기할 때 가장 많이 언급되는 이유이기도 하다. 남자와 여자가 평등해야 한다는 믿음을 의식적으로 가지게 되면 동시에 남자의 욕구를 우선시하는 것에 의식적으로 덜 집착하게 될지도 모른다.

* * *

　자동적이고 무의식적인 믿음을 좀 더 깊이 반추하는 능력인 메타인지metacognition는 맹목적인 편견에 대항하는 중요한 능력이다. 예를 들어 경찰을 채용할 때, 후보들을 대상으로 실시하는 선별 검사에서 오늘날 심리학자들은 의례적으로 메타인지 능력을 검사한다. 즉 지원자가 인종차별주의자인지(대부분 사람들은 자신을 그렇게 생각하지 않지만) 여부를 보는 것이 아니라, 이들이 인종차별 사회에서 살면서 어떤 영향을 받아왔는지에 대해 충분히 깊게 생각할 수 있는지를 알아보는 것이다. "우리는 정말 이런 능력을 가진 경찰이 필요합니다." 미국 치안 및 공공 안전 심리학 위원회American Board of Police and Public Safety Psychology 설립 회장인 심리학자 데이브 코리의 말이다.

직업생활법률센터Center for WorkLife Law의 조앤 윌리엄스도 남자 배우자에 대해 비슷한 심정을 드러냈다. 그녀는 평등주의(성차별주의자가 아니라는 믿음)로는 충분치 않다고 설명하면서 정확한 이유는 성차별주의자가 아닌 남자라도 아무 거리낌 없이 전형적으로 아내의 자율성보다 자기 자신의 자율성을 우선시하는 경향이 있기 때문이라고 한다. 윌리엄스는 이렇게 말했다. "제가 젊은 여성들에게 가장 강조하는 조언은 그저 여자를 지지해주는 남자를 찾지 말라는 겁니다. 그건 최소한의 조건이고요. 자기 자신과 야망에 대한 태도가 어떤지 살펴보세요. 그걸로 여러분의 미래가 결정됩니다. 야망이 강하고 자신이 그 야망의 주인공이라고 생각하는 사람과 함께한다면 다투게 되거나, 소외감을 느끼거나, 이혼할 가능성이 있습니다." 코리와 마찬가지로 윌리엄스는 일종의 사전 적격성 검사를 제안한다. 양육을 함께할 후보가 자라는 동안 성차별 세상에서 받은 영향에 관해 충분히 깊게 생각할 수 있는가?

시카고에 사는 변호사이자 3세 아이 엄마인 41세 서머는 나에게 맹목적인 편견이 주는 피해를 얘기해주었다. "결국 일을 줄일지, 가정생활을 좀 소홀히 할지 결정해야 하는 쪽은 항상 아내예요. 제 남편은 이 점을 직접 언급하진 않지만, 항상 '자기 일이 우선이다'는 태도를 고수해왔죠. 전 애틀랜타에서 채용 제의를 받았는데, 자리 하나를 만들어주고 급료도 두 배로 주겠다는 조건에, 그곳 생활비가 더 낮다는 이점도 있었어요. 남편은 두 달에 한 번 사무실에 출근하는 컨설턴트지만, '그쪽으로 이사를 하면 경력상 기회가 줄어든다'는 입장이었죠. 저는 수많은 기회를 거절하고 제 수준 이하의 직책을 받아들여야 했어요. 나보다 못한 사람에게 보고하는 기분이 어떻겠어요. 상사와 그의 상사에게 제가 설명을 합니다. 일을 하는 제 여자 친구들은 모두 유연근무제를 선택해서 승진 기회를 놓쳤거나 근무시간 자유선택제를 선택한 바람에 승진을 못했죠. 한때 저와 직급이 같았던 남자들은 자녀가 있든 없든 모두 승진해서 지금은 저보다 더 많이 벌어요. 제 남자 상사는 아이가 셋이나 되죠. 임신하기 전에 셰릴 샌드버그의 《린인》을 읽고 '굉장한 책'이라는 생각을 했어요. 아이를 낳고 다시 읽었을 때는 '이런 거지 같은 책'이라는 생각이 들더라고요. 경제적이든 감성적이든, 자원의 뒷받침이 없으면 불가능한 일이죠."

서머는 조앤 윌리엄스가 얘기하는 세 번째 자원은 언급하지 않았다. 자신의 목표를 거침없이 이룰 수 있다는 생각을 한 번 돌아보고 기왕이면 자기 권리를 포기할 수 있는 배우자 말이다.

    전문직에 종사하지 않는 여성들은 은연중에 또 다른 방식으로 여러 편견의 무게를 견디고 있다. 고소득 엄마들은 시간 제약과, 타협하지 않으려는 남편으로 인해 결국 노동시간을 줄이지만, 저소득 계층 엄마들은 남자 배우자(그리고 아이 양육비)보다 적게 번다는 이유뿐 아니라 하는 일이 대단치 않다는 이유로 아예 직장을 그만두기도 한다.

    저임금 서비스 직종에 종사하는 여자의 배우자들은 임금이 적은 "여자의 일"을 종종 무시한다. 코르티솔 연구를 한 사회학자 새라 다마스케는 저임금 임시직으로 일하는 노동 계층 여성을 인터뷰했다. 다마스케는 이렇게 말한다. "이들은 남자들이 하는 일을 똑같이 하지 못하고 남편보다 돈을 적게 벌지요. 제가 인터뷰한 여성들은 배우자가 자기 일을 무시한다고 했어요. 어떤 여성은, 'K마트에서 일하는데, 남편이 일할 가치가 없다고 그만두라'고 했다더군요. 중산층 여성은 이런 문제를 겪지 않죠. 이들은 돈은 적게 벌지 몰라도 좀 더 대우받는 곳에서 일하니까요. 노동 계층 여성들은 요리나 청소, 머리 손질 등 기술이 필요한 일을 하죠. 아까 K마트에서 일한다는 여성은 '항상 공손해야 하고 어르신 쇼핑을 돕고, 빨리 일을 보고 싶어 하는 성질 급한 손님들을 상대해야 한다'고 하더라고요. 아무도 이런 일에 능력이 필요하다는 생각은 하지 않지요. 학계 역시 이런 직업을 반숙련 직종이라며 한몫 거들어요. 그런 일을 평가절하하는 거예요. 이는 가정에도 영향을 끼치죠."

출산율과 성 평등

모두 가질 수 없다는 깨달음에 직면하여 일본 여자들은 결혼과 출산 모두에 관심을 끄는 방식으로 대응했다. 일본 인구조사센터의 2011년 보고서에 따르면 18~34세 여성의 49퍼센트가 남녀 관계를 맺고 있지 않았고, 동일 나이 그룹 여성의 39퍼센트는 한 번도 성관계를 맺지 않은 것으로 드러났다. 전문가들은 일본의 이런 동향을 "친밀한 관계로부터의 도피"라고 부르며, 고도로 발달한 경제와 전혀 진전이 없는 가정 내 남녀평등이 평행선을 그리며 대치 상태에 있기 때문에 생겨난 현상이라고 믿는다.[39]

2017년 세계경제포럼에서 일본은 성 평등 부문에서 144개국 중 114위를 차지했다. 같은 해 미국은 49위, 영국은 15위를 차지했다. 전통적으로 일본 여성은 결혼 후 일을 그만둔다. 그렇지 않은 여성은 "악마 같은 아내"라고 불린다. 1950년대 이후 일본의 출산율은 꾸준히 하락세였고, 2014년에는 신생아의 수가 겨우 백만 명을 넘기면서 최저 출산율을 기록했다. 결국 길어지는 수명과 급감하는 출산율이 짝을 이루며 소위 "인구 시한폭탄"을 맞을 환경이 마련되었다.[40] 경제는 위축되고, 고령층이 많은데 탄탄한 GDP를 뒷받침할 노동자 수는 갈수록 줄어든다. 아베 신조 수상은 이런 "위기 상황"을 해결하기 위해 일반 가정의 가사와 일 균형 정책(정부 보조 탁아 정책과 새내기 아빠 휴가제)은 물론, 관계 형성 지원 정책(예를 들어 정부가 주도하는 남녀 데이트 주선 및 독신 남성을 위한 아빠 역할 교실) 방안까지 내놓았다. 정부는 남자의 육아 시간을 현재 하루 67분에서 2020년까지 150분으로 늘리는 데 전념했다.[41]

일본은 극단적인 예지만, 인구통계학자들은 선진국의 자연 출산율과 가정 내 성 평등 수준은 관련이 깊다고 밝혔다. 국립오스트레일리아대학교 인구통계학자인 피터 맥도널드는 낮은 출산율은 "개인 차원의 사회제도와 가족 차원의 사회제도 간의 성 평등 수준이 맞지 않기 때문에 일어나는 현상"이라고 주장한다.[42] 즉 여성이 교육과 취업 부문에서 동등한 기회를 갖고 있지만 여전히 주양육자에 머물러 있는 나라의 경우, 출산율은 사상 최저 수준으로 떨어졌다(미국의 경우 2017년에 최저 수준으로 떨어짐). 아이 출산으로 인해 여성에 대한 "인적 자원 기대치"가 불균형적으로 낮아지면 일부 여성은 아이를 아예 갖지 않기로 결정하고(영국 언론인 수전 무어는 이를 "여성의 공공연한 비밀 무기이며, 인류는 이런 식으로 종말을 맞이할 수도 있다"라고 했다[43]), 많은 여성들은 계획한 자녀 수를 줄이기로 결정한다.

맥도널드는 이런 현상이 특히 문제가 된 국가는 사회제도가 일과 가정의 결합을 뒷받침하지 않고, 남녀 영역은 다르다는 논리를 여전히 내세우는 사람들이 많은 나라라고 설명한다. 그는 이렇게 쓴다. "일과 가정생활 병행에 대한 국가 지원이 출산율 유지의 핵심이라는 주장은 2005년 유럽 위원회의 〈인구 변화에 대한 녹서Green Paper〉에서 나왔다. 이 주장은 다양한 유럽 국가에서 일/가정 정책 수립을 지원하는 데도 적용되었다. 정부가 출산율을 높이거나 유지하기 위해 엄마의 일과 가정생활을 병행하도록 도와주는 정책을 쓰는 것은 바람직하다. 일을 하는 엄마들은 세금을 낼 것이고, 이 돈으로 이들이 필요로 하는 서비스 비용을 충당할 수 있기 때문이다. 게다가 지금까지 추이로 본다면 높은 출산율과 높은 1인당 GDP의 연관성은 부 자체가 아닌, 소득 수준이 가장 높은 국가 여성의 높은 노동 참여율에서 찾을 수 있다. 바꿔 말해 이들 나라들은 일과 가정생활 병행을 지원하는 정책 수립에 주력해왔다. 북유럽과 영어권 국가의 사례가 이런 주장을 뒷받침한다."

* * *

이와는 대조적으로 인구통계학자 토머스 앤더슨은 이렇게 주장한다. "육아, 가사, 남자의 생계 부양 역할에 관한 전통 규범이 팽배한 나라에서 제도적인 성 평등이 향상되고 여성의 노동 참여가 증가하는 경우, 여자는 가정을 이루는 것이 직업적 야망을 추구하는 것과 상충된다고 여기며, (…) 출산율은 낮은 수준으로 떨어진다."[44]

앤더슨과 동료인 한스-피터 콜러는 맥도널드의 연구를 조사했다. 앤더슨은 나에게 이렇게 말한다. "피터의 주장에 따르면 부부간 가정 내 성 평등 수준이 높은 곳에서는 출산율이 인구회복율에 근접하거나 약간 떨어지는 수준을 보여줍니다. 이런 상관관계를 부인할 수는 없어요. 무임 가사노동에 소요되는 남자 대 여자의 시간을 보면, 출산율이 인구 회복율과 비슷한 국가의 경우 남녀 차가 적다는 것을 알 수 있습니다. 남녀 차가 큰 국가의 경우 출산율은 낮고요." 미국은 사실상 첫째 범주에 속하고 출산율이 인구 회복율을 밑돌지만, 수치는 여전히 1.77을 맴돌고 있다. 이는 공식적으로 '아주 낮은 출산율'로 간주되는 1.5보다는 높다(일본의 경우 1.42).

앤더슨과 콜러는 다음 두 가지의 상호작용을 궁금해했다. 첫째는 맥도널드가 보는 출산율과 성 평등의 상관관계와 둘째로는 남성 인구 비율이 높은 지역에서는 남편의 무임 노동 비율이 훨씬 높다는 연구, 즉 여자 대비 남자가 많으면 남자의 가사 참여 비율이 높다는 것이었다. 두 사람은 산업혁명 이후의 전 세계 인구 자료와 가정 내 성 평등 정도를 분석했다. 이들이 발견한 사실은 충격적이었다. 경제가 발달하면서 출산율이 떨어졌는데, 각 연령대 집단의 규모가 작아지면서 보통 4세 어린 여자와 결혼하는 남자들의 경우 이들이 속한 결혼 인구 성비는 여자에게 유리하게 기울어졌다(결혼 적령기 여자가 적어짐). 남자들이 점점 가능성의 한계를 체감하면서, 또는 여자들이 결혼 시장에서 권력의 강화를 체감하면서 성 평등 수준이 향상되었다.

앤더슨과 콜러는 이 현상을 '성 평등 이익'이라고 부른다. 앤더슨은 이렇게 말한다. "스웨덴 또는 프랑스 가정의 경우, 남자들은 전통적인 가부장 국가의 남자보다 좀 더 솔선수범해서 집안일을 거드는 편입니다. 많은 사람들은 이런 현상이 정부가 목적에 맞게 법을 제정하는 상의하달식 입법 체제 덕분이라고 말하는데, 영어권 국가에서는 정부가 개입하지 않습니다. 미국을 보면 알 수 있잖아요. 출산휴가 정책이 전무하다시피 하지만, 그래도 요즘 남자들은 집안일을 더 하고 있습니다. 가정 내에서 성 평등 수준을 높이는 방법은 여러 가지가 있죠. 왜 변화가 일어났는지 실험으로 입증해서 보여주기란 쉽지 않아요. 성 평등 이익이 성 평등을 달성하는 또 하나의 방법이라고 우리는 믿습니다. 바퀴에 윤활유를 칠해주기 때문이죠. 현재 중국에는 남자가 여자보다 3300만 명 더 많습니다. 제 예측으로는 성 평등에 있어서 대대적인 변화가 중국을 휩쓸 겁니다."

인구 통계 결과가 실시간으로 어떻게 나타나는지 알아보자. 포틀랜드에 사는 프로젝트 매니저인 38세 에리카는 남편과 평등하게 집안일을 분담하는 데 좀처럼 성공하지 못했다. "아이들이 아프면 학교에서 전화를 받죠. 그럼 일찍 퇴근해야 해요. 남편은 행복하게도 무슨 일이 일어나는지 몰라요. 전화를 안 받죠. 가끔 남편은 '일은 되게 되어 있다'고 농담을 하죠. 그게 아니라고 제가 한마디 하면 남편은 저보고 '당신은 엄마 순교자'라고 해요. 남편은 생일 선물, 백신 접종 기록, 치과 예약 등 자잘한 일들은 조금도 신경 쓰지 않아요. 남편에게 뭘 해달라고 부탁하면 미루고 잊어버리죠. 그럼 제가 잔소리를 해요. 전 아이들 옷을 사주고 놀이 약속을 잡는데, 남편은 애들을 이렇게 놀리죠. '아빠가 이런 일을 맡으면 너희들은 포대자루를 입고 다닐걸.' 농담이라지만 그는 이런 일이라면 거의 건들지도 않아요. 제가 아이들을 데리고 생일 파티에 가는 동안 남편은 자기 시간을 즐기죠. 그 사람은 혼자 있는 시간이 많아요. 저도 그러고 싶어요."

그래서 에리카네 출산율은 오르지 않고 있다. "이 문제로 농담을 한 적이 있어요. 사람들이 '아이를 더 가질 거냐?'고 물으면 저는 그럴 일 없다고 해요. 전 정신과 병동에 보내질 거라고요. 일을 줄이거나 가족의 도움을 받으면 상황은 달라질 수도 있겠죠. 아이가 둘인 지금도 겨우 해내고 있는 걸요."

5

역할

주양육자의 성별은 따로 없다

해로운 망상

"아이들은 어른보다 더 중요해요." 양 갈래로 딿은 머리에 짧은 치마바지를 입은 5세 테스는 어느 날 이렇게 선언했다. 잇몸을 뚫고 나오는 새 이빨처럼 날카롭게 튀어나온 세계관이었다. 나는 이렇게 딸아이들이 단호한 어조로 밝히는 선언들이 좋다. 그러나 아이들 얘기가 당황스러울 때가 있다. 리브가 4세 때, 보통 여자가 간호사고 남자가 의사라고 말했을 때 그런 느낌을 받았다. 몇 개월 동안 아침 6시에 〈꼬마 의사 맥스터핀스〉를 그렇게 보여줬는데도 아무 소용이 없다는 생각을 했다.

테스의 말에 특히 놀랐던 이유는 내가 읽은 자료 때문이었다. 물고기는 물을 볼 수 없다. 분명 나도 그렇다. 나는 친구들과 가끔 이런 말을 한다. 우리의 완벽한 부모님들도 우리와 거의 똑같이 일에 치여 살았는데 우린 그걸 기억하지 못한다. 오늘날 풀타임 직장에 다니는 엄마들은 1970년대 가정주부와 똑같은 시간을 자녀에게 할애한다.

역할: 주양육자의 성별은 따로 없다

233

이런 자료를 읽기는 했지만 현대 엄마 역할의 기준이 딱 그렇다는 관념, 즉 우리가 헤엄치고 있는 물에 대해서는 많이 생각해보지 않았다. 어떤 관념에 대해 많이 생각하게 되면 갈등을 일으킬 위험이 있기 때문이다. 갈등에 빠지면 변화를 모색하게 된다. 변한다는 것은 좋은 엄마의 위상, 어떤 대가를 치르더라도 지켜야 하는 위상이 흔들리는 것이다.

현대 엄마 역할을 따르는 여자는 자녀의 욕구가 아주, 아주 중요하다고 강조하는 반면, (자신의) 욕구는 (특히 엄마의 욕구가 자녀의 욕구와 다르다면) 전혀, 전혀 중요하지 않다고 강조한다. 아이들은 어른보다 더 중요하다. 테스는 자기와 동생이 받는 엄마의 끊임없는 관심과 보살핌을, 아빠 조지는 종종 묵인하지만 결코 찬성하지도 않는 우리의 생활 방식을 도대체 뭘로 여긴 것일까?

나의 지휘 아래 우리 가족의 저녁 시간은 아이들 숙제와 저녁 식사, 씻기 그리고 넷플릭스에서 방영되는 애들 나이에는 약간 맞지 않는 '22분 쇼'로 채워진다. 우리 식구의 주말은 아이들 놀이로 채워진다. 종종 학교 뒤 놀이터에서 놀고 말 때도 있지만 여전히 주말은 아이들 시간이다. 어느 겨울 토요일, 조지와 나는 애들이 우리 집 주변을 이리저리 다니는 동안 〈원더우먼〉을 구입해서 전체를 다 본 적이 있다. 그때가 내가 보낸 최고의 겨울 토요일이었다. "매주 이렇게 하자"고 다짐했지만 다시는 해보지 못했다.

2018년 언론인 헤더 윌럼은 〈내셔널 리뷰National Review〉에 소위

'모성은 대단한 원칙'이라는 주장을 비판하는 에세이를 발표하면서 이렇게 주장한다.[1] "이상하게도 고통의 가장 흔한 요소는 (…) 대체로 스스로 자초한 것들이다. 특히 이 땅의 미국 엄마들은 완벽주의의 산물이며, 이는 좋은 부모는 가능한 한 스스로 불쌍하게 살고 자아의식을 완전히 버려야 한다는 이상한 믿음과 결합되어 있다. 예를 들어 아이가 2세가 될 때까지 침대에서 같이 자기로 한다면 2년 동안은 잠을 충분히 자지 못할 것이다. 만약 과학적 증거에도 불구하고 분유는 병에 든 독이고, 가령 패혈성 인두염으로 침대에 몸져누워 있을 때도 절대, 절대 먹이면 안 된다고 결단을 내린다면, 글쎄 행운을 빌겠다." 그런데 사실 그다지 유난을 떨지 않는 엄마들도 이런 믿음에 따라 움직인다.

버몬트에 사는 미란다는 왜 자기가 완벽한 엄마가 못 되는지를 건성으로 줄줄 읊었다. "모든 음식을 직접 만들지는 않아요. 금속 용기 대신 플라스틱 용기를 쓰죠. 애들을 혼자 데리고 있는데 저녁을 준비할 때면 가끔 애들에게 아이패드를 줘요." 미란다의 설명이 언급할 가치가 있는 이유는 아이들 행복보다는 미란다가 얼마나 기꺼이 불편을 감수할 수 있는가와 더 관련이 있기 때문이다. 미란다가 주장하듯이 엄마의 역할은 결과(아이들의 일반적인 건강과 행복)뿐만이 아니라 얼마나 많은 박탈감을 엄마가 견딜 수 있느냐로 평가된다. 자기 부정은 미덕으로, 자기 채찍질은 규칙으로 여겨진다.

"나 오늘 꽤 잘했어." 대학 1학년 때 기숙사 여자 친구들이 그날 하루 얼마나 적게 먹었는지 이야기하며 이렇게 말한 기억이 난다. 작가 나오미 울프가 강조한 것*은 여성의 아름다움이 아니라 여성의 복종이었는데 말이다. "저는 참 나쁜 엄마예요"라는 미란다의 말은 모든 음식을 손수 만들지 않는 저녁을 평화롭게 준비하기 위해 아이들에게 아이패드를 주었다는 뜻이다.

"열혈 엄마 역할"은 사회학자 샤론 헤이즈가 1990년대 후반 당시 양육의 특징을 설명하기 위해 만들어낸 용어로, 이 이데올로기가 내세우는 점은 다음과 같다. '최고의 엄마는 자신의 요구보다는 아이들의 욕구를 항상 우선시한다. 최고의 엄마는 주된 양육자이고 최고의 엄마는 아이를 우주의 중심으로 만든다.' 마이클스와 수전 더글러스도 2004년 저서 《엄마의 신화》에서 30년간의 열혈 엄마 역할의 정점을 딱 이런 식으로 설명했다.[2]

이로부터 10년 후, 나 자신의 경험에 비추어 볼 때 이런 것을 해내는 사람은 최고의 엄마가 아니라 그저 적당한 엄마다. 최고의 엄마는 이런 기준을 살펴본 다음, 마치 부모가 관여하면 무한한 효과를 얻는 것처럼 기준을 최고로 올린다. 최고의 엄마는 가정 수입에 기여하면서도 불편한 시간대에 진행되는 교실 파티에 참석하고, 학부모회에서도 자원봉사를 한다. 주말 내내 멀리 떨어진 스포츠 경기장에 다른 집과 교대로 아이들을 실어 나르고, 애들이 원하기만 하면 슬라임 놀

---

*   《무엇이 아름다움을 강요하는가The Beauty Myth: How Images of Beauty Are Used Against Women》에서 아름다움이 어떻게 여자를 구속하는지 얘기했다.

이에 필요한 마분지와 여러 재료를 대령한다. 금요일 놀이 시간은 빼먹지 않으며, 가방에 간식과 물을 넣고 다니고, 어린이 메뉴에 야채를 몰래 숨긴다. 빵 바자회에서 판매할 브라우니를 만들고, 학교 기금 모으기 행사에 참여하며, 회사에서 일찍 퇴근해 학교 공연을 보러가고, 선생님 말씀대로 애들을 달래가며 밤에 30분 독서를 시킨다.

나는 적당한 엄마였다(방금 언급한 '최고의 엄마' 요건을 참조하길). 주말 내내 멀리 떨어진 스포츠 경기장에 시간을 바친다는 것은 생각할 수도 없다. 나는 아이들에게 부족하지 않은 엄마이길 바랐고, 부족한 엄마가 아닐까 걱정했다. 언론인 마놀라 다지스가 "해로운 망상, 실제 여자에게 맞지 않은 생각"이라 이름 붙인 엄마의 이상[3]에 대응하는 선택지는 두 가지다. 불가능한 기준을 따라가지 않는 것에 죄책감을 느끼거나, 불가능한 기준을 따라가려는 것에 수치심을 느끼는 것이다.

＊＊＊

심리학자 쇼페-설리번은 말한다. "엄마들에게 가족을 우선시하라고 말하는 것으로는 이제 충분치 않습니다. 대신 '좋은 엄마가 되려면 이 모든 일을 다 해야 한다'는 말이 등장했어요."

헤이즈는 1996년 《모성의 문화적 모순The Cultural Contradictions of Motherhood》에서 아이가 중심이 되고, 전문 지식이 필요하며, 감정적으로 몰입하고, 노동집약적이고, 돈이 많이 드는 열혈 엄마의 역할을 육아의 성차별 모델로 정의한다. 헤이즈는 엄마 역할에 대한 이런 이데올로기를 "태초에 주어진 것도, 정해진 것도 아니지만, (…) 사회적으로 구축된 현실"로 묘사하며, 200년에 걸쳐 꾸준히 강화된 기준을 도표로 보여준다.[4] 현대의 모성을 고찰하는 다른 사람들과 마찬가지로 헤이즈는 이런 기준이 여성이 노동시장에 대거 진출하자 역설적으로 동력을 얻게 되었다고 말한다. 엄마들이 겪는 가장 큰 어려움, 즉 책제목에서 언급하는 모순은 사회적 기대가 커지다 보니 일하는 여성들이 이른바 "얽매인 데 없는 직장인과 항상 가정에 존재하는 엄마라는 양립 불가능한 두 가지 이상"에 압박을 받고 있다는 것이다.[5]

포틀랜드에 사는 에리카는 이런 현상을 다음과 같이 본다. "풀타임으로 일하는 엄마들이 예전처럼 나쁜 사람으로 취급되지 않는 것에 전 아주 감사하지만, 직장 생활을 하면서 슈퍼 엄마가 되어야 한다는 압력이 느껴져요. 사교 행사, 축구팀, 놀이 시간, 생일 파티, 선물 준비 등은 분명 엄마 역할에서 반드시 필요한 일은 아니지만 제 또래 엄마 집단에서는 기준처럼 되었죠. 악순환 같아요. 우리 엄마들은 항상 바쁘고 피곤한데, 대부분은 자초한 거예요. 이제 더 이상 맹목적으로 받아들이지 말고 현실을 직시할 필요가 있어요."

오하이오주립대학교의 연구에 따르면 실제 현실은 이러하다. 부모 둘 다 양육의 사회적 기준을 고수하는 대신, 자신들의 기준을 나름대로 설정하고 거기에 부합해서 살면 가정생활에 만족감을 더 느낀다.

헤이즈는 여성들을 인터뷰하면서 나이나 인종 또는 계급이나 민족에 상관없이 맹목적인 믿음에는 예외가 없음을 발견했다(물어보는 대상에 따라 프랑스 여성은 제외[6]). 노동계급 여성은 이른바 전인교육, 예를 들어 시험 준비 또는 가라데나 피아노 레슨을 따로 시킬 만한 여유가 없을 때도 "아이들을 위해서 경제적인 희생을 한다. 아이들이 잘 먹고, 잘 입고, 바르게 행동하도록 시간과 관심을 듬뿍 쏟는다. 아이들의 행복이 자기 자신의 편의보다 훨씬 중요하다고 굳게 믿는다."[7]

사회학자 캐머런 맥도널드는 더 나아가 이렇게 말한다. "집에 있는 엄마들과 비교하여 경제적, 시간적으로 여유가 없고 시간적인 유연성(또는 수면)이 부족한 엄마라도 집에 있는 엄마의 이미지를 빚어내기 위해 최선을 다한다. 이런 이미지를 만드는 이유는 다른 사람뿐 아니라 자기 자신과 자기들이 가지고 있는 모성이라는 이상에 비추어 떳떳할 수 있기 때문이다."[8]

시애틀에 사는 캐리사는 이렇게 말한다. "저의 일부는 슈퍼 엄마가 되려고 미친 듯이 움직이면서 에너지를 얻어요. 오늘은 법원에서 도서관 대출 도서를 가지러 집으로 달려갈 거예요. 우리 집 1학년 아이가 반납을 깜박했다고 울었기 때문이에요. 교실에서 돌보는 어항은 주중에 가지러 갈 거예요. 여름방학 동안 딸아이가 가져오고 싶어 하거든요. 아이와 관련한 것은 제가 다 챙기죠. 2월에는 '여름방학에 뭘할까?'를 생각하고요. 남자들은 그건 안중에도 없어요. 내년 가을에 할 아이 활동 신청서가 이미 나와 있어요. 장난 아니죠. 많은 계획들은 도중에 포기해요."

우리 엄마들은 자신의 이런 노력에 깜짝 놀라기도 하고 마지못해 감명을 받기도 한다. 얼마 전 나는 아이들 주려고 항상 만드는 평일 아침 음식 사진을 찍고 있었다(테스를 위해서는 팬케이크에 손수 만든 오트밀 애플 소스를 얹어주었고, 리브를 위해서는 노른자를 살짝만 익힌 계란 프라이와 팬에서 튀겨낸 감자, 잘라낸 딸기를 주었다). 누군가에게 보여줄 작정은 아니었다. 그저 사진을 남기고 싶었다.

소설가 로라 립먼은 2018년 트위터에 이런 말을 남겼다. "내 일대기(또는 부고 중 어느 것이든 하나)가 쓰인다면 나는 6시에 일어나 마요네즈를 만든 아침 이야기로 시작하련다. 딸아이에게 캠프 점심 도시락으로 말라붙은 칠면조 샌드위치를 싸주는 일은 견딜 수 없기 때문이다."

《불평등한 어린 시절》에서 라루는 계급에 따라 부모가 자녀에게 최고라 여기는 것들(과 당연히 부모가 자녀에게 제공할 수 있는 물질적 이득)이 세부적으로 결정되지만, 여전히 모든 범주에서 엄마들은 열혈 엄마라는 기본 신조를 피상적으로 인식하거나 이를 고수한다고 밝혔다. 사회학자 애니타 게리는 노동계급 엄마들을 인터뷰했는데, 이들은 다른 모든 엄마와 똑같이 "엄마 노릇에 적합한 활동이라고 규정짓는 주류 문화 개념"에 따라 자기 활동의 의미를 인식하고 있음을 강조했다.[9]

헤이즈는 열혈 엄마 역할의 이데올로기가 도처에 끈질기게 남아 있는 이유는 금전적 이득을 추구하는 데 거침없는 사리사욕을 대하는 문화적 이중성, 즉 동전의 양면성 때문이라고 본다. 여기서 생기는 불균형은 모든 일에서 자신의 이익을 가장 나중에 챙기는 사람들만이 해결할 수 있다.

프랑스 페미니스트 철학자인 엘리자베스 배딘터는 이런 글을 남겼다. "엄마라는 의무의 가혹함은 (…) 지금까지 가모장제도 성 평등도 실현하지 못했고 오히려 여성의 지위를 떨어뜨렸다. 우리는 도덕적 우월성과 자녀에 대해 품는 사랑, 육아에 대한 이상적인 관념을 내세우며 이런 후퇴에 동의했고, 이것은 외적인 구속보다 훨씬 효과적인 수단으로 밝혀졌다. (…) 뜻하지 않게 순진한 아기가 남성 지배의 최고 조력자가 되어왔던 셈이다."[10]

역사학자 반덴버그-데이브스는 이렇게 말한다. "이는 지금까지 여성이 자녀를 위해 기꺼이 감내한 희생을 이용하는 이데올로기다. 집세가 올라가고 사회보장 혜택이 줄어드는, 부모들이 감당하기 힘든 신자유주의 경제체제에서 우리는 현 상황을 잘 꾸려나가기 위해 여자의 희생을 다양한 방식으로 이용하며 여자들에게 기댄다."

당신은 열혈 엄마인가?

21세기 초 몇 년간, 열혈 엄마 역할에 관한 연구는 대체로 인터뷰를 기반으로 한 개인 진술에 의존했다. 버지니아주에 있는 메리워싱턴대학교의 시프린과 동료 연구자는 이런 이데올로기가 다수 여성에게 미치는 영향을 분석하고 싶었다. "우리 자신이 이 문제로 힘들어했죠. 왜 엄마들이 이렇게 많은 압박을 받고 있는 걸까? 우리는 열혈 엄마의 정도를 수치화하고 싶었어요." 시프린의 말이다. 그들은 '열혈 부모 태도 설문조사'라고 이름 붙인 56개 질문으로 구성된 척도를 개발했다.[11] "부모에 대해서 얘기하지만 '부모'라고 하면 사람들은 '엄마'를 생각하죠." 시프린은 설명한다.

각 질문은 1부터 5까지 숫자 중 하나로 답하는데, 나는 이 수치를 이용해서 여러분의 부모 유형을 알려주겠다. 이걸 퀴즈라고 해보자. 1부터 5에서 1은 "절대 아니다", 5는 "전적으로 맞다"를 나타낸다. 다음 질문에 점수를 매겨보자.

1. 여자는 기본 부모 역할에 아주 적격이다.
2. 아이를 키우는 것보다 즐거운 일은 없다.
3. 엄마는 아이의 두뇌 개발 최적화를 위해 부단히 노력해야 한다.
4. 엄마 역할은 세상에서 가장 어려운 일이다.
5. 엄마의 생활은 아이를 중심으로 돌아가야 한다.

본인의 점수를 합산해보라. 5에서 25까지 점수가 나올 것이다. 맹목적인 믿음에 의존할수록 점수는 높게 나온다. 시프린을 비롯한 연구자들은 정신 건강을 측정하는 몇 가지 질문을 던지고 이 설문지를

5세 이하의 자녀를 둔 181명의 엄마들에게 돌렸다. 그 결과, 열혈 엄마 역할에 대한 믿음과 인생의 만족도는 반대로 나타났다. 한쪽 점수가 올라가면 다른 한쪽은 반대로 내려간다. 엄마만이 양육에 특별한 재능을 가지고 있다고 생각하는 여자들은 도움이 부족해 더 힘들어했다. 이들 응답자들은 대개 불만족과 일에 제대로 대처하지 못하는 난감함을 표시했다. 엄마 역할이 아주 어렵다는 데 전적으로 동의한 엄마들은 만족감은 덜했고 스트레스와 우울감은 더 심했다. 마지막으로 아이 중심(엄마의 생활은 아이를 중심으로 돌아가야 한다)으로 생활하면 삶의 만족도가 저하된다는 예측이 나왔다.[12]

시프린은 의아했다. "열혈 엄마 역할이 정신 건강에 끼치는 부정적인 영향이 이토록 큰데 왜 여자들은 이를 고수하는 것일까?" 그녀는 나에게 이런 이야기를 해주었다. "누가 기준을 올렸는지 모르겠지만 일단 기준이 올라가니 내가 따라가지 않으면 내 아이가 뒤처질 거라는 걱정이 생겼어요. 다른 아이들은 혜택을 받을 텐데 말이죠. 제 딸이 1학년 땐가, 2학년 땐가 디오라마*를 만들어 가야 했어요. 딸아이 교실에 갔는데 아이들이 혼자서는 하지 못했을 작품들이 보였죠. 그때 '내 딸이 F 받는 거 아냐?' 하는 생각이 들더라고요. 어떻게 경쟁이 되겠어요? 저는 균형을 잡기 위해 노력하고 도와주고 싶은 유혹을 참지만, 다른 사람들이 다 하고 있는 상황에서 나 혼자 대열에 끼지 않

---

* 배경 위에 모형을 설치하여 하나의 장면을 만든 입체 전시물.

기란 힘들어요.”

　이런 예를 들며 시프린은 열혈 엄마 역할과 헬리콥터 부모 역할이 어떻게 같은 듯하나 다른지를 설명한다. 비난을 많이 받는 헬리콥터 부모(여기서 부모는 엄마를 의미한다)는 어린 자녀, 더 나아가 청소년들 주위를 맴돌면서, 정글짐 넘기에서 중간·기말 보고서 쓰기까지 아이들이 실패하지 않게 도와준다. 열혈 엄마도 이런 점을 봐줄 수 있지만 목적은 다르다. 열혈 엄마는 주로 아이의 절대적 성공을 위해 애쓰는 것이 아니라, 엄마로서 자신의 미덕을 확립하기 위해 힘쓴다. 결국 그게 가장 중요하다. 이들 기준으로 좋은 엄마는 엄마로서 적합한 시간, 적합한 장소에 존재하는 것이다.

　시프린은 헬리콥터 부모 역할과 열혈 엄마 역할 둘 다 연구한다. 연구 결과에 따르면 헬리콥터 부모 역할은 아이에게 나쁘고,[13] 열혈 부모 역할은 대부분 엄마에게 나쁜데,[14] 물론 이는 애들을 퉁명스럽게 대한다는 의미다. 남편이 추수감사절 식사 준비 때 일손을 거드는 대신 맥주를 꺼내들었다는 브리짓 슐트는 2월 어느 날 밤, 아이들 밸런타인데이 파티를 위해 컵케이크를 굽느라 2시까지 잠을 못 잔 일을 기억했다. “다음날 너무 피곤했기 때문에 전 아이들에게 완전 심술궂게 대했어요. 누구를 위해서 컵케이크를 구웠을까요? 거기서 무엇이 중요했을까요? 전 엄마 역할이 절 지켜보기라도 하는 것처럼 임무를 완수했던 거죠.”

　엄마 역할이 자신을 지켜보고 있다는 느낌과 싸우기는 쉽지 않다. 일하는 엄마들은 이런 역할에 대한 걱정에 가장 취약해서, 아이들을 돌보는 데 들이지 못한 시간을 보충해야 한다고 생각한다. 그래서 나름 중요하다고 여기는 일에서 미흡한 점을 만회하려고 코미디언 크리스틴 헨슬리와 젠 스메들리가 말했듯이 "참으로 빡센 엄마 역할"에 돌입한다.

일리노이주에 사는 크리스틴은 이런 이야기를 한다. "처음 교외 지역으로 이사 왔을 때 문화 충격을 느꼈어요. 풀타임으로 직장 생활을 하는 엄마가 별로 없었죠. 다른 사람을 의식하게 되더라고요. 내 아이와 우리 가족이 받아들여졌으면 했죠. 엄마들은 집으로 유기농 간식과 무엇이든 손수 만든 걸 보내왔어요. 솜씨들이 대단해요. 그래서 밸런타인 데이가 다가오니 우리도 정말 뭘 해야겠다고 생각한 거죠. 누구나 다 하는 포켓몬 상자나 준비하면 안 될 것 같았어요. 제가 손수 만들었어요. 이제는 요령을 좀 피우면서 마음이 편해지는 선을 찾기 위해 노력하고 있어요."

2018년 잡지 〈부모Parents〉의 표제는 엄마 역할에 스스로 얽매이는 상황을 미사여구로 짧게 표현했다. "힐러리 더프는 '자기 시간'을 누리는 데 죄책감이 없다(하지만 우리는 그러면 안 돼!)" 여기에 얽혀 있는 의미를 구태여 많이 풀어낼 필요도 없다. 기사는 비슷한 다른 기사들과 마찬가지로, 배우 더프의 '자기 시간'은 그녀가 열혈 엄마 역할을 제대로 소화한다는 전제하에서만 인정받을 수 있음을 분명히 밝힌다. 풀타임으로 직장 생활을 하는 엄마들은 사악함을 버리고 온 세상이 다 보도록 아이들 앞에서 바짝 엎드린다.

얼핏 보기에 자기 관리 방법을 알려주는 이 기사에서 글쓴이는 자신에게 할당된 지면을 이용하여 더프의 양육 방식을 소개한다. 아들에게 자선 활동을 알려주고, 함께 수상 스키를 타러 가고, 지칠 때까지 숨바꼭질 놀이를 하고, 비 올 때 과감히 밖으로 나가 웅덩이를 뛰어다니며 넌지시 모험을 시도하는 것을 알려주고, 장난감 놀이를 같이 하며, 쿠키를 만들어주고, 요새를 쌓는다. 엄마로서 성실함이 입증되어야 더프는 "루카가 옆방에서 레고 놀이를 하는 동안 책을 읽어도" 죄책감을 느끼지 않으며, 우리는 이 사실을 세상에 널리 알릴 수 있다.[15] 이 모든 활동을 다 해낸 후에야 '나만의 시간'이 보장되는 것이다. 계속 노력하라.

애리조나주립대학교의 심리학자인 수니야 루타는 시프린과 비슷한 연구를 했다. 루타에 따르면, 〈부모〉에 실린 기사는 엄마들의 죄책감을 덜어주려는 의도가 있었는데(실제로는 덜어주지 않음) 이 죄책감이 엄마의 고통과 관련되어 있다는 것이다. "엄마 역할이 과중"하다 보니 부산물이 너무 쓰다. 루타의 연구는 한층 더 나아가 이런 어려움에 대한 회복탄력성과 적응력을 조사했다. 연구 결과 엄마의 역할을 아주 융통성 있게 해내는 여성은 다른 성인과도 튼실한 관계를 맺는 것으로 나타났다. 또한 이들 여성들은 조건 없는 수용과 사랑하는 사람에게 얻는 위안, 관계의 진실성, 배우자 또는 친구 관계에서 만족감을 느낀다고 보고했다. 루타는 이렇게 쓴다. "이런 연구 결과는 가깝고 진실한 관계가 엄마 역할을 하면서 겪는 수많은 어려움을 덜어주는 방어적 잠재력이 강하다는 것을 보여준다는 점에서 상당히 고무적이다."[16]

루타의 결론을 읽으니 대학원 시절 나이 지긋한 남자 교수가 수업 시간에 한 말이 떠올랐다. "아기를 돌보는 것이 엄마의 일이고 엄마를 돌보는 것이 아빠의 일이다." 아이가 생기기 전에는 이런 말이 선의의 성차별적 발언으로 들렸다. 이제는 이 말이 불완전하다고 느낀다. 아빠가 아이를 돌보지 않는데 엄마를 돌본다는 것은 도대체 무슨 뜻인가?

그러나 여기서 제대로 짚어야 할 사실이 있다. 아빠들은 우리 여자들이 사는 물에서 헤엄치지 않는다. 사실 남자가 가정에서 가장 노릇을 해야 한다는 전통적 압력은 해소되었지만, 여자가 주양육자 역할을 해야 한다는 전통적 압력은 해소되지 않았다. 조지는 아이들의 요구를 우선시하는 나를 어리석게 보는 경우가 많다. 그가 맞기는 하다. "당신은 정말 좋은 엄마야." 조지가 이렇게 얘기를 해주면 나는 내가 이 소리를 얼마나 듣고 싶어 했는지 깜짝 놀랄 정도다.

다른 한편으로 남편이 자신의 욕구에 거의 쉴 틈 없이 집중하는 모습은 나에게도 이상하게 느껴지고, 나는 종종 발끈한다. "집에 도착하면 에스프레소를 사러 가겠어." 어느 토요일 늦은 오후, 온 가족이 머릿니가 다 사라졌는지 재검을 받고 돌아오는 길에 남편은 차 안에서 이렇게 말했다. 나는 머릿속으로 저녁을 뭘 먹을까 생각하고 있다가 잠깐 멈칫한 다음, 부부 상담에서 배운 언어로 이렇게 답했다. "내가 저녁을 준비하는 동안 당신이 애들을 놀이터에 데려가면 좋겠어." 그는 내 말에 응하긴 했지만 반응은 신경질적이었다. 왜냐하면 남편은 내 양육 기준을 구태여 따라야 한다고 생각하는 사람도 아니고, 자기가 예전에 입던 청바지를 입기 위해 탄수화물을 줄일 사람도 아니기 때문이다. 남편은 바지가 몸에 너무 끼면 큰 걸 산다. 저녁 식사 전 1시간이 남으면 아이들을 텔레비전 앞에 앉힌다. 에스프레소가 먹고 싶으면 나가서 자기 거 하나 사오면 그만이다.

"전남편은 애들이 '아빠, 배고파요' 해도 잘 수 있는 사람이에요." 라스베이거스에서 정보통신 분야 일을 하는 38세 낸시는 이렇게 말한다. "전 그게 안 되고요."

포틀랜드에 사는 에리카의 말을 들어보자. "남편과 제가 단지 기대치가 다를 뿐인지 궁금해요. 남편은 애들이 생일 파티를 안 가도 그만이에요. 전 애들이 재미있는 걸 했으면 하고요. 그리고 애들하고 시간을 같이 보내고 싶죠. 애들이 텔레비전 볼 때 휴대전화나 들여다보면서 같이 앉아 있는 거 말고요. 남편도 저와 같은 생각인지 모르겠어요. 제가 기대치를 낮추면 화가 덜 날 텐데요."

엄마의 역할을 찬양하고 떠벌리면서 실제로 말도 안 되는 기준을 전파하는 문화에서 사는 여자가 느긋해지기란 쉬운 일이 아니다. 우리 여자들은 더 이상 일을 한다고 매도당하지 않는다. 대신 세상이 다 보도록 애들 앞에 바짝 엎드린다. 그리고 배우자에게 우리와 동참하자고 손짓한다. 하지만 남자들은 그렇게 열심히 아빠 노릇을 하는 데는 전혀 관심이 없다. 캘리포니아에 사는 야나는 이런 말을 했다. "남자들은 좀 더 느긋한 경향이 있어요. 미리 생각하거나 일어날 문제를 예측하지 않아요. 문제가 생기면 감당하긴 하지만, 아직 발생하지 않았으면 문제가 생길 때까지 자유롭게 다른 일을 하죠. 여자들은 이보다 먼저 손을 써요. 애들이 설탕을 너무 많이 먹거나 텔레비전을 너무 많이 보는 건 허용하지 않아요. 애들을 과보호하는 거죠. 허구한 날 남편들이 우리한테 하는 말이 있잖아요. '다 쓸데없는 짓이야'라고요. 남편들이 제대로 돌보지 않거나 신경 쓰지 않는 것인데 말이죠." 라스베이거스에서 4세 아이를 키우는 39세 변호사 헤더는 좀 더 직설적이다. "남자들은 게으르고 기준도 낮아요." 이 말을 들으니 이런 생각이 저절로 들었다. '어쩌면 그들은 노력하는 게 싫은 걸까?'

투말라-내라는 이런 현상을 좀 완곡하게 표현한다. "정말 화가 날 수 있다는 거 인정해요. 엄마들은 '어떻게 이런 생각을 못하지?' 이렇게 말하고, 많은 아빠들은 '왜 그렇게 억척스럽게 해야 하지?'라며 의아해해요. 한쪽 배우자가 아이의 요구에 촉각을 곤두세우며 바로 반응하면 다른 쪽 배우자는 느슨해지는 경향이 있죠. 두 사람은 심리적으로 다른 위치에 있기 때문에 서로에게 배울 필요가 있어요. 아이 키우는 방법과 느슨해지는 방법을요." 여자들도 기준을 내려놓을 수 있다. 단 배우자가 기준을 올리기 위해 노력하고 똑같이 책임지겠다는 약속을 철석같이 지키는 경우에만.

모든 것을 좌지우지하는 엄마와 실수투성이 아빠

빗속에 나가 진흙탕 놀이를 즐겨야 하는 부담이 모두 여자에게 주어 지는 상황에서, 반은 건성으로 아빠 노릇을 한다며 남편을 힘들게 한다고 엄마들이 질책을 받지는 않을 것이다. 하지만 아빠가 아들의 옷을 대충 입힐 경우 학교에서 보내는 에두른 질책 문자 메시지를 받는 사람은 바로 엄마다. 여자들이 툭 하면 도마 위에 올려놓는 남자의 육아에 대한 대화는 종종 이런 식으로 끝난다. 남자 배우자가 자기 몫을 못할 경우 어쩌면 그게 잘된 일일지 모른다. 여자가 모두 좌지우지할 수 있으니까.

바로 몇 년 전 내가 조지를 두고 집안일을 더 하지 않는다고 속상해할 때 아기 엄마인 친구가 해준 말도 이런 식이었다. "정말 네 맘에 들지 않을걸." 친구는 여자끼리 하듯이 속삭이며 말했다. "남편이 해놓은 일은 성에 차지 않을 거고 끝내 싸우겠지. 근데 결국은 지금 이대로가 나을 거야." 내 친구는 당시 (해고된 지 얼마 안 된) 전업주부여서 남편과는 별개의 영역을 담당하고 있었다. 친구가 다른 방에서 아기 기저귀를 갈고 있으면, 한 번도 기저귀 가는 모습을 보여주지 않던 친구 남편은 자기 아내가 바깥일이 얼마나 힘든지 잊은 것 같다며 내게 투덜대곤 했다. 당시 이들 부부에게는 아직 4세가 안 된 아이가 둘 있었다. 친구 남편은 어쨌든 내가 자기에게 동조해줄 거라고 착각했다. 하지만 내 마음은 어느 쪽으로도 기울지 않았다.

친구의 지혜는 우리가 사는 물의 일부였다. 아빠는 서툴고 엄마는 못 참는다. 옛날 광고와 이야기가 느리게 흘러가는 시트콤의 단골 주제였다. 학계에서 붙인 이름도 있다. 바로 '엄마의 문지기 역할'[17]. 아이 주변에 문을 만들어 엄마가 이 문을 지키면서 불쌍한 아빠를 내쫓는 것이다. 어쩌면 엄마의 문지기 역할은 아빠의 참여를 방해하는 모성적 특징인지 모른다. 문헌에 따르면 문지기 역할은 "집안일에서 남자와 여자의 공동 노력을 궁극적으로 저지하는 믿음과 행위의 집합체"이며 "아빠를 북돋아주기도 하지만 아버지의 정체성을 가지고 행동하지 못하도록 기를 꺾는 현상"이다. 아빠가 집안일에 그다지 많이 관여하지 않을 경우, 우리 여자 잘못이라고 해도 무방하다는 것이다.

로스앤젤레스에 사는 비드야는 자신이 아들을 돌보는 동안 남편이 요리와 청소를 다 하는데 왜 이런 식으로 되었는지 본인은 안다. 비드야가 닭을 구우려고 하면 남편은 경직된다. 남편이 좋아하는 식으로 굽지 않기 때문이다. "여자들은 내려놓을 필요가 있어요. 제 남편이나 여자들이나 완벽주의에 대해 내려놓을 필요가 있죠. 모든 일을 혼자할 마음이 없다면 '이건 바로 이렇게 하는 거야'라고 말하면 안 돼요. 그럼 대가를 받게 되어 있어요. 자기 무덤을 파는 꼴이에요. 저녁 식사가 형편없어도 말이죠. 제가 나가는 엄마들 모임에서는 여자들이 남편이 만든 형편없는 저녁 식사를 사진으로 찍어서 온라인에 올려요. 그렇게 하면 남편은 기가 죽죠. 잠시라도 기분을 풀고 싶은 마음은 이해하지만, 그게 바로 자기충족적 예언이에요."

문지기 행위 연구에 따르면 배우자가 가정에서 하는 역할에 대한 여자의 반응은 남자의 참여에 영향을 미칠 수 있다. 엄마의 믿음과 태도가 전부라고 볼 수는 없지만, 아빠의 참여를 중재하는 역할을 한다. 일리노이대학교 어배너-섐페인 캠퍼스에서 실시한 2005년 연구에 따르면 자신을 꽤 헌신적인 부모라고 생각하는 아빠는 아빠 역할에 적극적이었는데, 단 남편이 중요한 역할을 한다고 아내가 믿는 경우에만 그러했다. 반면 엄마가 좀 더 전통적인 믿음에 사로잡혀 있는 가정의 경우, 아빠가 인식하는 부모 역할은 적극적인 참여와는 거리가 멀었다.[18]

이 문제를 더 복잡하게 만드는 것은 닭이 먼저냐, 달걀이 먼저냐 하는 문제다. 아빠들이 물러서는 이유는 엄마들이 그래야 한다고 내비치기 때문일까? 아니면 배우자가 뒤로 물러서기 때문에 아내들은 남편에게 간섭해야 잘한다는 편리한 결론에 도달한 것일까? 오하이오주립대학교에서 나온 2008년 연구는 후자의 손을 들어주는 듯하다.[19] 아빠가 평등의 가치를 중시하는 경우 엄마들은 이들의 참여를 더욱 유도하는 것으로 나타났다.

같은 해 이스라엘에서 나온 연구는 전형적인 여성 문지기의 특징이 낮은 자존감과 자신이 여성이라는 강력한 인식, 두드러진 모성적 정체성이라고 밝혔다.[20] 마찬가지로 오하이오주립대학교의 쇼페-설리번과 동료들은 2015년 연구에서 자신이 '여성'이라는 인식보다 '엄마'로서 품는 기대나 요구 그리고 심리적 성향이 문지기가 될 가능성을 더 잘 예측할 수 있는 요소라고 결론 내렸다.[21] 완벽주의적인 기준과 불안정한 애정 관계, 출산 전 정신 건강 이상을 겪은 엄마는 아이 아빠에게 문을 닫을 가능성이 높았다. 하지만 그들 입장에서는 자신 없고 서툰 아빠, 즉 배우자가 대문 폐쇄를 더욱 조장한 것이다.

엄마의 문지기 역할을 설명하기 위해 캠프 더시는 학부생들에게 부부가 아기를 돌보는 영상을 보여주었다. "영상에서 대학원생이 말해요. '여기 아기 우주복이 있는데 한 사람은 아이 옷을 벗기고 한 사람은 이 옷을 입히세요. 누가 뭘 할지 결정하면 됩니다.' 남자는 아기를 받아 눕히고 아기 옷을 벗겨요. 엄마는 못마땅한 표정을 짓고 있죠. 남편에게 똑딱이 단추가 어디 있네, 이래라 저래라 잔소리를 하죠. 남자는 아기를 만지작거리고 여자는 아기를 덥석 잡죠. 여자가 남자에게 잔소리하는 이유가 남자가 일을 잘하지 못하거나 해보지 않아서일까요? 남자가 서툴게 하는 이유는 이런 종류의 양육을 거부당해서 할 기회가 없었기 때문일까요? 아니면 여자가 항상 남자를 지켜보면서 이래라 저래라 잔소리를 하기 때문일까요? 사회는 아이를 완벽하게 키워야 한다는 압력을 모두 여자에게 가해요. 바꿔 말해 여자는 남자의 양육 행위를 일일이 간섭하게 되죠. 정확히 말하면 우리의 잘못이 아니라 사회의 잘못이에요."

사회학자 샤론 헤이즈는 모성 행위에 대해 이렇게 밝힌다. "(…) 여성의 선택이 아니고 사랑과 사회 발달의 상징도 아니다. 오히려 특정한 가정생활 방식을 자기들보다 힘이 약한 자들에게 강요하는 남자, 백인, 상류층, 자본주의자, 국가 지도자의 권력을 나타낸다".[22]

작가 레베카 애셔도 이에 동의한다.《산산이 부서지다》에서 애셔는 이런 말을 쓴다. "육아가 대부분 여자들에게 맡겨졌다는 사실에 충격을 받아 엄마들은 날카로워지고 냉담한 태도를 취한다. 남자들이 양육 행위를 못한다는 기분 나쁜 말로 시시때때로 조롱하고 비웃는다. (…) 남자를 이렇게 합법적으로 희화화하는 현상은 전염성이 있는데, 평등이라는 수건에 싸여 내동댕이쳐진 여자들의 대응이다. (…) 여자의 문지기 역할이 남자를 가정 밖으로 내모는 주된 요인은 아니다. 그들은 어쨌든 주변인이었거나 집 안에 없었다. 그러나 문지기 역할은 그런 상황을 더욱 악화시킨다."[23]

나와 얘기한 엄마들도 자신들이 아이들 아빠에게 일일이 간섭한다는 사실을 인정했다. 테네시에서 아동 위탁 보호 일을 하는 몰리는 말한다. "가끔 우리가 배우자를 무기력하게 만드는 게 아닐까 생각해요. 전 일종의 완벽주의자예요. 일을 잘해야 합니다. 남편의 능력을 뺏는 거죠. 그래서 강한 여자로서 일을 그르치지 않을까 걱정이 되어요. 그런데 좀 느긋한 여자를 봐도 상황은 우리 집과 똑같아요."

로스앤젤레스 교외에 사는 내털리는 이런 얘기를 한다. "남편은 제가 신호를 보내지 않으면 그저 자기 일만 해요. 오늘 아침에 방과 후에 뭘 해야 할지 줄줄 읊었지요. 그랬더니 남편은 이런 식이에요. '애들 시간표가 어디 있는데?' 그래서 제가 이랬어요. '몰라. 당신이 찾아봐!' 그러고는 차라리 제가 하는 게 낫겠다고 생각하고 찾아요. 남편 대신 일을 해주지만 다 제 정신 건강을 위해서 그러는 거예요. 우리의 정신 건강을 위해서 우리가 주도권을 잡는 거죠."

애틀랜타에서 2세 아기를 키우는 34세 교사 코트니의 말을 들어보자. "모든 일을 자기 식으로 하길 원하고 그렇게 하는 여자들이 있죠. 제 남편은 저랑 아주 다르게 일을 해요. 그래도 전 꼭 필요할 때만 바로잡아줘요."

* * *

다른 여자들도 마찬가지로 문을 지키고 싶어 하는 충동을 억눌러야 한다고 생각했다. 뉴욕에서 사업을 하는 로라는 이런 말을 한다. "아들을 낳기 전에 바로 이와 관련된 수업을 들었어요. 거기서 이런 말을 들었죠. '배우자가 아이에게 해코지만 하지 않는다면 말을 하지 말라'고요. 우리가 하는 방식대로 기저귀를 갈지 않아도 입 다물고 계속 하게 놔두라고요. 전 그 방식을 택했어요."

엄마의 문지기 역할에 관한 이야기는 신경질적인 A타입*엄마의 흔한 사연보다 좀 더 복잡하다. 캠프 더시가 인정했듯이 아빠의 수동적인 거부와 엄마의 적극적인 구속 사이에 분명한 선을 긋기는 어렵

*   긴장하고 성급하며 경쟁적인 행동 양식을 보이는 사람.

다. 배우자가 의무를 다할 거라는 확신이 없는 여자는 대문 지키기 외에는 뾰족한 방법이 없다. 캘리포니아에 사는 어린 세 아들의 엄마 야나는 이렇게 말했다. "저는 우리 가족이 시간을 엄수했으면 좋겠어요. 아이들이 학교에 지각하는 건 싫거든요. 애가 잘 쉬지를 못해서 수업 시간에 존다는 지적을 선생님께 들으면 신경이 쓰이고 그걸 고치고 싶죠. 그런 일들이 다 신경 쓰이기 때문에 제가 대장 노릇을 해야 해요."

뉴욕에 사는 로라는 이런 얘기를 한다. "일 때문에 출장을 갔을 때 밤 10시에 남편에게 전화를 해요. 그럼 4세 아들이 그때까지 깨어 있지요. '왜 애가 아직도 안 자?' 하고 물으면 남편은 '졸리지 않대' 이래요. 남편에게 말도 안 된다고 반응하면, 제가 너무 까다로운 건가요, 아니면 남편에게 책임 있는 어른처럼 행동하라고 요구하는 건가요? 아이가 자기 싫을 때 침대에 눕히기는 어려운 일이죠. 졸리지 않다는 아들 말을 들어주는 것은 좋은 핑계예요. 완전 자기만 생각하는 거잖아요. 자기 자신을 우선시하는 거고요."

쇼페-설리번은 엄마의 문지기 역할에 관한 분야에서 앞서가는 연구자다. 나는 그와 같이 얘기를 나누면서 엄마의 비난 문제를 제기했다. 설리번이 전에도 들었던 이야기였다. "제 연구에도 엄마의 비난 문제가 나와요. 그런데 아빠들이 좀 더 해야 한다고만 말하면 우리 모두가 같은 시스템 안에 있음을 인정하지 않는 거죠. 우리가 일에서 해방되어 위대한 평등을 향해 나가려면 모든 가족 구성원이 변해야 해요. 아이들 포함해서요. 제 딸은 엄마만이 특정한 일을 할 수 있다고 생각해요. 딸이 이런 메시지를 습득했다는 게 괴로워요. 어떤 상황에서는 맞는 얘기일 수도 있지만, 딸이 엄마에게 가져오는 일 중에 저만 할 수 있는 일은 극히 적죠. 그리고 맞아요. 아빠들은 더욱 분발할 필요가 있어요. 아빠들의 참여가 아이들 발달에 최고라는 점을 고려하면요. 그런데 아빠가 참여를 더 하는데 엄마가 위협감을 느낀다면요? 엄마가 권력을 놓으면 외부로부터 받는 존재감의 유일한 원천을 잃을 수 있어요." 쇼페-설리번은 이런 난제에 공감을 표한다. 그는 과도한 비난과 좌지우지하는 행동은 엄마의 입지, 즉 아이를 낳은 엄마가 가치 있다고 믿는 한 가지 지위를 잃을지 모른다는 우려에서 나온다고 생각한다.

《자발적 선택: 자신을 잃지 않고 아이 가지기Opting In: Having a Child Without Losing Yourself》에서 제3의 물결 기금Third Wave Fund의 공동 창립자인 에이미 리처즈는 이런 말을 남긴다. "'엄마 역할'이 아닌 '부모 역할'이라는 말은 일부 여성에게 위협적으로 들릴 수 있다. 엄마 역할을 기본적인 정체성으로 보는 사람들에게도 무례하게 들릴 수 있다. 어떤 엄마들은 '엄마'라는 말을 고집하는데 이유는 '부모'라는 말에서 신뢰감을 느낄 수 없고, 부모라는 단어를 쓰면 일과 책임을 상호 분담한다는 믿음을 사람들에게 심어주게 되어 엄마의 일이 묻히게 되기 때문이다. (…) 모든 사람들이 여자가 남자만큼 똑똑하거나 강하다고 보지는 않지만, 여자의 모성 본능은 의문의 여지가 거의 없다. 따라서 여자는 엄마의 책임에 그리도 집착하는 것이다."[24]

사회적으로 인정받는 보조 양육자로서 엄마 모델은 없다. 보스턴에 사는 대니얼은 본인이 보조 양육자이기 때문에 이 점을 안다. 남편이 딸과 시간을 더 많이 보내고 남편과 딸의 유대감도 더 깊다. 대니얼은 이런 말을 한다. "한편으로는 딸과 남편이 가까운 게 행복해요. 다른 한편으로 전 실제로는 엄마 대열에 끼질 못하는 거예요. 별난 사람은 소외감을 느끼잖아요. 이 점이 저한텐 걱정거리죠. 지금 저는 할 일을 제대로 하는 걸까요? 둘러보면 온통 이런 메시지가 눈에 띄어요. 텔레비전 드라마에서, 사람들과 맺는 관계에서. 남편 제프가 노라를 데리고 나가 애들과 두세 번 놀이 시간을 가져도, 남편이 아이 엄마들하고 알고 지내도 결국 그 엄마들은 저에게 이메일을 하고 저에게만 생일 파티를 알려줘요. 학교에서는 저에게 전화를 하고요. 우린 역할이 뒤바뀌었기 때문에 이 점을 많이 느끼죠. 주변에서 온통 책임을 져야 할 사람이 저라고 얘기해요."

틀을 벗어난 대니얼은 불안함을 느낀다. 웨이드는 남자 역시 다른 입장에서 비슷한 감정을 느낀다고 믿는다. 웨이드의 말을 들어보자. "남자도 닥치면 아이들 인생에서 아내와 동등한 역할을 담당하고 싶은 바람이 있지만, 일에서 성공하고 싶은 욕심이 더 많지요. 집안의 가장이라는 남자의 정체성이 평등한 부모라는 정체성보다 더 중요한 거죠. 남자들이 자신을 생각할 때 부모 역할을 첫째, 사회에서 수행하는 직업인을 둘째로 삼기엔 여전히 무리가 많습니다. 여자들은 오랫동안 그런 식으로 자신을 봤지만요."

더 많이 벌고도 환호받지 못하는 여자들

2005년 저서《헌신의 모순: 여성 중역들의 일과 가정Competing Devotions: Career and Family Among Women Executives》을 집필하기 위해 메리 블레어-로이는 성공한 세 부류의 고학력 여성들이 어떤 역할을 우선시해야 했는지 조사했다. 로이가 인터뷰한 성공한 장년층 여성들은 가정과 일을 동시에 다 가질 수 없다고 판단하여 자녀들이나 배우자에게 소홀히 했다. 젊은 세대 여성의 경우 아이가 있는 사람들은 두 가지 경우의 수, 즉 헌신적인 직장인 또는 헌신적인 엄마 사이에서 힘겨운 선택을 했다.

부모 역할과 직업에서 누리는 만족이 반드시 상충하지는 않지만, 로이가 목격한 바에 따르면 현재 문화를 종종 지배하는 열혈 엄마 역할과 열혈 근무 기준은 상충된다. 로이는 이렇게 쓴다. "단지 생존의 문제라면 가족과 회사가 구성원에게 그리 많은 걸 요구하지 않을 터다. 일과 가정에 대한 헌신이라는 모델은 일상생활 속에 굳어져 있다. 즉 일상생활에서 당연시되는 사고와 행동 규칙을 만들어낸다."[25]

로이가 말하는 일에 대한 헌신 모델은 일을 철두철미하게 책임지고 직업 또는 수입에 전념하는 것을 말한다. 가족에 대한 헌신 모델은 기본적으로 가족과 아이에 전념해야 함을 의미한다. A 타입 엄마와 실수투성이 아빠라는 고정관념은 성별에 따라 가족에 대한 헌신과 직업적 이상에 대한 헌신이 달라지면서 강화된다. 사회 질서 속에서 당연시되는 이런 역할은 불가피성을 띠게 되어 다른 대안을 도무지 찾아볼 수 없다.

일부 연구에 따르면, 실제 삶이 이런 기본 모델과 멀어질 때 남자와 여자 모두 전통적인 위치를 굳게 지켜야겠다는 유혹을 느낀다. 1990년대와 2000년대에 미국의 가족 연구자들은 남편보다 많이 버는 아내들이 다른 여자들보다 집안일을 더하거나 남편보다 집안일을 훨씬 많이 분담한다는 사실을 밝혀냈다. 이런 행위는 이른바 성별 일탈 중립화를 뒷받침하는 증거이다. 성별 일탈 중립화란, 사람들이 남녀 성별과 관련된 비전형적인 행위를 상쇄하기 위해 성별과 관련된 전형적 행동을 과장하려고 하는 것이다.[26]

2004년 미국과 스웨덴 가정을 자세히 조사한 결과 아내와 동등하게 버는 남편은 아내보다 적게 버는 남편에 비해 집안일을 더 많이 했다. 2012년 연구에 따르면 성별 일탈 중립화 시도를 일으키는 요소는 더 이상 아내의 높은 수입이 아니었고, 오히려 주로 여자가 남자의 영역에서 일하는 것이었다. 2015년 남캘리포니아주립대학교의 사회학자 제니퍼 훅은 시간 사용 일지와 가사에 관해 당사자가 제출한 자체 보고서를 비교했다. 비교 결과 '성별 일탈 행위 당사자들'은 실제로 집안일에 시간을 더 쓰거나 덜 쓰지 않았다. 이들은 단순히 전형적인 성별 규범을 벗어나지 않는 선에서 가사에 기여한 시간을 보고했다.[27]

2013년 카메룬, 차드, 이집트, 인도, 케냐, 나이지리아, 영국 등 일곱 개 국가에서 연구 조사한 결과 여성은 집에서 여자 일을 더 함으로써 고소득으로 인한 '스트레스를 푼다'는 사실이 밝혀졌다. 연구자는 이렇게 결론 내린다. "아내의 수입은 남편에게는 선물보다는 짐처럼 느껴지는 것 같다. (…) 가장 역할이 사회적으로 남성성을 대변하는 사회에서, 남편 수입이 변변치 않은 아내는 남편의 패배 의식에 일조했다는 죄책감으로 인해 종종 남편에게 순종하며 산다."[28]

남자의 자아를 조심스럽게 다루는 일이 카메룬에서는 수월하게 될 수도(아니면 안 될 수도) 있지만, 미국 동서부에서는 만만치 않다. 코미디언 앨리 윙은 본인의 성공에 대해 남편이 어떻게 느끼냐는 '우려 섞인' 질문에 '화난 목소리'로 대답한다. "대단하게 느끼죠. 배우자가 돈을 버는 데 기분 좋은 게 당연하잖아요."[29]

뉴욕에서 사업체를 운영해 가정경제를 대부분 책임지는 로라는 나에게 이렇게 말한다. "남편은 저의 직업적 성공에 화를 내요. 실직했을 때는 제가 주최하는 네트워킹 행사에 막판에야 온다고 하더라고요. 대단한 직업을 가진 고위층 인물과 함께하는 칵테일 파티였어요. 그때 남편은 제가 가진 것을 본인은 가지고 있지 않다며 비참해했어요. '난 당신이 정말 자랑스러워'라고 말하기는커녕 자신이 비참하다고 하더라고요." 이들 부부는 로라의 수입에 관한 대화는 피한다. "우리는 그 얘기는 안 해요. 남편은 제가 집으로 얼마를 가져오는지는 알지만, 사업이 얼마나 잘되는지 항상 파악하진 못해요. 작년 말에 남편에게 좋은 한 해였다고 말했지만, 평상시에 그런 얘기는 안 하죠. 그의 자존심을 지켜주는 거예요. 성공을 숨기는 것은 아니고요. 그 얘긴 다른 데서 하죠." 로라가 특이한 사람은 아니다.

＊＊＊

도이치는 맞벌이 부부를 직접 조사하면서 이런 의문을 갖게 되었다. "남자는 기저귀를 간다고 칭찬받는데 왜 여자는 돈을 벌어도 칭찬을 못 받을까? 감사의 경제학the economy of gratitude*에서 돈은 여자에게 해주는 게 많지 않다. 여자는 그들의 수입만큼 오히려 사과를 해야 하는 것 같다."[30]

전통과는 거리가 먼 삶에서 정당한 질서를 잠시라도 복구하기 위해서는 남녀 모두 정당화를 위한 논리적 주장이 필요하다. 엄마가 좌지우지하고 아빠는 실수한다. 아빠가 돈을 벌고 엄마가 가정을 돌본다. 가족은 엄마가 아빠와 동등하게 벌거나 심지어 더 많이 벌더라도 엄마의 직업을 양육자 역할보다는 덜 중요하게 여긴다. "엄마가 돈 버는 것은 좋지만 그건 정말 푼돈에 불과해." 공공 기관 변호사였던 아버지가 어릴 때 나와 내 동생에게 하신 말씀을 기억한다. 아버지에게는 그게 자부심이었던 것 같다. 나는 아버지 말을 남녀 성별 법칙으로 이해했다. 실은 도처에서 들리는 이런 메시지 때문에 나는 20대에 무

＊　부부 관계에서 돈을 덜 버는 쪽이 상대방의 노고에 감사하지 않고 동등한 수준의 일을 하지 않는다는 앨리 러셀 혹실드의 이론.

분별한 경제생활을 했다. 언젠가는 나를 위해 돈을 벌어줄 남자가 생길 텐데 왜 젊은 여자가 구태여 돈을 아껴야 하나?

"누군가 우리를 항상 돌봐주리라는 환영을 포기하기란 아주 어렵습니다." 프리던은 이렇게 말했다. 성별 법칙은 경제적으로 합리적인 행위에 가위바위보 같은 불변의 규칙을 적용하는 것이다. 블래어-로이의 연구에서 부부 중 누가 더 많이 벌든 일터에서 나와 아이를 돌보는 사람은 항상 여자였다.

여자와 남자는 또한 성별로 색칠한 렌즈를 통해 직업적인 책임을 정의한다. 맞벌이 부부 150쌍을 연구하면서 도이치는 여자의 직업이 무엇이든 남편과 아내는 여자의 직업을 좀 더 유연성 있게 본다는 사실을 발견했다. 연구 대상 부부 중 한 쌍은 아내가 의사였고 남편이 교수였다. 또 다른 한 쌍은 반대로 아내가 교수였고 남편이 의사였다. 두 쌍의 부부는 각각 아내의 직업이 여유가 더 많다고 얘기했다.

볼티모어에 사는 2세 아이의 엄마이자 기자인 40세 그레첸은 종종 마감에 쫓기지만 그럼에도 불구하고 나에게 이런 말을 했다. "제 직업이 더 유연성이 있죠." 그레첸의 남편은 행사 기획 회사에 다닌다. 남편과 비교해서 상대적으로 유연하다는 것을 설명해달라는 나의 요청에 그레첸은 말을 이었다. "아시잖아요. 여자는 필요할 때 융통성을 발휘해요. 남자는 다른 사람들이 융통성 있게 하길 바라죠. 저는 NPR 뉴스 보도국에서 일하는데, 아이가 잠자리에 든 후에 기사를 마감해도 편집자가 이해해주죠. 그런데 남편 의뢰인은 돌아버린대요.

제가 융통성 있게 하지 않겠다고 하거나 융통성을 발휘할 수 없다고 말할 수도 있지만, 그렇게 되면 상황이 난감해지겠죠."

도이치는 이렇게 말한다. "우체국에서 일하는 어떤 사람은 저한테 자기 일이 유연성이 너무 없다고 하더라고요. 그런데 알고 보니 사무실 동료 여성은 아이에게 맞추어 근무시간을 조정한다는 거예요. 남자들은 부탁하는 걸 여자보단 꺼리죠." 도이치가《모두 반으로 나누기》에서 밝혔듯이, 유연성은 보는 사람의 눈에 따라 보이기도 하고 보이지 않기도 한다. 그리고 우리는 깜빡이며 주시하는 엄마의 눈이 유연성을 찾기만을 바란다.

주양육자 성별과 아이의 행복

현대 엄마 역할 이데올로기에 따르면 여자는 본능적으로 또 즐겁게, 정말 열렬히 사랑하는 사람들을 위해 모든 개인성을 버려야 한다. 리치가 바로 "모성이라는 관습의 보이지 않는 폭력성"[31]이라 칭한 것이다. 열혈 엄마 역할은 우리와, 우리가 실현하고 싶어 하는 성 구별 없는 양육 사이에 끼어 있는 곤란한 문제다. 이 엄마 역할은 허디가 이름 붙인 '평생 24시간 내내 무조건적인 사랑을 줘야 하는 일'을 환상적으로 구현하는 시스템이다.

열혈 엄마 역할은 아빠가 아닌 엄마에게 아이들을 위해 모든 기회를 최적화하고, 아이들의 요구에 맞춰 살기 위해 행동 하나 하나에 끊임없이 노력하라는 지령을 내린다. 우리는 아빠들을 제쳐두지만 그들은 저항하지 않는다. 내가 여기서 여자들에게 좀 더 남자처럼 살라고 말하는 것은 아니다. 그건 오래전에 한물간 방식이다.

그러나 생각해보면 아빠가 육아에 쓰는 시간은 늘어났지만, 엄마들은 그동안 스스로 맡아왔던 책임에서 한결 자유로워진 현실에 적응하지 못했다. 기회를 놓친 것일까? 65퍼센트의 할당량을 재분배할 기회를? 엄마 역할의 이데올로기가 이런 적응을 어렵게 만든다. 포틀랜드에 사는 에리카는 이렇게 말한다. "전 엄마로서 죄의식을 '상당량' 갖고 있어요. 뭔가를 충분히 해주지 못하고 충분히 잘하지 못한다는 생각에 끊임없이 시달리죠. 만약 지금보다 덜 한다면, 더 해줄 수 있을 텐데라는 생각에 사로잡혀 있겠죠."

열혈 엄마는 평등에 장애가 되는 요소지만, 여자가 아이를 더 잘 키울 수 있다는 의욕 충만한 믿음이 (그렇게 되기에는 불가능한) 사회 시스템의 심장부에 자리하면서 평등의 실현을 더욱 완강하게 막는다 (사회학자 캐슬린 거슨은, "이 믿음을 들으면 마치 다양하게 구성된 인구의 절반에 딱 맞게 특화된 직업이 지구상에 존재하기라도 하는 것 같다!"고 말했다). 이 믿음을 뒷받침하는 증거는 전혀 없으며, 오히려 반박하는 증거는 있다.

1990년대 말 한부모 가정 조사에서 주양육자의 성별은 아이들의 행복과는 아무 관계가 없는 것으로 나타났다.[32] 내가 여기서 여자들에게 좀 더 남자같이 살라고 얘기하는 것은 아니다. 그랬다가는 현재 상태에서 잘 되는 가정은 거의 없을 것이다. 그보다 나는 엄마들에게 좀 더 아빠처럼 살라고 조언한다. 그런 엄마들은 그들의 배우자처럼 아이에게 또 다른 부모가 있다는 사실을, 그리고 그런 관계가 신성하다는 사실을 인정한다.

허디 얘기를 다시 하면, 엄마의 역할은 쉽게 습득되는 행위다.[33] 이 아주 중요한 일을 혼자서, 특히 단독으로 할 필요는 없다. 어쩌면 둘이 같이 나누어야 가장 빛이 나는 일이다. 쇼페-설리번은 이렇게 말했다. "우리는 평등과 가정적인 아빠라는 목표를 향해 나아갈 수 있지만, 자녀를 위해 엄마와 아빠가 서로 역할을 맞바꿀 수 있는 선까지는 가지 않습니다. 진정 거기까지는 믿지 않기 때문이죠. 연구 조사 결과와는 상관없이, 우리에게는 암묵적인 편견이 있습니다."

엄마가 가장 잘 안다는 통념은 계급을 막론하고 부모를 지배하는 철학이지만, 가정 내 성 평등이 뿌리내리려면 이제는 사라져야 한다. 가정 밖에서는 기준이 바뀌었지만 가정 안에서는 여전히 전통적 기준이 강력하게 남아 있는 것을 보면 이 통념의 장악력이 얼마나 센지 알 수 있다. 양육은 대단히 사적이면서도 대단히 공적인 영역이기도 하다. 아이들을 잘 키우는 일은 우리 책임이고, 만약 정해진 틀을 어기고 마음대로 할 경우 비난을 감수해야 한다.

이 정해진 틀은 은밀하면서 갈수록 뚜렷하다. 2014년 퓨리서치센터에 따르면 미국 부모의 75퍼센트는 소셜미디어를 사용하는 것으로 드러났다. 이들 중 엄마의 80퍼센트와 아빠의 65퍼센트는 자기들이 속한 미디어 네트워크에서 양육에 관한 도움을 받는다고 말했다.[34] 시대의 문화적 틀에 복종하는 여자들은 종종 이런 매체를 이용하여 아름다운 사진이나 15초 길이의 동영상을 보여주며 어려운 부모의 일을 감당한다고 과시한다. 페이스북과 인스타그램은 엄마의 역할을 사랑해서 엄마의 사랑을 함께 나누려는 이들의 출구가 되었다. 수만 명의 팔로워를 거느리는 사람도 많다(그리고 소개한 제품을 쇼핑하려면 여기를 누르라고 유혹한다).

웹사이트 베이비센터BabyCentre에서 엄마 2천 명을 대상으로 한 2014년 조사에 따르면, 페이스북은 30대 엄마들을 "새로운 차원의 경쟁 체제"로 몰아가고 있었다. 출판인 마이크 포거티는 이렇게 말한다. "우리가 밀레니얼 엄마들에게 엄마 역할에 대한 경험을 한마디로 말해보라고 부탁했을 때 '경쟁'이란 말이 계속 등장했습니다. 모두들 페이스북에 가입한 이후 알파맘으로 보여야 한다는 부담이 커질 대로 커진 거죠. 어떤 엄마들은 아기 수영 교실이나 아기 노래 교실, 음악 교실에 다녀야 하지 않을까 걱정이 된다고 하더라고요. 그렇게 하지 않으면 나쁜 부모로 보일 것 같다는 얘기죠."[35]

영국 방송통신대학교의 사회심리학자 리사 레저드는 소셜미디어 행태에 관해 엄마들을 인터뷰했는데, 부모(정확히 말하면 여기서 부모는 엄마를 뜻함)에게 주어지는 사회적 요구가 아이들에 대한 자부심을 밖으로 드러내는 견인차 역할을 한다는 것을 발견했다. 레저드는 이렇게 결론 내린다. "소셜미디어는 부모가 이런 양육 요건을 얼마나 준수하고 있는지 시각적으로 과시할 수 있는 한 방편이 됩니다." 엄마들에게는 또 다른 짐이 될 수도 있다. 한 조사에서 엄마의 87퍼센트는 친척들이 즐길 수 있도록 사진을 온라인에서 공유하는 것이 그들만의 일이라고 답했다.[36]

쇼페-설리번과 캠프 더시를 비롯한 오하이오주립대학교 연구자들 역시 페이스북의 영향력을 조사했는데,[37] 조사 대상을 새내기 엄마들로 한정했다. 페이스북 계정을 가진 중서부 지역 엄마 127명을 대상으로, "특히 새내기 엄마들이 페이스북을 이용하여 엄마라는 정체성, 더 나아가 사회의 기대에 걸맞은 행위, 다시 말해 엄마 역할을 어떻게 해내는지" 알아보았다.

연구자의 질문은 다음과 같았다. '새내기 엄마 개인의 심리적 특징의 차이가 페이스북 사용 및 경험과 관련이 있는가?', '이런 심리적 특징이 페이스북에서 경험한 일을 통해 우울 증상을 일으킬 위험이 큰가?' 자료 분석 결과 외부의 인정를 염려하는 엄마들과 사회가 본인들에게 너무 높은 잣대를 들이댄다고 믿는 엄마일수록 페이스북에서 더 활발히 활동했다. 이들은 페이스북에 달리는 댓글에도 좀 더 민감하게 반응했다. 완벽주의자에 외부의 인정을 중시하는 성향의 엄마들은 열혈 엄마 이미지가 영속하는 온라인에서 보내는 시간이 많을수록 우울 증상도 증가한다.

'성 역할을 규범에 맞게' 해낼 때 우리는 '좋아요' 버튼과 긍정의

댓글로 보상을 받는다. 직장과 가정 정책이 특히 성적으로 평등하게 만들어져 있어 일과 생활의 균형을 이룰 수 있는 북유럽 국가에서도 열혈 엄마 역할의 이데올로기는 엄마의 희생을 조장하며 특이할 정도로 사라지지 않았다.[38] 여자들이 대체로 이런 이데올로기를 수용하길 거부하는 프랑스는 오랫동안 모성 외적인 정체성을 인정하는 독특한 역사의 혜택을 누리고 있다.[39] 다른 나라의 경우, 도이치가 나에게 설명한 대로 인용하자면 다음과 같다. "어떤 사람들은 이론적으로는 남자와 여자가 동등해야 한다고 믿을지 몰라도, 여전히 엄마는 자녀의 인생에서 아빠가 따라갈 수 없는 특별한 위치를 차지한다고 생각한다. 여기에는 많은 믿음이 동반된다. 가령 엄마에게는 육아에 특별한 능력이 있다는 믿음 같은 것이다. 그리고 마음속 깊은 곳에서 여자들은 양육이 자기들 책임이라고 믿는다. 근본적으로 양육을 배우자와 나누는 책임이라고 생각하지 않는다."

* * *

우리 여자들이 처한 위치는 정확히 여자들의 책임이 아니다. 캠프 더시가 지적했듯이 사회의 잘못이다. 정신분석가이자 팟캐스트 제작자인 트레이시 모건은 이런 생각을 확장했다. 한 여자 환자의 힘든 아침 이야기(치과 검진을 가기로 되어 있는 날 베이비시터가 약속을 취소했다)를 들려주면서 모건은 말했다. "그 환자 말이, '남편에게 치과에 갈

수 있도록 집에 와서 아이를 봐줄 수 있는지 물어볼 생각도 못했다. 남편에게 물어볼 생각도 못하는 나는 도대체 뭐가 문제냐? 정말 바보 같다'는 거예요.[40] 환자의 자책을 같이 듣기가 아주 힘들었지만, 아주 흔한 현상입니다. 우리가 제도적인 문제로, 정치적인 문제로 이해할 수 있는 상황을 자신의 문제로 생각해서 '이건 단지 내 잘못이야. 나는 뭐가 문제지?'라고 나무라는 거죠."

특히 핵가족의 자급자족(한 마을이 힘을 합치는 삶의 방식과 반대)을 추구하는 미국의 이상은 열혈 부모를 요구하고, 여기에 수반되는 모든 것에는 성 불평등이 내재되어 있다. 올바른 위치에 있는 여자들은 사심 없이 아이를 양육하고 지원하며, 가족의 성공을 뒷받침하는 강한 여자라는 고정관념에서 기쁨을 얻을 수 있다. 남자들은 이런 고정관념을 무너뜨리는 일을 어렵게 만든다.

에리카는 이렇게 말한다. "아들은 학교에서 매일 숙제를 적은 종이와 선생님 말씀이 적힌 가정통신문을 폴더에 끼워서 가져와요. 저는 매일 밤 그걸 확인하고요. 일 때문에 출장을 갈 일이 있어서 남편에게 부탁을 했죠. 아이가 숙제를 했는지 확인하고 숙제를 가방에 꼭 넣어서 보내라고요. 그런데 남편이 안 했더라고요. 남편은 이러는 거예요. '당신이 다시 말을 해줘야지, 생각을 못했어.' 저는 남편이 보도록 펼쳐놨거든요. 그런데도 아무것도 안한 거예요." 여자들은 이렇게 분노하지만 그렇다고 허구한 날 엄마의 명예를 포기하겠다는 생각만 할 수는 없다. 그들은 오랫동안 아빠들이 할 수 있었던 일을 마지못해하면서 아이에게 다른 부모가 있다는 사실, 그런 관계가 신성하다는 사실에 감지덕지한다.

포틀랜드에 사는 니콜은 이렇게 말한다. "주양육자 역할을 포기할 수 있을지는 모르겠어요. 무조건적인 사랑은 정말 중독성이 있어요. 대신할 수 없다는 것 자체가 좋은 거예요. 일과 심지어 결혼 생활에서는 제가 대체될 수 있지만, 사랑을 주는 엄마는 대신할 사람이 없죠."

일리노이주에 사는 크리스틴은 말한다. "저는 주양육자에 슈퍼 엄마라는 사실에서 성취감과 자부심을 느껴요. 거기까지 예상은 안 했지만 책임감이 커지면서 전력을 다했고 이제는 그걸 인정해요. 첫째를 가졌을 때는 사실 저도 엄마 역할로 정체성을 바꾸는 게 정말 꺼려졌어요. 만약 남편이 그 역할을 맡았다면 전 당연히 환영했을 거예요. 하지만 남편이 거부했기 때문에 제가 양육에 완전히 몸담은 거죠. 7년이 흐른 지금, 저는 엄마의 역할에서 자존감을 많이 느껴요. 물론 여전히 너무 과하거나 불공평한 것 같고, 여전히 분노가 치밀지만요."

모든 노동 행위와 마찬가지로 가장 중요한 일은 분담하기가 어렵다. 부담감 백배의 명예라도 우월성을 포기하기란 쉽지 않은 법이다. 내가 딸들의 최고 부모(딸들은 아빠를 많이 좋아하지만 좋아하는 것은 필요한 것과 대체할 수 없다)임을 즐긴다는 사실을 인정하기 어렵지만 사실이긴 하다. 만약 남편이 내 역할을 맡겠다고 나섰다면 나는 환영했겠지만, 그가 그런 역할을 맡지 않았을 때 나는 딸들이 나를 먼저 선택하고 나를 가장 사랑할 거라는 환상에 잠과 여유 시간, 그리고 집에서 평등하게 산다는 느낌은 포기했다. 남편은 너무 자주 집을 비웠고, 나는 그를 비판하는 대신 어디에서나 아이들 곁에 있으면서 남편을 배제하는 방식으로 응대했다. 초콜릿칩 팬케이크를 만들고, 머리를 하나로 예쁘게 묶어주고, 댄스파티에 데려가고, 시트콤 〈프렌즈〉를 마음껏 보여줬다. 학자들은 입증 자료를 통해 변화를 꾀하려면 여자가 근본적으로 양육을 잘한다는 인식에 도전장을 내밀어야 한다고 주장한다. 그런데 만약 그렇게 한다고 할 때 우리는 무엇을 포기해야 할까?

남자들로서는 그들이 잃을 부분을 완전히 메우기는 쉽지 않을 것 같다. 뉴욕에 사는 에이프릴은 동성 아내와 함께 두 자녀를 키운다. 자녀들이 처음 태어났을 때는 그녀가 보조 양육자였는데, 당시 경험을 이렇게 기억한다. "질이 주양육자 역할을 하고 있을 때, 전 너무 소외되는 기분이었어요. 들러리 같았고 무용지물처럼 느껴졌어요. 아내와 아이들은 정해진 패턴대로 잘 나아가는데 저만 뒤에 남겨져 허우적거렸죠."

아빠가 공동으로 주양육자 역할을 하게 되면, 엄마와 아빠 둘 다 잃을 게 생긴다. 그러나 얻을 것도 아주 많다.

6

특권

세상이 이들의 저항을 돕는다

가스라이팅

사회과학자들은 지난 수십 년간 아빠들의 육아 참여율이 느리게 변화하는 현상을 두고 평등을 이룬 결과로 오인해서는 안 되며, 그보다는 "대체로 성공적인 남자의 저항"의 결과로 이해해야 한다고 꼬집는다. 변화가 왜 그렇게 느린지 묻지 말고, 대신 왜 남자가 저항하는지 물어라. "한마디로 그렇게 해야 남자한테 이익이 되기 때문이다." 콜트레인은 이렇게 썼다. 그 저항은 "남성적 이상을 뒷받침하는 성별 영역 분리를 강화하고, 여자보다 남자에게 특권을 주는 성 질서를 영속화한다."[1] 파기되어가는 계약을 유지하려는 특권 계층의 철야 농성이고, 오늘날 벌어지는 비도덕적이고 냉혹한 일이다. 결혼 생활에서 이 저항이 성공하려면 남자들도 여자들의 노동을 할 능력이 있다는 명백한 사실을 거부하면서 이를 철석같이 지켜나가야 한다.

노동을 거부하는 권리는 아주 찬란하게 빛을 내뿜는다. 일리노이주에 사는 크리스틴은 나에게 이런 말을 했다. "제 남편은 잘 참여하고 솔선수범하는 배우자예요. 남편은 '나는 기저귀는 안 갈아' 같은 측면에서 본다면 전통적인 아빠는 아니에요. 하지만 그의 관심은 한 정되어 있어요. 한번은 수리 맡긴 차를 가져왔는데 남편에게 어린이 용 카시트를 차에 갖다 놓으라고 부탁했어요. 남편은 '꼭 할게'라는 식으로 말했죠. 저는 해야 할 다른 일을 신경 썼어요. 그런데 아침에 아들을 학교에 데려다주러 차에 탔더니 카시트가 없더라고요."

가끔 우리가 무심코 하는 행동에도 의미가 있듯이, 잊는 것도 단 순히 잊는 게 아니다. '신경 덜 쓰기' 작전을 편다는 것은 자신은 방해 받을 수 없다고 선언하는 것이나 마찬가지이며, 결국 누군가가 일을 완수해야 할 때 이를 망각하는 사람은 자신은 안 해도 된다는 권리를 주장하는 것이다. 부모 되기라는 일에서 누가 망각의 자유를 누리고 있는가? 궁극적으로 누가 그런 경솔함의 무게를 감당해야 할까?

아이들이 자라면서 남편과의 관계에서 가장 화나는 일은 남자 의 건망증이었다. 두 딸의 캠프 등록에 필요한 모든 일을 처리하느라 1년 내내 고생했는데도 나는 작년 여름 리브의 건강진단서를 빠뜨렸 음을 깨달았다. 아직 두 달이 남아 있던 터라 조지에게 부탁을 했고 그는 자기가 챙기겠다고 약속했다. 한 달 후, 확인해보니 아직 안되어 있었다. 건강진단서 제출 마감 전주에 나는 다시 확인해보았다. "하려 고 생각하고 있었어. 이번 주말에 병원에 직접 갈 거야." 조지는 이렇 게 답했다. 하지만 건강진단서를 그런 식으로는 뗄 수 없다. 아빠 노 릇을 한 지 10년이 넘어가는데도 남편은 그걸 몰랐고 이 자체가 고질

병이었다. 종종 그랬듯이, 남편이 어떤 일을 하게 하려면 실제 도움이 되긴커녕 성가신 일이 더 많이 생겼다. 나는 병원에 연락해서 건강진단서를 부탁했다. 5일에서 7일이 걸린다고 했다. 7일 후 병원까지 걸어가서 양식을 가져왔다. "리브의 건강진단서를 뗐어." 조지한테 이런 문자메시지를 보낸 이유는 그가 걱정해서 그런게 아니었다. 내가 다시 언급하지 않았다면 진단서 자체가 망각 속으로 사라질 판이었다. 나는 남편에게 잊었다는 사실을 인정받고 다음번에는 잘해보겠다는 다짐을 듣고 싶어서 문자를 보낸 것이다. 남편이 사과까지 했다면 더 좋았을 텐데. 그런데 남편은 이렇게 답장을 보내왔다. "오 대단한데. 고마워." 익숙한 말이 또다시 들려왔다.

테스가 아기였을 때랑 비교해서 아이들한테 해줘야 할 일은 계속 변했고, 진단서와 관련된 일은 처음 닥친 큰일이었다. 전적으로 부모한테 의지하는 시기와 청소년기 사이에 찾아오는 적어도 자비로운 평온의 시기에 여자아이들은 다루기가 점점 수월해진다("아이들이 둘 다 초등학교에 다니는 시기는 영광의 나날"이라고 두 고등학생 자녀를 둔 포틀랜드의 니콜은 말했다. "이후 중학교 때는 끔찍한데, 앞으로의 고난을 미리 경고하는 시기"라고 한다).

하지만 남편과의 힘겨루기는 거의 변화가 없다. 의도적인 것은 아니지만, 남편은 남자를 여자보다 우선시하고 아내인 나보다 본인을 우위에 두는 성 질서를 끝까지 고집하면서도, 계속 그렇지 않다고 우긴다. 이런 문제를 언급한다고 무슨 변화가 생길까? 남편에게 마지못해 불만을 털어놓으면 가끔 남편은 퉁명스럽게 대꾸한다. "당신 책에나 쓰지 그래(어쩌면 남편은 선심을 쓰고 있는지 모른다. 나한테 글쓰기 소재를 마련해주니까)!" 요즈음 남편은 여유가 있을 때 내가 한 말을 곱씹어보기도 한다. 진단서를 두고 벌였던 싸움 이후에 남편은 꽃을 들고 집에 왔다. 그는 꽃의 가지를 다듬고 화병에 꽂아서 내 책상 위에 올려놓았다.

"남자들은 여자 역시 인생과 자유, 개인적인 행복 추구에 대해 양도할 수 없는 권리가 있다는 생각을 하기는 하는 걸까?" 엘리자베스 캐디 스탠턴은 1855년 남자 사촌에게 쓴 편지에서 이런 질문을 했다.

"아내에게 부당하게 구는가?"

이건 내가 많은 아빠들에게 했던 질문이다. 나는 같이 얘기를 나눈 여자들의 남편을 비롯해 다양한 지원자들에게 이 질문을 해보았다. 어떤 남편은 아니라고 답했지만, 아내들은 물론 생각이 달랐다. 한 엄마는 남편의 투자 문제로 고생한 것 때문에 할 말이 많았다. 나중에 그녀의 남편은 나에게 이렇게 말했다. "우리 둘 다 애들이 어릴 때 일을 줄였어요. 그게 정말 좋았습니다. 아내는 우리가 함께한다고 느끼는 것 같았어요. 우리 둘 다 목표를 이루기 위해서 희생을 했어요. 단점이 있다면 둘 다 정말 진이 빠지도록 일하느라 힘들었다는 거죠. 그러나 성과가 있었다고 생각해요. 가정의 더 큰 행복을 위해서는 누구 하나가 기꺼이 희생해야 한다는 걸 알았으니까요."

가사 분담에 관해 남자들을 인터뷰하기는 어렵다. 이건 그리 놀랄 일은 아니다. 시간이 충분해도 가사는 대부분의 아빠들이 많이 생각하는 문제가 아니며, 이들은 설명을 들어도 별다른 흥미를 보이지 않았다. 여자들은 이와 매한가지인 남편들의 무심함 때문에 애를 먹는다.

뉴욕에 사는 로라는 현재 4세인 아이가 태어났을 때부터 가사 분담에 만족했던 적이 없다. 로라는 말한다. "저는 제 역할에 충실하기 위해 열심히 살았어요. 제가 남편에게 '집안일은 현재 나에게 일종의 걸림돌'이라고 설명해도 남편은 그런 쪽은 생각하지도 않고, 애를 쓰지도 않았죠. 남편은 화를 내고 큰소리를 내며 '말도 안 된다'고 했지만, 남편이 노력하는 것은 본 적이 없어요. 항상 미처 몰랐다는 말을 되풀이하죠."

아빠들에게 집안일은 주기적으로 신경 써야 할 문제가 전혀 아닌 것 같다. 성 질서는 남자들에게 유리하게 돌아간다. 화를 낼 이유가 전혀 없다. 이들은 일을 하지 않고 저항할 수 있다. 말 그대로 아무것도 하지 않는 식으로 저항할 수 있다.

"아무도 특권을 자발적으로 포기하지 않죠." 엘리엇은 말한다. "정말 이 문제에 관해서는 속을 환히 들여다봐야 합니다."

샌디에이고에 사는 디나는 결혼 초기부터 1950년대 텔레비전에서 보여준 이상적인 결혼 생활을 갈망했다. 남편인 38세 게이브는 대부분 아내의 꼼꼼한 성격 탓에 일이 벌어진다고 보는데, 이에 대해 약간 신경질적으로 말한다. "저도 바쁘면 계획을 세우지만, 일 외의 생활에 대해서는 해야 할 일을 일일이 적어놓지는 않아요. 저는 머릿속에 계획을 넣고 다니고, 아내는 모든 걸 다 적지요. 아내가 토요일 아침에 걱정스러운 얼굴로 일어나면 저는 짜증이 납니다. 저도 '뭘 해야 한다'는 생각은 하겠죠. 하지만 그것에 집착하진 않아요."

아빠들은 엄마들의 열성에도 주춤하지만 그런 열성이 없다는 점에도 주춤거린다. 라루는 인종, 계급, 가정생활에 관한 책을 쓰면서 부모들을 관찰한 기억을 떠올린다. "관찰 결과 어떤 아빠들은 엄마가 아이들에게 너무 많은 걸 시킨다고 화를 냈다. '그냥 놀게 하면 안 되는 걸까?' 하면서. 그런데 엄마가 실수를 해서 아이가 축구나 야구 팀 지원 마감일을 놓쳤다면 아빠들은 이때도 화를 낼 것이다. 모두들 엄마 탓을 했다."

일리노이주 교외에 사는 37세 제러미는 나와 얘기를 나누기로 한 전날 밤, 남자 친구들과 만나서 같은 이야기를 꺼내보았다. 그는 정말 따분했다고 한다. "대단한 얘깃거리가 되지 못했어요." 제러미는 조심스럽게 얘기하면서 한 친구가 이런 제안을 했다고 했다. "자기네 집 같으면 별 계획 없이 다들 집에 앉아 손 놓고 있을 거라고요. 그 친구 성격이 그래요. 뭘 계획해본 적이 없어요. 심지어 고등학교 때도, 대학교 때도요." 그는 아무 일도 안 하는 것에 반발한다.

"우리 그 인터뷰 해야 해." 수개월을 미룬 끝에 나는 드디어 자리에 앉아 조지를 인터뷰했다. 나는 좋지 않은 타이밍에 계속 이 얘기를 꺼냈다. 처음 이 생각을 했을 때가 우리 부부 관계의 암흑기였다면, 사

은밀하고도 달콤한 성차별

280

실 이후 얼마 동안은 상황이 훨씬 더 좋아졌다(위에서 아이들이 다루기 수월해진다는 내용을 참조하길. 연구에 따르면 4세 미만 자녀를 둔 엄마들이 부당함을 가장 많이 느낀다. 나도 조지와 이 문제에 관해 얘기해볼 생각을 테스가 3세일 때부터 하기 시작했으니까. 테스가 6세가 될 무렵 나는 드디어 이 일을 끝냈다). 짧은 시간에 끝날 이론적인 학술 토론임에도 나는 그와 다시 암흑기로 돌아간다는 게 꺼려졌다.

　　우리 부부의 패턴을 많이 생각하면서(페미니스트 작가인 록산 게이가 말한 "해법을 위한 글쓰기"[2]를 했다), 나는 조지에게 왜 그런 행동을 했는지 분명히 물었다. "내 경우는, 그래 보통 난 생각이 많지. 일주일에 5일을 일하고. 우리 각자 다른 일이 있었잖아. 돌보고 생각해야 할 새로운 식구가 2명 생겼지. 나는 나랑 당신을 생각하다가 또 다른 많은 사람들을 생각해야 해." 남편은 말하면서 방어적인 태도를 취했고, 나로서는 의아하지는 않았지만 남편 목소리에 담긴 적대감 때문에 내 마음의 문도 닫혔다. 남편 말이 사실이 아닌 부분은 없었다. 사실 그의 딜레마는 나에게도 똑같이 적용되었는데, 나는 내 일을 하느라 그동안 잠자코 있었던 것뿐이다. 다른 여자 같았으면 이런 말을 할 기운이라도 있었을 텐데. 이상하게 나는 말을 하지 않았다. 원치 않은 싸움이 일어날 게 뻔했으니까. 공동 양육이라는 목표를 힘껏 추진하지 못했던 일은 분명 수년간에 걸쳐 내 길을 가로막고 방해했다. 공동 양육은 많은 노력이 필요한 일이고, 보아하니 내가 가지고 있는 것 이상의 강단이 필요했다.

조지는 계속 말을 이어나갔다. "당신이 하는 일을 내가 당연시한 적이 있었어? 그렇지, 그런 적이 있겠지. 그런데 내가 싫은 것은, 당신이 일을 해놓고 그 일을 하지 않았다며 나를 비난하는 거라고. 차라리 당신이 하지 말고 나한테 하라고 말을 해주는 편이 더 좋겠어." 나는 남편이 부탁받은 일을 종종 잊어버린다는 사실을 상기시켰고, 먼저 무엇을 부탁하는 것도 다른 형태의 책임이라고 말했다. "여자가 하는 일을 당연시하는 태도가 남자에게 분명 있는 것 같아. 아마 생각보다 남자들 책임이 훨씬 크겠지. 그건 맞아." 남편은 결국 받아들였다.

내가 남편한테 들었으면 더 좋았을 말은, 단도직입으로 부끄럼 없이 '나는 성차별주의자'라고 인정하는 소리였다. 바로 이 말은 에모리대학교의 철학 교수인 조지 앤시가 기고한 〈뉴욕타임스〉 사설의 제목이기도 했다. 그는 2018년 말 스스로 나서 남자들에게 "주체적인 시민의 의무로 동참하자면서, 자신이 성차별주의자라고 공언하고" 여성 혐오와 가부장제에 책임을 지자고 호소했다.[3] 앤시의 성차별주의는 그의 결혼 생활에서 "추악하게 고개를 들었다". 그는 이렇게 쓴다. "나는 집 청소를 하고, 요리를 하고, 내 시간을 희생하고 나면 고맙다는 인사를 받아야 한다. 이건 남성 특권 의식을 통해 형성된, 상대를 괴롭히는 뿌리 깊은 기대감이다…."

나는 그가 인정한 게 고마워서 거의 울 뻔했다. 남자들은 성차별주의를 부인할 때 배우자를 가스라이팅하고, 분명하고 명백하게 히스테릭한 정신 때문에 이런 문제가 발생한다고 주장하며 이미 고통스러운 문제를 더욱 악화시킨다.

　남자의 특권을 당당하게 인정한 앤시의 시도는 보기엔 쉬워 보이지만, 모든 남자들이 다 그렇게 할 수 있는 것은 아니다. 나와 인터뷰한 한 엄마는 나에게 다시 연락을 해서 앤시의 글을 남편에게 보여줬다고 말해주었다. "우리 부부 관계에서 저한테 큰 문제가 되었던 이 문제에 대해 글쓴이의 성찰이 남편에게 통할 수 있지 않을까 진심으로 바랐지요." 대신 그녀가 마주친 것은 분노였다. 남편은 그들 부부가 공평하게 산다고 선언하면서 가부장제는 어린 두 아이와 관련된 노동 분담에 아무런 영향을 끼치지 않는다고 주장했다. "우리는 살면서 가장 큰 싸움을 하고 말았어요." 그녀의 말이었다.

　나는 같이 인터뷰한 아빠들에게도 성차별 얘기를 꺼내보았다. 미란다와 결혼한 버몬트에 사는 34세 로웰이 이를 유일하게 인정했다. "제 친구들은 여전히 아이를 가지기 전에 누렸던 생활을 할 거라고 기대하죠. 저 역시 어느 정도는 그런 기대가 있어요. 제 어머니는 전문직에 종사하셨어요. 유치원을 경영하셨죠. 아직도 어머니는 아버지 식사를 차려주세요. 아버지는 거의 식사 준비를 하신 적이 없어요. 저는 아버지와는 다르다고 생각해요. 하지만 부탁받지 않아도 무의식적으로 주도해서 뭔가를 하는 것은…, 글쎄요. 여기에 대한 정당한 핑곗거리는 있지만, 그건 책임 회피죠."

공감 능력의 '자발적' 상실과 책임 회피

시대에 역행한 남자의 저항이 성공하는 바람에, 남자들은 여전히 성가신 일을 회피해도 된다. 이는 집에서, 사랑을 기반으로 한 관계에만 적용되는 것이 아니라, 잃을 사랑이 거의 없는 직장에서도 적용된다.

2018년 〈하버드비즈니스리뷰〉는 다음과 같은 놀림조의 표제 기사를 실었다. "왜 여자들은 승진으로 이어지지 않는 일을 자처하고 나설까?" 연구에 따르면 답은 누군가 해야 하는데 적어도 총대를 멜 여자가 있을 경우, 모든 남자들이 하지 않으려 하기 때문이다. 일련의 실험실 연구에서 경제학자인 린다 뱁콕과 마리아 리콜드, 리스 베스터룬드는 조직 행동주의 심리학자인 로리 와인가트와 함께 연구 결과를 발표했다. 여자는 아무도 하고 싶어 하지 않는 일을 자진해서 떠맡을 확률이 남자보다 50퍼센트 더 높다는 내용이었다. 또한 (부탁하는 성별과는 관계없이) 여자는 일을 해달라고 부탁받으면 승낙하는 경우도 남자보다 더 많다.[4]

〈NPR〉과의 인터뷰에서 베스터룬드는 이렇게 설명했다. "닥치면 여자가 알아서 할 거라는 믿음이나 기대는 이 모든 상황에서 상당히 중요한 요소입니다. (…) 적어도 우리 연구에서 [여자들이] 그렇게 하는 이유는 그런 기대를 받기 때문인 것 같아요. 남자들은 방에 들어와서 여자를 보면 게임이 어떻게 진행되리라는 것을 알아차립니다. 여자들이 자진해서 한다는 것을요. 마찬가지로 여자들은 주위를 둘러보고 남자가 있으면 역시 게임이 어떻게 돌아갈지 알아차리죠. 손을 드는 사람은 여자라는 걸 우리도 알잖아요."[5]

이 연구에서 모두 남자로만 구성된 집단에서는 남자들도 여자만큼 자진해서 일을 하겠다고 나섰다. 오직 남녀 혼성 집단에서만 남자들이 책임을 미뤘다. 내가 인터뷰한 많은 엄마들은 그들의 남편이 집 밖에서는 일을 척척 맡아서 할 거라고 강조했다. 남자보다 여자에게 보답 없는 일을 떠맡기는 현상은 상황에 따른 현상이 아닌 범세계적인 현상인 듯하다.

시카고에서 사회복지사로 일하는 말라는 내게 이런 말을 했다. "브라이언의 아파트로 이사 왔을 때, 짐을 푸는 순간 제가 모든 걸 떠맡았어요. '말라, 이거 말이야, 어디에 놓을까?' 어느 날 부엌에 있는데 그가 묻더군요. '땅콩버터가 어디에 있지?' 자기가 지난 4년간 놓던 바로 그 자리에 있는데 말이죠! 일단 여자가 있으면 남자의 머리에는 스위치가 반짝 켜지나 봐요. '난 이제 더 이상 어떤 일에도 책임지지 않는다.' 이렇게 말이죠."

우리는 자신도 모르게 이 사실을 터득한다. 2018년 여름, 두 번의 홀치기 염색 파티가 끝난 직후(학기 말에 한 번, 캠프 중간에 한 번), 트위터에서 다음과 같은 글을 보고 크게 웃은 적이 있다. "지금은 수요일 오후 3시, 캠프 주최 측에서 방금 이메일을 보내왔는데 내일 모든 참가자들은 홀치기 염색에 쓸 흰 티셔츠를 가져와야 한단다. 당장 창문 밖으로 뛰어내려 죽고 싶은 심정이다."

나는 웃다가 멈추고 글쓴이의 프로필 사진을 자세히 보다가 이 글을 남자가 썼다는 것을 알아차렸다. 문득 정신이 들었다. 그렇지, 조지는 내 부탁을 받고 K마트에 들러 XS 사이즈 아동용 흰 티셔츠 6개 묶음을 샀다. 그런데 아빠가 1) 그런 이메일을 읽는다. 2) 그런 이메일에 대해 혼자 어쩔 수 없이 걱정을 한다. 3) 분명 전에도 이런 이메일을 받은 경험이 충분히 있어 메시지의 희비극적인 의미를 이해한다? 글쎄, 납득이 가지 않았다. 그가 혼자 사는지 알아보기 위해 구글을 검색했다. 일종의 공인이라 정보를 알아내기가 쉬웠다. 이 모든 일을 대신해줄 여자가 없는 상황에서 이 아빠는 혼자 총대를 메왔던 것이다.

성 역학에 따라 베스터룬드가 게임이라 부르는 상황에 대한 규칙이 정해진다. 공평이라는 개념은 의도적으로 책임 회피에 대해 눈을 감는 아빠의 마음보다는 엄마의 마음을 지배한다. 인류학자 새라 허디는 이렇게 설명한다. "복종하는 역할에 오랫동안 사회화된 여자는 하나 이상의 관점, 즉 여자뿐 아니라 남자의 관점, 복종뿐 아니라 지배의 관점에서 세상을 보는 경향이 더 많다. 그러나 가부장제의 특권에 익숙한 사람들에게는 입장을 바꿔서 복종의 관점이나 여성의 관점에서 세상을 보는 것이 별 쓸모 없을 때가 많다. (…) 도움과 별도의 노력 없이 자진해서 이런 시야를 갖는 남자는 거의 없다."[6]

이와 관련한 경제학 연구도 같은 결과를 보여준다. 남자와 여자가 '독재자 게임dictator game'이라는 유명한 실험에 참여할 때 '입증된 성 효과'가 있다. 이 게임은 '독재자'라 불리는 참가자가 자신을 비롯해 의사 결정 권한이 거의 전무한, 보이지 않는 또 다른 참가자에게 상품, 종종 현금을 분배한다. 전 세계적으로 여자는 남자보다 돈을 좀 더 공평하게 분배하고, (권한이 적은) 다른 참가자의 경험을 염두에 둔다. 동아시아에서 미국에 이르기까지 여자는 분배를 좀 더 공평하게 하는 반면, 남자는 자기 것을 좀 더 챙긴다. 남자는 다른 사람의 경험을 감안하기 위해 잠시 멈추지도 않고, 하다못해 그의 경험에 동요되지도 않는다.[7]

다른 사람의 경험을 생각해보는 행위를 공감이라고 부른다. 여자는 공감 능력을 가지고 태어났고 남자는 그렇지 않다는 말을 익히 들었을 것이다. 예전 심리학 연구가 그렇다고 입증했기 때문에 우리는 이 말을 들었고, 연구 결과가 성차별주의자의 고정관념과 일치하는 사례가 신문에 많이 보도된 덕에 이 말은 우리 마음속에 영원히 새겨지게 되었다. 과연 여러 실험에서 피실험자들에게 남자와 여자가 공감 능력을 측정하는 실험에 참여한다는 말을 분명히 했을 때, 남자는 여자보다 수행 능력이 낮게 나타났다.

하지만 예외가 있다. 동일한 실험을 조건을 바꿔서 할 경우, 즉 (익히 알려진 여성의 특성인) 공감 능력을 측정한다고 얘기하지 않고 실험에 다른 이름을 붙였을 때 남자들은 뜻밖에도 여자와 똑같은 능력을 발휘한다. 아니면 공감이라는 제목은 그대로 붙이지만 뛰어난 수행 능력에 상금을 걸면, 다시 남자의 점수는 여자의 점수와 견줄 만큼 올라간다.[8] 행동 양식의 고착화와 여자의 관련성, 그리고 타고나기를 항상 남을 생각하게 되어 있다[9]는 등의 이야기는 이제 더 이상 설득력이 없다.

여자의 뛰어난 공감 능력에 관한 연구에서는 여자가 남자에 비해 지속적으로 갈등을 다르게 취급하는 것으로 드러났다. 여자는 협동과 협업을 통해 불화를 해결할 가능성이 크다. 남자는 경쟁적인 태도를 취한다. 정치학자인 크리스토퍼 카포위츠와 탈리 멘델버그는 2014년 직장에서의 성별에 따른 전형적인 행동에 관한 저서 《조용한 성: 성 협의와 제도The Silent Sex: Gender Deliberations and Institutions》에서, 이런 차이는 문화 규범에 의해서도 생긴다고 설명한다.

인류학자들은 여성의 지위와 역할 기대가 다른 두 수렵·채집 사회인 마사이Masai 문화와 카시Khasi 문화의 경쟁을 비교했다. 대부분의 세계와 마찬가지로 마사이는 부계 사회인 반면 카시는 모계 사회다. 여성 주도 사회에서는 여자가 좀 더 경쟁적인 성별이다. 이들은 말 그대로 경쟁에 뛰어들 가능성이 더 높다. 남성 주도 사회에 대해 카포위츠와 멘델버그는 이렇게 쓴다. "여자는 좀 더 협력적이고 다른 사람들과 상호 의존하도록 사회화되어 있다. (…) 따라서 갈등이나 경쟁이 있는 상황 또는 단순한 협력 부재의 상황도 꺼릴 수 있다. 이런 상황에 처할 경우 여자는 스스로 갈등을 멀리하기 위해 상호 접촉을 피하는 경향이 있다. 여자들은 사회 구성원 간의 유대감이 약화되는 상황을 꺼리기 때문에 이러한 행동을 선호하게 된다."[10] 가부장제 사회에서 여자들이 사회적 유대감을 유지하는 쪽으로 나아가고, 남자들이 이기는 쪽으로 나아간다면 둘은 절대로 맞부딪칠 일이 없다. 여자는 협력을 위해 노력하기 때문에 결국 남자는 싸움 없이 전장을 떠난다. 남자의 성공적인 저항은 세상을 지배한다.

성공한 여성은 겸손을 강요당한다

벨 훅스는 이렇게 쓴다. "확실히 남성과 관계를 맺고 있는 많은 여성들은 아기가 태어나고 그들의 관계가 좀 더 성차별주의적인 것으로 추락한 경험을 겪었다. 하지만 커플들이 특히 육아 문제를 비롯해 모든 분야에서 평등해지기 위해 노력한다면 평등은 실현될 수 있다. 물론 그러려면 열심히 노력해야 한다. 그러나 대부분의 남자들은 육아를 열심히 하지 않는 편을 택했다."[11]

남자들이 양육에 힘쓰기로 선택하는 경우, 그들조차도 어리둥절한 상황을 만날 수 있다. "왜 다른 아빠들은 채팅방에 없는 거예요?" 유치원에 다니는 피트의 아이는 테스와 축구를 하는데, 어느 상쾌한 가을 토요일 나는 연습 때 피트가 근처에 앉은 엄마들에게 강조의 표시로 휴대전화을 허공에 흔들면서 묻는 것을 엿들었다. 이 지역 부모(여기서 "부모"는 "엄마"를 말함)끼리 2년간 유지한 단체 채팅방이 있는데, 이들은 여기서 학교 활동, 단체 모임을 비롯해 다른 일상의 관심사를 함께 나눴다. 피트 딸이 예전에 다니던 유치원에 아이를 보낸 약열다섯 가족이 단체 채팅방에 속해 있었다.

피트의 질문에 답하는 엄마는 아무도 없었다. 나는 문제의 단체 채팅방에 속하진 않았지만 그에게 생각이 어떤지 물었다. 그는 이렇게 말했다. "적어도 이 동네에서는 엄마들이 계획을 하고 아빠는 할 일이 있을 경우에 나타나요. 아빠들도 결국 참여는 하지만 엄마들이 주도하고 준비하고 모든 사람이 참여하도록 이끌죠."

아이 하나를 둔 회계사 피트에게는 이 점이 만족스럽지 않았다. 그는 오랫동안 아빠들의 적극적인 참여를 호소한 사람이기도 했다. "저는 사람들 앞에서 일부러 몇 차례 단체 채팅방에 관해 언급했어요. 대개는 농담을 섞어서 사람들이 어떻게 받아들이나 봤어요. 결국 아빠들은 단체 채팅방 따위엔 관심이 없더라고요."

피트는 딸의 활동에 참여하는 본질적인 동기를 설명했다. 내가 얘기를 나누거나 글에서 접한 다른 평등 부부와 피트 부부의 공통점은 서로 영역을 분리하고 누구 한 사람이 주도권을 잡지 않는 것이었다. 그들은 이런 행위를 선호하지 않았다. 피트는 말한다. "우리 부부의 목표는 항상 일을 같이 하는 거예요. 학교 등록이나 병원 검진 같은 거요. 물론 나눠서 하면 좋은 점이 있긴 해요. 짐이 덜어지니까요. 그러나 생일 파티 계획이나 축구 같은 활동은 50 대 50으로 나누자니 슬퍼지네요. 그렇게 되면 한 사람은 행사의 절반을 놓치니까요. 우리 부부의 경우 이런 일은 양쪽이 다 참여하는 방식을 더 좋아해요. 가령 파티 계획을 짤 때 한 사람이 주도할 수는 있지만 나머지 한 사람도 계속 관여하는 거죠."

"시간상 서로 다른 일을 맡아야 할 때도 있을 거예요. 아이가 유치원 다닐 때는 아내 셰리가 아이를 유치원에 데려다주고 저는 집으로 데려오는 일을 맡았어요. 아침 일과는 관여하지 않았죠. 그런데 아이가 초등학교에 입학한 올해부터는 제가 학교에 데려다줍니다. 그래서 아이 머리 빗기기, 옷 입히기, 아침 챙기기 같은 일을 더 잘하게 되었어요. 예전에는 완전 형편없었지만, 익히면 되는 일이었어요. 일단 새로운 일상에 익숙해지고 새로운 기술을 습득하면, 양육에서 누가 기본 책임을 져야 한다는 얘긴 할 필요가 없더라고요."

디트로이트 외곽에 살며 십대 자녀 둘을 둔 매슈는 둘째가 태어난 이후 육아에 힘을 더 쏟기로 결심했다. 아내의 출산휴가가 끝났을 때 매슈는 법적으로 보장하는 무급 가족 의료 휴가를 12주 받았다. 이 시간 덕분에 매슈는 보조 양육자의 역할을 다시 생각하게 되었고, 직장에 복귀하자마자 근무시간 단축을 요청했다. 매슈는 말한다. "저는 휴가 내내 둘째 아이작과 함께했는데 그 시간이 너무 좋아서 복직하면 예전과 똑같은 방식으로 일하지 않겠다고 생각했어요."

회사는 근무시간 단축을 허락했지만, 매슈는 회사 사람들의 미심쩍은 눈총을 기억한다. "제 회사는 아빠 출산휴가를 비롯한 여러 복지 혜택이 좋지만, 그로부터 10년 이상이 지난 지금도 출산휴가를 내는 아빠는 아무도 없어요. 1명도 없죠. 제가 '나는 풀타임으로 일하지 않는다'고 말한 순간 제 이름에는 거의 말 그대로 별표가 붙었어요. 직장에 매일 있지 않고, 회사 일에 완전히 몸담지 않는 사람으로 낙인찍혔죠. 승진 대상에서 제외되었고 그후로 쭉 뒤처졌어요. 그런데 전 뭐, 그때나 지금이나 신경 쓰지 않아요."

매슈 부부는 첫아이가 태어났을 때는 좀 더 전통적인 방식으로 살았지만, 둘째가 태어난 이후로는 공동으로 주양육자 역할을 해왔다. 지금까지 내 연구에서 관찰한 결과 동등한 공동 양육은 아이가 3세 미만일 경우에만 나타나는데, 필요조건은 종종 서로 겹치며 다음과 같다. 양쪽 부모가 평등을 최우선순위로 하자는 약속을 명백하고 확실하게 지켰을 때, 주로 엄마들만이 자녀들과 가지는 규칙적이고 친밀한 접촉을 아빠가 정말 즐길 때, 아빠가 상당한 기간의 출산휴가를 받았을 때, 이렇게 세 가지다. 연구에 따르면 유급 출산휴가가 보장되는 국가에서 자녀와 함께 사는 남자들은 복직한 이후에도 주당 할당된 가사를 수행하는데 이는 출산휴가를 보장하지 않는 국가에서 자녀와 함께 사는 남자보다 2.2시간 더 많은 것으로 밝혀졌다.[12]

매슈는 가정생활을 즐기기 위해 직업적인 야망을 한쪽에 제쳐두었고, 질투가 없는 것은 아니지만 아내의 승진을 편안하게 지켜보았다. 매슈는 예외일지도 모르고 일반적이지도 않다. 떠도는 얘기와 실험 연구에 비추어볼 때 남자는 오래전부터 아내가 자기보다 성공할 경우 위협감을 느낀다. 연구 결과 1960년대와 1970년대에 결혼한 부부의 경우, 아내가 남편보다 수입이 많으면 이혼할 위험이 높아졌고,[13] 이는 뒤처지는 것에 대한 남자의 불쾌감을 단적으로 드러내는 증거였다. 이런 상관관계는 1990년대에 와서 사라졌지만, 여자의 큰 성공은 여전히 일부 남자에게는 눈엣가시로 남아 있다.

***

존스홉킨스대학교와 토론토대학교 경영대학원의 연구자들은 1936년부터 2010년까지 여우주연상과 남우주연상 후보 및 수상자들의 결혼과 동거 기록을 조사했다. 조사 결과, 시상식 이후 여우주연상 수상자(결혼 생활 지속 기간: 4.3년)는 후보에만 오른 다른 여성 배우(결혼 생활 지속 기간: 9.5년)보다 결혼 생활 지속 기간이 절반 정도 짧았다. 반대로 남우주연상 수상자나 후보에만 오른 남성 배우들은 결혼 생활 지속 기간이 평균 12년 정도로 같았다. 이 연구는 이렇게 밝힌다. "결혼 관계의 사회적인 기준은 남편의 수입과 직업적 지위가 아내보다 높아야 함을 전제로 한다. 이 기준과 부합하여 남자는 지능과 야망이 본인보다 뛰어난 배우자를 회피하기도 한다. (…) 이 기준에 어긋나면 부부 사이가 불편해지고 결혼 생활이 힘들어질 수 있다."[14]

정치 선거에서 당선된 여자도 상황은 매한가지다. 스웨덴에서 실시한 연구에 따르면 여성 후보는 당선되면 뒤이어 이혼당할 기본 위험이 2배로 증가한다. 선거에 출마했지만 낙선한 경우에는 영향이 없었다. 남자 후보자의 당선이나 낙선은 추후 결혼 생활과 직접적인 관련이 없다. 동일한 연구에서는 또한 최고 경영자가 된 기혼 여성은 똑같

이 최고 경영자 자리에 오른 남자보다 3년 안에 이혼할 가능성이 2배 높다는 사실을 밝혔다.[15]

뱁콕(286쪽 연구 참조)과 언론인 새라 래스체버는 2003년 저서 《여자는 묻지 않는다Women don't ask》를 집필하기 위해 인터뷰를 진행하는 동안 성공한 여성으로부터 같은 얘기를 반복해서 들었다. 겸손하고 조신하게 행동하는 게 중요하다고.[16] 아카데미상을 수상하거나, 선거에서 당선되거나, 고위급 지도자 자리에 오르는 것은 겸손과는 거리가 먼 일이다. 어떤 성공의 표식은 다른 것보다 겸손을 보여주기가 더 어렵다.

컬럼비아대학교에서 2000년 초반 실시한 실험은 여자와 데이트하는 남자가 자신보다 덜 성공한 상대를 선호한다는 사실을 확인시켜주었다. 아니, 더 정확히 말해 남자들은 애정 관계의 사회적 질서에서 강박적으로 전통적인 위치를 점유해야 한다고 느낀다. 행동경제학자들은 속성 데이트 행사에 참여해서 십여 명의 후보와 길지 않은 대화를 나눌 대학원생을 채용했다. 4분 대화를 연달아 실시한 후, 참가자들은 (다른 여러 자질 중에서) 본인의 지성과 야망, 또 대화 상대방의 지성과 야망을 1~10까지의 점수로 평가하고, 자신들이 추후에 해당 후보와 데이트를 원하는지 결정해야 했다. 여성의 경우 상대방 남자에게 준 지성 점수가 1점씩 증가할수록 그와 다시 만나기 원하는 비율이 4.6퍼센트 더 높아졌다. 반대로 남자의 경우는 여자에게 준 지성 점수가 1점씩 증가할수록 그 여자와 다시 만나기 원하는 비율이 고작

2.3퍼센트 더 높아졌다. 여자의 야망에 대한 남자의 반응 역시 비슷한 양상을 보였다. 남자들은 야망 점수가 본인의 점수보다 높지 않은 경우를 제외하고 야망 있는 여자에게 개의치 않았다. 연구자들은 다음과 같은 결론을 내렸다. "평균적으로 남자들은 여자의 지성이나 야망이 그들 자신의 점수를 초과할 때 이를 가치 있게 보지 않는다. 게다가 남자는 본인이 생각하기에 자신보다 야망이 높은 여자를 선택할 가능성이 적다."

실제 데이트 현장에서 남자들은 여자와 마찬가지로 이따금 본인보다 더 지적이거나 야망이 더 많은 상대를 만난다.[17] 야망은 적어도 인생을 사는 동안에는 밀물처럼 밀려오기도 하고 썰물처럼 물러나기도 하는 것 같다. 여자의 가정 외적인 열망은 자녀에 대한 책임을 대부분 지고 있는 동안에는 사그라질 수 있다. 남자들이 가정(과 직장)에서 바쁜 일을 회피함으로써 의도적으로 여자들을 그 자리에 묶어둔다고 말하면 지나치게 냉소적으로 들리겠지만, 확실히 남자들은 이 과정에서 도움을 받아 직장에서 최고의 자리에 오른다.

캠프 더시는 야망이 많은 친구 얘기를 해주었다. "제 친구는 소방관이고 승진할 생각을 하고 있었어요. 그런데 [남자] 소방관들이 친구에게 집에서 정말 아이들 곁에 있어야 한다고 말하더래요. 친구는 죄책감을 느끼고 있더라고요. 저는 이렇게 얘기해주었죠. '그 사람들이 그 자리를 노리는 거야! 그들은 네 친구가 아니라고!' 이들은 엄마의 죄책감을 이용하여 친구가 성취하지 못하도록 하는 거지요." 샤론 헤이즈 또한 이렇게 피력한다. "열혈 엄마 역할이라는 이데올로기는 남자에게 도움이 된다. 사회적으로 가치를 인정받지 못하는 엄마 역할에 매진하다 보면 여자는 대체로 사회에서 종속적인 위치에 머물게 되기 때문이다."[18]

피그말리온 효과: 기대감이 낮다

1960년대, 심리학자 로버트 로젠탈과 학교 교장 레노어 제이콥슨은 초등학교 교실에서 '실험자 효과'를 시험해보기로 했다. 실험자 효과란 실험자의 기대감이 실험 결과에 영향을 미칠 수 있다는 이론이다. 당시 젊은 교수였던 로젠탈은 이미 쥐로 실험자 효과를 입증했다. 실험실 연구자를 속여 이들이 키우는 어떤 쥐는 특출나게 미로를 잘 통과하도록 사육되었고, 어떤 쥐는 특히 형편없게 되었다고 말하고, 이에 따라 쥐를 가둔 철장에 따로 이름을 붙였다. 이 말에 속은 실험자들이 미로를 통과하도록 쥐를 훈련시켰더니, '미로 영재'라 이름 붙은 철장의 쥐는 '미로 둔재'라 이름 붙은 철장의 쥐보다 속도와 정확성이 더 높았다. 연구자가 가지고 있던 쥐의 잠재력에 대한 믿음이 미로 통과 성공에 영향을 끼쳤던 셈이다.

로젠탈은 쥐가 사람의 기대에 좌우된다면 아이들에게도 같은 원리가 적용될 거라고 생각했다. 캘리포니아 공립학교의 학년 초에 1학년부터 6학년 학생들은 종합 성취도 평가를 치렀다. 이후 각 학급에서 20퍼센트의 학생을 무작위로 선정해서 실험군으로 만들어 선생님들에게 이 아이들이 앞으로 1년 동안 학업 면에서 꽃을 피울 가능성이 가장 높다는 말을 했다. 학년 말에 모든 아이들은 시험을 다시 치렀는데, 실험군에 있던 아이들은 실제로 기대감이 덜했던 다른 학생에 비해 눈에 띄게 높은 성취도를 보여주었다.

이후 수년간에 걸쳐 피그말리온 효과*는 가정은 물론 군 훈련소, 회사에 이르기까지 도처에서 영향을 끼치는 것으로 확인되었다.[19] 사회적 기대 또는 관계에 대한 기대가 영향을 미치는 곳은 어디에서나 미리 품은 기대감의 힘이 막강하다. 많은 기대를 받으면 사람은 더 잘하고 그렇지 않으면 잘 못한다.

나는 처음에 남편이 리브의 건강진단서를 떼어올 것이라 기대했다. 그래도 남편에게 이 일을 상기시켜야겠다고 생각했다. 혹시 나의 낮은 기대감으로 이루어진 약한 편견soft bigotry** 때문에 남편이 일을 제대로 못한 것은 아닐까? 세상일은 그런 걸까?

뉴질랜드의 한 교육 연구자는 '교사 기대 프로젝트'의 일환으로 교사가 아이들과 생활하는 모습을 필름에 담았다.[20] 선생님들은 하나

---

* 그리스 신화에서 따온 말. 피그말리온이라는 조각가가 자신이 만든 아름다운 여자 조각상을 열렬히 사랑한 결과 결국 조각상이 생명을 얻게 되었다는 이야기.

** 형편이 어려운 사람이나 소수 인종이 다른 사람들보다 못할 거라는 생각. 다른 편견에 비해 무의식적이고 미묘해서 '약하다'는 말이 붙음.

같이 본인이 비언어적인 제스처, 즉 눈썹을 올리거나 지루한 표정을 짓거나 딴 데로 시선을 파는 동작으로 얼마나 많이 아이들과 소통하고 있었는지 전혀 몰랐다고 얘기했다. 버지니아대학교에서 실시한 비슷한 프로젝트는 교사들에게 신체언어 인지 훈련을 시켜 이들이 학생들과 보다 생산적인 관계를 설정하도록 도움을 주었고, 그리하여 이들 교사가 가르친 학생들은 표준 시험에서 향상된 결과를 보여주었다.[21] 나는 종종 조지에게 뭔가 하라고 부탁할 때 안심이 되지 않는다. 남편이 나의 부탁을 기억할지 믿지 못하는 것이다. 이런 주저감은 상대에게 전달된다.

양육 기준은 이를 뒷받침하는 요소가 애매한 것들이라 상당히 문제가 많다. 모든 집안일에 처음부터 남자가 열등하다는 생각을 전제로 하면 남자들은 결국 미로를 헤쳐나갈 방법을 터득하지 못하게 된다. 자기충족적 예언은 계속 실현된다. 믿으면 그리된다. 디나의 남편인 게이브는 자기 아내를 이렇게 본다. "아내는 자기가 해야만 일이 된다고 믿는 것 같아요." 디나는 이를 인정하지만 자기의 믿음은 과거 경험으로 인해 생긴 것이라고 강조한다. "남편은 신경 쓰지 않는 법을 배우고, 저는 그에게 분개하는 것을 배워요. 우리는 이런 뻔한 패턴에 빠져든 거죠."

고정관념 위협: 안 한다

‘고정관념 위협’ 이론은 피그말리온 효과와 다르지 않은데, 여기서 고정관념은 실험자 역할을 대신해서 일의 결과에 기여하게 된다. 고정관념 위협은 "한 집단에 대한 부정적인 고정관념이 팽배한 상황에서 잘못 평가받고 취급받는" 것에 대한 두려움이다.[22] 성과에 대한 두려움이 발동하면 이는 종종 현실로 입증되는 고정관념으로 나타난다.

연구에 따르면 한 집단에 대해 부정적인 고정관념이 생기면 이것이 발동될 때마다 해당 집단 구성원의 수행 능력은 나빠질 수 있다. 예를 들어 실력이 비슷한 남녀 학생들로 구성된 학급에 수학 시험지를 나눠주면 이들은 비슷한 성적을 낸다. 동일한 시험지를 나누어주는데, "이 시험을 보는 목적은 왜 어떤 사람들이 다른 사람보다 수학을 잘하는지 알아보기 위한 것이다"라고 의도를 설명하면 여학생들의 점수가 곤두박질친다. 여자는 수학에 약하다는 익숙한 관념이 이런 설명으로 활성화되어 여자의 능력에 대한 불확실성을 부채질한다.[23] 비슷한 실험에서 백인 남자들은 아시아 남자들과 비교된다는 얘기를 들을 때 수행 능력이 저하된다.[24]

한 연구자는 고정관념의 영향을 이렇게 설명한다. "고정관념이 증명될지도 모르는 징후를 발견하고 이를 확실히 억누르는 과정이라는 가설을 세운다. 아이러니하게도 경계와 통제를 강화하면 복잡한 인지 작업을 달성하는 데 필요한 동일한 중앙 통제 프로세서(즉 작업

메모리)가 제 기능을 하지 못하기 때문에, 피하려고 하는 저조한 수행 결과가 나온다."[25] 고정관념 위협 연구는 학계에서 운동 분야까지 여러 영역에서 실시되어 영향이 입증되었다. 고정관념으로 생긴 기대감은 결과에 영향을 준다. 연구에 따르면 사람들은 자기들이 한 일에 부정적인 고정관념이 적용될 가능성을 줄이기 위해 자기 불구화self-handicapping*에 전념한다. 즉 자존심이 상하는 것을 피하기 위해 기술을 연마하지 않는 등 열심히 노력하지 않는다. 실패할 경우에는 타고난 결점이 아닌 노력의 부족 탓으로 돌릴 수 있다.

고정관념 위협에 관한 연구에 따르면 능력이 부족한 집단의 구성원은(이 경우에는 아빠 집단이라고 하자) 그들이 어떻게 널리 알려져 있는지 인지하면서 주눅이 든다고 경고한다. 이 위협이 꼭 노골적으로 드러나는 것은 아니다. 수학을 특히 잘하는 여학생은 남학생 비율이 여학생보다 높은 경우, 수학 시험 점수가 좋지 않다.[26] 시험을 보는 남학생 수가 여학생에 비해 많을수록 '내가 잘하는 집단에 속할까'라는 염려가 더 강해지기 때문이다. 고정관념에 익숙한 사람이 낙인찍힌 집단의 구성원일 경우, 수행 능력이 좋지 않다. 실험을 실시하는 사람의 성별도 불안을 높이고 인지 자원을 고갈시킴으로써 고정관념 위협을 부채질할 수 있다.[27] 본인이 '엄마와 나 교실'에 참석한 아빠라고 상상해보자. 이 교실이 아빠의 삶을 비유하는 거라고 상상해보자.

*　실패의 구실을 만들기 위해 최대한의 노력을 하지 않는 현상.

브리티시컬럼비아대학교의 사회심리학자인 토니 슈마더는 고정 관념 위협을 연구한다. 나는 남자들이 아주 성공적이고 가정적인 부모가 될 수도 있는데 아빠에 대한 고정관념이 그것을 가로막고 있는 건 아닌지 물어보았다. "말이 되는 가설이죠." 슈마더는 이렇게 말하며 좀 더 애매한 말을 덧붙였다. "우리 모두는 일부러 모르는 척하는 영역을 가지고 있는 것 같아요. 그래야 정말 하기 싫은 일에서 벗어날 수 있거든요."

1971년 스탠퍼드 감옥 실험은 사회심리학 역사에서 가장 유명한 실험으로 손꼽힌다. 캘리포니아의 한 신문에서 모집한 지원자들 중 21명이 모의 감옥 실험에 참여하기로 동의했고, 그중 절반은 죄수 역할을, 나머지 절반은 간수 역할을 하기로 했다. 간수는 직업교육을 받았고, 죄수는 집에서 체포되어 감옥 같은 방에 들어갔다. 하지만 2주간 지속될 예정이었던 이 연구는 겨우 6일 만에 끝나고 말았다. 간수가 거칠어지고 죄수의 상태는 나빠졌기 때문이다.

이 연구는 악의 진부함을, 즉 제도권의 힘을 빌리면 어떤 사람이라도 남을 착취하는 비인간적인 인간이 될 수 있음을 보여주는 실험으로 여겨졌다. 하지만 이 실험에서 나온 결론은 재차 연구 대상이 되었다. 진부한 것은 악이 아니라 오히려 사회 환경의 기대에 부응하려는 우리의 욕망인 것 같다. 이른바 감옥 실험의 요구특성**은 참가자의 행동에 영향을 주었다.[28] 간수와 죄수는 연구에서 기대하는 결과를 추론하고, 협조적인 사람들이 그렇듯 여기에 따라 행동했다.

가정생활을 생각해볼 때 기대, 고정관념, 요구특성이 모두 허공에 떠 있다. 그러나 미리 경고를 받으면 대비가 가능한 법이다. 토니 슈마더는 고정관념 위협에서 벗어나는 가능성을 연구하면서 다음과 같은 사실에 주목했다. "이런 차이는 수행 환경의 성격을 바꾸어 한 집단이나 한 사람의 능력에 대해 긍정적인 관점을 불어넣거나, 고정관념의 해로운 영향을 좀 더 투명하게 공개하면 설사 없어지지는 않더라도 줄일 수 있다. 고정관념 위협을 철저히 분석하면 이로 인한 피해도 약화시킬 수 있다."[29] 슈마더의 말은 고정관념 위협의 힘이 보이지 않는 곳에 있다는 뜻이다. 우리는 (관련된) 다음 두 가지 방법, 즉 아빠를 소외시키는 행태에 제동을 걸거나, 고정관념의 오류를 밝히는 데 집중함으로써 이 힘을 무력화할 수 있다.

리스 베스터룬드는 여자와 아무도 하고 싶어 하지 않는 일에 관하여 제3의 길을 제시한다. "우리는 스펙트럼의 맨 꼭대기를 생각하며 시간을 보냈어요. 저 유리 천장을 어떻게 깰까, 어떻게 기회를 잡을까? 반면 스펙트럼의 맨 끝을 생각하는 데는 이보다 훨씬 적은 시간을 썼죠. 이 일은 누구라도 할 수 있어요. 지원자를 물색하기보다는 우리가 돌아가면서 해야 합니다. 그게 쉬운 방법이에요. 누군가에 대한 편견을 없애야 한다는 것도 아니에요. 그저 우리 시스템에 문제가 있음을

** 실험 대상자의 반응에 영향을 주는 요인, 또는 실험 대상자가 실험자의 의도에 맞추어 반응하려고 하는 경향.

인식할 필요가 있고 (…) 그다음 책임을 져야 해요." 이쯤에서 베스터룬드는 엘리자베스를 떠올린다. 그녀는 캘리포니아 북부에 사는 엄마로 20년 동안 노동 분담을 신중하게 고려하며 살아왔다. 엘리자베스와 남편은 시스템 문제를 미리 알아 무장하고 그들이 가진 편견 위에 군림하기로 결심했다. 이들은 누군가에 대한 편견을 없앨 필요가 없었다. 대신 엑셀 문서를 만들어서 집안일의 책임을 나눴다.

변화에 대한 저항

암묵적 편견, 고정관념, 요구특성은 변화에 대한, 사회적으로 습득된 장애물이다. 리사 래히는 하버드대학교 교육대학원의 교수이자 조직 변화 촉구를 전문으로 하는 컨설팅 그룹인 마인드 앳 워크Mind at Work 의 공동 창립자이다. 《변화에 대한 저항: 저항을 극복하고 우리 자신과 조직 안의 잠재성을 이끌어내는 법Immunity to Change: How to Overcome It and Unlock the Potential in Yourself and Your Organization》에서 래히와 공동 저자 로버트 키건은 좀 더 독특하고 개인적이며 무의식적인 동기 역시 종종 변화를 가로막는다고 말한다.

래히와 키건은 우리 몸의 면역 체계를 비유로 들어 변화를 위협으로 인식하며, 우리 정신이 변화에 자동으로 반응한다고 표현했다. 예를 들어 관리자가 다른 사람의 의견을 더 수용하겠다고 분명히 표현하면서도 무의식적으로 자기 방식으로 운영하는 데 빠져 있다 보니, 짧고 퉁명스럽게 피드백하는 직원을 멀리한다고 하자. 이 관리자는 자기도 모르는 사이 스스로 원했던 변화를 자신이 차단해야 하는 바이러스로 취급해버린다. 이런 모순 속에서 제대로 기능하지 못하는, 친숙한 시스템을 비생산적으로 유지하면서 아주 좋은 의도를 망치고 있는 셈이다.[30]

리브의 건강진단서 문제로 속을 끓이고 있을 때 나는 래히에게 이 이야기를 하면서 조언을 구했다. "좋은 예가 되는 게, 당신이 책임을 지고 비효과적인 방식으로 대신 처리하면서 시스템은 더 강화되고 있잖아요. 결국 아내는 사사건건 상관하게 되고 남편은 아내에게 의지하면 된다는 사실을 터득하죠. 남편은 책임지는 사람이 아닌 거예요. 변화를 꾀하려면 이 상황에서 걸림돌이 무엇인지 구성원 모두 지금보다 훨씬 더 분명하게 꼬집어서 밝혀내야 가능해요."

래히는 나에게 다음과 같이 말하라고 제안했다. "이 일이 제대로 안 되면 다 당신 책임이야." 그리고 나에게 이렇게 물었다. "그럼 결과는 어떻게 될까요? 남편이 책임지게 하는 것은 대단한 일이에요." 내가 진단서 사건을 팔짱 끼고 지켜봤다면 리브는 중요한 첫날 아침에 캠프를 시작하지 못했을 것이다. 조지는 리브와 집에 있어야 했을 테고, 이 때문에 두 아이는 골이 났을 테고, 직장에서 한 약속은 깨지고, 하루치 수입은 날아갔겠지.

애당초 처음에 건강진단서를 떼어오라고 부탁할 때 일일이 내가 알려줬을 수도 있다. 조지는 그렇게 했으면 기억하는 데 도움이 됐을 거라고 맞장구를 치지만, 또 그렇게 말하면 "잘난 체하고 싸우려 든다고" 생각했을 것이다. 나는 이런 소리를 들어도 싼 게 아닐까? 여성의 분노에 대한 사회의 반응은 어려움을 가중시킨다. 자신의 인간적인 분노에 크게 위로받지 못한 채, 우리는 친구로부터 뜨뜻미지근한 위안을 구하는 데 그칠 것이다.

래히는 물었다. "드러내고 감추지 말아야 할 당신네 부부 각자의 복잡한 문제는 뭐죠?" 이건 내가 분명 예전부터 생각해왔던 문제였다. 그건 변화에 대한 방어였다. 간단히 말해 조지는 힘들게 사는 싱글맘의 불평에 분노를 느끼며 자랐고, 나는 내가 염려해봤자 아무도 듣지 않는다는 체념 속에서 자랐다. 우리가 확립한 부모 양육의 역학에서 우리가 엮어내는 개인적인 담화는 오래되고 익숙한 방식으로 합쳐진다. 남편은 나의 불평에 분노하고, 나는 끊임없이 남편이 내 말을 듣지 않는다고 느낀다.

우리 상황은 특히 성별에 의해 과하게 결정이 나버렸다. 무수히 많은 특이한 삶의 이력으로 인해 더욱 살아나는 이 시나리오의 서사는 지나치게 한쪽 방향으로만 흘러간다. 만약 내가 조지의 본가에서 자라고 그가 내 본가에서 자랐다 해도 결혼 생활에서 구축한 각자의 위치는 전혀 바뀌지 않았을 것이다. 이렇게 성별과 관련된 장애물은 거의 뒤집어지지 않는다. 이유는 래히가 얘기하는 방어 시스템이 개개인이 살아온 삶에 반응하여 발동되기도 하지만 대체로 사회적 세계에 반응하기 때문이다. 래히는 이 점을 충분히 인정했다. "남녀의 분석 수준이 달라요. 남자는 가정에서 책임지는 아내가 필요하다고 느껴요. 여자는 더 요구할 권리가 있다고 느끼지 못해서 진심으로 부탁하지 않는 거죠."

자기도 모르게 피드백을 묵살하는 상사와 마찬가지로 평등한 부모가 되고 싶다고 말하는 남자는 덜 의식적인 다른 꿍꿍이속이 있다. 그러다 보니 로웰이 말하는 "부탁받지 않아도 주도적으로 뭔가를 계획하고 실행"하지 못한다. 이들은 조지 앤시의 말처럼 "남자로서 [그들] 자신만의 권리 '상실'"을 두려워한다. 따라서 이들의 방어 시스템은 우선 염두에 두어야 할 사실을 고려하라고 강요하지 않고, 가부장적 특권을 유지하는 쪽으로 움직인다.

《부부, 성, 권력》에서 너드슨-마틴과 머호니는 솔직하게 기술한다. "성 행동은 성 계급을 토대로 사회 속 남자에게 따라붙는 잠재되고 보이지 않는 권력에 의해 부분적으로 자리를 잡는다. 이 점을 집어내서 해결하기는 어렵다."[31]

새로운 남성 패러다임: 진짜 사나이에서 좋은 남자로

우리는 남성성이 궁지에 몰리는 시대에 살고 있고 남성성을 지키는 데 치러야 할 대가가 크다는 것을 목격해왔다. 고정관념에 사로잡힌 남자는 경직되고 변화가 느리다. 지위와 권력이 있지만 어두운 약점이 있다. 한번 받은 남성이라는 작위는 반드시 지켜야 한다. 지배하는 자는 복종할 사람을 필요로 한다. 다르게 살면 고립될 수 있다.

노스캐롤라이나에 사는 데릭은 29세의 살림하는 아빠다. 스스로 어린 자녀의 주양육자가 되기로 선택했으나 이에 수치심을 느껴왔다. "집에 있다고 처음 얘기했을 때 제 아버지는 이렇게 말씀하셨죠. '네가 그렇게 할 수 있다니 잘된 일이야.' 하지만 분명 아버지는 집에 가서 이러쿵저러쿵 얘기하셨을 거예요. 제 동생은 저보다 4세 어린데 1년 전에 아이가 생겼어요. 동생 생각에 가장은 그저 생계비를 벌고 집에 와서는 아무것도 하면 안 되는 사람이죠. 제가 애들하고 집에 있는 게 제 얼굴에 먹칠을 하는 거라고 생각해요. 저한테 그러더라고요. '적어도 나는 가정을 돌보잖아.' 이런 논리는 우리 관계에 영향을 줬어요. 우린 서로 얘기를 안 해요. 아내와 저는 최근에 이사를 했는데 전 친구를 사귈 마음이 없어요. 부끄럽지 않은 일인데 항상 뭐랄까 다른 사람이 손가락질하는 것 같아요. 그게 문제죠. 저는 손가락질받고 싶지 않아요. 심지어 집에 있는 다른 아빠들에게도요."

페미니즘의 과업은 좀 더 평등한 남성성을 발전시키는 데 신경을 거의 쓰지 않았기 때문에 여전히 미완성이라고 한다. 이에 대한 한 가지 해결책은 아빠라는 정체성을 전적으로 받아들이도록 남자들을 격려하는 일일지도 모른다. 콜로라도대학교 볼더 캠퍼스의 사회심리학자 버나넷 박과 연구자들은 하나의 범주로서 남자에게 쏟아지는 냉소적인 태도가 아빠에게는 전파되지 않는다는 것을 발견했다. 두 집단을 각각 형용사로 표현해보라는 과제에 참가자들은 '남자'는 부정적으로 표현했지만 '아빠'는 우호적으로 표현했다. '여자'도 우호적으로 표현했는데, '엄마'만큼 좋게 표현했다.

박은 아빠의 사회적 역할이 남자의 성 고정관념을 바꾸는 데 지렛대 역할을 할 수 있다고 제안한다. 그는 이렇게 쓴다. "남자다움과 남성성을 너무 정해진 틀 안에서 정의하지 않으면 '남자라는 정의'에 유연성이 커진다. 이는 남자들에게도 바람직한 결과를 가져오지만, 성별 간의 엄격한 경계를 줄이는 데도 바람직하다."[32]

특별히 아빠에게 90일간의 유급 출산휴가(이 휴가는 반드시 써야지 안 쓰면 없어진다)[33]가 주어지는 스웨덴에서 라테 파파라고 불리는 이 아빠들은 유모차를 끌며 거리를 누비는데, 섹시하고 남성답다는 칭송을 받는다. 정부에서 아빠들에게 출산휴가를 쓰라고 권장한 1995년 이후 스웨덴의 이혼과 별거율은, 다른 나라에서 대체로 오르는 추세임에도 불구하고, 계속 떨어졌다.[34]

박은 나에게 이런 얘기를 해주었다. "미국 남자들의 사이 대화에서 최근에 부쩍 늘어난 말이 있어요. 특히 백인 남자들이 권리를 빼앗겼다고 느끼고 있고 스스로 역할을 찾지 못한다는 거죠. 집안의 가장으로서 유일하게 돈을 버는 전통적인 역할을 하고 있지 않잖아요. 이 말은요, 남자들에게 나타나는 모든 문제, 가령 건강 문제, 낮아진 졸업률, 높은 약물 남용과 투옥률 등을 볼 때 남자들이 정체성을 잃었고,

따라서 어떤 면에서 보면 이 세상에서 자기들이 살 곳을 찾고 있다는 거죠."

박은 남자들에게 아버지 역할을 더 잘, 깊이 있게 할 수 있는 여지를 주어서 소위 해로운 남성성과 싸우도록 하자고 제안한다. "잠재적 연상 검사에서 아빠는 부모 세계보다는 직업 세계와 더 밀접하게 연관되어 있어요. 아빠 역시 부모라는 점을 감안하면 이건 끔찍한 일이지만, '아빠는 어떤 사람이고 무엇을 한다'고 하는 1950년대의 원형이 이어진다고 보면 됩니다." 어떤 증거에 따르면 박이 언급한 잠재적 연상은 생각만큼 변화에 둔감하지는 않다. 여대 학부생을 대상으로 연구한 결과, 신입생들은 '여성'과 지도력 관련 용어를 짝짓는 데 시간이 걸렸다. 하지만 여학교에서 단 1년을 보낸 후 이런 양상은 변했다.[35]

박의 얘기를 들어보자. "아빠와 역할 참여에 대해서는 행동학적으로 또 고정관념 측면에서 변화가 있었지만, 전반적으로 남자와 연관시킬 만큼 강력한 변화는 아니었습니다. 아빠라는 집단이 있고 이들이 아빠 역할을 하지만, 집단으로서의 남자는 사회적 인식의 관점에서 사람들 마음에 아빠 역할과 그리 밀접하게 연결되지 않아요. 남자다움이 위협받으면 공격성이 나오게 마련이죠. 그러나 남자다움에 대한 위협을 아버지의 사회적 역할을 발동시켜 대처할 수 있다면, 그로 인한 아픔에서 회복할 수 있고 공격적인 반응도 누그러뜨릴 수 있어요. 아버지 역할은 중요한 정체성의 일부입니다. 성취감과 목적의

식을 불러일으켜서, 세상에 영향을 줄 수 있는 생산적이고 긍정적인
방식에 대해 생각하게 하죠."

***

　뉴욕에 사는 32세 샘은 집에서 살림하는 아빠다. 1년 전 유모가
그만두자 아내의 수입만으로 살아가기로 아내와 결정한 후 샘은 회사
를 그만두고 딸을 보살폈다. 그는 이렇게 말한다. "저는 할머니와 어
머니, 이렇게 여자분들이 키워주셨어요. 그 점이 정말 감사해요. 그
분들은 저에게 아빠이자 엄마였죠. 제게 엄한 아버지가 계셨다면 집
에서 아기를 보는 문제에 대해 이런 태도를 취하지는 못했을 거예요.
전 제가 남자가 아닌 것 같아요. 여자의 영향 덕분에 세상을 좀 더 부
드럽게 보죠. 제가 이 일을 할 수 있게 된 것은 이 점이 가장 커요." 어
린 시절 집안에 그의 타고난 여성적 특성을 간섭할 남자가 없었기 때
문에 샘은 남을 돌보고 싶은 충동에 대해 수치심을 느껴본 적이 없다.
만약 엄한 아버지가 있었다면 놀림을 받았을 것이다.

　사회학자 마이클 키멀은 남자들의 여성적 충동을 포용하도록 돕
는 데 적극적이다. "진짜 사나이"가 아닌, "좋은" 남자가 되는 데 주력
하자는 것이다. 2017년 웨스트포인트사관학교에서 성폭행에 관해 강
연하면서 키멀은 사관생도에게 각자 자신을 정의해보라고 했다. 생
도들은 진짜 사나이는 거칠고 강하며 "결코 약함을 보이지 않고, 어떤

대가를 치르더라도 이기며, 역경을 견디고, 고통을 즐기며, 경쟁력이 있고, 부자이며, 바람둥이"라고 답했다.[36] 이와 대조적으로 좋은 남자는 희생으로 정의되었다. "명예, 의무, 청렴으로 대변되는 좋은 남자는 옳은 일을 하고, 보통 사람들을 대변하며, 부양자이자 보호자 역할을 한다."

키멀은 나중에 이렇게 말한다. "저는 그들의 행동이 나쁘다고 말해주기 위해 그곳에 간 게 아니었어요. 이미 그들은 자신의 가치와 동성끼리 벌이는 성취도 경쟁 사이에서 갈등을 겪고 있다고 얘기해주러 간 거죠. 그래서 제 일은 바뀌었습니다. (…) 전 남자들이 회사 내 성평등 실현에 협조할 수 있도록 많이 노력하는 사람이죠. (…) 그래서 성 평등에 관한 대화에서 남자가 끼어들 수 있는 진입 단계를 찾는 일을 해왔습니다. 그중 하나가 아빠의 참여라는 주제였죠."

남성성에 관한 책을 쓴 키멀은 인기 있는 연사다. 남자의 성취에 대한 사회의 가차 없는 요구는 무시하기 힘들기 때문이다.

패트릭 콜먼은 아빠를 위한 포털 사이트, 〈아빠다움Fatherly〉의 편집자다. 40대 초반으로 두 어린 자녀의 아버지이기도 하다. 콜먼은 내게 이런 이야기를 했다. "제 생각에는 남자들이 가사의 불공평한 분담을 파악하지 못한 채 그저 태평하게 하루하루를 보내는 것 같지는 않아요. 많은 사람들은 그 점을 인식하고 있습니다. 저는 스스로 진보적인 사람이라 생각하지만, 아내가 여전히 풀타임으로 일하고 있어도 집에서는 노동 분담이 불공평하게 이루어지고 있어요. 이건 고질적인 문제예요. 남자들이 오히려 이 문제의 피해자라는 얘기는 아닙니다. 남자들에게는 분명 일을 대신 해주는 대리인이 있죠. 하지만 우리가 좀 더 신경을 쓰면 이런 상황에서 빠져나올 수 있어요. 그런데 많은 남자들은 이 남성성을 계속 내면화해요. 매일 사람들 앞에서 대놓고 그러죠. '우린 권위를 가진 튼튼한 대들보가 되어야 하는데, 설거지를 하고 요리를 하면 어떻게 되겠어?' 저는 집에서 더 이상 이런 권위를 가지고 있지 않아요. 이럴 때 남자들은 좌절감을 느낄 것 같아요. 강하고 독립적인, 조용하고 권위적인 특성이 내면화되어 있다 보니, 아무리 진보적인 사람이 되고 싶어도 또 이런 일을 하고 싶어도, 우리의 행동을 가로막는 두려움이 있는 거죠."

1970년, 변호사이자 성직자이며 인권운동가인 폴리 머리는 이렇게 말했다. "남자는 의존성은 물론 지배력의 노예가 되었다. 수명 단축, 전쟁으로 인한 사상, 가정 파탄, 자녀가 부모를 떠나갈 때의 아픔 등 엄청난 대가를 치른다. 많은 남자들은 스스로 자신을 정의해온 남성성의 기대치에 더 이상 부응할 수 없음을 깨달으며, 그들이 정의해온 여성성의 역할을 여자들이 더 이상 받아들이지 않으리라는 사실을 깨닫고 원통해한다."

그리고 이제 우리들은 물러서지 않으련다. 키멀은 페미니스트 잡지 〈사인Signs〉과의 인터뷰에서, 여성이 "진보 세력을 비판한 앤 콜터*

---

* 변호사이자 정치 평론가. 진보 언론을 혹독하게 비판하면서 명성을 얻었다.

의 말에 동조하면서, '그래요, 사람들 말이 맞았어요. 투표도 하지 말고, 배심원단에 서지도 말고, 일도 그만두고, 운전도 하지 말고, 오르가즘도 느끼지 말자고요' 하고 말하는 일은 이제 없을 겁니다. 제 말은 그런 일은 일어나지 않는다는 말이에요. 다 조작된 거니까요. 이제 남자의 선택은 미래를 향해 발버둥치며 끌려가면서 소리를 지르든가, 아니면 '좋아, 이게 거래니까. 어디 한번 볼까, 우리한테도 나쁘지는 않잖아?' 하고 받아들이는 거죠. 저도 나쁘다고 생각지는 않아요."

　　문화 규범 밖에서 살아가며 얻는 보상은 무시할 수 없다. 데릭은 불안감을 느끼지만 아이와 함께 지내면서 만족감을 얻는다. 가족 의료 휴가를 받은 후 근무시간을 줄인 매슈는 이렇게 말한다. "큰애가 태어나고 제가 여전히 풀타임으로 일할 때는 아내가 출산휴가를 받아 엄마 모임에 다녔어요. 아내는 모든 시간을 레아와 함께 하면서 자신이 좋아하는 새로운 세계로 들어섰지요. 아내는 그때 만난 엄마들과 여전히 가장 친하게 지내요. 엄마들과 커피 집에서 어울리고 싶었다는 게 아니라, 아내는 제가 속하지 않은 또 다른 세계의 일부가 되었다는 거죠. 그때는 기분이 좋지 않았어요. 한동안 그런 말은 듣고 싶지도 않았고요. 특히 큰애에 관해서는 질투가 났죠. 하루 종일 아이랑 놀아주고 싶은데, 저는 7시에나 집에 와서 아이와 45분 정도 있으면 아이가 잘 시간이니까요. 둘째 아이작이 태어난 후에는 일을 줄였는데 결국 경력에는 치명적이었지만, 그동안 저는 금요일마다 아들과 공원에서 놀았고, 아들이 초등학교에 다닐 때는 일주일에 사흘은 학교에서 집으로 데리고 왔어요."

연구 결과에 따르면 대체로 문화 규범에 얽매여 있는 한, 현대적이고 가정적인 아빠라도 여성 배우자보다는 인생의 중요한 국면인 부모 역할로 전환하기 쉽지 않다. 허디는 선진 공업 국가에서는 부모가 이혼한 후 전체 아동의 거의 절반이 아빠와 연락하지 않는다고 보고한다 (이혼 10년 후에는 이 수치가 3분의 2까지 올라간다).[37]

아버지 역할을 상대적으로 인생에서 중요한 것으로 보지 않는 태도는 온갖 불행을 낳는다. 해법은 아마도 교육일 것이다. 1960년 대에 생긴 분만 교육 교실은 여성과 배우자에게 최소한의 의료비용으로 산고와 출산에 대처하는 방법을 가르쳤다. 병원과 조산원은 이런 교실 주변에서 농성을 벌였다. 2000년 무렵 비영리 집단인 분만 커넥션Childbirth Connection에 따르면 병원에서 첫아이를 출산한 엄마들의 70퍼센트가 주로 배우자와 함께 출산 교실에 참여한 것으로 나타났다. 하지만 일단 출산이 끝나고 해야 할 일은 부모들이 스스로 풀어가야 한다.

머호니와 너드슨-마틴은 공식 부모 교육은 부부가 확실히 평등한 관계를 이루는 데 도움이 될 수 있다고 본다. 이들이 내놓은 교육 과정에서는 부모 역할이 성 중립적 재능임을 강조하고, 부부가 책임 분담안에 대해 대화를 나눌 필요가 있다고 설득하면서, 이런 공조를 유지할 방안을 계발하도록 도와준다.[38]

코완 부부의 연구에서는 이런 개입의 잠재적 효과가 드러난다. 아빠 참여 지원 프로젝트Supporting Father Involvement Project[39]의 백미를 장식한 일련의 연구에서 코완 부부는 가정생활에서 겪을 수 있는 어려움에 관해 진행된 4개월짜리 교육에 매주 참석한 부부는 아빠의 참여와 관계 만족 부문에서 상당한 발전을 보여주었다고 밝혔다. 아동 복지 시스템을 통해 참여하게 된 위험 가정 출신 참석자의 가정에서 알코올 남용, 부부 갈등, 폭력, 장성한 자녀의 문제 행동 역시 줄어들었다.

고트먼 연구소는 아기 집으로 데려오기Bringing Baby Home 워크숍[40]을 진행하는데, 이 역시 고무적인 결과를 보여주었다. 워크숍에서는 출산 전 가정에서의 성 중립 역할을 교육한다. 흔치 않은 강좌다. 인기를 끄는 육아 서적은 여전히 엄마의 특별하고도 독점적인 역할을 강조하는데 말이다. 출산 교실처럼 보통 이틀 동안 세미나 형식으로 진행되는 이 워크숍은 예비 부모들에게 부부 갈등을 대비토록 하고, 유아 발달 및 상호 소통 기술을 가르치며, 가정생활에서 아빠의 참여가 똑같이 중요함을 강조한다.

2018년 무렵 고트먼 연구소는 전 세계 2천 명 이상의 교육 담당자를 훈련시켜 아기 집으로 데려오기 과정을 진행하도록 했다. 새내기 부모를 대상으로 진행된 후속 연구에서 육아 교육을 전혀 받지 않는 가족과 비교하여 이 과정에 참여한 아빠들은 아기와의 애착도에서 좀 더 높은 점수를 받았고, 집안일에서도 좀 더 큰 만족감을 느낀다고 말했다. 역할 연구 결과 공동 양육을 더 잘 수행했고, 아기의 신호에 더 빨리 반응했으며, 우울감과 불안 징후가 덜 드러났고, 부부 관계의 질도 좀 더 안정적이라고 보고했으며, 달래주었을 때 아기들도 좀 더 긍정적으로 반응했다(이 연구에서는 엄마들에게도 좋은 결과가 나타났다).[41] 이런 교육에 참여한 남자들은 가부장적 특권을 대체하는 생활 방식을 접함으로써, 아빠의 역할을 되돌아보는 결실을 얻었다.

키멀은 말한다. "저는 페미니즘을 남자들에게 알리고 싶어요. 성평등이 더 많이 실현되어 다양한 특성과 태도, 행동을 포용하게 되면 여자뿐 아니라 남자에게도 좋을 수밖에 없습니다. 여자들이 지난 50년 동안 우리에게 '페미니즘은 정말 좋고 정말 잘 굴러가요. 보세요, 우리 괜찮지 않아요?'라고 알려주었잖아요. 이제는 남자들이 온전한 인간이 될 필요가 있습니다. 저한테 물어보셨죠, 어떻게 우리가 설득할 수 있겠냐고요? 어떻게 페미니즘을 알리느냐고요? 이렇게 말해야 겠죠, '당신 남자들은 우리들이 치명적이라 부르는 전통적인 남성관을 포용하며 인류의 절반이 갖는 경험을 스스로 차단해왔어요. 당신들이 진정 인간이 될 수 있다면 더 괜찮은 삶을 누릴 겁니다'라고요."

말 가로막기 현상

2014년 조지워싱턴대학교의 연구에 따르면 남자는 다른 남자와 얘기할 때보다 여자와 얘기할 때 33퍼센트 더 자주 말을 가로막는다.[42] 같은 해 언어학자이자 기술 산업 최고 경영자인 키란 스니더는 남녀 모임에서 직접 목격한 말 가로막기 현상을 범주별로 분류했다. 4주간에 걸친 15시간의 대화에서 남자는 전반적으로 여자보다 남의 말을 더 많이 가로막았고, 남자보다는 여자의 말을 거의 3배 더 많이 가로막았다. 여자의 경우도 비슷해서 같은 여자의 말을 가로막는 비율이 훨씬 높았다. 여자들이 남의 말을 가로막는 경우의 87퍼센트는 다른 여자가 말할 때였다.[43]

상대적으로 낮은 여자의 지위는 기이한 방식으로 보강되어 거의 평등해 보이기도 한다. 버락 오바마 전 대통령은 그의 딸들이 다 자라 성인이 된 후에야, "이제 와서 돌아보니 나는 대개 내 일정과 형편에 맞춰 집안일을 도왔다. 짐은 불균형적으로 부당하게 미셸이 져야 했다"고 시인했다.[44]

도대체 어떻게 기존 규율에 휘말린 남자가 사태를 파악하겠는가? 숲속의 나무가 쓰러졌고 그게 나무의 일이라면 아무리 소리가 난다 한들 누가 신경이나 쓰겠는가? 남자는 숨은 권력을 이용하여 저항한다. 숨은 권력은 연약한 여자에게 이래라 저래라 말하는 드러난 권력이 아니다. 또 자신의 편리한 지위를 유지하기 위해 아내를 불행하게 하는 요소를 일부러 무시하는 은밀한 권력도 아니다. 오히려 숨은 권력은 표면 바로 아래에 위치하여 특정 집단 사람에게 이익을 주는 이데올로기로, 가령 말을 가로막거나 주말 내내 늦잠을 자는 권리로 변질되었다.

뉴욕 브루클린에 사는 2세 아이의 아빠, 이선은 이런 말을 했다.

"우리 부부가 둘 다 일하는데 아이가 아프다고 합시다. 미안한 일이지만 전 이렇게 말할 겁니다. '내 일이 우선이니 애 아픈 거 신경 못 쓴다'고요. 이게 제가 느끼는 특권입니다." 이선과 아내는 의논도 전혀 하지 않는다. 숨은 권력을 등에 지고 이선은 옷을 입고 문밖으로 나간다.

2000년 초반, 샌프란시스코에 사는 임상심리학자 조슈아 콜먼은 어린 세 자녀의 아버지이자 다자녀 부모를 위한 잡지의 객원 편집자였다. 잡지 일과 관련해서 여성들한테 많은 메일을 받았는데 이들은 집안일을 하지 않으려는 남편에 대해 불평을 늘어놓았다. 자기 아내를 비롯해 부부 상담에서 만난 다른 부부로부터 비슷한 불평불만을 접했던 터라 콜먼은 결국 《게으른 남편: 남자들이 양육과 집안일에 더 참여하도록 하는 방법The Lazy Husband: How to Get Men to Do More Parenting and Housework》이라는 책을 쓰기로 결심했다. 2005년 출간된 이 책에서 콜먼은 남편의 태만함에 대처하기 위해 아내가 택할 수 있는 전략을 소개한다. 나는 그의 개인적, 임상학적 경험에 근거한 답을 얻고자 무엇 때문에 남자들이 그렇게 쉽게 게을러질 수 있는지 물었다. 그는 이렇게 대답했다.

"저는 모든 남자와 마찬가지로 저 자신을 게으르다고 하지 않습니다. 여자들이 우리를 그렇게 생각하죠. 그런데 우리 남자들은 스스로를 게으르다고 생각하지 않아요. 아이들이 어렸을 때는 저는 돈을 더 많이 벌었어요. 저한테는 돈을 더 많이 버는 남자의 오만함이 있었어요. 돈을 많이 벌면 도망칠 수 있는 거죠. 그런 일에서 말이에요. 저

역시 많은 남자와 마찬가지로 자기중심적으로 살아가는 데에 죄의식이 적어요. 저 자신을 위해 살 자격이 충분하다고 생각하죠. 여자들이 좀 더 공동체 성향의 주체성을 가지고 있다는 식으로 몰아가면 그들을 이용하기는 쉬워요."

"여자들은 저 자신을 포함한 남자들보다 감정, 아이의 내면세계에 더 민감하게 반응합니다. 저는 정말 가정적인 아빠지만요. 전 집안일을 일일이 신경 쓰지 않아요. 보이지 않아서가 아니라 일일이 신경쓸 가치가 없다고 생각하기 때문이에요. 저는 아내가 하는 부모의 뒷바라지가 어느 정도는 가치 있지만 불필요하다고 봅니다. 뒷바라지를 할 것이냐, 아니면 나 자신을 위해 좀 더 이기적인 일을 할 것이냐 선택할 수 있다면, 많은 경우 저 같으면 좀 더 이기적인 일을 선택했을 거예요."

콜먼이 공동 양육에 대해 책 한 권 분량의 생각을 제시한 터라 나는 전화를 걸었고, 그가 거리낌 없이 속내를 털어놨으면 했다. 과연 콜먼은 거침이 없었다. 그렇게 솔직히 인정을 해주는 남자들이 더 많아진다면 남자의 저항은 참패로 끝날 것이다(정확히 말해 콜먼은 자신의 행동을 눈감아주지 않는다). 만약 아이들의 아빠가 이런 말을 소리 높여 한다고 상상해보자. '여자들은 이용하기 쉽고 당신이 애써봤자 다 부질없는 짓이라고. 우리 가족의 욕구는 내 관심사가 아니고 나는 좀 더 이기적인 일을 할 거야.' 아빠들은 저항하면서 이 말 한 마디 한 마디를 항상 암시하고 있다. 당신은 조작하기 쉬운 사람이라고. 이 일은 내 관심사가 아니라고. 나는 좀 더 이기적인 일을 하겠다고.

심리학자 어빈 앨롬은 1989년 임상 활동에 관한 에세이 《사랑의 사형 집행인Love's Executioner》에서 자기 마음속에 오랫동안 남아 있던 한 부부의 치료에 관한 이야기를 썼다.[45] 마빈이라는 남자는 아내 필리스가 광장공포증 환자라 집 밖을 도저히 나가지 못해 혼자 부부 상담을 받으러 온다. 상담이 여러 차례 진행된 후 앨롬은 겉으로 표현되지 않은 마빈의 아내 의존증이 실제로 아내를 집 안에 가두었음을 직관적으로 알게 되었다. 아내인 필리스가 앓고 있던 광장공포증은 사실 그들 부부의 병이었다. 앨롬은 마빈에게 수주간에 걸쳐 두 시간마다 아내에게 다음과 같이 말하도록 지시했다. "필리스, 제발 집에서 나가지 마. 당신이 항상 집에서 나를 돌봐줬으면 좋겠어…." 마빈이 오랫동안 아내에 대해 암묵적으로 요구했던 사항이 확실하고도 규칙적으로 표현되자 그제야 필리스는 마음껏 화를 내며 요구에 응하지 않았다. 광장공포증은 치료되었다.

성공적으로 저항하기 위해, 이성 있는 남자는 얼토당토않은 요구를 일부러 애매하게 표현할 필요가 있었다. 그들의 권리는 집요하게 자리를 지키고 도처에 존재하지만, 눈으로 감지할 수는 없다. 이에 대응하여 여자들은 대가 없는 요구에, 즉 분명히 존재는 하지만 결코 확실히 전달되지는 않는 지령에 고분고분 응하면서 광장공포증을 앓는 아내처럼 행동한다.

7

온정적 성차별

적응을 멈추자

수컷 중심주의 진화론

인류 역사상 양육을 제외한 거의 모든 업적이 그렇듯, 과학은 남자들이 독식해왔다. 따라서 성별 본질주의적 편견이 이들의 연구에 녹아들어 있다. 진화론에도 이런 편견이 없지 않아서, 이 영역은 역사적으로 암컷이 아닌 수컷 난교의 진화론적 우위(타고난 천성)를 내세워왔다. 남자들의 이론에 따르면, 수컷은 종 전체에 걸쳐 번식에서 우위를 점한다는 이유로 무차별적인 성적 능력을 발휘해왔다. 더 많은 암컷에게 셀 수 없는 정자를 뿌릴수록 더 많은 2세가 생산되면서 진화론적인 목적이 실현된다. 아무나 붙잡고 물어보라.

　대부분 종의 수컷은 상대를 가리지 않고 짝짓기를 하는 반면, 암컷의 경우는 생산할 수 있는 난자 수에 따라, 또는 잉태하는 2세 수에 따라 번식 성공이 제한되기 때문에 항상 냉담한 태도를 취한다. 까다로운 암컷과 기회주의적 수컷을 둘러싼 정설에는 아무리 이와 상반되는 본질적 증거가 나와도 웬만하면 이의를 제기하는 사람이 없었다.

이 정설은 성적 이중 잣대와 수컷의 특권 행사에 대한 기대에서 동시에 자라났기 때문에, 이 2가지 요소를 잘 보강해주었다.

1940년대 말, 영국의 유전학자 앵거스 존 베이트먼은 성별 실존주의자의 결론에 힘을 실어주었다. 베이트먼은 초파리를 관찰하면서 이들의 짝짓기 횟수와 자손의 개체 수를 조사했다. 결론은 (암컷이 아닌) 수컷이 짝짓기한 암컷 수의 분산이 클수록, 이들의 번식 성공률의 분산*도 컸다. 베이트먼은 이를 두고 수컷의 왕성한 정욕이 진화론적인 의무의 증거라고 주장했다. 그의 실험은 칭송받았고 훗날 연구의 기반이 되었는데, 이들 연구는 생식의 대가를 치러야 하는 성(모든 포유류의 경우 암컷)이 경쟁의 대상이 되고 이들이 더 많은 희생을 치르거나 모든 노동을 담당한다고 가정했다. 수컷은 쾌락을 추구하고 경쟁을 즐긴다. 암컷은 까다롭고 수줍어한다.

1990년대에 가서 베이트먼의 가설은 베이트먼 이론이 되었고, 후에 캘리포니아주립대학교의 저명한 생물학 교수인 패트리샤 고워티가 밝혔듯이, "한 마리 이상의 수컷과 짝짓기하는 암컷에 대한 적자생존 혜택은 전혀 없다"는 생각을 뒷받침했다. 암컷 영장류 연구가들은 이 분야에서 이와 상반되는 증거(남성 연구자들이 눈감았던 증거)를 확보했지만, 수십 년 동안 성선택에서 암컷 유기체를 집중 조명하려는 연구는 대체로 무시되고 관심을 받지 못했다. 마치 성선택, 즉 성별 간

---

*   즉 새끼를 많이 낳는 경우와 적게 낳는 경우의 차이.

경합에서 발생하는 성별 내 분산이 오직 수컷 사이에서만 일어나는 현상처럼 간주되었다. 고워티는 이렇게 쓴다. "나는 전형적인 성 도식 때문에 암컷의 짝짓기와 복수 짝짓기의 열망에 관해 연구하는 인류학 및 진화생물학 분야 회의론자의 통찰력 있는 연구 성과가 흐려졌다고 생각한다. 게다가 암컷의 복수 짝짓기에 대한 영향은 종종 간과되고, 여러 수컷과 짝짓기하는 암컷이 치르는 대가는 물론, 다양한 적자생존 혜택을 연구할 명분은 무시된다."

전형적인 성 도식은 본질을 많이 흐리게 한다.[1] 베이트먼의 유명한 실험에 관한 한, 그의 연구는 단순히 틀렸음이 드러났다. 고워티는 베이트먼의 계산이 틀렸다는 것을 입증하는 데는 3학년 수준 정도의 수학 실력만 있으면 충분하다고 설명한다. 더 복잡한 오류도 있지만 무엇보다 베이트먼은 수컷의 새끼 수를 너무 부풀려서 계산했다. 실험은 똑같이 반복할 수가 없다. 베이트먼의 이론이 이렇게 장수하게 된 것은 정반대의 증거가 있음에도 기존 이론을 끝까지 믿는, 소위 이론에 대한 집착 때문이었다. 많은 남자 과학자들은 그의 결론이 직관적으로 타당하다고 생각했고, 애써 데이터를 자세히 검토한 사람이 거의 없었다. 누군가는 엄마의 탁월함과 아빠의 무책임을 둘러싼 변하지 않는 집요함을 떠올릴 것이다. 그게 바로 이론에 대한 집착이다.

사실 외부 조건에 따라 여자도 아무렇게나 살 수 있고, 남자도 까다롭게 굴고 수줍어할 수 있다. 2가지 성격을 다 가지고 있는 사람도 있을 것이다. 남자 과학자들은 생물학을 이용하여 자기들이 살아온 경험을 설명했는데, 설사 경험하지 않은 사실이 있다고 해도 이들의 이론이 항상 흔들리지는 않았다. "내가 여자가 아니라 다행이야." 조지는 이런저런 일에 대해 동정한답시고 이 말을 적어도 한 번 이상은 했다(내가 임신했을 때 말한 것 같은데 사실 난 임신한 게 좋았다).

아리스토텔레스는 여성이 천부적으로 불완전하기 때문에 고통을 받는다고 간주했고, 다윈은 여자가 지적으로 열등하다고 가정했으며, 프로이트는 여자가 원하는 것은 오직 자신을 위한 음경뿐이라고 말했다. 이와 같은 맥락에서, 생식에 관한 전통적인 남성 중심적 관점은 아이 낳는 일을 혜택이 아닌 희생으로 본다. 동물로서 우리 여자의 존재 이유가 오로지 출산이고 우리 유전자를 다음 세대에 전해주는 것이라면, 아이를 태중에 잉태하는 것은 여자에게 주어진 진화적 이점이기도 하다. 여자가 생식의 수단을 통제하는 것이다.

고워티는 번식의 노력에 대한 견해를 다음과 같이 피력한다. "우리가 '지혜'롭게 사고를 바꾸어본다면 잉태와 수유는 생식적으로 어마어마한 '희생'을 치르게 할 뿐 아니라 동시에 엄마가 자손을 생리적, 후천적으로 통제할 수 있게 해줍니다. 이 점이 바로 아빠와 비교하여 엄마만이 누릴 수 있는 아주, 아주 큰 혜택일 수 있죠. 포유류의 양육 형태를 보면 암컷 사이에서 생식 결과를 통제하는 여러 방식이 상당히 뚜렷하게 존재했음을 알 수 있어요. 예를 들어 다른 양육 형태는 말할 것도 없고, 임신 기간(실제로 입증되기도 했지만 포유류의 임신 기간은 다양함)과 수유를 통해 2세의 질質을 통제하는 방식도 그렇습니다.

저는 남녀 간 '차별적 생식 혜택'을 고려하지 않고 '생식의 차별적 대가'를 부르짖는 전형적인 진화론적 시나리오에 완전히 식상했어요. 엄마는 잉태와 수유를 하고 자녀들의 훈육을 대부분 담당하기 때문에 아빠보다 권력과 영향력이 훨씬 큽니다."

고워티는 다음과 같이 덧붙이면서 마치 페미니스트 명분에 찬물을 끼얹은 반역자가 된 기분이라고 말한다. "현대 가정의 양육 분담을 어떻게 보냐고요? 엄마들이 여전히 이기고 있어요! 그렇잖아요, 이 모든 일을 다 하느라 엄마들은 정말, 정말 열심히 노력하잖아요. 엄마와 아빠의 다른 양육 시간을 서로 다른 말로 비유한다면 부모 간의 전형적인 양육 분담이 모두의 바람대로 공평하게 나뉜 것처럼 보일까요? 다시 말해서 우리는 진정 무엇 때문에 싸우는 것이며, 동등하지 않은 양육 분담으로 인해 누가 이기고 지는 걸까요?"

성별 영향에서 벗어나기

로즈는 남자들이 교활한 방법으로 그들의 얼마 안 되는 특권을 계속 주장하는 이유는, 남자가 모성의 본능적인 타락과 모성이 요구하는 감정적인 복잡함(엄마들이 이기면서 드러나는 사실)에 대해 제대로 알 경우 그것 자체를 용인할 수 없기 때문이라고 믿는다.

리치의 《더 이상 어머니는 없다》를 인용하면서 로즈는 남자가 느끼는 의존성에 대한 두려움, 즉 그들 자신의 인간적인 취약성을 인정하기 두렵기 때문에 아내의 짐을 덜어주지 않는 것이라고 강조한다. 로즈는 이렇게 말한다. "남자들은 여자에게서 태어났다는 사실을 극복하지 못합니다. 그 돌이킬 수 없는 사실에 뭔가가 있죠. (…) 돌이킬 수 없는 육체적 기원에 대한 뭔가가 있어요. (…) 남자가 용인할 수 없는 거예요. 대부분 이 때문에 여자는 계속해서 엄마 역할의 문제를 사회적, 제도적으로 더 좋은 쪽으로, 알리고 재조직할 수 있는 방향으로 나아가지 못해요."[2] 공적 생활과 사적 생활에서 남자는 고질적인 모성의 복잡성을 완전히 인식해서 이 짐을 덜어주기를 거부한다.

바로 이런 이유로 레즈비언 부부들이 이성 부부에 비해 난항을 덜 겪는 걸까? 연구에 따르면, 레즈비언 부부는 생물학적 엄마와 배우자 모두 아이를 가질 수 있는 여성이기 때문에, 가사를 미루지 않고 책임지면서 부부 관계가 더 돈독해지는 것으로 나타났다. 틀에 박힌 권력 역학이 약하게 작용하는, 서로 사랑하는 레즈비언 부부는 비교적 빈 석판에 자기 역할을 새긴다.

버나드대학교 사회학자인 미그넌 무어는 노동계급의 흑인 레즈비언 혼성 가족*을 연구했다. 대부분 동성 가족 연구의 초점이 되는 고소득 레즈비언 가족과는 대조적으로 무어는 관찰 대상 가족이 평등한 가사 분담이라는 목표(그 자체로 전형적인 가부장적 틀에 대한 반발 작

---

* 이혼, 재혼 등으로 혈연이 없는 가족이 포함되는 가족.

용)를 실행하는 데 주력하기보다는 부부 둘 다 생계비를 버는 일에 치중한다는 사실을 알았다. 결국 의사 결정 권한은 종종 가사 영역을 더 많이 떠맡는 배우자에게 돌아갔다. 무어는 이렇게 말한다. "이성 부부들이 고려했으면 하는 점 한 가지는 결혼 관계에서 권력은 경제적 자산, 즉 '누가 더 많이 버는가?' 이외의 부분에서 찾을 수 있다는 점이에요. 다양한 관계 양상을 평가하는 방법을 알려주는 남녀 성별 차이가 없는 상황에서 노동 분담이 다른 방식으로 이루어질 수도 있다는 점을 알 수 있는 거죠. 특정 가정 일에 대한 의사 결정권을 가질 수 있는 능력은 다른 환경에서라면 간과될 수 있는 권력 유형입니다."[3]

무어 연구의 참여자들은 전형적으로 생계비를 같이 버는 반면, 생물학적인 엄마는 상당히 많은 양의 가사를 더 맡았다. 하지만 이는 전적인 희생으로 보이지 않았다. 그보다 가사에 대한 책임은 집안일 전반에 대한 대단한 권위를 얻을 수 있는 카드로 보였다. 무어는 이렇게 본다. "남편이 아내에게 가사에 관한 의사 결정을 위임하는 이성 부부 가정과 달리, 레즈비언 부부의 생물학적 엄마는 이런 의사 결정을 통제하기 원하고, 이들의 배우자는 이를 상대에게 떠맡기지 않습니다."

더 나아가, 연구 결과에 따르면 맞벌이 이성 부부의 남편은 아내가 가정을 돌보는 데 쓰는 시간을 과소평가하지만, 무어의 연구에 참여한 레즈비언 부부 중 과한 혜택을 입는 당사자는 그 시간을 과대평가했다. 무어는 배우자가 집안일 하는 것을 당연하다고 느끼는 대신

감사하게 생각하는 태도가 이런 과대평가를 뒷받침한다고 본다.

고워티와 무어는 패러다임을 바꿀 수 있다고 말한다. 고워티의 연구는 타고난 성별에 따라 정해지고 가부장제로 정의되는 모성이라는 역할의 생물학적 이점을 부각시킨다. 우리는 생식을 얘기할 때 마치 희생이 전부인 양 취급한다. 그래서 모든 남자들은 "여자가 아니어서 다행"이라고 말할 수 있는 것이다. 역시 가부장제의 틀 안에서 애정 생활을 하는 우리들에게는 앞으로 진행되는 상황이 엷은 갈색 톤의 따뜻한 복고풍으로 보여야 납득이 된다. 무어의 출발선은 선택이다. 성별에 기반한 권력(또는 무기력)이 사라지면, 우리는 성별에 따라 주양육자를 정하는 게 아니라 상호 합의에 의해 역할을 선택할 수 있고, 주양육자 역할 자체가 이득으로 인식될 수 있다. 자동으로 정해지는 주양육자라는 지위가 선택의 결과로 바뀌려면, 성별의 영향에서 진정으로 벗어나야 한다. 그래야 어느 쪽 배우자든 기꺼이 받아들일 것이다.

가부장제를 포기한다면

정치철학자인 해리 브리그하우스와 사회학자인 에릭 올린 라이트는 평등한 양육의 전망이 밝지 않다고 밝혔다. 이들은 직장에서 성차별주의에 따른 부적절한 사회적 양육자 지원 시스템으로 인해 남녀 사이에 수입 불균형이 생기고, 이로 인해 사회규범이 강화된다고 본다.[4]

사회규범은 고정관념을 강화하고 고정관념은 역으로 사회규범을 강화한다. 결국 우리는 "집안일 책임 분담을 둘러싼 '치킨 게임'*에서 여자가 항복하게 되어 있는" 난관에 봉착하고 만다.

볼티모어에 사는 그레첸은 이런 식으로 치킨 게임을 한다. "어느 날 밤, 저는 남편이 종종 저에게 하는 일을 그대로 시켰어요. 아침에 집에 없을 거라고 했죠. 남편에게 애들 등교 준비를 시킨 다음 딸아이 유치원을 포함해서 애들을 각자 다른 학교에 데려다줘야 한다고 얘기했어요. 학교는 9시가 되어야 문을 열기 때문에 회사에 늦을 거라고 했죠. 저는 매일 그렇거든요. 남편은 저를 미쳤다는 듯이 쳐다봤어요. 씩씩대더라고요. 아무 말도 안 하고요. 물론 저도 죄책감을 느꼈어요. 전화를 붙잡고 남편이 유치원생 딸을 데려다놓을 수 있는 친구 집을 수소문했어요."

나는 애써 다음 질문을 하지 않았다. 나 역시 남자와 함께 사는 여자니까. 무슨 말이 더 필요할까? 그레첸은 남편에게 닥친 어려움을 상상하고 그의 불편을 덜어주는 행동을 했다. 항상 이런 식이다. 이런 치킨 게임은 한쪽 방향으로 해결된다. 나도 항상 같은 게임을 하는데, 결국엔 부모(여기서 부모는 엄마를 뜻한다)들이 일상에서 흔히 마주치는 성가신 일을 남편에게서 덜어주는 쪽으로 탈출구를 찾는다. 결국 내가 감당해야 하는 일임을 행동을 통해 반복해서 주지시킨 셈이다. 남

---

*   어떤 문제를 둘러싸고 대립하는 가운데 서로 양보하지 않다가 극한으로 치닫는 상황.

자의 특권 행사는 전적으로 남자만의 노력으로 이루어지지는 않는다.

코넬대학교 철학자인 케이트 맨은 이런 치킨 게임을 '남정심himpathy'이라고 부른다. 여자보다 남자에게 표현되는 지나치거나 부적절한 동정심을 말한다. 《다운 걸: 여성혐오의 논리Down Girl: The Logic of Misogyny》에서 맨은 개에 쓰는 명령(다운down, 앉아)을 환기시키면서, 이는 개를 통제할 뿐 아니라 진정시키는 역할도 한다고 강조한다. 2018년 맨은 페미니스트 웹진 〈제제벨Jezebel〉에 다음과 같이 썼다.

"여성혐오는 다양한 방식으로 여자들을 제 위치에 묶어두고, 이들이 가부장적 규범과 기대를 전복시키거나 어겼다는 이유로 처벌 또는 위협할 수 있습니다. 그러나 '다운 걸(앉아봐)'의 재미있는 2차적 의미를 생각해보면 내면화된 '다운 걸' 명령을 무시하는 게 얼마나 어려운지 알 수 있어요. 우리는 자기도 모르게 명령을 따르거나, 그런 사회적인 신호를 포착해서 일종의 두 손 두 발 납작 엎드리기 자세를 취하거든요. 아주 성깔이 대단하거나 성마른 개도, (우리 집 강아지 코지의 경우 아주 팔자 좋게 개 인생을 즐긴다) 때로 완전한 자유에 대해 불안해한다는 것은 명령을 내리는 쪽이 사실상 매우 좋다는 의미입니다. 개가 불안해할 때 코로 주인의 손을 부비게 하거나 엎드리게 하면 불안감이 줄어들어요. 여자들이 일부 가부장적 복종의 형태를 포기하는 게 굉장히 힘들 수 있다는 얘기를 하는 겁니다. 의미 없이 텅 빈 느낌이 들고 텅 빈 마음을 채워야겠다는 창의적인 생각을 하겠죠. 그게 종종 '좋은 행동'으로 채워지는 거예요."[5]

우리 남편과 자식의 요구를 들어주는 일이 아니라면 그레첸과 내가 시간을 어떻게 보낼 수 있을까?

내가 어릴 때 여자들은 명절 식사를 준비하고 시중을 들었다. 나의 고모할머니 역시 요리를 하고 식탁을 차렸다. 남자들이 무릎에 냅킨을 올려놓고 뭐가 나오나 하고 가만히 앉아 있으면 마거릿 고모와 할머니, 엄마는 부엌에서 치킨 수프 그릇을 들고 마치 댄스 팀이 나오는 것처럼 등장했다. 식사가 끝나고 디저트가 나오기 전 여자들은 치우려고 일어났다. 나 역시 이런 좋은 행동에 동참하기로 되어 있었지만, 그게 미천한 여자아이여서 그래야 하는지 아니면 서열이 낮은 아이라서 그래야 하는지 확실히 알지 못했다. 여자라는 나의 성 때문인가 아니면 내 나이 때문인가? 남자 형제나 남자 사촌이 없었던 탓에 궁금하기만 했지 도무지 알 수 없었다.

그러나 나는 어른들을 보고 여자란 어떤 존재인지 알았고, 남자보다 서열이 한 단계 낮다고 이해했다. 남자들이 무릎에 냅킨을 올려놓고 뭐가 나오나 하고 앉아 있으면 마치 왕이라도 되듯이 이분들 앞에 음식이 차려진다. 여자들은 '남정심'을 발휘하여 남자들이 음식을 차리는 불편함을 덜어주었다. 엄마는 유대교가 여성주의 종교라는 말을 즐겨 하셨다. 가족 구성원으로서 여자들에게 마련된 특별한 자리가 있다는 이유였다. 여자는 수프를 대령하는 영광된 사람이다. 그런데 유대교 남자들은 아침 기도를 이렇게 한다. "만왕의 왕이시고 우주의 왕이신 주님, 제가 여자로 태어나지 않은 축복을 내려주셨으니(코

란과 신약에도 이와 비슷한 정서가 나타나 있다)."

여성이라는 성별은 희생인가 아니면 혜택인가? 여자가 그렇게 존경받는다면 왜 남자들은 매일 아침 여자들 대열에 끼지 않은 것을 감사해야 하는가? 왜 남자들은 딸에게 이런 기도를 들려주는가?

남자만 보이는 세상

《나를 지키는 결혼생활》에서 작고한 심리학자 샌드라 벰은 본인과 남편 대릴이 1960년대 말부터 하기 시작한 강론을 소개한다. 그들이 말하는 소위 성차별적 인종주의("성차별주의"란 말은 당시 존재하지 않았다)를 알리기 위해서였다. 1998년에 벰은 이렇게 썼다. "오늘날 많은 사람들은 [종교] 교리에 표현된 이데올로기가 과거의 유산이라고 속단하지만 그렇지 않습니다. 이는 단지 평등주의 허울에 가려졌으며, 과거와 동일한 이데올로기는 현재 무의식 속으로 파고들었을 뿐입니다."

평등주의적 태도는 흔히 볼 수 있지만, 무의식적 태도는 강력한 힘을 발휘한다. 그 힘의 정도를 가늠하기 위해 심리학자들은 무의식 연관 검사를 사용한다. 컴퓨터로 실행하는 이 검사에서 참여자는 단어 또는 이미지를 재빨리 그룹으로 묶어야 한다. 이 과제를 수행하는 속도에 따라 연관을 자동으로 떠올렸는지 아니면 고심했는지 드러난다. 2010년 콜로라도주 볼더대학교의 사회심리학자 버나뎃 박과 동료 연구자는 무의식 연관 검사를 사용하여 아빠와 비교해서 엄마를, 서류 가방과 노트북보다 도시락 가방과 유모차와 더 쉽게 연관 지을 수 있는지 검사했다. 누구든 그러리라 추측한 듯하다. 엄마와 양육, 아빠와 생계 간의 이런 무의식적인 연관이 강할수록, 참여자들은 으레 엄마가 가족 편에서 일과 가족 사이에 생기는 불화를 해결하고, 아빠는 정반대로 나간다고 말했다.

박과 동료 연구자는 이렇게 밝힌다. "일과 가족 양쪽 영역에서 성별에 따른 성취 결과가 다른 이유는 부분적으로 여자를 양육에, 남자를 직업 세계와 짝짓는 잘 습득된 문화적 연관 작용 때문일 수 있다. 사회규범이 남녀 간 성 평등을 명확하게 지지한다 하더라도, 직접 관찰은 물론 언론 보도를 통해 습득된 메시지는 '자연적인' 노동 분담이 틀에 박힌 성별 개념에 따라 이루어진다는 점을 넌지시 전해준다. '엄마와 부모'라는 개념은 '엄마와 전문인'이라는 개념보다 우리 마음속에 좀 더 쉽게 동시에 기억되며, 아빠의 경우는 정반대 개념이 적용된다."[6]

뉴욕에서 사업체를 운영하는 로라는 종종 자기 혼자 아이를 키우는 것 같다고 느끼는데, 결혼 전 남편의 가족을 만났던 기억을 떠올린다. "그 사람의 부모님이 주고받는 행동을 보고 걱정이 되었어요. 남편 쪽은 육체적으로, 정서적으로 남자를 항상 떠받드는 100퍼센트 이탈리아 가정이더라고요. 모든 식사는 남자들이 원하는 메뉴로 하고요. 이런 모습을 보고 솔직히 말했어요. '당신도 알겠지만 나는 당신을 떠받들지는 않을 거야'라고요. 그랬더니 굉장히 방어적인 태도를 취하면서, '우리 아버지는 좋은 분이야'라고 하며 제 말을 자기 아버지에 대한 비판으로 받아들였어요."

카펫과 작은 장신구를 비롯해 옛 유산이 가득한 고모할머니 집에서는 저녁 식사 후 내가 자리에 그대로 앉아 있었다면, 비록 누가 뭐라 하진 않았지만 분명 규칙 위반이었을 것이다. 아마 어른들은 식사 후 남자들을 헐뜯었을 테니까. 당시 내가 이런 쪽으로 눈치를 챘다면 좋았을 텐데. 할아버지와 고모할아버지, 또 로라의 시아버지 될 사람은 비난을 좀 받아도 마땅하지 않을까?

***

나는 무어의 관점은 물론 고워티의 관점도 가치 있게 생각한다. 물론 다른 관점도 존재한다. 심지어 우리가 추구하지 않은 방식으로도 모든 것을 통제할 수 있는 약간의 힘이 있으니까. 그러나 우리에게는 역시 20세기 프랑스 철학자 시몬 드 보부아르가 있다. 그의 사상을 생각해보면 내가 여자아이일 때 여성의 의미를 어떻게 이해했는지 울림이 되어 전해진다. 여자는 제2의 성이다. 드래그세스가 《생각하는 여자》에서 썼듯이, "남자는 정상적인 인간 관측자요, 전형적인 주체로 간주된다. 이와 반대로 여자는 어릴 때부터 자신들이 몸통이 아닌 가지이고 비정형적인 객체라고 배운다. 이들은 인간이 아니라 여자다. 따라서 여자는 스스로를 남자가 아닌 다른 객체라고 인식하는 데 익숙하다."[7] 보부아르에 따르면 이런 시나리오에서 이상한 부분은 남자가 이런 식으로 여자를 구체화한다는 점이 아니라 여자 역시 여기에 동참한다는 점이다.[8]

테스는 4세 때, 아빠가 퇴근하고 책상 위에 올려놓은 동전을 조금씩 모았다. 1센트, 5센트, 10센트, 25센트 동전이 일렬로 쌓이자 테스는 나에게 이렇게 물었다. "엄마, 이 사람들이 누구예요?" 에이브러햄 링컨, 토머스 제퍼슨, 프랭클린 루스벨트, 조지 워싱턴이라고 답해주었다. 세상에서 자신의 열등한 위치를 파악할 때까지 여자아이들은 도대체 얼마나 많은 명절을 치러야 하고, 얼마나 많은 동전을 돼지 저금통에 넣어야 할까?

2018년 트위터에 한 남자가 어린 딸과 나눈 대화 내용을 올렸다. 부녀는 어딘가에서 동상을 보던 중이었는데, 딸이 동상을 만드는 목적이 뭔지 물었다. "중요한 일을 한 사람을 기억하려고 그런단다." 아빠의 대답이었다. "그럼 여자는 분명 중요한 일을 하지 않나 봐요." 딸은 자신 있게 말했다. 왜냐, 모든 동상이 남자였으니까.

〈스미소니언Smithsonian〉의 보도에 따르면 미국에 있는 역사적인 인물 동상 약 5,193개 중 여성 동상은 394개로 8퍼센트 미만이다.[9] 뉴욕 시의 경우 여성 동상의 비율이 3퍼센트로 150개 동상 중 여성 동상은 5개다. 미국에서 방문자 수가 가장 많은 도시 공원인 센트럴 파크의 경우, 23개 동상이 역사적인 남자 인물이고 여성 동상은 천사, 이상한 나라의 앨리스, 마더 구스의 형태로만 구현되었다.[10] 사회학자 가예 터크먼이 말했듯이, 여자는 언론에서도 "상징적으로 전멸"하고 있다.[11] 뉴스를 분석해보니 보도를 하는 기자의 성별과는 관계없이 남자의 말은 여자보다 3배 더 많이 인용된다.[12]

과제·목표 지향적 여자와 과제·목표 지향적 남자

사회학자들은 수십 년에 걸쳐 성 고정관념의 변화를 추적해왔다. 지난 30년간 여자가 스스로를 묘사하는 방식에서는 고정관념이 어느 정도 사라졌다. 대신 자신이 과제·목표 수행자 같다고 느끼는 여자들이 늘어났다. 과제·목표 지향적 성격은 전통적으로 유능함, 단호한 태도, 독립성을 아우르는 남자의 특질이다. 여자들의 경우 수십 년간 변치 않은 부분은 자신의 공동체적 특성에 대한 보고다. 공동체 특성은 전통적으로 표현 능력, 따뜻함, 남의 안위에 대한 걱정으로 표현되는 여성의 자질이다. 오늘날 여자들은 1970년대 자매들보다는 과제·목표 지향적 특성은 더 느끼고 공동체적 특성은 덜 느낀다. 비슷하게 동시대 남자들은 과거보다 과제·목표 지향적이라고 느끼지만 (여자들보다 그 변화 정도는 심하지 않다), 공동체적 특성에서는 변화를 전혀 느끼지 못하는데 애당초 남자들에게는 그런 특성이 많지 않았다.

직장과 가정 양쪽에서 나타나는 현상을 볼 때 여자는 좀 더 남자처럼 되었고, 남자는 좀 더 남자처럼 되었으며 대신 더 여자처럼 되지는 않았고, 여자는 여자에서 좀처럼 벗어나지 못했다.[13] 그레첸은 "물론 저도 죄책감이 느껴졌어요"라고 말했다. 이는 다른 사람 안위를 염려하는 것이다. 반면 "어느 날 밤 저는 남편이 종종 저에게 하는 일을 똑같이 시켰어요"에서 나타난 것처럼 그녀 남편은 최소한 같은 방식으로 이런 염려를 표출하진 않는다.

　　여자가 남자의 특성인 과제·목표 지향적 성격을 받아들였다면 왜 남자들은 공동체적 특성을 받아들이지 않았을까? 다시 말해 왜 여자처럼 되지 않았을까? 이 문제를 해결하는 데 많은 관심을 보인 사람은 소수에 불과했다. 브리티시컬럼비아대학교의 사회심리학자인 토니 슈마더와 동료 연구자들은 2015년 논문에서 "많은 연구가 남성 주도의 과제 지향적 역할(과학, 기술, 공학, 수학 분야)에서 여성의 이익과 성취, 발전을 저해하는 심리적 장벽"을 이해하고 이를 완화하는 데 중점을 두고 진행되어왔지만 (…) "공동체적 역할(보건 직종, 유아교육, 아동 양육 분야)에서 남자 수가 적은 현상에 대해서는 연구가 이루어지지 않았다."[14] 이게 바로 과학의 편견이다. 즉 여자에게 좀 더 남자처럼 되라고 독려하는 것이다.

　　이 생각이 뜬금없지는 않다. 과제·목표 지향적 특성은 좀 더 높은 자존감과 결부되어 있다. 다시 말해 강하고 독립적이고 자신감이 강한 사람들은 자존감이 높은 경향이 있다. 반면 공동체적 특성은 이보다 낮은 자존감과 결부되어 있다. 다시 말해 따뜻하고 표현력이 풍부하고 복종적이라고 말하는 사람들은 자존감이 낮은 경향이 있다.

남자의 자존감은 평생 모든 국면에서 여자보다 약간 더 높고, 양자의 격차는 고등학교 때 정점을 찍고 이후 줄어들지만 완전히 사라지지는 않는다.[15] 하지만 심리학 분야 전문가들이 언급하는 것처럼 자존감이 반드시 '실질적인 자존감'일 필요는 없다. 예를 들어 프린스턴 대학교의 여자 학부생은 우등으로 졸업할 확률이 남학생보다 높지만, 프린스턴 남자 학부생은 자신의 "지적인 자신감을 평균 동년배와 비교"하기 때문에 또래 젊은 여자들이 자기를 평가하는 것보다 자신을 높게 평가한다.[16] 과제·목표 지향적 특성과 공동체적 특성도 완전히 다르지는 않기 때문에, 우리가 여기에 부여하는 가치는 이런 현상과 동떨어지지 않는다.

과제·목표 지향적 특성에 공동체적 특성이 있을 수 있고 공동체적 특성에 힘이 있을 수 있다. 음주 운전 방지 어머니회Mothers Against Drunk Driving나 총기 폭력 반대 어머니 결사대Moms Demand Action Against Gun Violence같이 성공한 두 단체만 봐도 증명이 된다. 19세기 어머니날의 정신을 기억해보라. 이 날은 집 밖에서 어머니들이 이룬 정치적 성과와 공동체 일원으로서 여자가 이룬 업적에 경의를 표하는 날이었다.[17] 1914년 의회는 어머니날을 '공휴일'로 정했고, 이 날은 어머니들의 사회 활동의 중요성을 공동체에서 인식하는 날에서 가족을 위해 희생하는 삶을 근시안적으로 기념하는 날로 의미가 축소되었다.

*　*　*

　　리지웨이와 코렐이 언급했듯이, "서구 사회의 오래된 젠더 시스템이 재미있게 느껴지는 것은 결코 변하지 않아서가 아니라 남자와 여자, 그리고 이들이 하는 일을 끊임없이 재규정하여 시스템을 지탱하고, 이들의 차이가 어떻든 모든 걸 감안하면 남자가 당연히 더 막강하다는 기본 가정을 계속 유지하기 때문이다."[18] 여자가 교육, 취업, 수입 등 전통적인 성공의 여러 잣대에서 남자를 능가하면서, 엄마 역할은 권력투쟁에서 최후의 전선이 될지도 모른다. 남자와 비교하여 여자의 노력과 안락이 가정에서 발목 잡히는 한, 여자는 결코 남자만큼 막강해질 수 없다.

　　2018년 영국 대학의 성별 임금 격차는 평균 15퍼센트였다. 영국의 여학생 인구가 56퍼센트를 맴돌고 여성 학계 인력이 40퍼센트에 달하는 상황에서, 여성 종신 교수는 전체의 4분의 1에 못 미친다. 브리스틀대학교 교육학 교수 브루스 맥팔레인은 고등교육 정책을 주로 다루는 웹사이트, 〈윙크히Wonkhe〉에 기고한 글에서 "이 심각한 공급망 누수"는 학계 여성 인력이 상대 남자보다 훨씬 높은 비율로 일을 떠맡는 데 책임이 있다고 말했다. 여자는 '학계 내부 일'에 너무 많이 관여한다고 그는 지적한다. 조언과 멘토 역할, 위원회 일은 대학 공동체 번영에 이바지하지만, 이런 활동은 승진으로 이어지지 않는다. 경험적 관찰에 따르면 여자는 이 결과 부교수가 되는 데 시간이 더 오래 걸린다. 이와 대조적으로 남자들은 경력에 도움이 되는 연구와 저술 작업에 몰두한다.

여자들은 대학 공동체에 더 많은 시간을 할애하지만, 이런 활동은 권위와 영향력을 높이는 데는 손해가 된다. 맥팔레인은 학계 내부 일에 관여하라는 압력에 저항하면 여자들 혼자 힘으로 전임 교수 문제를 해결할 수 있다고 제안한다.[19] 여자들이 좀 더 독단적일 필요가 있다는 것이다. 그는 여자가 택하는 일은 무엇이든 주변부로 밀린다거나, 여자들이 종종 이타적인 행위를 보류한 대가로 직업 세계에서 불이익을 당한다는 사실을 인정하지 않는다. 마찬가지로 남자들을 애써 설득해서 그들이 으레 피하는 공동체의 역할을 맡으라고 하지도 않는다. 이런 것들이 직업 세계의 편견이다. 따라서 여자들에게 좀 더 남자처럼 되라고 독려해야 한다.

토니 슈마더에게는 또 다른 생각이 있다. 남자를 좀 더 여자처럼 되도록 유도하는 것이다. 슈마더는 연구 작업을 통해 공동체 일을 꺼리는 남자의 습성을 이해하고 여기에 대처하는 방안을 제시한다. 공동체 일을 맡는 데 있어 장애 요인은 외부 요소, 예컨대 경제적 대가라는 것이다. 공동체 일은 대가가 적고, 만약 자신의 자녀를 돌보는 일을 생각하자면 대가가 전혀 없다. 다른 장애 요인은 내부 요소로, 이는 남성적 정체성을 위협한다. 연구에 따르면 "가정 일로 직장에서 휴가를 내는 남자들은 덜 좋게 (…) 또 연봉을 더 적게 받는 사람으로 인식"된다. 좀 더 여자처럼 행동하고 여자가 견디는 결과를 받아들이라.

과학 분야를 전공하는 여학생에 대한 대중의 인식을 넓히는 자리에서 '스템STEM' 분야의 성공을 언급하며 슈마더는 우리 일상의 '히드HEED' 부분, 즉 보건health care, 초등 교육elementary education, 가정domestic 영역에 주의를 기울여보자고 제안한다. 문제는 슈마더도 나에게 언급했지만 "사람들은 과학 및 기술 분야의 직업이 보건 및 교육 분야 직업보다 사회적 가치가 더 크다고 본다. 여자보다는 남자들이 히드 직업의 사회적 가치가 덜하다고 판단한다. 이런 성별 차이 자체가 왜 남자들이 다른 사람을 돌보는 데 중점을 기울이는 공동체 일의 가치를 낮게 보는지 부분적으로 설명해준다. 히드 경력은 사회에 결정적으로 중요한 직업으로 간주되지 않고, 남자들도 본질적으로 이런 일에 관심이 없기 때문에 돌봄과 관련된 직업과 역할에서 성 균형을 독려하는 시장이 형성되지 않는 듯하다." 즉 '남자는 여자처럼 되어서 득볼 게 하나도 없다'는 편견에 문제가 있는 것이다.

온정적 성차별은 교활하다

여자가 부모를 더 많이 돌본다. 연로한 부모를 둔 성인 딸은 성인 아들보다 목욕, 옷 입히기, 식사 같은 일상생활과 관련된 활동을 더 많이 돕는다. 아들은 식료품 장보기와 마당 일같이 소위 드러나는 일을 더 많이 수행한다. 연구 결과에 따르면 남자와 여자 둘 다 부모를 모시는

데 참여하지만, 여자가 육체적으로 힘이 들고 일상생활에 지장을 받는 일을 더 많이 맡는 반면, 남자는 좀 더 간헐적이고 제한적이며 유동적인 방식으로 돕고 개입한다.[20] 자녀 일이든, 부모 일이든, 개인적인 우선순위를 제쳐두는 일이라면 관대한 쪽은 여자다.

공동체적 특성은 좋은 것이다. 우린 따뜻한 사람이라는 칭찬을 들으면 우쭐해진다. 여기에 반대하는 사람은 아무도 없고, 관대한 사람으로 밀어붙인다고해서 미투 운동이 일어나지는 않는다. 저항을 불러일으키는 적대적 성차별과는 달리, 온정적 성차별은 폭넓은 지지를 얻고 사회 변화를 위한 집단행동을 억누르는 기능이 있다. 실제로 여자들은 적대적 성차별에 남자보다 더 단호하게 저항하지만, 온정적 성차별은 최소한 인정하는 경향이 있다. 미국 대법관 루스 베이더 긴즈버그가 얘기했듯이, "비록 새장 역할에 지나지 않더라도 우리 여자들 중 누군가를 뒷받침하는 자리를 쉽게 포기할 사람은 거의 없다." 겨우 밑동만 조금 남아도 우리는 베푼다고 찬양받을 때 미소 짓는다.

온정적 성차별은 "남성 지배를 애정을 담아 또는 기사도 정신으로 표현하는 것"으로 여자는 도덕적 나침반 기능이 탁월하지만 남자의 보살핌과 보호 역시 필요로 하며, 여자는 남자들의 욕구를 충족시키기 위해 존재한다는 믿음을 조장한다. 성공한 모든 남자 뒤에는 여자가 있다. 규범을 따르면 열매를 거둔다. 적어도 남자들의 반경 안에서는 자기 자신을 페미니스트라고 하지 말라. 언론인 레베카 트레이스터는 이렇게 지적했다. "여자가 살면서 다른 사람을 도와주지 않고 자기 일만 하면 바로 이상한 여자로 낙인찍힌다."[21]

　　이상한 행동을 하려면 결과를 감수하라. 여자는 생활하면서 자기들의 임무가 남자의 기분을 좋게 해주는 것임을 매일 생각한다. 거리에서 낯선 남자는 우리에게 웃으라고 말한다. 이런 일은 어릴 때부터 시작된다. 당시 5세이던 테스를 데리고 비행기에 탑승하면서 통로를 지나가는데 일등석에 앉은 나이 지긋한 남자가 테스를 보고 웃었다. 테스는 이분을 보고 얼굴을 찡그리는 듯한 표정을 지었다. 본래 낯선 사람이 쳐다보면 그러는 습관이 있었다. "왜 저 사람들이 나를 쳐다봐요!?" 딸은 종종 이를 악물며 나에게 물었다. 기분이 나빴는지 이분은 테스의 어깨를 꾹 찌르면서 훈계조로 얘기했다. "웃어야지!" 테스는 아무 대꾸도 하지 않았다. 나는 반사적으로 나 자신도 소름끼치게, 이 남자에게 거의 사과하다시피 내 딸이 그의 말을 듣지 않았다며 사죄의 말을 했다. 사회화가 너무 깊게 스며든 것이다(나는 재빨리 정신을 차리고 딸에게 아무한테나 웃을 필요는 전혀 없다고 말해준 다음, 나도 그 남자 어깨를 꾹 찔러주지 않은 걸 깊이 후회했다).

　　최근 진료를 위해 유료로 가입한 거래 정보망 서비스 업체의 전화를 받았는데, 제품 품질 향상을 위한 10분 인터뷰에 참여해달라는 요청이었다. 나는 싫다고 거절했다. 기분이 나빴는지 젊은 남자 판매 사원은 끈질기게 매달렸다. 나는 재차 안 된다고 거절했고 불편함을 표시했다. 하지만 그냥 끊으면 될 일이었지 나의 성마름을 드러낼 필요는 없었다. 상대방의 반응은 매서웠다. "그렇게 싸울 듯이 말할 필요는 없잖아요." 그는 유료 고객인 나를 꾸짖었다. 나는 죄책감을 느끼며 전화를 끊었다. 더 친절하게 했어야 했는데. 왜냐하면 친절하게 대하는 것이 분명 나의 일이니까. 내 남편이 만약 전화를 받았다고 해도 그가 똑같이 응대했을까? 알 수 없었다. 적어도 일정 수준에서 이 젊은 남자는 내가 마땅히 자기에게 고분고분 또는 친절하게 대해야 한다고 생각했고, 그렇게 나오지 않으니 화가 났던 것이다. 웃어라!

공동체적 특성의 규범을 어기는 여자, 마땅히 여자답게 행동하지 않는 여자는 벌을 받는다. 실험실과 직장 양쪽에서 실시한 응용 심리 연구에서 남을 돕는 행위를 하겠다고 응답할 때 남자의 호감도는 올라가는 반면, 여자의 호감도는 변화가 없었다. 이와 대조적으로 남을 돕는 행위를 안 하겠다고 말할 때 여자에 대한 부정적 평가는 높아지는 반면, 남자는 그렇지 않았다.

"여자들은 이타적인 행위를 했을 때 똑같이 행동하는 남자들만큼 칭찬받지 못하며, 이런 행동을 보이지 못했을 때 남자들만큼 너그러운 대우를 받지 못한다."[22] 뉴욕대학교에서 실시된 2005년 연구의 지은이가 쓴 말이다. 이는 온정적 성차별의 적대적인 면모다. 이렇게 되면 '온정적'이라는 말이 번지수를 잘못 찾은 것처럼 느껴진다.

부정적인 평가를 피하기 위해 우리는 의문을 거의 제기하지 않은 채 일제히 틀에 박힌 방식으로 행동하고, 때때로 이런 방식을 포용한다. 보수파 운동가인 필리스 슐라플라이는 "미국에서 남자가 여자를 대하는 아름다운 방식"이 무너질지 모른다는 이유를 들어 남녀평등

헌법 수정안에 반대했다. 뉴욕에 사는 로라는 이렇게 말한다. "저를 비롯한 여자들은 모순을 느껴요. 저는 제 일이 좋아요. 직장은 안전한 천국이죠. 정말 저에게 중요해요. 남편과 부부 상담을 받으러 갔는데 남편이 그러더군요. '당신은 나보다 일이 먼저지.' 그건 의식적인 결정이었어요. 저는 직장에서 존중받고 사랑받거든요. 하지만 또 우리는 일부 보살핌도 받고 싶죠. 나약함 같은 걸까요, 뭐라고 불러야 할지는 모르겠어요. 저에게는 이런 전통적인 면모가 있고 숙녀처럼 대접받고 싶은 마음이 있어요. 때때로 지시를 받는 것도 괜찮을 것 같고요."

자신의 약한 면모를 하루 24시간의 노력으로도 받아들일 수 없다면, 집안일을 휘두르고 있다는 느낌은 억눌린 여자의 갈망을 풀어줄 수도 있다. 심리학자들은 자신이 집안에서 대장이라고 믿는 여자는 애써 밖에서 힘을 행사하지 않을 개연성이 크다고 얘기한다.

2014년 캘리포니아주립대학교 버클리 캠퍼스와 에모리대학교의 사회심리학자인 세리나 첸과 멜리사 윌리엄스는 이 이론을 실험실에서 검증했는데, 남녀에게 가정 예산을 세우는 일에서 바닥을 청소하는 일까지 다양한 집안일에 참여할 때 기분이 어떨지 상상해보라고 했다. 남녀 모두 가사를 하는 사람보다 집안의 의사 결정 같은 일을 하는 사람이 강한 권력감을 느낄 것 같다고 답했다. 그다음, 참가자들은 집안일을 단독으로 관리하거나 배우자와 공동으로 관리하는 등 다양한 상황에 처한 경우를 상상해보라는 지시를 받았다. 단독으로 집안일을 관리하는 상황을 부여받은 여자들은 배우자와 공동으로 관리하는 여자보다 직장에서 힘을 행사하는 일에 관심을 덜 표시했다. 남자의 경우 직장 내 권력에 대한 관심은 그들이 (상상한) 가정 내 역할에 영향을 받지 않았다.

"가정일을 결정하는 데 힘을 행사하게 되면 여자의 전통적인 역할에 지위 및 통제력 같은 요소가 생기는데, 그러다 보면 여자들은 집 밖에서 권력을 더 쟁취하기 위해 애써 장애물을 극복하고 앞으로 나아가려는 생각을 덜 하게 됩니다." 윌리엄스와 첸의 설명이다. "가정 내 의사 결정에 대한 권한은, 다시 말해 여자들이 가정에서 다른 구성원의 삶에 영향을 주는 일에 결정적인 발언권을 얻는다는 것인데, 이런 힘은 권력의 영역에서 평등이라는 환영을 만들어낸다고 생각합니다. 가정 내 여자의 권력은 직장이나 공공 영역에서 권력의 부재를 메꾸어주는 것 같아요. 그러나 궁극적으로 여자는 가정의 의사 결정자 역할을 어느 정도는 내려놔야 하고, 남자는 이런 권위를 같이 나누는 데 동의해야 합니다. 그래야 공적 사적 영역에서 진정한 성 평등이 실현될 수 있어요."[23]

첸과 윌리엄스가 강조하는 것은, 온정적 성차별은 가부장제의 폐혜를 누그러뜨리는 설탕 한 스푼에 지나지 않는다는 점이다. 여자는 대단하지만 어린아이 같아서 낮은 지위의 역할에 안성맞춤이다. 사이먼프레이저대학교의 사회심리학자인 스티븐 라이트와 오스나브뤼크대학교의 사회심리학자인 율리아 베커가 얘기했듯이, "온정적 성차별주의 믿음이 분명 생색내기처럼 보여도, 여자에 대해 긍정적인 정서를 표현하는 것으로 해석되며, 남녀 모두 여자에게 개인적으로 또 집단적으로 이득을 준다고 보기 때문에 여자들은 여기에 동기부여가 되어 성별이 구분된 현재의 실태를 유지하는 데 공모하게 된다."[24]

라이트와 베커는 온정적 성차별과 적대적 성차별이 사회 활동에 참여하려는 여자의 욕망에 영향을 미치는지 시험해보기로 했다. 독일 교사 연수 프로그램에서 99명의 여성이 기억에 관해 검사한다는 실험에 지원했다. 우선 이들은 '통념'에 대한 6개 문장을 읽으라는 지시를 받았다. 어떤 참가자는 온정적 성차별을 뒷받침하는 문장을 읽었다(예: "여자는 남자가 할 수 없는 식으로 남을 보살펴준다"). 다른 참가자들은 적대적 성차별을 뒷받침하는 문장을 읽었다(예: "여자는 함께 일할 때 툭하면 자기들끼리 싸운다"). 셋째 집단은 남자와 여자에 대한 중립적인 문장을 읽었다. 이어 99명의 모든 참가자들은 공정한 젠더 시스템과 여자로 살아가는 이점에 대해 이야기하고, 또 일종의 사회 개혁에 참여하겠다는 몇 가지 계획과 대책을 내놓았다(예: "나는 남자와 여자의 동일한 임금 지급을 요구하는 집회에 참여하겠다"). 마지막으로 참가자들은 24개 문장 중 처음에 읽었던 6개 문장을 선택해야 했다.

결국 처음에 온정적 성차별 문장을 읽었던 여자들은 세 집단 중 성 관련 청원서에 서명하거나 성 불평등에 관한 인식을 높일 전단지를 배포하겠다고 할 가능성이 가장 적었다. 이와는 반대로 적대적 성차별 문장에 노출되었던 그룹은 위 두 가지 행동에 나설 가능성이 높았다. 겨우 6개의 온정적 성차별 문장을 접했는데도 젠더 시스템이 공정하고 여자로 살아가는 게 이득이라는 인식은 높아졌다. 그렇다면 저항할 필요가 뭐가 있겠는가? 온정적 성차별 문장은 여자들의 긍정적 정서도 높여주어 전단지 배포에 참여한다거나 여성을 위한 청원서에 서명할 가능성은 줄어들었다. 이와는 반대로 적대적 성차별 문장에 노출된 집단은 젠더 시스템이 공정하다는 인식이 낮아져 여자로 살아가는 이점 역시 적다고 인식하면서 부정적인 태도가 늘어났다. 결국 성 관련 집단행동에 참여할 의지가 높아졌다.[25]

이는 일제히 같이 들고 일어나지 못한 우리의 실패를 말해주는 것 같다. 우리는 혁명, 반기, 시민 동요를 이용하여 채워지지 않은, 높아지는 기대에 응답하지 못했고, 결국 모든 일을 처리하는 사람이라는 지위에 묵묵히 동의한 꼴이 되었다. "당신은 정말 좋은 엄마야." 모든 남자는 이렇게 말한다.

라이트와 베커는 다음과 같이 지적한다. "여자들은 기존의 성 불평등을 정당화하는 믿음 시스템을 선택해서 불리한 상황에 대적하기보다는 적어도 부분적으로나마 최대한 이용한다. 남자는 여자로 살아가는 삶에 대한 개인적, 집단적 혜택의 환영을 높여 여자를 칭찬함으로써 가부장제에 적극 협조하도록 한다. 따라서 온정적 성차별은 여자에 대한 보다 긍정적인 사회적 정체성을 형성하고, 개인으로서 여자가 성차별 시스템 안에서 자기 지위를 유지할 수 있는 수단을 제공한다."

적대적 성차별은 지저분하고 고약하지만 적어도 싸움을 부추긴다. 온정적 성차별은 이보다 훨씬 교활하다. 애정이 넘치는 다정한 사람으로 칭송받는 엄마는 여기에 저항할 꿈도 꾸지 않는다.

85세 할머니의 행복의 조건

2017년 〈뉴스위크〉는 "85세 넘은 여자는 그쯤 남편이 저세상으로 가서 더 행복하다"는 기사를 실었다. 기사의 내용은 영국 국립보건서비스National Health Service가 실시한 연구 조사에 관한 것이었다. 국립보건서비스는 8천 명의 참가자에게 "나는 지금까지 편안했다"와 "나는 지금까지 나 자신이 좋았다"라는 문장에 대해 "항상 그렇다"에서 "전혀 그렇지 않다"까지 1에서 5까지 숫자로 응답하도록 했다. 응답자의 답변을 근거로 국립보건서비스가 내린 결론은 여자는 은퇴 후 계속해서 행복 수준이 올라가지만, 인생 대부분의 국면에서는 남자보다 행복하지 않았다. 하지만 85세 때는 성 차이가 뒤집어진다. 즉 노년에 여자는 남자보다 행복하다는 것이다.

왜 이런 결과가 나왔냐고 물어보니 영국 왕립정신과협회 학회장인 케이트 로벳은 "여자가 여전히 집안일과 양육 책임을 떠안는 경향이 높기 때문"이라고 설명했다.[26] 시간이 지나면서 이런 일에 대한 부담은 가벼워진다. 85세쯤에 여자의 배우자는 사망했을 가능성이 크다. 이제 또 다른 사람을 끊임없이 돌볼 필요가 없다고 로벳은 지적하면서 여자는 일단 배우자가 죽으면 더 행복하다고 말한다. 죽었다!

이 연구는 우리가 반면교사로 삼아야 할 이야기다. 나는 80대가 안 된 여자들을 인터뷰하면서, 또 기사를 읽다가 이보다 강도는 약하지만 비슷한 사례를 접했다. 미시간 주 앤아버에 사는 2세 아이의 엄마 크리스틴은 이렇게 말한다. "제 친구는 싱글맘인데요. 친구 말로는 결혼 생활이 더 힘들대요. 싱글맘이 되니 누구에게도 좌절감을 느낄 일이 없다는 거죠. 그냥 모든 일을 하면 되니까요. 저도 남편이 출장 가서 없으면 제가 다 해요. 그냥 하는 거죠. 다툴 만한 요소가 전혀 없어요. 한편으로는 이게 더 낫죠."

"왜 새내기 엄마들이 남편을 미워하냐고요?" 웹사이트 〈더 컷The Cut〉의 '폴리에게 물어봐Ask Polly' 코너에 자칭 '배은망덕한 새내기 맘'이라는 한 직장 여성이 이런 질문을 던졌다. 이 엄마는 이렇게 설명을 이어나갔다. "저는 토요일 아침에 아래층으로 내려와 소파에 푹 파묻혀 커피를 마시고 싶어요(15개월 아기가 다쳐 큰일이 날까 온 신경을 곤두세우는 일 말고요). 남편 짐이 큰 계획에 대해 걱정하고 아기에게 모자를 사주냐 마냐 구시렁대는 것도 좋은데, 이제 일일이 부탁하는 데 지친 것 같아요. 꼭 의욕은 앞서는데 일을 주도하지 못하는 직원을 한 명 데리고 있는 느낌이라니까요."

이 코너의 상담 칼럼니스트 헤더 하브릴스키는 이렇게 답했다. "장담하는데 지금처럼 일을 분담하면 당신 부부 둘 다 불행해집니다. 남편은 지금 편해 보이지만 그렇지 않아요. 당신이 남편의 뻔뻔함을 싫어하는 걸 남편도 알아요. 남편은 그 점을 걱정하죠. 자기를 평생 싫어할까 우려하는 거예요. 그래서 남편 역시 기분이 좋지 않아요. 당신 부부의 불평등하고 불안정한 삶이 지금 남편에게는 아무 문제가 없다고 느껴질 수도 있어요. 분명 자기가 일을 많이 한다고 생각하고 실제로도 하고 있으니까요! 하지만 집안일의 균형이 깨진 상태라 장기적으로는 남편에게 이로울 게 없습니다. 크게 보자면 남편은 결국 뚱한 채 말 없이 원망하는 아내를 옆에 두고 있는 거니까요. 남편이 숨 쉬는 것도 싫고 남편과 섹스를 하느니 차라리 살아 있는 구더기 한 접시를 먹는 게 낫겠다고 생각하는 아내를."[27]

훅스는 《모두를 위한 페미니즘》에서 이렇게 썼다. "지배가 있는 곳에 사랑이 들어설 자리는 없다."[28]

혼자 된 우리 할머니는 지난 15년 동안 남자 친구가 있었다. 한스라는 분이었는데, 두 분 다 나치 독일을 탈출했고, 두 분이 사는 플로리다 남부의 콘도미니엄은 서로 멀리 떨어져 있지 않았다. 한스는 할머니와 합치길 원했지만 할머니가 완강히 거부하셔서 내가 이유를 여쭤봤던 기억이 난다. "또 다른 남자를 뒤치다꺼리하지는 않을 거다." 할머니는 신경질적으로 화를 내며 말씀하셨다. 그때 25세이던 나는 할머니의 반응이 재미있다고 생각했다.

이제는 그게 더 이상 재밌지 않다. 내 배우자가 죽었을 때 더 행복을 느끼고 싶지는 않다. 차라리 혼자 애들을 키웠으면 하고 싶지도 않다. 남편과 섹스를 하느니 살아 있는 구더기를 먹는 게 나은 생활을 바라지 않는다. 문화 전반에 걸쳐서 남자에 비해 여자는 결혼해서 끝까지 잘 살 거라고 낙관하지는 않는다. 남녀 모두 관계에 대해 비현실적인 낙관론을 보여주지만, 즉 자기들이 보통 사람보다 불행한 결혼 생활을 하거나 이혼할 가능성이 적다고 예견하지만, 남자가 여자보다는 결혼 생활을 더 이상적으로 본다. 남녀가 결혼을 하면 남자는 여자와 달리 이혼할 가능성이 더 적다고 생각하고, 행복한 관계를 유지할 가능성을 더 높게 예측한다.[29]

연구에 따르면 남자와 여자는 사랑의 동반자 관계에 대한 기대가 다르며, 남자가 여자보다 궁극적으로 만족감을 더 많이 느낀다. 이에 대해 한 가지 해석을 해보면 여자가 친밀성과 감성적 지원에 대해 남자보다 기대치가 높지만, 관계에서 일정 거리를 유지하도록 사회화된 남자는 이런 요소를 충족시켜줄 수 없다는 것이다. 또 한 가지 해석은 각 배우자의 역할이 달라서 결혼한 여자가 부담하는 일이 결혼한 남자에게 맡겨지는 일보다 스트레스가 더 많고 만족감은 덜하다는 것이다. 연구 결과에 따르면 여자는 남편에게 요리를 해주고 그의 아이를 돌봐줄 뿐 아니라, 남편이 기분 좋도록 또는 그 기분을 유지하도록 더 많은 노력을 기울인다(웃어라!).[30] 배은망덕한 새내기 엄마인 그레첸과 내가 이를 모두 입증할 수 있다. 남자의 특권 남발은 전적으로 남자에 의해서 이루어지는 것만은 아니다.

남자와 여자가 공모한다. 남자는 여자가 배려하는 남정심에 대해 모르는 척 눈을 감아버리고, 여자는 남자들이 계속 이렇게 외면하도록 도와준다. 남자는 권력을 위해 경쟁하라고 배우며 자랐고, 여자는 입을 꾹 닫고 있어야 한다고 배웠다. 1998년 한 연구 조사에서는 평등한 동반자 관계를 즐기고 있다고 보고한 12쌍의 신혼부부를 밀착해서 관찰했다. 하지만 연구자들은 이들 부부 중 연구 시작 전에 밝혔던 평등의 모델에 딱 들어맞는 부부는 1쌍도 없었다고 밝혔다.

이에 머호니와 너드슨-마틴은 평등을 다음과 같이 정의했다(여러분도 이 조건에 비추어 스스로 점검해보라). 부부가 동등한 지위를 갖는다. 부부 관계에서 상대에 대한 관심은 상호 교환적이다. 부부 관계에서 서로 배려하는 것도 상호 교환적이며 행복감은 같이 느낀다.[31]

머호니와 마틴이 발견한 사실은, 결혼 생활에서 평등하게 살고 있다고 굳게 믿었기 때문에 이 연구에 지원했던 이들 부부 중에서도 여자들이 남자보다 배우자의 욕망을 더 수용하는 경향이 많았고, 배우자 일정에 생활을 맞춘다고 얘기했으며, 배우자의 감성적 욕구에 신경을 쓰며, 배우자가 화가 날까 걱정되어 그들이 원하는 대로 해준다고 답하는 경향이 많았다는 것이다. 이들은 이렇게 결론을 내렸다. "대부분의 부부는 그들의 기대와 이상에 부합하는 평등의 이미지나 신화를 만들었다. 이는 평등한 관계에 대한 이들의 책임을 상징적으로 대변해주는, 안심 기능을 하는 것 같았다. 어떤 부부는 평등을 실천하는 대신 이런 이미지나 신화를 내세웠다."[32]

당신은 혹시 자신의 가치를 의심하는가

자기 권리를 주장하는 행위는 안 좋은 소리를 듣지만, 권리를 너무 챙기지 않아도 모자라 보인다. 뉴욕 사우스 살렘에 사는 1세 아기 엄마인 34세 카일라는 시간제 베이비시터의 도움을 받으며 집에서 일한다. 남편의 사무실은 차를 타고 조금만 나가면 된다. 카일라는 이렇게 말한다. "남편 존이 출퇴근을 하니까 더 쉬어야 한다고 생각해요. 그래서인지 저는 휴식을 취하고 한숨 돌릴 자격이 남편보다 없는 것 같아요. 이런 생각을 한다는 게 저도 너무 싫어서 항상 정신과 주치의에게도 이 얘기를 해요. 저는 평일 내내 조이를 돌보는 사이사이 짬을 내서 의뢰인에게서 받은 일을 하는데 완전 녹초가 될 때가 많죠. 존은 항상 저에게 휴식이 필요하다고 말하고, 제가 쉬는 것도 거의 다 존의 권유 때문이에요. 남편은 매주 금요일 오전 스피닝 교실에 등록하든지 머리를 손질하든지 낮잠을 자라고 해요. 이렇게 말하면 이상하지만, 때때로 제 안에 뭔가 작동해서 혼자 쉬면 안 될 것 같다는 생각을 하게 만드는 듯해요. 존은 억지로라도 저를 쉬게 해야 한다는 걸 애초에 알아차렸고, 그렇게 하고 있죠."

분명하게 쉬라고 권유하지 않으면 엄마들은 자진해서 쉬려고 하지 않는다. 연구 결과를 보면 여자는 일을 하고 받는 대가를 포함하여 모든 종류의 좋은 행위에 대해 남자보다 당당하게 요구하지 않는 것으로 드러났다. 실험 조사에서 여자는 남자보다 돈을 적게 요구하고 대가를 받으려면 일을 더 오래, 더 열심히, 더 잘, 더 효율적으로 해야한다고 주장한다.[33] 이런 태도는 아이를 대할 때도 전달된다. 비지키드 BusyKid는 부모들이 아이들에게 집안일을 시키고 온라인으로 용돈을 주는 앱인데 2018년 이곳 자료를 분석해보니 남자아이들은 여자아이보다 주당 2배나 많은 돈을 받았다.[34]

2003년 MBA 학생들을 대상으로 모의 취업 면접을 실시한 연구 조사에서 남학생의 85퍼센트는 자기들의 가치를 안다고 답했고 이와 거의 같은 비율의 여학생은 모른다고 답했다. 동일한 연구 조사에서 남학생의 70퍼센트는 자신들이 평균 이상의 급료를 받을 만하다는 믿음을 드러냈고, 그렇게 믿는 여학생의 비율은 겨우 30퍼센트였다.[35]

성별 규범은 어릴 때 나타난다. 1979년 연구 조사에 따르면 6세 가량의 아동에게서 자신감과 권리 주장에 관해 성인과 동일한 성 격차가 발견되었다.[36] 코완 부부는 부분적으로 여자의 자격지심 때문에 불평등한 집안일 분담이 발생한다고 꼬집는다. 이들은 이런 현상을 "자기 밥그릇도 못 챙기기"[37]라고 이름 짓는다.

여자들의 밥그릇 못 챙기는 현상은 도처에서 흔하다. 2009년 출간된 《여전히 공정하지 못하다Still Failing at Fairness》에서 교육학자 데이비드 새드커와 캐런 지틀먼은 학령기의 여자아이들이 교실에서 남자아이보다 손을 드는 기회를 적게 가진다고 보고했다(이들의 연구에서 교사들 역시 남학생의 이름을 8배 더 자주 불렀다[38]). 2016년 《아무도 대답해주지 않은 질문들》에서 언론인 페기 오렌스타인은 사춘기에서 대학교 연령의 여학생은 마치 성이 남성 쾌락의 전유물인 것처럼 믿는 경우가 많거나 적어도 그렇게 행동한다고 보고했다(이들이 사귀는 남자들은 이런 견해에 반대하지 않는다).[39] 《조용한 섹스The Silent Sex》에서 정치학자 크리스토퍼 카포위츠와 탈리 멘델버그는 공공 영역에서 일하는 여자들은 급료를 많이 받을 자격도 높은 권위를 누릴 자격도 남자보다 부족하다고 생각한다고 지적한다.[40] 그렇다면 문제는 가정으로 넘어간다.

스탠퍼드대학교 사회학자 알리야 라오는 실업을 연구하면서 중산층 맞벌이 부부가 실직이라는 어려운 상황을 어떻게 헤쳐 나가는지 조사했다. 자녀 있는 가족 중 부부 한쪽이 해고된 가정을 관찰하면서 라오는 구직 활동에 관해서도 여자는 자기들이 마치 남자보다 가족 부양 권리가 덜한 것처럼 행동한다고 말했다.[41] 다음은 라오의 말이다.

"남자가 직장을 잃으면 실직은 가정생활에서 정말 중요한 문제로 부각됩니다. 남편과 아내는 특히 구직 활동에 대해 매일 이야기를 나누죠. 가정생활도 달라집니다. 실직한 남편이 있는 가정에서는 형편이 좋지 않아도 남편의 구직 활동을 돕기 위해 사무실이 만들어집니다. 거실에 벽을 세워 집에 있어도 집이 아닌 것처럼, 아이들에게 방해를 받지 않도록 해줍니다. 그런데 여자가 실직한 경우 이런 일은 일어나지 않습니다. 아내의 실직은 중요한 문제가 아닙니다. 부부는 실직에 관해 얘기는 하지만 부각시키지는 않습니다. 아내를 위해 따로 공간을 만들어주지도 않죠. 어떤 가족은 아들이 저에게 불평을 하더라고요. '엄마가 집에 있기 시작한 후 달라진 점 하나는 엄마가 내 책상을 작업 공간으로 사용한다'는 거라고요.

다른 점을 또 들자면 아내는 남편이 구직 활동을 할 때 격려를 아끼지 않는다는 거예요. 구직 활동은 매일 거절을 당하는 정말 어려운 과정이잖아요. 아내는 남편이 계속 도전할 수 있도록 실질적인 도움을 줍니다. 그런데 아내가 실직하는 경우 남편은 이런 심리적인 격려를 하지 않아요. 아내의 실직은 즉시 해결할 필요가 있는 시급한 문제로 간주되지 않는 거죠. '당신은 이제 예전에 못했던 엄마 노릇을 할 수 있어.' 실직한 아빠는 일할 때보다는 양육에 좀 더 관여를 하지만 그다지 많이 하지는 않아요. 아빠들은 구직 활동을 해야 하고 아내가 여기에 동의했기 때문이라고 말하죠. 집안일에 큰 변화가 전혀 없는 셈이에요. 이런 집은 아빠가 항상 아이들을 데려올 거라고 생각할 수 있지만, 그런 일은 일어나지 않습니다. 핵심은 부부가 성 불평등을 허물기 쉬운 시점에서도 이를 유지하려고 열심을 다한다는 거예요."

남편이 실직을 해서 혼자 일하는 경우에도 여자는 아이 돌보는 일을 더 도와달라고 당당히 요구를 못하는 것 같고, 자기들이 실직을 당해 구직을 하는 입장이 되어도 남편과 달리 가사에서 벗어나지 못한다.

남자의 밥그릇 챙기기와 여자의 밥그릇 못 챙기기 현상은 공정한 우주에서 우리의 신념에 의해 지탱된다. 세상이 공정하다고 상상한다면(반대로 상상할 때보다는 세상을 살아가기 쉬우니까) 우리는 여자의 종속적 역할을 정당화하는 일련의 믿음, 즉 성차별주의를 소화하며 살아갈 수 있다. 남자는 권력과 영향력을 누릴 만하고, 여자는 높은 도덕성으로 존경받을 만하다. 시스템 정당화 이론에 따르면 사람들은 심리 저변에서 자기들이 살아가는 시스템이 공정하다고 믿을 필요를 느낀다.

***

젠더 시스템에서 "서로 부족한 점은 있지만 평등하다"는 허울 좋은 구호는 대부분 남자에게 혜택을 주는 성 역할을 수용하도록 한다. 이런 허울은 임시방편의 기능도 한다. 뉴욕대학교 사회심리학자인 존 조스트는 일생을 시스템 정당화 연구에 바쳤다. 그에 따르면 시스템 정당화는 "시민이 분명 계급사회에 살면서도 평등의 가치를 공언할 때 일어나는 인지 또는 이상의 부조화를 줄이기 위해 생겨난" 경향이다.[42]

조스트에게 연락했을 때 그는 나에게 최근에 공동 저술한 논문 몇 편을 보내주었다. 이들 논문은 지위가 낮은 집단 구성원이 그들 자신의 종속성과 맞바꿀 만한 사회적으로 바람직한 특질을 어떻게 받아들이는지 실험을 통해 상세히 기술했다. 여자들에게 당신은 너무 명청해서 집에 앉아 샌드위치나 만드는 일밖에 할 게 없다고 말하면 안 된다(적대감을 불러일으킴). 대신 당신은 사랑이 넘쳐서 그런 일에 특히 잘 어울린다고 말해주어야 한다. 사회심리학에서는 이를 가리켜 '역할 정당화'라 하며, 이는 "노동의 문화적 분담을 공평할 뿐 아니라 심지어 자연스럽고 불가피한 것으로 규정해 현 상황을 적법하다고 인지하는 데 기여한다"고 조스트는 말한다.[43]

　　나는 하루 동안 조스트의 논문에 빠져 지내다 그와 얘기를 나누었는데, 우선 그의 연구 결과를 읽은 후 침울했던 기분부터 얘기했다. "여러 가지 이유로 힘든 일이죠. 누구도 불행해지거나 낙담에 빠지고 싶지는 않으니까요." 그는 이렇게 답변해주었다. "게다가 불평등이나 부당함을 바꾸기가 얼마나 어려운지 실감하게 되면 정말 기운이 빠지죠. 정확히 사람들은 기분 나빠지기 싫기 때문에 좋게 좋게 가려고 방어적으로 대응하며, 다른 사람들이 이 모든 문제를 지적할 때 시스템 정당화에 더욱 열을 올립니다. 문제를 지적하는 것은 간단한 일이 아닙니다. 운동가들이 하는 일이에요. 이들은 우리들이 생각하지 않으려는 것들을 우리 앞에 내밀어요. 결국 이런 문제는 해결됩니다. 하나의 사회로서 우리는 조금씩 발전하고 있지만 이는 직선적으로 이루어지지 않습니다. 이따금 비틀거리기도 하죠. 미투 운동은 갑자기 혜성처럼 나타났어요. 이 운동을 보면 이후 얼마나 많이 변했는지, 어떻게 과거에 용인되었던 행동이 이제는 도덕적 비난의 주요 대상이 되는지 많은 것을 알 수 있습니다. 어떤 사람들은 세상이 너무 빨리 움직이고 너무 멀리 왔다고 생각하겠죠."

　　베티 프리던이 《여성성의 신화》를 출간한 지 50년이 되었다. 유리잔이 아직 반이 비었을까 아니면 반이나 찼을까? 변화가 너무 빨랐을까 아니면 너무 느렸을까? 여자는 아이 돌보는 일을 너무 잘한다고 우리는 계속 주장하며, 이것을 위안 삼아 자신의 종속성을 받아들인다. 바꾸기에는 우리가 힘이 없다고 느끼는 시스템 속에서 평화를 유지하기 위해, 우리 여자들은 우리의 지속적인 예속성을 지지하는 정당화를 받아들인다.

실험 조사에서 보수가 낮은 두 집단에 연속적으로 임의 배정된 연구 참여자들은 자기 집단이 임의로 부당한 대우를 받는다고 믿기보다 자기들이 능력이 없다고 믿는 것으로 드러났다. 지옥에서 천사가 되느니 천국에서 악마가 되는 게 낫다. 비슷한 실험에서 연구 참여자들에게 시스템의 공정성을 믿도록 독려했더니 이들의 태도가 눈에 띄게 달라졌다. 튤레인대학교와 캘리포니아주립대학교 샌타바버라 캠퍼스에서 실시한 한 사회심리 실험에서 실력주의("인내가 성공을 이끈다" 또는 "부자는 부자가 될 만하다")에 대한 믿음을 지지하는 문장을 읽은 남자는 미리 이와 비슷한 문장을 읽지 않은 남자보다 자기들이 완수한 일에 대해 더 놓은 보수를 지속적으로 요구했다.

시스템 정당화 문장은 여자들이 요구하는 보수의 많고 적음에는 거의 영향을 끼치지 않았다. 다른 연구에서와 마찬가지로 여자들은 전반적으로 자기들이 한 일에 대해 남자보다 적은 보수를 요구했다. 이 연구의 저자는 다음과 같이 결론을 맺는다. "밥그릇 챙기는 데 열을 올리다 보면 (…) 남자들은 자신들이 과도한 혜택을 받는다는 사실을 무시하게 되면서 그들의 특권을 정당화할 수 있고 '공평한 장을 조성'하려는 노력을 부당하다고 여긴다. 반대로 여자들이 자기 밥그릇도 못 챙기다 보면 자기들이 차별 대상이라는 것도 보지 못하게 되어 사회의 재화 분배에 도전장을 내미는 집단행동에 참여할 가능성이 줄어든다. 이런 식으로 자신의 권리를 챙기는 성차가 성 불평등을 영속화하고 유지하는 데 기여할 수 있다."[44]

수전 팔루디가《백래시》에서 썼듯이, "많은 여성들이 불의를 공격하는 대신 거기에 적응하는 법을 배웠다."[45]

이제는 적응을 멈출 때가 왔다. 진부한 잘못된 인식과 편안히 사느니 차라리 명백한 진실을 안고 불편하게 사는 게 낫다는 사실을 받아들일 때가 왔다. 우리의 불만을 부인한 결과 변화는 오지 않았다. "적어도 그이는 도와주잖아" 하는 부르짖음으로 불만을 부인해도 변화는 찾아오지 않았다. 우리가 모든 성차별주의를 노골적으로 적대시하기 시작해야 저항이 생기고 불평등한 가정을 정당화하는 일을 종식시킬 수 있다. 조시는 이런 질문을 던진다. "이런 이념적인 위안을 50년 후에는 덜 하게 될까요? 그냥 그렇다고 추측만 할 뿐이고 어쩌면 희망 사항일지도 모르죠."

양심은 변했다

발 수술을 받은 시애틀의 캐리사는 나에게 이렇게 말했다. "엄마는 가끔 이런 말을 해요. '우리는 너희들이 누리는 것을 누리게 하기 위해 투쟁했지만 아직 여자가 풀타임으로 일하면서 살아간다는 것은 정말 끔찍하고 지속하기 힘들단다.' 사회규범은 그다지 많이 변하지 않았어요. 우리가 사회에 필요한 균형을 만들어내지 못했으니까요. 저와 대다수 친구들이 매일 경험하고 있는 것이죠."

문화지체 가설에 따르면 집단의 태도는 사회 변화보다 항상 뒤처진다. 그런데 정확히 얼마나 오래 이런 지체가 지속되는 것일까? 어느 선에서 이를 지체라고 부르지 않는 게 합당할까? 일하는 엄마들의 급증하는 요구에 부응하여 남자들의 양육 분담률이 증가한 지 이제 20년이 되었다. 여전히 우리가 너무 성급한 것일까. 어쩌면 변화가 오고 있을지 모른다. 어쩌면 해리 브리그하우스와 에릭 올린 라이트가 한 말이 더 맞을 수도 있다. 규범은 "충분히 강하고 깊이 스며들어 있어 직접 해를 끼치진 않더라도 끈질기게 우리 곁에 붙어 있다."[46]

부부의 평등은 결혼 생활의 성공을 도모하고 불평등은 저해한다는 연구 결과를 기억하는가? 남녀와 사회 전반에도 비슷한 공식이 적용된다는 것이 알려졌다. 남녀평등은 시민의 전반적인 행복과 긍정적으로 연계되어 있다.[47] 국가 차원에서 본다면 남녀 간 행복감이 올라가면 전반적인 사회의 행복감도 올라가는데 여자가 행복한 만큼 남자도 행복감을 느낀다. 여자의 지위가 향상된다고 남자가 손해를 보는 것 같지는 않다. 남자들은 이 점을 믿기가 좀 어려울 듯하다.[48]

부부마다 평등의 지연을 해결하기 위한 방식이 다르다. 연구 조사에 따르면 평등한 양육을 갈망하는 부부는 성 정책을 잘 인식하고, 일과 가정에서 책임을 동등하게 분담하며, 전통적인 성 역할에 따른 역할 분담을 언짢게 느낀다. 이들은 적극적으로 가정생활에 관여하면서 목표를 달성하기 위해 애쓰고, 성별에 따른 밥그릇 챙기기에 의문을 던지며, 새로운 능력을 개발하고 집안일에 부부가 서로 관심을 갖는다. 평등은 종착점이라기보다는 하나의 과정이다.

이런 과정에 있어서 책임은 보통 엄마에게 떨어지기 십상이다. 도이치는 나에게 이렇게 말했다. "동등하게 분담하는 관계라는 목표를 달성하는 데 성공한 여자들은 대부분 집안일 하나하나 얘기할 때도 인정사정이 없습니다. 대부분의 남자들은 그렇게 못된 사람들이 아니고 정의감도 있고 들을 줄도 알지만, 여전히 한 번 이상 말을 해 줘야 할 때가 있어요. 제가 목격한 이런 역학관계는 말하자면 여자가 하고, 하고, 또 하다가 폭발하면 남자가 사태를 무마하기 위해 '내가 좀 할게' 이런 식이죠. 이건 평등이 아니고 평등하게 되지도 않아요. 제가 아는 한 여성은 처음 결혼했을 때 남편이 대단히 보수적이었어요. 그런데 이분에게는 그게 통하지 않았죠. 이 여자 분이 저에게 이렇게 말하더군요. "그냥 남편을 앉혀놓고 말했어요. '우리 생활은 이렇게 돼야 하고 나는 이렇게 될 때까지 계속 밀어붙인다'고요.

인내와 이게 옳다는 믿음과 이를 계속 관철하겠다는 의지가 있어야 가능한 일이죠.”

아니면 벰이 말한 것처럼, 여자는 자기의 우선순위와 목표, 경험을 진지하게 생각하고 배우자 역시 이를 진지하게 생각하도록 이끌어야 힘을 갖출 수 있다. 여자는 자기의 활동을 생각할 때 “내가 행하고 갈망하는 것은 무엇이든 남자들이 하는 활동 못지않게 중요하고 그만큼 특별한 관심을 받을 가치가 있다”고 여겨야 한다. 비록 시몬 드 보부아르는 “여자 스스로 자신을 남자의 즐거움과 안락을 위해 존재하는 객체로 여기도록 끊임없이 사회화”시켜야 한다고 말했지만.

물론 앞에서 말한 모든 것은 사실이다. 그러나 평등의 과정에 대한 책임은 똑같이 분담해야 한다. 이는 엄마 혼자 주도해야 하는 또 한 가지 일이 아니다. 〈아빠다움〉의 편집자인 패트릭 콜먼은 이렇게 말했다. “저는 남자들이 정말 책임지는 모습을 보고 싶어요. 진정으로 책임감 있게 일하는 모습을요. 변화를 추구하지 않고 사회가 우리의 역할을 바꿔주리라 믿고 기다리고 있다가는 수십 수백 년이 걸릴 겁니다. 우리가 스스로 해나간다면 좀 더 빨리 바꿀 수 있을 거라 생각해요. 여자들이 할 일을 알려주겠지 하고 기다리거나 그러다가 동의하는 식으로는 일이 될 것 같지 않아요. 남자들은 ‘이건 우리가 당장 해야 해’라고 말해야 합니다. 불평등을 끝내는 것은 우리 남자들이 할 일이에요.”

양육이 의식적인 협동 작업일 때 남자는 여자와 똑같이 자기의 책임을 점검하고 아이들이 무엇이 필요한지 미리 챙긴다. 아내가 명령이나 지시를 내려주기를 바라지 않는다. 견실한 성 평등주의란 아빠나 엄마에게 더 적합한 활동이 무엇인지, 누가 그 활동을 해야 하는지 미리 정해두지 않는 가정생활을 의미한다.

현재 우리가 살아가는 시대의 정치사회적 상황은 우리 각자에게 개인의 이득에 전념하던 생활을 돌봄을 비롯한 집단적인 책임의 윤리에 입각해 돌아보고 당장 바꾸라고 요구한다. 부모들이 이런 반역의 선봉에 설 수 있을까? 부모 역할은 개인의 이득에 얽매인 속 좁은 마음을 확 바꿔준다. 부모 역할을 감당하려면 다른 사람의 안위에 아낌없는 관심을 쏟아야 한다. 이는 포스트모던 시대에는 좀처럼 널리 받아들여지지 않는 덕목이다. 어쩌면 엄마의 역할은 이를 해내고 있다. 아빠의 역할은 아직 거기까지는 당도하지 않았지만, 우리의 올바른 목표를 달성하기 위해서는 반드시 이루어야 한다.

언론인 마사 웨인먼 리어는 50년 전을 다음과 같이 회상했다. "60년대 초반, 나를 포함한 많은 여자들은 남자와 정확히 똑같은 일을 하면서도 보수는 훨씬 적게 받았다. 우리는 이를 당연한 불평등으로 받아들였다. 오늘날에는 스스로 반페미니스트라고 하는 사람들조차도 똑같은 일을 하면 동일한 보수를 받아야 한다고 주장한다. 이는 분명 당시에는 페미니즘 논리였지만 지금은 페미니즘 기본 원칙이 아닌 순수한 정의의 기본 원칙으로서 국가적 양심의 일부가 되었다."[49]

21세기 초반, 나를 포함한 많은 엄마들은 집 밖에서 아빠 못지않게 열심히 일하면서 집 안에서는 훨씬 많은 일을 감당하고 있다. 우리 여자들은 이를 당연한 불평등으로 받아들였다. 엄밀하게 봤을 때 '당연'이라는 오래된 구실은 힘을 잃었다. 국가적 양심도 변했다. 엄마 역할과 아빠 역할은 구분할 수 없게 되었다. 사회정의는 승리를 거두었고, 부모 역할에 열풍이 불었다.

감사의 말

나의 친구 메건 애봇과 에이전트인 댄 코나웨이에게 깊은 감사를 표한다. 이들의 열정과 격려가 없었더라면 이 프로젝트는 그저 또 하나의 지나가는 아이디어에 불과했을 것이다. 내 여동생 코리 카와 친구 나나 애스포, 마크 스왈츠 그리고 라이터스하우스의 앤드리아 베더에게 감사한다. 내가 원할 때마다 정말 친절하고도 관대하게 정성을 다해 글을 읽어주었다(케리 콜렌 역시 초반에 많은 격려를 보내주었다). 역시 편집자 스테퍼니 히치콕과 하퍼 콜린스의 모든 식구들에게도 아낌없는 감사를 보낸다. 이 책에 대한 열정과 헌신을 결코 굽히지 않고 끝까지 함께 가주었다. 이들과 경험을 함께 나눌 수 있었던 것은 나에게 기쁨이자 행운이었다.

　모든 부모와 학계 인사를 비롯해 이 책에 널리 인용된 다양한 분야의 전문가에게도 진정한 감사를 표한다. 우리가 나눈 대화는 유익하면서도 정말 재미있었다. 이름을 일일이 다 열거할 수 없는 많은 분들이 인터뷰 대상자를 섭외하는 데 도움을 주었다. 특히 로나 코벨, 리사 고런, 말라 가필드, 에이드리엔 라피도스, 에밀리 그레이 버먼, 안잘리 나익 폴란, 리즈 그린버그, 새라 그라나티어 브리언(그리고 많은 것을 시도할 수 있도록 허락해준 페이스북)에게 감사드린다. 리지 패슬러와 케이트 졸롯코브스키 그리고 아이비와 다빈 하센게이트 부부에게도 고마운 마음을 전한다. 우리는 오랜 세월 친구로 지내며 숙제를 같이 하고 저녁도 같이 먹으며 이런저런 급한 문제를 의논했다. 이보다 더 좋은 친구가 어디 있을까. 이렇게 길면서도 짧은 시간 너희와 함께 할 수 있었던 게 나에게는 너무나 큰 행운이었다.

나의 부모님 마이클 로크먼과 헬렌 로크먼은 결혼이 힘들다는 현실을 결코 숨기려고 하지 않으셨고 인내와 기쁨으로 끝까지 가정을 지켜주셨다(뒤늦게나마 결혼 50주년을 축하드린다!). 이제 더 이상 부모님은 지하실에서 ACLU(미국 시민자유연맹) 파티를 하지 않지만 당신들의 행동주의와 가치관은 내가 마음껏 소리 높여 주장하도록 가르쳐주셨다. 정말 사랑합니다.

마지막으로 남편 조지 킹슬리에게 내 마음을 전한다. 자신을 나의 뮤즈라고 하는 것만 봐도 남편은 유머 감각과 기백이 대단한 사람이다. 세상 모든 남자가 결혼 생활에서 가장 곤란한 부분까지 일일이 들춰내는 책을 한 치의 흔들림 없이 끝까지 지지해주지는 않을 것이다. 그는 주저하지 않고 이 책을 쓰게 해주었다. 당신은 나의 뮤즈가 아닌 그보다 더 좋은 존재다.

후주

서문

1 Arlie Russell Hochschild, *The Second Shift* (New York: Viking Adult, 1989), xiv.(앨리 러셀 혹실드 지음, 백영미 옮김,《돈 잘 버는 여자 밥 잘 하는 남자》, 아침이슬, 2001)

2 Claire Kamp Dush, "Men Share Housework Equally—Until the First Baby," posted 5/10/15, https://www.newsweek.com/men-share-housework-equally-until-first-baby-330347

3 Claire Cain Miller, "Millennial Men Aren't the Dads They Thought They'd Be," *New York Times*, July 30, 2015, https://www.nytimes.com/2015/07/31/upshot / millennial-men-find-work-and-family-hard-to-balance.html

4 "Raising Kids and Running a Household: How Working Parents Share the Load," Pew Research Trends, November 4, 2015, https://www.pewsocialtrends.org/2015/11/04/raising-kids-and-running-a-household-how-working-parents-share-the-load/

5 "Sharing Chores at Home: Houses Divided," *he Economist*, October 5, 2017, https://www.economist.com/international/2017/10/05/houses-divided

6 Scott Coltrane, "Research on Household Labor: Modeling and Measuring the Social Embeddedness of Routine Family Work," *Journal of Marriage and Family* 62, no. 4 (November 2000): 1208–33.

7 Jane O'Reilly, "The Housewife's Moment of Truth," *Ms.*, December 20, 1971,

후주

371

위의 자료.

"Time spent in primary activities by married mothers and fathers by employment status of self and spouse, average for the combined years 2011–15," Bureau of Labor Statistics, https://www.bls.gov/tus/tables/a7_1115.pdf

"Time spent in primary activities by married mothers and fathers by employment status of self and spouse, average for the combined years 2005–09," Bureau of Labor Statistics, https://www.bls.gov/tus/tables/a7_0509.htm

Cheryl Strayed and Steve Almond, "Save Me from This Domestic Drudgery!" *New York Times*, May 8, 2018, https://www.nytimes.com/2018/05/08/style/household-parenting-marriage-share-work.html

Toni Calasanti and Carol Bailey, "Gender Inequality and the Division of Household Labor in the United States and Sweden: A Socialist-Feminist Approach," *Social Problems* 38, no. 1 (February 1991): 34–53.

Amy Richards, Opting In (New York: Farrar, Straus and Giroux, 2008), 9.

1장

Kim Parker and Gretchen Livingston, "7 Facts About American Dads," *Pew Research Center*, June 13, 2018, http://www.pewresearch.org/fact-tank/2018/06/13/fathers-day-facts/

National At-Home Dad Network, accessed October 18, 2018, http://athome-dad.org/media-resources/statistics/

위의 자료.

"Parenting in America," *Pew Research Center Social & Demographic Trends*, December 17, 2015, http://www.pewsocialtrends.org/2015/12/17/2-satisfaction-time-and-support/

Suzanne Bianchi, Liana Sayer, Melissa Milkie, and John Robinson, "Housework: Who Did, Does or Will Do It, and How Much Does It Matter?" *Social Forces* 91, no. 1 (September 2012): 55–63.

은밀하고도 달콤한 성차별

372

6 Jennifer Hook, "Care in Context: Men's Unpaid Work in 20 Countries, 1965 – 2003," *American Sociological Review* 71 (August 2006): 639 – 60.

7 Kim Parker and Wendy Wang, "Modern Parenthood: Roles of Moms and Dads Converge as They Balance Work and Family," *Pew Research Social & Demographic Trends*, March 14, 2013, http://www.pewsocialtrends.org/2013/03/14/modern-parenthood-roles-of-moms-and-dads-converge-as-they-balance-work-and-family/

8 Sara Raley, Suzanne Bianchi, and Wendy Wang, "When Do Fathers Care? Mothers' Economic Contribution and Fathers' Involvement in Child Care," *American Journal of Sociology* 117, no. 5 (March 2012): 1422 – 59, https://www.ncbi.nlm.nih.gov/pmc/articles/PMC4568757/

9 Rebecca Traister, *All the Single Ladies* (New York: Simon & Schuster, 2016), 41.

10 Alexandra Buxton, "Mistress, Miss, Mrs or Ms: untangling the shifting history of women's titles," *New Statesman*, September 12, 2014, https://www.newstatesman.com/cultural-capital/2014/09/mistress-miss-mrs-or-ms-untangling-shifting-history-women-s-titles

11 Susan Thistle, *From Marriage to Market* (California: University of California Press, 2006), 52 – 53.

12 Susan Faludi, *Backlash* (New York: Crown Publishing, 1991), 81. (수잔 팔루디 지음, 황성원 옮김, 손희정 해제,《백래시》, 아르테, 2017)

13 Sheila Nevins, "HBO Documentary Head Sheila Nevins On Her Career, Aging and Family," interview by Leonard Lopate, The Leonard Lopate Show, WNYC, May 1, 2017. Audio 10:30. https://www.wnyc.org/story/hbo-documentary-film-maker-sheila-nevins/

14 Jay Miranda, "Why the Hell Do We Clap for the Dads?" *Mom.me*, July 16, 2015, https://mom.me/lifestyle/20953-when-dads-get-praise-stuff-moms-do-all-time/

15 "Divorce Rate in the United States in 2016," Statista: The Statistics Portal, accessed October 18, 2018, https://www.statista.com/statistics/621703/divorce-

rate-in-the-united-states-by-state/

16 Jill Filipovic, *The H-Spot* (New York: Nation Books, 2017), 141.

17 Carolyn Cowan and Philip Cowan, *When Partners Become Parents* (New York: Routledge, 1999), 97.

18 Paul Raeburn, *Do Fathers Matter?* (New York: Scientific American, 2014), 220.

19 Scott Coltrane, "Fatherhood, Gender and Work-Family Policies," in *The Real Utopias Project: Gender Equality, Transforming Family Divisions of Labor* (Brooklyn: Verso, 2009), 386.

20 Peter Gray and Kermyt Anderson, *Fatherhood* (Massachusetts: Harvard University Press, 2010), 59.

21 Scott Coltrane, "Fatherhood, Gender and Work-Family Policies," in *The Real Utopias Project: Gender Equality, Transforming Family Divisions of Labor* (Brooklyn: Verso, 2009), 389.

22 Abigail Geiger, "Sharing Chores a Key to Good Marriage, Say Majority of Married Adults," *Pew Research Center*, November 30, 2016, http://www
.pewresearch.org/fact-tank/2016/11/30/sharing-chores-a-key-to-good-marriage-say-majority-of-married-adults/

23 Bernadette Park, J. Allegra Smith, and Joshua Correll, "The persistence of implicit behavioral associations for moms and dads," *Journal of Experimental Social Psychology* 46 (2010): 809 – 15.

24 "Why the majority of the world's poor are women," Oxfam International, accessed October 18, 2018, https://www.oxfam.org/en/even-it/why-majority-worlds-poor-are-women

25 Elin Kvande and Berit Brandth, "Fathers on Leave Alone in Norway: Changes and Continuities" in Comparative Perspectives on Work-Life Balance and Gender Equality 6, 29 – 44 (New York: Springer Publishing, 2017), https://link.springer.com/chapter/10.1007/978-3-319-42970-0_3

26 Elizabeth Weingarten, "Unpaid Work Should Be Measured and Valued, but Mostly Isn't," *Financial Times*, January 13, 2017, https://ftalphaville.

ft.com/2017/01/13/2182312/guest-article-unpaid-work-should-be-measured-and-valued-but-mostly-isnt/?mhq5j=e3

27 위의 자료.

28 "Employment: Time Spent in Paid and Unpaid Work, by Sex," OECD.stat, accessed October 20, 2018, https://stats.oecd.org/index.aspx?queryid=54757

29 Anam Parvez Butt, Jane Remme, Lucia Rost, and Sandrine Koissy-Kpein, "Exploring the Need for Gender-Equitable Fiscal Policies for Human Economy: Evidence from Uganda and Zimbabwe," Oxfam, March 2018.

30 Gaelle Ferrant, Luca Maria Pesando, and Keiko Nowacka, "Unpaid Care Work: The Missing Link in the Analysis of Gender Gaps in Labour Outcomes," OECD Development Centre, December 2014, https://www.oecd.org/dev/development-gender/Unpaid_care_work.pdf

31 "Men Taking on 50 Percent of the World's Child Care and Domestic Work Requires Global Goal and Immediate Action, Reveals State of the World's Fathers Report," Men Care: A Global Fatherhood Campaign, June 2017, https://men-care.org/2017/06/09/men-taking-on-50-percent-of-the-worlds-childcare-and-domestic-work-requires-global-goal-and-immediate-action-reveals-state-of-the-worlds-fathers-report/

32 Francine Deutsch, *Halving It All* (Cambridge, Massachusetts: Harvard University Press, 1999), 5.

33 Carolyn Cowan and Philip Cowan, *When Partners Become Parents* (New York: Routledge, 1999), 97.

34 Lyn Craig and Killian Mullan, "Parenthood, Gender and Work-Family Time in the United States, Australia, Italy, France and Denmark," *Journal of Marriage and Family* 72, no. 5(October 2010): 1344–61.

35 Janet C. Gornick and Marcia K. Meyers, "Institutions That Support Gender Equality in Parenthood and Employment," in *The Real Utopias Project: Gender Equality, Transforming Family Divisions of Labor* (Brooklyn: Verso, 2009), 10.

36 Marc H. Bornstein, "Parenting x Gender x Culture x Time," in *Gender and*

Parenthood: Biological and Social Scientific Perspectives, eds. W. Bradford Wilcox and Kathleen Kovner Kline (New York: Columbia University Press, 2013), 100.

37 UN Women, "Turning Promises Into Action," 2018, http://www.unwomen.org /-/media/headquarters/attachments/sections/library/publications/2018/sdg-report-summary-gender-equality-in-the-2030-agenda-for-sustainable-development-2018-en.pdf?la=en&vs=949

38 Janet C. Gornick and Marcia K. Meyers, *The Real Utopias Project: Gender Equality, Transforming Family Divisions of Labor* (Brooklyn: Verso, 2009), 7.

39 위의 책, 10.

40 Erika Lawrence, Rebecca J. Cobb, Alexia D. Rothman, Michael T. Rothman, and Thomas N. Bradbury, "Marital Satisfaction Across the Transition to Parenthood," *Journal of Family Psychology* 22, no. 1 (February 2008): 41 – 50.

41 위의 책.

42 위의 책.

43 Jean M. Twenge, W. Keith Campbell, and Craig A. Foster, "Parenthood and Marital Satisfaction: A Meta-Analytic Review," *Journal of Marriage and Family* 65, no. 3 (August 2003): 574 – 83.

44 Amie M. Gordon and Serena Chen, "The Role of Sleep in Interpersonal Conflict: Do Sleepless Nights Mean Worse Fights?" *Social Psychological and Personality Science* 5, no. 2 (2014): 168 – 75.

45 Janeen Baxter, Belinda Hewitt, and Michele Haynes, "Life Course Transitions and Housework: Marriage, Parenthood, and Time on Housework," *Journal of Marriage and Family* 70 (May 2008), 259 – 72.

46 위의 책.

47 위의 책.

48 Suzanne M. Bianchi and Melissa Milkie, "Work and Family Research in the First Decade of the 21st Century," *Journal of Marriage and Family* 72 (June 2010): 705 – 25.

49 Anne-Rigt Poortman and Tanja Van Der Lippe, "Attitudes Toward Housework

and Child Care and the Gendered Division of Labor," *Journal of Marriage and Family* 71 (August 2009): 526–41.

50 Scott Coltrane, "Research on Household Labor: Modeling and Measuring the Social Embeddedness of Routine Family Work," *Journal of Marriage and Family* 62, no. 4 (November 2000): 1208–33.

51 Suzanne M. Bianchi, Liana C. Sayer, Melissa A. Milkie, and John P. Robinson, "Housework: Who Did, Does or Will Do It, and How Much Does It Matter?" *Social Forces* 91, no. 1 (September 2012): 55–63.

52 Liana Sayer, "Gender, Time and Inequality: Trends in Women's and Men's Paid Work, Unpaid Work, and Free Time," *Social Forces* 84, no. 1 (September 2005): 285–303.

53 Sara Raley, Suzanne M. Bianchi, and Wendy Wang, "When Do Fathers Care? Mothers' Economic Contribution and Fathers' Involvement in Childcare," *American Journal of Sociology* 117, no. 5 (May 2005): 1422–59.

54 Belinda Campos, Anthony P. Graesch, Rena Repetti, Thomas Bradbury, and Elinor Ochs, "Opportunity for Interaction? A Naturalistic Observation Study of Dual-Earner Families After Work and School," *Journal of Family Psychology* 23, no. 6 (2009): 798–807.

55 Suzanne M. Bianchi, John P. Robinson, and Melissa A. Milkie, *Changing Rhythms of American Life* (New York: Russell Sage Foundation, 2006), 121–22.

56 Sarah A. Burgard, "The Needs of Others: Gender and Sleep Interruptions for Caregivers," *Social Forces* 89, no. 4 (June 2011): 1189–1218.

57 Claire M. Kamp Dush, Jill E. Yavorsky, and Sarah J. Schoppe-Sullivan, "What Are Men Doing while Women Perform Extra Unpaid Labor? Leisure and Specialization at the Transitions to Parenthood," *Sex Roles* 78, no. 11–12 (June 2018): 715–30.

58 Rebecca Erickson, "Why Emotion Work Matters: Sex, Gender, and the Division of Household Labor," *Journal of Marriage and Family* 67 (May 2005): 337–51.

59 Sara Raley, Suzanne M. Bianchi, and Wendy Wang, "When Do Fathers Care?

Mothers' Economic Contribution and Fathers' Involvement in Childcare," *American Journal of Sociology* 117, no. 5 (May 2005): 1422 − 59.

60 Andrea Doucet, "Can Parenting Be Equal? Rethinking Equality and Gender Differences in Parenting," in *What Is Parenthood?*, eds. Linda C. McClain and Daniel Cere (New York: NYU Press, 2013): 251 − 75.

61 Suzanne Bianchi, John Robinson, and Melissa Milkie, *Changing Rhythms of American Family Life* (New York: Russell Sage Foundation, 2007).

62 Ross D. Parke, "Gender Differences and Similarities in Parental Behavior," in *Gender and Parenthood: Biological and Social Scientific Perspectives*, eds. W. Bradford Wilcox and Kathleen Kovner Kline (New York: Columbia University Press, 2013), 125.

63 Emily W. Kane, "Racial and Ethnic Variations in Gender-Related Attitudes," *Annual Review of Sociology* 26 (2000): 419 − 39.

64 Carolyn Cowan and Philip Cowan, *When Partners Become Parents* (New York: Routledge, 1999), 93.

65 위의 책.

66 Lyn Craig and Killian Mullan, "Parenthood, Gender and Work-Family Time in the United States, Australia, Italy, France and Denmark," *Journal of Marriage and Family* 72, no. 5 (October 2010): 1344 − 61.

67 "Time spent in primary activities by married mothers and fathers by employment status of self and spouse . . . 2011 − 15," Bureau of Labor Statistics, https://www.bls.gov/tus/tables/a7_1115.pdf5

68 Mitra Toossi, "A Century of Change: the U.S. Labor Force, 1950 − 2050," Bureau of Labor Statistics, accessed October 27, 2018, https://www.bls.gov/opub/mlr/2002/05/art2full.pdf

69 Suzanne M. Bianchi, Liana C.Sayer, Melissa A. Milkie, and John P. Robinson, "Housework: Who Did, Does or Will Do It, and How Much Does It Matter?" *Social Forces* 91, no. 1 (September 2012): 55 − 63.

70 Rebecca Erickson, "Why Emotion Work Matters: Sex, Gender, and the Division

of Household Labor," *Journal of Marriage and Family* 67 (May 2005): 337 – 51.

71 Jennifer L. Hook, "Care in Context: Men's Unpaid Work in 20 Countries, 1965 – 2003," *American Sociological Review* 71 (August 2006): 639 – 60.

72 Suzanne M. Bianchi, Liana C. Sayer, Melissa A. Milkie, and John P. Robinson, "Housework: Who Did, Does or Will Do It, and How Much Does It Matter?" *Social Forces* 91, no. 1 (September 2012): 55 – 63.

73 Anne Rankin Mahoney and Carmen Knudson-Martin, "Gender Equality in Intimate Relationships," in *Couples, Gender, and Power*, eds. Carmen Knudson-Martin and Anne Rankin Mahoney (New York: Springer Publishing Company, 2009), 6.

74 W. Bradford Wilcox and Jeffrey Dew, "No One Best Way," in *Gender and Parenthood: Biological and Social Scientific Perspectives*, eds. W. Bradford Wilcox and Kathleen Kovner Kline (New York: Columbia University Press, 2013), 287.

75 Daniel L. Carlson, Amanda J. Miller, Sharon Sassler, and Sarah Hanson, "The Gendered Division of Housework and Couples' Sexual Relationships: A Reexamination," *Journal of Marriage and Family* 78, no. 4 (August 2016): 975 – 95.

76 Paul R. Amato, Alan Booth, David R. Johnson, and Stacy J. Rogers, *Alone Together: How Marriage in America Is Changing* (Cambridge: Harvard University Press paperback edition, 2009), 156.

77 Maria Ray, "This Is the Number One Reason Why Women Cheat," *Marie Claire UK*, December 1, 2017, https://www.marieclaire.co.uk/life/sex-and-relationships/infidelity-why-women-cheat-552935

78 Dana Shawn Matta, "Fathering: Disengaged or Responsive?" in *Couples, Gender, and Power*, eds. Carmen Knudson-Martin and Anne Rankin Mahoney (New York: Springer Publishing Company, 2009), 151.

79 Scott Coltrane, "Research on Household Labor: Modeling and Measuring the Social Embeddedness of Routine Family Work," *Journal of Marriage and Family* (November 2000): 1208 – 33.

80 Francine M. Deutsch, *Halving It All* (Cambridge: Harvard University Press, 1999), 8.

81 Paul R. Amato, Alan Booth, David R. Johnson, and Stacy J. Rogers, *Alone Together: How Marriage in America Is Changing*(Cambridge: Harvard University Press paperback edition, 2009), 156.

82 Claire Cain Miller, "How Same-Sex Couples Divide Chores, and What It Reveals About Modern Parenting," *New York Times*, May 16, 2018, https://www.nytimes.com/2018/05/16/upshot/same-sex-couples-divide-chores-much-more-evenly-until-they-become-parents.html

83 Carolyn Cowan and Philip Cowan, *When Partners Become Parents*(New York: Routledge, 1999), 97.

84 Carolyn Cowan and Philip Cowan, *When Partners Become Parents*(New York: Routledge, 1999), 102.

85 Suzanne M. Bianchi and Melissa Milkie, "Work and Family Research in the First Decade of the 21st Century," *Journal of Marriage and Family*72 (June 2010): 705-25.

86 Dhruv Khullar, "Being A Doctor Is Hard. It's Harder For Women," *New York Times*, December 7, 2017, https://www.nytimes.com/2017/12/07/upshot/being-a-doctor-is-hard-its-harder-for-women.html

87 Jason Schnittker, "Working More and Feeling Better: Women's Health, Employment, and Family Life, 1974-2004," *American Sociological Review*72 (April 2007): 221-38.

88 Jason Schnittker, "Working More and Feeling Better: Women's Health, Employment, and Family Life, 1974-2004," *American Sociological Review*72 (April 2007): 221-38.

89 Michael Madowitz, Alex Rowell, and Katie Hamm, "Calculating the Hidden Cost of Interrupting a Career for Childcare," *Center for American Progress*, June 21, 2016, https://www.americanprogress.org/issues/early-childhood/reports/2016/06/21/139731/calculating-the-hidden-cost-of-interrupting-a-career-for-child-care/

90 McKinsey Global Institute, "How Advancing Women's Equality Can Add $12

Trillion to Global Growth," mckinsey.com, September 2015,https://www.mck-insey.com/featured-insights/employment-and-growth/how-advancing-womens-equality-can-add-12-trillion-to-global-growth

91 Sarah Kliff, "A Stunning Chart Shows the True Cause of the Gender Wage Gap," *Vox*, February 19, 2018, https://www.vox.com/2018/2/19/17018380/gender-wage-gap-child care-penalty

92 Sara Raley, Suzanne M. Bianchi, and Wendy Wang, "When Do Fathers Care? Mothers' Economic Contribution and Fathers' Involvement in Childcare," *American Journal of Sociology*117, no. 5 (May 2005): 1422 – 59.

93.Sarah Green Carmichael, "Defend Your Research: Working Long Hours Used to Hurt Your Wages—Now It Helps Them," *Harvard Business Review*, November 19, 2013, https://hbr.org/2013/11/defend-your-research-working-long-hours-used-to-hurt-your-wages-now-it-helps-them

94 Youngjoo Cha and Kim A. Weeden, "Overwork and the Slow Convergence in the Gender Gap in Wages," *American Sociological Review*79, no. 3 (2014): 457 – 84.

95 Natalie Kitroeff and Jessica Silver-Greenberg, "Pregnancy Discrimination Is Rampant Inside America's Biggest Companies," *New York Times*, June 15, 2018, https://www.nytimes.com/interactive /2018/06/15/business /pregnancy-discrimination.html

96 Shelley J. Correll, Stephen Benard, and In Paik, "Getting a Job: Is There a Motherhood Penalty?" *American Journal of Sociology*112, no. 5 (March 2007): 1297 – 339.

97 Mary Clare Lennon and Sarah Rosenfield, "Relative Fairness and the Division of Housework: The Importance of Options," *American Journal of Sociology* 100, no. 2 (September 1994): 506 – 31

98 Riche J. Daniel Barnes, Raising the Race: *Black Career Women Redefine Marriage, Motherhood, and Community* (New Jersey: Rutgers University Press, 2016), 115.

99 Shannon N. Davis and Theodore N. Greenstein, "Gender Ideology: Components, Predictors, and Consequences," *Annual Review of Sociology* 35 (2009): 87–105.

100 Scott Coltrane, "Fatherhood, Gender and Work-Family Policies," in *The Real Utopias Project: Gender Equality, Transforming Family Divisions of Labor* (Brooklyn: Verso, 2009), 393.

101 Gillian Ranson, *Against the Grain* (Toronto, University of Toronto Press: 2010), 2.

102 Claire Cain Miller, "Millennial Men Aren't the Dads They Thought They'd Be," *New York Times*, July 30, 2015, https://www.nytimes.com/2015/07/31/upshot/millennial-men-find-work-and-family-hard-to-balance.html

103 Rebecca Asher, *Shattered: Modern Motherhood and the Illusion of Equality* (London: Harvill Secker, 2011), 130.

104 Arlie Hochschild with Anne Machung, *The Second Shift* (New York: Penguin Books, 2003).

105 Paula England, "The Gender Revolution: Uneven and Stalled," *Gender & Society* 24, no. 2 (March 2010), 149–66.

106 Jennifer L. Hook, "Care in Context: Men's Unpaid Work in 20 Countries, 1965–2003," *American Sociological Review* 71 (August 2006): 639–60.

107 Ronald Bulanda, "Paternal Involvement with Children: The Influence of Gender Ideologies," *Journal of Marriage and Family* 66, no. 1 (February 2004): 40–45.

108 Shannon N. Davis and Theodore N. Greenstein, "Gender Ideology: Components, Predictors, and Consequences," *Annual Review of Sociology* 35 (2009): 87–105.

109 Scott Coltrane, "Fatherhood, Gender and Work-Family Policies," in *The Real Utopias Project: Gender Equality, Transforming Family Divisions of Labor* (Brooklyn: Verso, 2009): 392.

110 Diane N. Lye and Timothy J. Biblarz, "The Effects of Attitudes Toward Family

Life and Gender Roles on Marital Satisfaction," *Journal of Family Issues* 14, no. 2 (June 1993): 157 – 88.

111 Shannon N. Davis and Theodore N. Greenstein, "Gender Ideology: Components, Predictors and Consequences," *Annual Review of Sociology* 35 (2009): 87 – 105.

112 Randi S. Cowdery, Carmen Knudson-Martin, and Anne Rankin Mahoney, "Mothering: Innate Talent or Conscious Collaboration?," in *Couples, Gender, and Power*, eds. Carmen Knudson-Martin and Anne Rankin Mahoney (New York: Springer Publishing Company, 2009), 137.

113 Anne Rankin Mahoney and Carmen Knudson-Martin, "The Myth of Equality," in *Couples, Gender, and Power*, eds. Carmen Knudson-Martin and Anne Rankin Mahoney (New York: Springer Publishing Company, 2009), 57.

114 Anne Rankin Mahoney and Carmen Knudson-Martin, "Gender Equality in Intimate Relationships," in *Couples, Gender, and Power*, eds. Carmen Knudson-Martin and Anne Rankin Mahoney (New York: Springer Publishing Company, 2009), 20.

115 Annette Lareau, *Unequal Childhoods: Class, Race and Family Life, Second Edition* (California: University of California Press, 1999), 115.(아네트 라루 지음, 박상은 옮김,《불평등한 어린 시절》, 에코리브르, 2012)

116 Lisa Wade, "The Modern Marriage Trap—and What to Do About It," *Time*, January 11, 2017, http://time.com/money/4630251/the-modern-marriage-trap-and-what-to-do-about-it/

117 Ross D. Parke, "Gender Differences and Similarities in Parental Behavior," in *Gender and Parenthood: Biological and Social Scientific Perspectives*, eds. W. Bradford Wilcox and Kathleen Kovner Kline (New York: Columbia University Press, 2013), 139.

118 Anne Rankin Mahoney and Carmen Knudson-Martin, "The Myth of Equality," in *Couples, Gender, and Power*, eds. Carmen Knudson-Martin and Anne Rankin Mahoney (New York: Springer Publishing Company, 2009), 52.

2장

1 Kim Parker, Juliana Menasce Horowitz, and Renee Stepler, "On Gender Differences, No Consensus on Nature vs. Nurture," *Pew Research Center Social & Demographic Trends*, December 5, 2017, http://www.pewsocialtrends.org/2017/12/05/on-gender-differences-no-consensus-on-nature-vs-nurture/

2 Jennifer Hockenberry Dragseth, *Thinking Woman: A Philosophical Approach to the Quandary of Gender* (Eugene, Oregon: Cascade Books, 2015), 32.

3 Amy Richards, *Opting In* (New York: Farrar, Straus & Giroux, 2008), 179.

4 Janet Shibley Hyde, "New Directions in the Study of Gender Similarities and Differences," *Current Directions in Psychological Science* 16, no. 5 (October 2007), 259–63.

5 Cordelia Fine, *Delusions of Gender* (New York: W. W. Norton & Company, 2010), 172.(코델리아 파인 지음, 이지윤 옮김, 《젠더, 만들어진 성》, 휴먼사이언스, 2014)

6 Janet Shibley Hyde, "New Directions in the Study of Gender Similarities and Differences," *Current Directions in Psychological Science* 16, no. 5 (October 2007), 259–63.

7 Michael Kimmel, *The Gendered Society* (New York: Oxford University Press, 2000).

8 Anne Fausto-Sterling, *Myths of Gender: Biological Theories About Women and Men* (New York: Basic Books, 1992), 7.

9 Deborah A. Prentice and Dale T. Miller, "Essentializing Differences Between Women and Men," *Psychological Science* 17, no. 2 (February 2006): 129–35.

10 Lise Eliot, *Pink Brain, Blue Brain: How Small Differences Grow into Troublesome Gaps—and What We Can Do About It* (New York: Mariner Books, 2010), 302.

11 Scott Coltrane, "Research on Household Labor: Modeling and Measuring the Social Embeddedness of Routine Family Work," *Journal of Marriage and Family* 62, no. 4 (November 2000), 1208–33.

12 Thoroddur Bjarnason and Andrea Hjalsdottir, "Egalitarian Attitudes Towards the Division of Household Labor Among Adolescents in Iceland," *Sex Roles* 59, no. 1–2 (July 2008): 49–60.

13 Francine M. Deutsch, Amy P. Kokot, and Katherine S. Binder, "College Women's Plans for Different Types of Egalitarian Marriages," *Journal of Marriage and Family* 69, no. 4 (November 2007), 919–29.

14 Kim Parker and Gretchen Livingston, "7 Facts About American Dads," Pew Research Center: FactTank, June 13, 2018, http://www.pewresearch.org/fact-tank/2018/06/13/fathers-day-facts/

15 Lesley Newson and Peter J. Richerson, "The Evolution of Flexible Parenting," in *Evolution's Empress: Darwinian Perspectives on the Nature of Women* (England: Oxford University Press, 2013) 151–62.(세라 블레퍼 허디 지음, 황희선 옮김, 《어머니의 탄생》, 사이언스북스, 2010)

16 Sarah Blaffer Hrdy, *Mother Nature* (New York: Ballantine Books, 1999), 155.

17 "!Kung People," Wikipedia, accessed October 29, 2018, https://en.wikipedia.org/wiki/%C7%83Kung_people

18 Kristen Herlosky, email to author, November 30, 2017.

19 Charles T. Snowdon, "Family Life and Infant Care: Lessons from Cooperatively Breeding Primates," in *Gender and Parenthood: Biological and Social Scientific Perspectives*, eds. W. Bradford Wilcox and Kathleen Kovner Kline (New York: Columbia University Press, 2013), 48.

20 Katharina Rowold, *The Educated Woman* (New York: Routledge, 2010): 33.

21 Sarah Blaffer Hrdy, *Mother Nature* (New York: Ballantine Books, 1999), 310–15.(세라 블레퍼 허디 지음, 황희선 옮김, 《어머니의 탄생》, 사이언스북스, 2010)

22 위의 책, 316.

23 위의 책, 378.

24 위의 책, 12.

25 위의 책, 32.

26 위의 책, 496.

27 Eduardo Fernandez-Duque, Claudia R. Valeggia, and Sally P. Mendoza, "The Biology of Paternal Care in Human and Non-Human Primates," *Annual Review of Anthropology* 38 (2009): 115-30.

28 위의 책.

29 Harriet J. Smith, *Parenting for Primates* (Cambridge: Harvard University Press, 2005), 91-95.

30 Sarah BlafferHrdy, *Mother Nature* (New York: Ballantine Books, 1999), 209.(세라 블레퍼 허디 지음, 황희선 옮김, 《어머니의 탄생》, 사이언스북스, 2010)

31 Nicholas B. Davies, Ben J. Hatchwell, Timothy Robson, and Terry Burke, "Paternity and Parental Effort in Dunnocks Prunella Modularis: How Good Are Male Chick-feeding Rules," *Animal Behaviour* 43, no. 5, May 1992, 729-45.

32 Marlon R. Tracey and Solomon W. Polachek, "If Looks Could Heal: Child Health and Paternal Investment," *Journal of Health Economics* 57 (January 2018): 179-90.

33 Eduardo Fernandez-Duque, Claudia R. Valeggia, and Sally P. Mendoza, "The Biology of Paternal Care in Human and Non-Human Primates," *Annual Review of Anthropology* 38 (2009): 115-30.

34 Michael Gurven and Kim Hill, "Why Do Men Hunt? A Reevaluation of 'Man the Hunter' and the Sexual Division of Labor," *Current Anthropology* 50, no. 1, February 2009, 62-74.

35 Kelly Lambert and Catherine Franssen, "The Dynamic Nature of the Parental Brain," in *Gender and Parenthood: Biological and Social Scientific Perspectives*, eds. W. Bradford Wilcox and Kathleen Kovner Kline (New York: Columbia University Press, 2013), 32.

36 Alexandra Sacks, "The Birth of a Mother," *New York Times*, May 8, 2017, https://www.nytimes.com/2017/05/08 /well/family/the-birth-of-a-mother.html

37 Ross D. Parke, "Gender Differences and Similarities in Parental Behavior," in *Gender and Parenthood: Biological and Social Scientific Perspectives*, eds. W. Bradford Wilcox and Kathleen Kovner Kline (New York: Columbia University

Press, 2013), 136.

38 Jennifer Mascaro, Patrick D. Hackett, and James K. Rilling, "Testicular Volume Is Inversely Correlated with Nurturing-related Brain Activity in Human Fathers," *Proceedings of the National Academy of Sciences* 110, no. 39 (September 2013): 15746-51.

39 Charles T. Snowdon, "Family Life and Infant Care: Lessons from Cooperatively Breeding Primates," in *Gender and Parenthood: Biological and Social Scientific Perspectives*, eds. W. Bradford Wilcox and Kathleen Kovner Kline (New York: Columbia University Press, 2013), 47-48.

40 Warren S. T. Hays, "Human Pheromones: Have They Been Demonstrated?" *Behavioral Ecology and Sociobiology* 54, no. 2 (July 2003): 89-97.

41 Lee T. Gettler, Thomas W. McDade, Alan B. Feranil, and Christoper W. Kuzawa, "Longitudinal Evidence that Fatherhood Decreases Testosterone n Human Males," *Proceedings of the National Academy of Sciences* 108, no. 39 (2011): 16194-99.

42 Sarah Blaffer Hrdy, *Mothers and Others* (Cambridge: Harvard University Press, 2011), 161.(세라 블레퍼 허디 지음, 유지현 옮김,《어머니, 그리고 다른 사람들》, 에이도스, 2021)

43 Paul Raeburn, *Do Fathers Matter?* (New York: Scientific American/Farrar, Straus and Giroux, 2014), 10. (폴 레이번 지음, 강대은 옮김,《아빠 노릇의 과학》, 현암사, 2016)

44 Jack Rosenthal, "President Vetoes Child Care Plan as Irresponsible," *New York Times*, December 10, 1971, https://www.nytimes.com/1971/12/10/archives/president-vetoes-child-care-plan-as-irresponsible-he-terms-bill.html

45 "The Critical Importance of Fathers," *Fatherhood Project*, March 31, 2016, http://www.thefatherhoodproject.org/critical-importance-fathers/

46 Ann M. Frodi, Michael E. Lamb, and Lewis A. Leavitt, "Fathers and Mothers' Responses to the Faces and Cries of Normal and Premature Infants," *Developmental Psychology* 14, no. 5 (September 1978): 490-8.

47 Harriet J. Smith, *Parenting for Primates* (Cambridge: Harvard University Press, 2005), 88.

48 Sarah Blaffer Hrdy, *Mother Nature* (New York: Ballantine Books, 1999), 212. (세라 블레퍼 허디 지음, 황희선 옮김,《어머니의 탄생》, 사이언스북스, 2010)

49 위의 책, 212.

50 위의 책, 213.

51 Cynthia Russett, *Sexual Science: The Victorian Construction of Womanhood* (Cambridge: Harvard University Press, 1989).

52 Cordelia Fine, *Delusions of Gender* (New York: W. W. Norton & Company, 2010), 165.(코델리아 파인 지음, 이지윤 옮김,《젠더, 만들어진 성》, 휴먼사이언스, 2014)

53 Lesley J. Rogers, Paolo Zucca, and Giorgio Vallortigara, "Advantages of Having a Lateralized Brain,"*Proceedings of the Royal Society of London: Biological Sciences* 271, no. 6 (December 7, 2004): S420 – 22.

54 Cordelia Fine, *Delusions of Gender* (New York: W. W. Norton & Company, 2010), 167.(코델리아 파인 지음, 이지윤 옮김,《젠더, 만들어진 성》, 휴먼사이언스, 2014)

55 Janet Shibley Hyde, "New Directions in the Study of Gender Similarities and Differences," Current Directions in Psychological Science 16, no. 5 (October 2007), 259 – 63.

56 Eyal Abraham, TalmaHendler, Irit Shapira-Lichter, Yaniv Kanat-Maymon, OrnaZagoory-Sharon, and Ruth Feldman, "Father's Brain Is Sensitive to Childcare Experiences," *Proceedings of the National Academy of Sciences* 111, no. 27 (July 2014): 9792 – 97.

3장

1 Jennifer Hockenberry Dragseth, *Thinking Woman: A Philosophical Approach to the Quandary of Gender* (Eugene, OR: Cascade Books, 2015), 78.

2 Kim Parker, Juliana Menasce Horowitz, and Renee Stepler, "On Gender

Differences, No Consensus on Nature vs. Nurture," *Pew Research Center Social & Demographic Trends*, December 5, 2017, http://www.pewsocialtrends. org/2017/12/05/on-gender-differences-no-consensus-on-nature-vs-nurture/

3   Lise Eliot, *Pink Brain, Blue Brain: How Small Differences Grow into Troublesome Gaps—and What We Can Do About It* (New York: Mariner Books, 2010), 121.

4   Marilyn Stern and Katherine Hildebrandt Karraker, "Sex Stereotyping of Infants: A Review of Gender Labeling Studies," *Sex Roles* 20, no. 9/10 (1989): 501 – 22.

5   Jo B. Paoletti, *Pink and Blue: Telling the Boys from the Girls in America* (Indiana: Indiana University Press, 2012): 100 – 16.

6   Virginia Valian, *Why So Slow?: The Advancement of Women* (Cambridge: MIT Press, 1999), 50 – 1.

7   Judith Blakemore, "The Influence of Gender and Parental Attitudes on Preschool Children's Interest in Babies: Observations in Natural Settings," *Sex Roles* 38, no. 1 – 2 (January 1998): 73 – 94.

8   Virginia Valian, *Why So Slow?: The Advancement of Women* (Cambridge: MIT Press, 1999), 69.

9   Sarah Blaffer Hrdy, *Mother Nature* (New York: Ballantine Books, 1999), 252. (세라 블레퍼 허디 지음, 황희선 옮김,《어머니의 탄생》, 사이언스북스, 2010)

10 Anne Fausto-Sterling, Jihyun Sung, David Crews, and Cynthia Garcia-Coll, "Multimodal Sex-Related Differences in Infant and in Infant-Directed Maternal Behaviors During Months Three Through Twelve of Development," *Developmental Psychology* 51, no. 10 (2005), 1351 – 66.

11 Alice H. Eagly and Wendy Wood, "The Origins of Sex Differences in Human Behavior: Evolved Dispositions Versus Social Roles," *American Psychologist* 54, no. 6 (1999): 408 – 23.

12 Alice Eagly, "Bridging the Gap Between Gender Politics and the Science of Gender," review of *The Lenses of Gender*, by Sandra Lipsitz Bem, *Psychological*

Inquiry 5, no. 1 (1994), 83 – 85.

13 Neil Levy, "Understanding Blindness," review of The Essential Difference, by Simon Baron-Cohen, *Phenomenology and the Cognitive Sciences* 3, no. 3, September 2004, 323.

14 Nancy J. Chodorow, *Feminism and Psychoanalytic Theory* (New Haven: Yale University Press, 1989), 6 – 7.

15 Michael Ian Black, "The Boys Are Not All Right," *New York Times*, February 21, 2018, https://www.nytimes.com/2018/02/21/opinion/boys-violence-shootings-guns.html

16 Virginia Valian, *Why So Slow?: The Advancement of Women* (Cambridge: MIT Press, 1999), 53 – 55.

17 Lise Eliot, *Pink Brain, Blue Brain: How Small Differences Grow into Troublesome Gaps—and What We Can Do About It* (New York: Mariner Books, 2010), 266 – 67.

18 Eleanor E. Maccoby, *The Two Sexes: Growing Up Apart, Coming Together* (Cambridge: Harvard University Press, 1999), 64 – 65.

19 Anne Rankin Mahoney and Carmen Knudson-Martin, "The Social Context of Gendered Power," in *Couples, Gender, and Power*, eds. Carmen Knudson-Martin and Anne Rankin Mahoney (New York: Springer Publishing Company, 2009), 8.

20 Timothy J. Biblarz and Judith Stacey, "How Does the Gender of Parents Matter?," *Journal of Marriage and Family* 72, no. 1 (February 2010): 3 – 22.

21 Carol Gilligan, *Joining the Resistance* (Cambridge: Polity, 2011): 26.

22 Bonnie Fox, "The Formative Years: How Parenthood Creates Gender," *Canadian Review of Sociology & Anthropology* 38, no. 4 (2001): 373 – 90.

23 Sarah Fenstermaker Berk, *The Gender Factory: The Apportionment of Work in American Households* (New York: Plenum Press, 1985).

24 "Maternal Mental Health," World Health Organization, accessed October 27, 2018, http://www.who.int /mental_health/maternal-child/maternal_mental_health/en/

25 American Psychological Association, August 19, 2018, https://www.apa.org/news/press/releases/2018/08/men-after-childbirth.aspx

26 Eleanor E. Maccoby, *The Two Sexes: Growing Up Apart, Coming Together* (Cambridge: Harvard University Press, 1999), 9.

27 Carol Gilligan, *Joining the Resistance* (Cambridge: Polity, 2011), 17.

28 Jonah Gokova, "Challenging Men to Reject Gender Stereotypes," in *The Essential Feminist Reader*, ed. Estelle B. Freedman (New York: Modern Library, 2007), 422.

29 Carol Gilligan, *Joining the Resistance* (Cambridge: Polity, 2011): 19.

30 Marc and Amy Vachon, *Equally Shared Parenting* (New York: Penguin Group, 2010), 125.

31 Scott Coltrane, "Fatherhood, Gender and Work-Family Policies," in *The Real Utopias Project: Gender Equality, Transforming Family Divisions of Labor* (Brooklyn: Verso, 2009), 391.

32 Saniv Gupta, "Autonomy, Dependence, or Display? The Relationship Between Married Women's Earnings and Housework," *Journal of Marriage and Family* 69, no. 2, May 2007, 399–417.

33 Marc and Amy Vachon, *Equally Shared Parenting* (New York: Penguin Group, 2010), 55.

34 위의 책, 30.

35 위의 책, 9.

36 Rebecca Traister, *All the Single Ladies* (New York: Simon & Schuster, 2016), 239.

37 Jenny Anderson, "Are Millennials More Likely Than Their Parents to Think Women's place Is in the Home?" *Quartz*, March 31, 2017, https://qz.com/946816/millennials-are-more-likely-than-their-parents-to-think-womens-place-is-in-the-home/

38 David Cotter and Joanna Pepin, "Trending Toward Traditionalism? Changes in Youths' Gender Ideology," *Council on Contemporary Families*, March 30, 2017,

https://contemporaryfamilies.org/2-pepin-cotter-traditionalism/

39 U.S. Census Bureau, "Historical Income Tables: Families, Table F-22, Married Couple Families with Wives' Earning Greater than Husbands' Earnings: 1981-2017," https://www.census.gov/data/tables/time-series/demo/income-poverty/historical-income-families.html

40 "Husband and Wife Employed in 48 Percent of Married Couple Families in 2015," Bureau of Labor Statistics, May 2, 2016, https://www.bls.gov/opub/ted/2016/husband-and-wife-employed-in-48-percent-of-married-couple-families-in-2015.htm

41 Claire Cain Miller, "When Wives Earn More Than Husbands, Neither Partner Likes to Admit It," *New York Times*, July 17, 2018, https://www.nytimes.com/2018/07/17/upshot/when-wives-earn-more-than-husbands-neither-like-to-admit-it.html

42 "YouGov Survey Results," YouGov: What the World Thinks, September 12, 2016, https://d25d2506sfb94s.cloudfront.net/cumulus_uploads/document/8jcokpgzqg/Internal Results_160912_NameswithRela_AgeGenderBreak_W.pdf

43 Emily Fitzgibbons Shafer, "Hillary Rodham Versus Hillary Clinton: Consequences of Surname Choice in Marriage," *Gender Issues* 34, no. 4 (December 2017): 316-32.

44 위의 자료.

45 "YouGov Survey Results," YouGov: What the World Thinks, September 12, 2016, https://d25d2506sfb94s.cloudfront.net/cumulus_uploads/document/8jcokpgzqg/Internal Results_160912_NameswithRela_AgeGenderBreak_W.pdf

46 Emily Fitzgibbons Shafer and MacKenzie A. Christensen, "Flipping the (Surname) Script: Men's Nontraditional Surname Choice at Marriage," *Journal of Family Issues* (2018): 1-20.

47 James Kosur, "When I Decided to Take My Wife's Last Name, I Was Shocked by How Different the Process Is for Men," *Business Insider*, December 19, 2015, https://www.businessinsider.com/i-took-my-wifes-last-name-and-was

-shocked-by-how-different-the-process-is-for-men-2015-12

48 Paula England, "The Gender Revolution: Uneven and Stalled," *Gender & Society* 24, no. 2 (March 2010), 149 – 66.

49 Janeen Baxter, Belinda Hewitt, and Michele Haynes, "Life Course Transitions and Housework: Marriage, Parenthood, and Time on Housework," *Journal of Marriage and Family* 70 (May 2008), 259 – 72.

50 Kei M. Nomaguchi, "Are There Race and Gender Differences in the Effect of Marital Dissolution on Depression?" *Race, Gender & Class* 12, no. 1 (2005), 11 – 30.

51 Leonardo Bursztyn, Thomas Fujiwara, and Amanda Pallais, "'Acting Wife:' Marriage Market Incentives and Labor Market Incentives," *American Economic Review* 107, no. 11 (2017): 3288 – 3319.

52 Anne Rankin Mahoney and Carmen Knudson-Martin, "The Social Context of Gendered Power," in *Couples, Gender, and Power*, eds. Carmen Knudson-Martin and Anne Rankin Mahoney (New York: Springer Publishing Company, 2009), 17.

53 bell hooks, *Feminism Is for Everybody* (New York: Routledge, 2015), xii. (벨 훅스 지음, 이경아 옮김, 권김현영 해제,《모두를 위한 페미니즘》, 문학동네, 2017)

54 Rebecca Erickson, "Why Emotion Work Matters: Sex, Gender, and the Division of Household Labor," *Journal of Marriage and Family* 67 (May 2005): 337 – 51.

55 Jacqueline Rose, "Mothers: An Essay on Love and Cruelty," interview by Tracy Morgan, *New Books in Psychoanalysis*, New Books Network, audio, 9:50, https://newbooksnetwork.com/jacqueline-rose-mothers-an-essay-on-love-and-cruelty-farrar-straus-and-giroux-2018/ (재클린 로즈 지음, 김경아 옮김,《숭배와 혐오》, 창비, 2020)

56 Cecilia L. Ridgeway and Shelley J. Correll, "Unpacking the Gender System: A Theoretical Perspective on Gender Beliefs and Social Relations," *Gender & Society* 18, no. 4 (August 2004), 510 – 31.

후주

4장

1   David J. Maume, "Gender Differences in Providing Urgent Childcare Among Dual-earner Parents," *Social Forces* 87, no. 1 (September 2008): 273–97.

2   Anne Roeters, Tania Van Der Lippe, and Esther S. Kluwer, "Parental Work Demands and the Frequency of Child-Related Activities," *Journal of Marriage and Family* 71 (December 2009): 1193–204.

3   Stephanie Coontz, *The Way We Never Were* (New York: Basic Books; Revised, Updated edition, 2016), 50.

4   위의 책, 63.

5   Francine M. Deutsch, *Halving It All* (Cambridge: Harvard University Press, 1999), 228.

6   위의 책, 45.

7   위의 책, 89.

8   Ashley J. Thomas, P. Kyle Stanford, and Barbara W. Sarnecka, "No Child Left Alone: Moral Judgments about Parents Effect Risk Estimates to Children," *Collabra* 2, no. 1 (2016): 10.

9   Susan Walzer, "Thinking About the Baby: Gender and Divisions of Infant Care," *Social Problems* 43, no. 2 (May 1996), 219–34.

10 Francine M. Deutsch, *Halving It All* (Cambridge: Harvard University Press, 1999), 159.

11 Janet N. Ahn, Elizabeth L. Haines, and Malia F. Mason, "Gender Stereotypes and the Coordination of Mnemonic Work within Heterosexual Couples: Romantic Partners Manage their Daily To-Dos," *Sex Roles* 77, no. 7 (March 2017): 1–18.

12 위의 책.

13 Susan Walzer, *Thinking About the Baby: Gender and Transitions into Parenthood* (Philadelphia: Temple University Press, 1998), 33.

14 Jacqueline Rose, "Mothers: An Essay on Love and Cruelty," interview by Tracy Morgan, *New Books in Psychoanalysis*, New Books Network, audio, 4:20, https:// new booksnetwork.com/jacqueline-rose-mothers-an-essay-on-love-and-cru-

elty-farrar-straus-and-giroux-2018/

[15] Susan Walzer, *Thinking About the Baby: Gender and Transitions into Parenthood* (Philadelphia: Temple University Press, 1998), 43.

[16] Shira Offer, "The Costs of Thinking About Work and Family: Mental Labor, Work-Family Spillover, and Gender Inequality Among Parents in Dual-Earner Families," *Sociological Forum* 29, no. 4 (December 2014): 91–36.

[17] Susan Walzer, *Thinking About the Baby: Gender and Transitions into Parenthood* (Philadelphia: Temple University Press, 1998), 35.

[18] Alice Miller, *For Your Own Good: Hidden Cruelty in Childrearing and the Roots of Violence* (New York: Farrar, Straus & Giroux, 1983), 258.

[19] Susan Walzer, *Thinking About the Baby: Gender and Transitions into Parenthood* (Philadelphia: Temple University Press, 1998), 41.

[20] Michael Gurven and Kim Hill, "Why Do Men Hunt? A Reevaluation of 'Man the Hunter' and the Sexual Division of Labor," *Current Anthropology* 50, no. 1, February 2009, 62–74.

[21] Lynn Prince Cooke, "'Doing' Gender in Context: Household Bargaining and Risk of Divorce in Germany and the United States," *American Journal of Sociology* 112, no. 2 (September 2006): 442–72.

[22] Kathryn J. Lively, Lala Carr Steelman, and Brian Powell, "Equity, Emotion, and Household Division of Labor Response," *Social Psychology Quarterly* 73, no. 4 (2010): 358–79.

[23] 위의 논문.

[24] Francine M. Deutsch, *Halving It All* (Cambridge: Harvard University Press, 1999), 74.

[25] Heather Murphy, "Picture a Leader: Is She a Woman?" *New York Times*, March 16, 2018, https://www.nytimes.com/2018/03/16/health/women-leadership-workplace.html

[26] Jill Filipovic, *The H-Spot: The Feminist Pursuit of Happiness* (New York: Nation Books, 2017), 29.

후주

27 Lyn Craig and Killian Mullan, "Parenthood, Gender and Work-Family Time in the United States, Australia, Italy, France and Denmark," *Journal of Marriage and Family* 72, no. 5 (October 2010): 1344-61.

28 Pamela Druckerman, *Bringing Up Bebe: One American Mother Discovers the Wisdom of French Parenting* (New York: Penguin Books, 2012), 194 (파멜라 드러커맨 지음, 이주혜 옮김, 《프랑스 아이처럼》, 북하이브, 2013)

29 Jessica Weiss, "'Fraud of Femininity:' Domesticity, Selflessness, and Individualism in Responses to Betty Friedan," in *Liberty and Justice for All? Rethinking Politics in Cold War America*, ed. Kathleen G. Donohue (Amherst: University of Massachusetts Press, 2012), 124-41.

30 Sandra Lipsitz Bem, *An Unconventional Family* (New Haven: Yale University Press, 1998), 80.(샌드라 립시츠 벰 지음, 김은령·김호 옮김, 《나를 지키는 결혼생활》, 김영사, 2020)

31 Betty Friedan, The Feminine Mystique (New York: W. W. Norton & Company, 2013), 36. (베티 프리단 지음, 김현우 옮김, 정희진 해제, 《여성성의 신화》, 갈라파고스, 2018)

32 Jill Filipovic, *The H-Spot* (New York: Nation Books, 2017), 29.

33 Riche J. Daniel Barnes, *Raising the Race: Black Career Women Redefine Marriage, Motherhood, and Community* (New Brunswick, NJ: Rutgers University Press, 2016), 9.

34 위의 책, 42.

35 위의 책, 104-5.

36 bell hooks, *Feminism Is For Everybody* (New York: Routledge, 2015), 50 (벨 훅스 지음, 이경아 옮김, 권김현영 해제, 《모두를 위한 페미니즘》, 문학동네, 2017)

37 Barack H. Obama, *The Audacity of Hope* (New York: Vintage reprint edition, 2008), 531-32. (버락 오바마 지음, 홍수원 옮김, 《버락 오바마, 담대한 희망》, 랜덤하우스코리아, 2007)

38 Rebecca Johnson, "Michelle Obama: The Natural," *Vogue*, September 2007, https://www.vogue.com/article/michelle-obama-the-natural

39 Drake Baer, "Japan's Huge Sex Problem Is Setting Up a 'Demographic Time Bomb' for the Country," *Business Insider*, July 1, 2015, https://www.businessinsider.com/half-of-japanese-people-arent-having-sex-2015-7

40 Chris Weller, "7 Countries at Risk of Becoming 'Demographic Time Bombs,'" *Business Insider*, August 14, 2017, https://www.businessinsider.com/countries-becoming-demographic-time-bombs-2017-8

41 Julia Glum, "Japan Population Problem: Government Adopts Paternity Leave, Nursery School Measures to Increase Birth Rate," *International Business Times*, March 20, 2015, https://www.ibtimes.com/japan-population-problem-government-adopts-paternity-leave-nursery-school-measures-1854084

42 Peter McDonald, "Societal Foundations for Explaining Low Fertility: Gender Equity," *Demographic Research* 28, no. 34 (May 2013): 981–94, https://www.demographic-research.org/volumes/vol28/34/28-34.pdf

43 Suzanne Moore, "The Womb Is a Battlefield," review of Mothers: An Essay on Love and Cruelty, by Jacqueline Rose, *New Statesman*, April 8, 2018, https://www.newstatesman.com/culture/books/2018/04/jacqueline-rose-s-book-offers-clear-sighted-analysis-what-it-means-be-mother

44 Thomas Anderson and Hans-Peter Kohler, "Low Fertility, Socioeconomic Development and Gender Equity," *Population and Development Review* 41, no. 3 (September 2015): 381–407.

5장

1 Heather Wilhelm, "The Supposed 'Horror Show' of Motherhood," *National Review*, May 4, 2018, https://www.nationalreview.com/2018/05/motherhood-portrayal-in-media-wrong-benefits-outweigh-cost/

2 Susan J. Douglas and Meredith W. Michaels, *The Mommy Myth: The Idealization of Motherhood and How It Has Undermined All Women* (New York: Free Press, 2004), 6.

3 Manohla Dargis, "In the Comedy 'Tully,' Mom's Struggle Is Real," *New York*

Times, May 3, 2018, https://www.nytimes.com/2018/05/03/movies/tully-review-charlize-theron.html

4   Sharon Hays, *The Cultural Contradictions of Motherhood* (New Haven: Yale University Press, 1996), 13.

5   Cameron Macdonald, "What's Culture Got to Do with It? Mothering Ideologies as Barriers to Gender Equity," in *The Real Utopias Project: Gender Equality, Transforming Family Divisions of Labor* (Brooklyn: Verso, 2009), 415.

6   Elisabeth Badinter, *The Conflict: How Overzealous Motherhood Undermines the Status of Women* (New York: Picador, 2010), 153–66.

7   Sharon Hays, *The Cultural Contradictions of Motherhood* (New Haven: Yale University Press, 1996), 85.

8   Cameron Macdonald, "What's Culture Got to Do with It? Mothering Ideologies as Barriers to Gender Equity," in *The Real Utopias Project: Gender Equality, Transforming Family Divisions of Labor* (Brooklyn: Verso, 2009), 419.

9   Anita Garey, *Weaving Work and Motherhood* (Philadelphia: Temple University Press, 1999), 26–27.

10   Elisabeth Badinter, *The Conflict: How Overzealous Motherhood Undermines the Status of Women* (New York: Picador, 2010), 97.

11   Miriam Liss, Holly H. Schiffrin, Virginia H. Mackintosh, Haley Miles-McLean, and Mindy J. Erchull, "Development and Validation of a Quantitative Measure of Intensive Parenting Attitudes," *Journal of Family Studies* 22, no. 5 (July 2012): 621–36.

12   Miriam Liss, Holly H. Schiffrin, and Kathryn M. Rizzo, "Maternal Guilt and Shame: The Role of Self-discrepancy and Fear of Negative Evaluation," *Journal of Child and Family Studies* 22, no. 8 (2013): 1112–19.

13   Holly H. Schiffrin, Miriam Liss, Haley Miles-McLean, Katherine A. Geary, Mindy J. Erchull, and Taryn Tashner, "Helping or Hovering? The Effects of Helicopter Parenting on College Students' Well-Being," *Journal of Child and Family Studies* 23, no. 3 (April 2014): 548–57.

14 Kathryn M. Rizzo, Holly H. Schiffrin, and Miriam Liss, "Insight into the Parenthood Paradox: Mental Health Outcomes of Intensive Mothering," *Journal of Child and Family Studies* 22, no. 5 (July 2013): 614 – 20.

15 "Hilary Duff Doesn't Feel Guilty About 'Me Time' (And You Shouldn't Either!)," *Parents*, https://www.parents.com/parents-magazine/parents-perspective/hilary-duff-doesnt-feel-guilty-about-me-time-and-you-shouldn't/

16 Suniya S. Luthar and Lucia Ciciolla, "Who Mothers Mommy? Factors that Contribute to Mothers' Well-Being," *Developmental Psychology* 51, no. 12 (December 2015): 1812 – 23.

17 Sarah M. Allen and Alan J. Hawkins, "Maternal Gatekeeping: Mothers' Beliefs and Behaviors That Inhibit Greater Father Involvement in Family Work," *Journal of Marriage and Family* 61, no. 1 (February 1999): 199 – 212.

18 Brent A. McBride, Geoffrey L. Brown, Kelly K. Bost, Nana Shin, Brian Vaughn, and Bryan Korth, "Paternal Identity, Maternal Gatekeeping, and Father Involvement," *Family Relations* 54, no. 3 (July 2005): 360 – 72.

19 Sarah J. Schoppe Sullivan, Geoffrey L. Brown, Elizabeth A. Cannon, and Sarah C. Mangelsdorf, "Maternal Gatekeeping, Co-parenting Quality, and Fathering Behavior in Families with Infants," *Journal of Family Psychology* 22, no. 3 (208) 389 – 98.

20 Ruth Gaunt, "Maternal Gatekeeping: Antecedents and Consequences," *Journal of Family Issues* 29, no. 3 (2008), 373 – 95.

21 Sarah J. Schoppe-Sullivan, Lauren E. Altenburger, Meghan A. Lee, Daniel J. Bower, and Claire M. Kamp Dush, "Who Are the Gatekeepers? Predictors of Maternal Gatekeeping," *Parenting: Science and Practice* 15, no. 3 (2015), 166 – 86.

22 Sharon Hays, *The Cultural Contradictions of Motherhood* (New Haven: Yale University Press, 1996), 153.

23 Rebecca Asher, *Shattered: Modern Motherhood and the Illusion of Equality* (London: Harvill Secker, 2011), 142.

24 Amy Richards, Opting In (New York: Farrar, Straus & Giroux, 2008), 173 – 74.

25 Mary Blair Loy, *Competing Devotions: Career and Family Among Women Executives* (Cambridge: Harvard University Press, 2003), 19.

26 Saniv Gupta, "Autonomy, Dependence, or Display? The Relationship Between Married Women's Earnings and Housework," *Journal of Marriage and Family* 69, no. 2 (May 2007): 399–417.

27 Jennifer L. Hook, "Women's Housework: New Tests of Time and Money," *Journal of Marriage and Family* 79, no. 1 (February 2017), 179–98.

28 John Gordon Simister, "Is Men's Share of Housework Reduced by 'Gender Deviance Neutralization'? Evidence from Seven Countries," *Journal of Comparative Family Studies* 43, no. 3 (May 2013), 311–26.

29 Jason Zinoman, "The Strategic Mind of Ali Wong," *New York Times*, May 3, 2018, https://www.nytimes.com/2018/05/03/arts/television/ali-wong-netflix-hard-knock-wife.html

30 Francine M. Deutsch, *Halving It All* (Cambridge: Harvard University Press, 1999), 96.

31 Adrienne Rich, *Of Woman Born: Motherhood as Experience and Institution* (New York: Norton, 1986).(에이드리언 리치, 김인성 옮김,《더 이상 어머니는 없다》, 평민사, 2018)

32 Douglas B. Downey, James W. Ainsworth-Darnell, and Mikaela J. Dufur, "Sex of Parent and Children's Well-Being in Single Parent Households," *Journal of Marriage and Family* 60, no. 4 (1998), 878–93.

33 Sarah Blaffer Hrdy, *Mother Nature* (New York: Ballantine Books, 1999), 501. (세라 블레퍼 허디 지음, 황희선 옮김,《어머니의 탄생》, 사이언스북스, 2010)

34 Maeve Duggan, Amanda Lenhart, Cliff Lampe, and Nicole B. Ellison, "Parents and Social Media," Pew Research Center, July 16, 2015, http://www.pewinternet.org/2015/07/16/parents-and-social-media/

35 Deni Kirkova, "Millennial Mothers Take Parental Rivalry to New Levels as They 'Obsess over Brands and Success' Thanks to Social Media," *Daily Mail*, May 4, 2014, https://www.dailymail.co.uk/femail/article-2619957/Social-media-ob-

sessed-millennial-mothers-parental-rivalry-new-levels.html

36 "Sharenting: Why Mothers Post About Their Children on Social Media," *The Conversation*, March 9, 2018, http://theconversation.com/sharenting-why-mothers-post-about-their-children-on-social-media-91954

37 Sarah J. Schoppe-Sullivan, Jill E. Yavorsky, Mitchell K. Bartholomew, Jason M. Sullivan, Meghan A. Lee, Claire M. Kamp Dush, and Michael Glassman, "Doing Gender Online: New Mothers' Psychological Characteristics, Facebook Use, and Depressive Symptoms," *Sex Roles* 76, no. 5 (March 2017), 276–89.

38 Cameron Macdonald, "What's Culture Got to Do with It? Mothering Ideologies as Barriers to Gender Equity," in *The Real Utopias Project: Gender Equality, Transforming Family Divisions of Labor* (Brooklyn: Verso, 2009), 424.

39 Elisabeth Badinter, *The Conflict: How Overzealous Motherhood Undermines the Status of Women* (New York: Picador, 2010), 153–66.

40 Jacqueline Rose, "Mothers: An Essay on Love and Cruelty," interview by Tracy Morgan, *New Books in Psychoanalysis, New Books Network*, audio 7:20, https://newbooksnetwork.com/jacqueline-rose-mothers-an-essay-on-love-and-cruelty-farrar-straus-and-giroux-2018/

6장

1 Scott Coltrane, "Fatherhood, Gender and Work-Family Policies," in *The Real Utopias Project: Gender Equality, Transforming Family Divisions of Labor* (Brooklyn: Verso, 2009), 401.

2 Roxane Gay, "The Facts and the Furious," interview by Ophira Eisenberg, *Ask Me Another*, NPR, December 15, 2017, https://www.npr.org/templates/transcript/transcript.php?storyId=571107993

3 George Yancy, "*I Am Sexist*," *New York Times*, October 24, 2018, https://www.nytimes.com/2018/10/24/opinion/men-sexism-me-too.html

4 Linda Babcock, Maria P. Recalde, Lise Vesterlund, and Laurie Weingart, "Gender Differences in Accepting and Receiving Requests for Tasks with Low Promotabil-

ity," *American Economic Review* 107, no. 3 (March 2017): 714 – 47.

5   Lise Vesterlund, "Why Women 'Volunteer' at Work," interview by Jonathan Capehart, *Midday on WNYC*, New York Public Radio, July 23, 2018.

6   Sarah Blaffer Hrdy, *Mother Nature* (New York: Ballantine Books, 1999), 497. (세라 블레퍼 허디 지음, 황희선 옮김,《어머니의 탄생》, 사이언스북스, 2010)

7   David L. Dickinson and Jill Tiefenthaler, "What Is Fair? Experimental Evidence," *Southern Economic Journal* 69, no. 2 (2002): 414 – 28.

8   Kristi J. K. Klein and Sara D. Hodges, "Gender Differences, Motivation, and Empathic Accuracy: When It Pays to Understand," *Personality and Social Psychology Bulletin* 27, no. 6 (June 1, 2001): 720 – 30.

9   Nancy Eisenberg and Randy Lennon, "Sex Differences in Empathy and Related Capacities," *Psychological Bulletin* 94, no. 1 (July 1983): 100 – 31.

10   Christopher Karpowitz and Tali Mendelberg, *The Silent Sex: Gender, Deliberation, and Institutions* (Princeton, NJ: Princeton University Press, 2014), 63.

11   bell hooks, *Feminism Is for Everybody* (New York: Routledge, 2015), 82. (벨 훅스 지음, 이경아 옮김, 권김현영 해제,《모두를 위한 페미니즘》, 문학동네, 2017)

12   Jennifer Hook, "Care in Context: Men's Unpaid Work in 20 Countries, 1965 – 2003," *American Sociological Review* 71 (August 2006): 639 – 60.

13   Christine R. Schwartz and Pilar Gonalons-Pons, "Trends in Relative Earnings and Marital Dissolution: Are Wives Who Outearn Their Husbands Still More Likely to Divorce?" *RSF: Russell Sage Foundation Journal of the Social Sciences* 24, no. 4 (2016): 218 – 36.

14   H. Colleen Stuart, Sue Moon, and Tiziana Casciaro, "The Oscar Curse: Status Dynamics and Gender Differences in Marital Survival," *SSRN Electronic Journal* (January 2011), https://papers.ssrn.com/sol3/papers.cfm?abstract_id=1749612

15   Valentina Zarya, "Being Promoted May Double Women's Odds of Getting Divorced," *Fortune*, March 5, 2018, http://fortune.com/2018/03/05/promotion-women-divorce/

16   Christopher Karpowitz and Tali Mendelberg, *The Silent Sex: Gender, Delibera-*

tion, and Institutions (Princeton, NJ: Princeton University Press, 2014), 60.

17 Raymond Fisman, Sheena S. Iyengar, Emir Kamenica, and Itamar Simonson, "Gender Differences in Mate Selection: Evidence from a Speed Dating Experiment," *Quarterly Journal of Economics* 121, no. 2 (May 2006): 673–97.

18 Sharon Hays, *The Cultural Contradictions of Motherhood* (New Haven: Yale University Press, 1996), 163.

19 Katherine Ellison, "Being Honest About the Pygmalion Effect," *Discover*, December 2015, http://discovermagazine.com/2015/dec/14-great-expectations

20 Christine M. Rubie-Davies, "Teacher Expectations and Student Self-Perceptions: Exploring Relationships" (PhD diss., University of Auckland, 2004).

21 Katherine Ellison, "Being Honest About the Pygmalion Effect," *Discover*, December 2015, http://discovermagazine.com/2015/dec/14-great-expectations

22 Cordelia Fine, *Delusions of Gender* (New York: W.W. Norton & Company, 2010), 30.(코델리아 파인 지음, 이지윤 옮김,《젠더, 만들어진 성》, 휴먼사이언스, 2014)

23 위의 책.

24 Toni Schmader, "Stereotype Threat Deconstructed," *Current Directions in Psychological Science* 19, no. 1 (March 2010): 14–18.

25 위의 자료.

26 Cordelia Fine, *Delusions of Gender* (New York: W.W. Norton & Company, 2010), 35.(코델리아 파인 지음, 이지윤 옮김,《젠더, 만들어진 성》, 휴먼사이언스, 2014)

27 Sabrina Solanki and Di Xu, "Looking Beyond Academic Performance: The Influence of Instructor Gender on Student Engagement and Attitudes in STEM Fields," *American Educational Research Journal* 55, no. 4 (2018): 801–35.

28 Jared M. Bartels, "The Stanford Prison Experiment in Introductory Psychology Textbooks: A Content Analysis," *Psychology Learning & Teaching* 14, no. 1 (2015): 36–50.

29 Toni Schmader, "Stereotype Threat Deconstructed," *Current Directions in Psy-*

chological Science 19, no. 1 (March 2010), 14 – 18.

30 Robert Kegan and Lisa Laskow Lahey, *Immunity to Change: How to Overcome It and Unlock the Potential in Yourself and Your Organization* (Boston: Harvard Business School Publishing, 2009).

31 Anne Rankin-Mahoney and Carmen Knudson-Martin, "Beyond Gender: The Process of Relationship Equality," in *Couples, Gender and Power*, eds. Carmen Knudson-Martin and Anne Rankin-Mahoney (New York: Springer Publishing Company, 2009), 73.

32 Bernadette Park and Sarah Banchefsky, "Leveraging the Social Role of Dad to Change Gender Stereotypes of Men," *Personality and Social Psychology Bulletin* 44, no. 9 (September 2018): 1380 – 94.

33 Andrea Doucet, "Can Parenting Be Equal? Rethinking Equality and Gender Differences in Parenting," in *What Is Parenthood?*, eds. Linda C. McClain and Daniel Cere (New York: New York University Press, 2013): 251 – 75.

34 Katrin Benhold, "In Sweden, Men Can Have It All," *New York Times*, June 9, 2010, https://www.nytimes.com/2010/06/10/world/europe/10iht-sweden.html?action=click&contentCollection=Europe&module=Related Coverage&region=EndOfArticle&pgtype=article

35 Nilanjana Dasgupta and Shaki Asgari, "Seeing Is Believing: Exposure to Counterstereotypic Women Leaders and Its Effect on the Malleability of Automatic Gender Stereo-typing," *Journal of Experimental Social Psychology* 40, no. 5 (2004): 642 – 58.

36 Michael Kimmel and Lisa Wade, "Ask a Feminist: Michael Kimmel and Lisa Wade Discuss Toxic Masculinity," *Signs*, http://signsjournal.org/kimmel-wade-toxic-masculinity/

37 Sarah Blaffer Hrdy, *Mothers and Others* (Cambridge: Harvard University Press, 2011), 150.

38 Randi S. Cowdery, Carmen Knudson-Martin, and Anne Rankin Mahoney, "Mothering: Innate Talent or Conscious Collaboration?," in *Couples, Gender, and*

Power, eds. Carmen Knudson-Martin and Anne Rankin Mahoney (New York: Springer Publishing Company, 2009), 137.

39 "Supporting Father Involvement: An Evidence Based Program," Supporting Father Involvement Program, accessed October 30, 2018, http://supportingfatherinvolv ementsfi.com/supporting-father-involvement-an-evidence-based-program/

40 Hannah Eaton, email to author, July 27, 2018.

41 Alyson F. Shapiro and John M. Gottman, "Effects on Marriage of a Psycho-Communicative-Educational Intervention with Couples Undergoing the Transition to Parenthood, Evaluation at 1-Year Post Intervention," *The Journal of Family Communication* 5, no. 1 (2005): 1–24.

42 Adrienne Hancock and Benjamin Rubin, "Influence of Communication Partner's Gender on Language," *Journal of Language and Social Psychology* 34, no. 1 (December 2014): 46–64.

43 Kieran Snyder, "How to Get Ahead as a Woman in Tech: Interrupt Men," *Slate*, July 23, 2014, https://slate.com/human-interest/2014/07/study-men-interrupt-women-more-in-tech-workplaces-but-high-ranking-women-learn-to-interrupt.html

44 Irin Carmon, "What Women Really Think of Men," *New York Times*, December 9, 2016, https://www.nytimes.com/2016/12/09/opinion/sunday/what-women-really-think-of-men.html/

45 Irvin D. Yalom, *Love's Executioner & Other Tales of Psychotherapy* (New York: Basic Books, 1989): 267–68.

7장

1 Patricia Adair Gowaty, "Biological Essentialism, Gender, True Belief, Confirmation Biases, and Skepticism," in *APA Handbook of the Psychology of Women: History, Theory, and Battlegrounds* (Washington, DC: American Psychological Association, 2018): 145–64.

2 Jacqueline Rose, "Mothers: An Essay on Love and Cruelty," interview by Tracy Morgan, *New Books in Psychoanalysis*, New Books Network, audio, 10:50, https://newbooksnetwork.com/jacqueline-rose-mothers-an-essay-on-love-and-cruelty-farrar-straus-and-giroux-2018/

3 Mignon R. Moore, "Gendered Power Relations Among Women: A Study of Household Decision Making in Black, Lesbian Stepfamilies," *American Sociological Review* 73, no. 2 (2008): 335–56

4 Harry Brighouse and Erik Olin Wright, "Strong Gender Egalitarianism," in *The Real Utopias Project: Gender Equality, Transforming Family Divisions of Labor* (Brooklyn: Verso, 2009), 86.

5 Stassa Edwards, "Philosopher Kate Manne on 'Himpathy,' Donald Trump, and Rethinking the Logic of Misogyny," Jezebel, August 2, 2018, https://jezebel.com/philosopher-kate-manne-on-himpathy-donald-trump-and-r-1822639677

6 Bernadette Park, J. Allegra Smith, and Joshua Correll, "The Persistence of Implicit Behavioral Associations for Moms and Dads," *Journal of Experimental Social Psychology* 46 (2010): 809–15.

7 Jennifer Hockenberry Dragseth, *Thinking Woman: A Philosophical Approach to the Quandary of Gender* (Eugene, OR: Cascade Books, 2015), 88.

8 위의 책, 86.

9 Elana Lyn Gross, "The Five Female Historical Statues in New York City Are Decorated for International Woman's Day," *Forbes*, March 8, 2018, https://www.forbes.com/sites/elanagross/2018/03/08/the-five-female-historical-statues-in-newyork-city-are-decorated-for-international-womens-day/#116866077c26

10 Andy Battaglia, "New York City Launches 'She Built NYC' Commission for Public Art on Women's History," *Art News*, June 20, 2018, http://www.artnews.com/2018/06/20/new-york-city-launches-built-nyc-commission-public-art-womens-history/

11 Gaye Tuchman, "The Symbolic Annihilation of Women by the Mass Media,"

in *Culture and Politics*, eds. Lane Crothers and Charles Lockhart (New York: Palgrave Macmillan, 2000), 150–74.

12 Ed Yong, "I Spent Two Years Trying to Fix the Gender Imbalance in My Stories," *The Atlantic*, February 6, 2018, https://www.theatlantic.com/science/archive/2018/02/i-spent-two-years-trying-to-fix-the-gender-imbalance-in-my-stories/552404/

13 Elizabeth L. Haines, Kay Deaux, and Nicole Lofaro, "The Times They Are a-Changing . . . or Are They Not? A Comparison of Gender Stereotypes, 1983–2014," *Psychology of Women Quarterly* 40, no. 3 (2016), 353–63.

14 Alyssa Croft, Toni Schmader, and Katharina Block, "An Underexamined Inequality: Cultural and Psychological Barriers to Men's Engagement with Communal Roles," *Personality and Social Psychology Review* 19, no. 4 (2015): 343–70.

15 Lise Eliot, *Pink Brain, Blue Brain: How Small Differences Grow into Troublesome Gaps—and What We Can Do About It* (New York: Mariner Books, 2010), 258.

16 Christopher Karpowitz and Tali Mendelberg, *The Silent Sex: Gender, Deliberation, and Institutions* (Princeton, NJ: Princeton University Press, 2014), 54.

17 Stephanie Coontz, *The Way We Never Were* (New York: Basic Books; Revised, Updated edition, 2016), 200.

18 Cecilia L. Ridgeway and Shelley J. Correll, "Unpacking the Gender System: A Theoretical Perspective on Gender Beliefs and Social Relations," *Gender & Society* 18, no. 4 (August 2004): 510–31.

19 Bruce MacFarlane, "Women Professors, Pay, Promotion, and Academic Housekeeping," wonkhe.com, June 4, 2018, https://wonkhe.com/blogs/women-professors-pay-promotion-and-academic-housekeeping/

20 Margaret B. Neal and Leslie B. Hammer, "Working Couples Caring for Children and Aging Parents," *Journal of Marriage and Family* 70, no. 2 (May 2008): 565–66.

21 Rebecca Traister, *All the Single Ladies: Unmarried Women and the Rise of an*

Independent Nation (New York: Simon & Schuster, 2016), 132.

22 Madeline E. Heilman and Julia J. Chen, "Same Behavior, Different Conse-quences: Reactions to Men's and Women's Altruistic Citizenship Behavior," *Journal of Applied Psychology* 90, no. 3 (May 2005): 431 – 41.

23 Melissa J. Williams and Serena Chen, "When 'Mom's the Boss': Control over Domestic Decision Making Reduces Women's Interest in Workplace Power," *Group Processes & Intergroup Relations* 17, no. 4 (2014): 436 – 52.

24 Julia C. Becker and Stephen Wright, "Yet Another Dark Side of Chivalry: Be-nevolent Sexism Undermines and Hostile Sexism Motivates Collective Action for Social Change," *Journal of Personality and Social Psychology* 101, no. 1 (February 2011): 62 – 77.

25 위의 자료.

26 Sydney Pereira, "Women over 85 Are Happier Because Their Partner Is Dead by Then, Psychiatrists Say," *Newsweek*, December 14, 2017, https://www.newsweek.com/women-over-85-are-happier-because-their-partner-dead-then-psychiatrists-say-748067

27 Heather Havrilesky, "Ask Polly: Why Do New Mothers Hate Their Husbands," *The Cut*, June 6, 2018, https://www.thecut.com/2018/06/ask-polly-why-do-new-mothers-hate-their-husbands.html

28 bell hooks, *Feminism Is for Everybody* (New York: Routledge, 2015), 103.(벨 훅스 지음, 이경아 옮김, 권김현영 해제,《모두를 위한 페미니즘》, 문학동네, 2017)

29 Ying-Ching Lin and Priya Raghubir, "Gender Differences in Unrealistic Opti-mism About Marriage and Divorce: Are Men More Optimistic and Women More Realistic?" Personality and Social Psychology Bulletin 31, no. 2 (2005), 198 – 207.

30 Eleanor E. Maccoby, *The Two Sexes: Growing Up Apart, Coming Together* (Cambridge: Harvard University Press, 1999), 218.

31 Anne Rankin Mahoney and Carmen Knudson-Martin, "Gender Equality in Inti-mate Relationships," in *Couples, Gender, and Power*, eds. Carmen Knudson-Martin and Anne Rankin Mahoney (New York: Springer Publishing Company, 2009), 11.

32 Anne Rankin Mahoney and Carmen Knudson-Martin, "The Myth of Equality," in *Couples, Gender, and Power*, eds. Carmen Knudson-Martin and Anne Rankin Mahoney (New York: Springer Publishing Company, 2009), 50.

33 Christopher Karpowitz and Tali Mendelberg, *The Silent Sex: Gender, Deliberation, and Institutions* (Princeton, NJ: Princeton University Press, 2014), 55.

34 "Gender Pay Gap Starts with Kids in America," in Blog, *Making News by Busy-Kid*, June 29, 2018, https://busykid.com/2018/06/29/gender-pay-gap-starts-with-kids-in-america/

35 Christopher Karpowitz and Tali Mendelberg, *The Silent Sex: Gender, Deliberation, and Institutions* (Princeton, NJ: Princeton University Press, 2014), 61.

36 위의 책, 55-56.

37 Carolyn Pape Cowan and Philip A. Cowan, *When Partners Become Parents* (New York: Routledge, 1999), 196.

38 David Sadker and Karen R. Zittleman, *Still Failing at Fairness: How Gender Bias Cheats Girls and Boys in School and What We Can Do About It* (New York: Scribner, 2009), 7-11.

39 Peggy Orenstein, *Girls & Sex: Navigating the Complicated New Landscape* (New York: HarperCollins, 2016), 7-11.(페기 오렌스타인 지음, 구계원 옮김,《아무도 대답해주지 않은 질문들, 문학동네, 2017》

40 Christopher Karpowitz and Tali Mendelberg, *The Silent Sex: Gender, Deliberation, and Institutions* (Princeton, NJ: Princeton University Press, 2014), 51.

41 Aliya Rao, "Unemployed: What Men's and Women's Divergent Experiences Tell Us About Gender Inequality," (PhD diss., University of Pennsylvania, 2016).

42 Jaime L. Napier, Hulda Thorisdottir, and John T. Jost, "The Joy of Sexism: A Multinational Investigation of Hostile and Benevolent Justifications for Gender Inequality and Their Relations to Subjective Well-Being," *Sex Roles* 62, no. 7-8 (April 2010): 405-19.

43 John T. Jost and Aaron C. Kay, "Exposure to Benevolent Sexism and Complementary Gender Stereotypes: Consequences for Specific and Diffuse Forms of

System Justification," *Journal of Personality and Social Psychology* 88, no. 3 (April 2005): 498 – 509.

44 Laurie T. O'Brien, Brenda Major, and Patricia Gilbert, "Gender Differences in Entitlement: The Role of System Justifying Beliefs," *Basic and Applied Social Psychology* 34, no. 2 (2012), 136 – 45.

45 Susan Faludi, *Backlash: The Undeclared War Against American Women* (New York: Broadway Books; Anniversary Edition, 2006), 72.(수잔 팔루디 지음, 황성원 옮김, 손희정 해제,《백래시》, 아르테, 2017)

46 Harry Brighouse and Erik Olin Wright, "Strong Gender Egalitarianism," in *The Real Utopias Project: Gender Equality, Transforming Family Divisions of Labor* (Brooklyn: Verso, 2009), 87.

47 Ozlem Yorulmaz, "Relationship Between Happiness and Gender Inequality Index," *Research in World Economy* 7, no. 1 (2016): 11 – 20.

48 Anne Rankin Mahoney and Carmen Knudson-Martin, "Beyond Gender," in *Couples, Gender, and Power*, eds. Carmen Knudson-Martin and Anne Rankin Mahoney (New York: Springer Publishing Company, 2009), 70.

49 Martha Weinman Lear, "'You'll Probably Think I'm Stupid'," *New York Times*, April 11, 1976, https://www.nytimes.com/1976/04/11/archives/youll-probably-think-im-stupid-era.html

찾아보기

은밀하고도 달콤한 성차별

용어

옮긴이 정지호

한국외국어대학교에서 일본어와 영어를 전공하고 성균관대학교 번역대학원에서 문학(번역학) 석사 학위를 받았다. 대학을 졸업하고 영상 및 기술 등 다양한 분야에서 번역 일을 하며 경험을 쌓았다. 현재는 책이 좋아 출판 번역의 길로 들어섰다. 옮긴 책으로는 《부두에서 일하며 사색하며》, 《변화를 바라보며》, 《우리 시대를 살아가며》, 《인간의 조건》, 《영혼의 연금술》, 《하이라인 스토리》, 《맥주의 모든 것》, 《칵테일의 모든 것》, 《루틴의 힘》, 《맥주의 정석》 등이 있다.

은밀하고도 달콤한 성차별

첫판 1쇄 펴낸날   2020년 10월 29일
　　2쇄 펴낸날   2022년 5월 25일

지은이 다시 로크먼
옮긴이 정지호
발행인 김혜경
편집인 김수진
책임편집 조한나
편집기획 김교석 김단희 유승연 임지원 곽세라 전하연
디자인 한승연 성윤정
경영지원국 안정숙
마케팅 문창운 백윤진 박희원
회계 임옥희 양여진 김주연

펴낸곳 (주)도서출판 푸른숲
출판등록 2003년 12월 17일 제2003-000032호
주소 경기도 파주시 심학산로 10(서패동) 3층. 우편번호 10881
전화 031)955-9005(마케팅부), 031)955-9010(편집부)
팩스 031)955-9015(마케팅부), 031)955-9017(편집부)
홈페이지 www.prunsoop.co.kr
페이스북 www.facebook.com/prunsoop   인스타그램 @prunsoop

ⓒ푸른숲, 2020
ISBN 979-11-5675-840-2 (03330)

* 잘못된 책은 구입하신 서점에서 바꾸어 드립니다.
* 본서의 반품 기한은 2027년 5월 31일까지입니다.